U0477319

汪桂平／著

东北全真道研究

中国社会科学出版社

图书在版编目（CIP）数据

东北全真道研究／汪桂平著．—北京：中国社会科学出版社，2014.4（2018.12重印）

ISBN 978 - 7 - 5161 - 4050 - 5

Ⅰ.①东… Ⅱ.①汪… Ⅲ.①全真道—道教史—研究—东北地区 Ⅳ.①B956.3

中国版本图书馆 CIP 数据核字（2014）第 051044 号

出 版 人	赵剑英	
责任编辑	孙晓晗	
责任校对	刘　智	
责任印制	王　超	

出　版	中国社会科学出版社	
社　址	北京鼓楼西大街甲 158 号	
邮　编	100720	
网　址	http://www.csspw.cn	
发 行 部	010 - 84083685	
门 市 部	010 - 84029450	
经　销	新华书店及其他书店	
印　刷	北京君升印刷有限公司	
装　订	廊坊市广阳区广增装订厂	
版　次	2014 年 4 月第 1 版	
印　次	2018 年 12 月第 2 次印刷	
开　本	710×1000　1/16	
印　张	20.75	
插　页	6	
字　数	352 千字	
定　价	59.00 元	

凡购买中国社会科学出版社图书，如有质量问题请与本社营销中心联系调换
电话：010 - 84083683
版权所有　侵权必究

图 1 沈阳太清宫现存建筑

图 2　辽宁北镇庙的碑林

图 3　大连金州真武庙

图 4 锦州笔架山三清阁

图 5 辽宁普兰店市夹河庙

图 6　大连金州唐王殿道院

图 7　吉林市玄帝观

图8 辽宁喀左天成观现存建筑

图9 原金州岱宗寺的水陆道场画

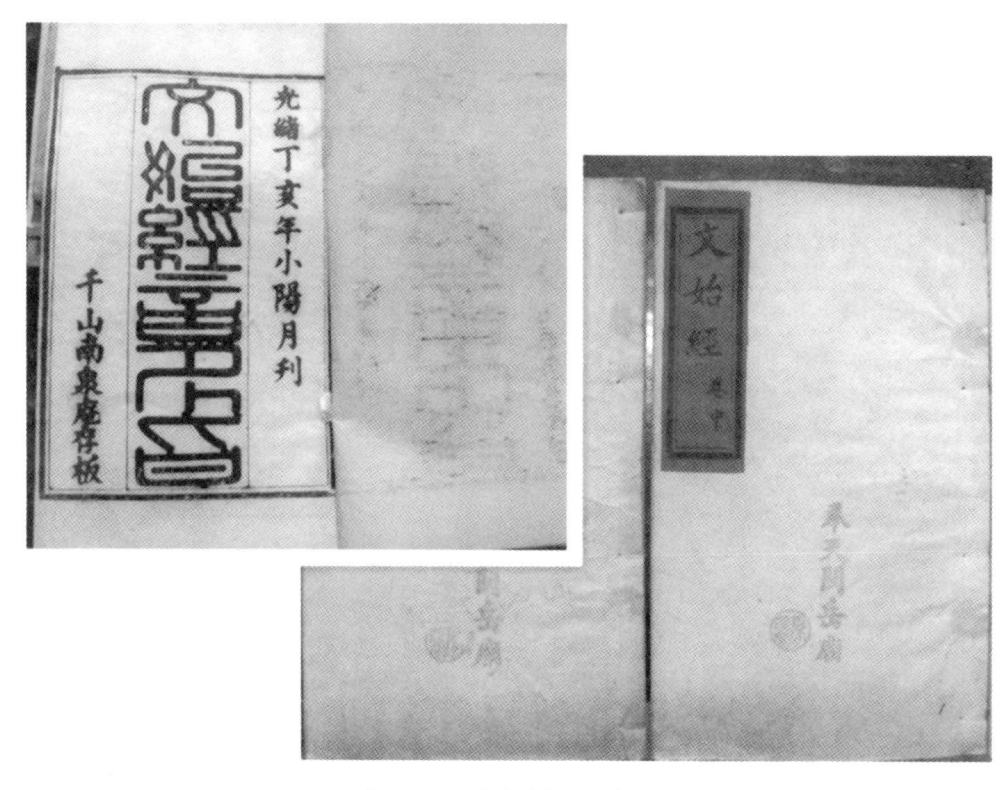

图10 千山南泉庵刻印的经书

纠察房大师上理下家惠存

特殊寺庙无量观

癸参坛登真录

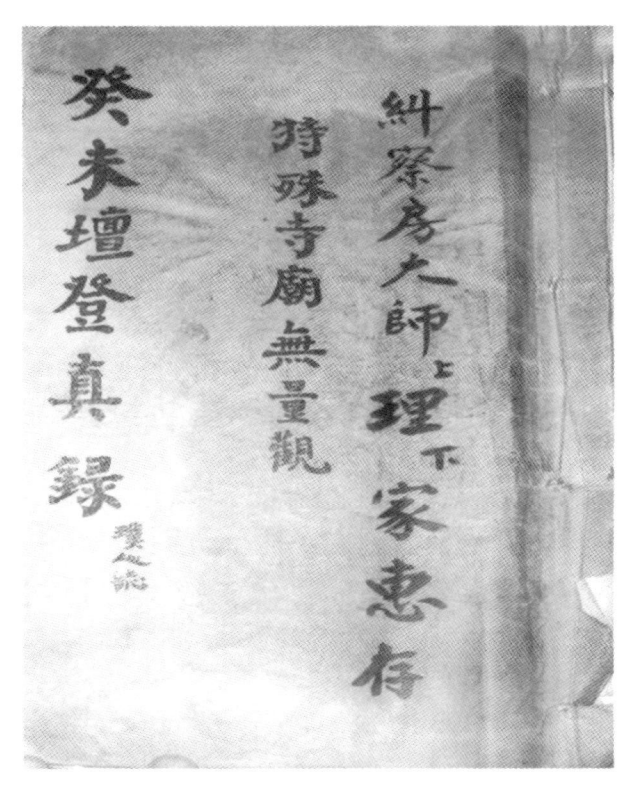

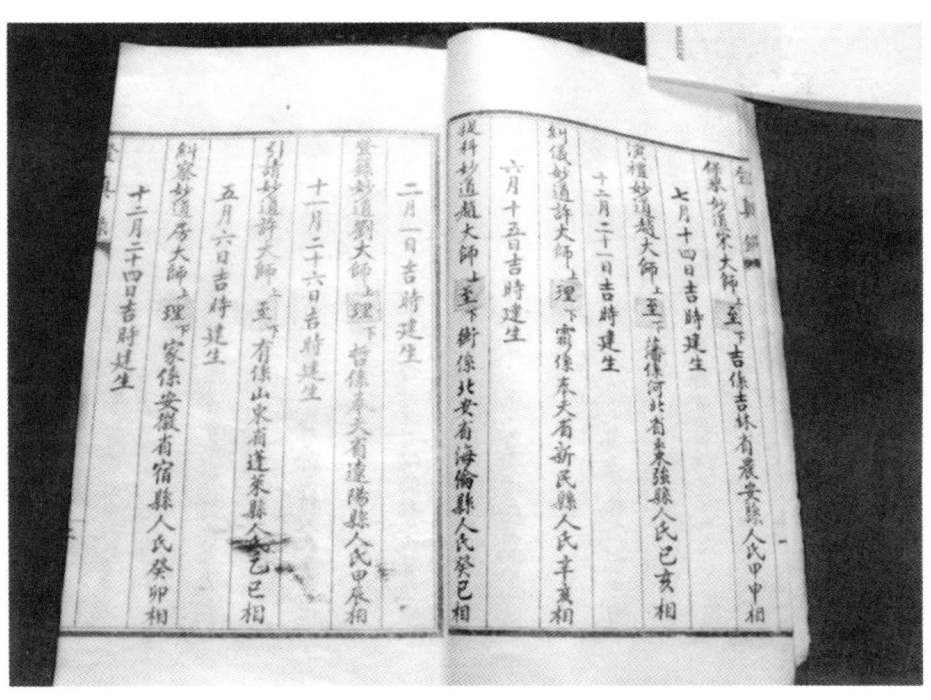

宝斗经
传经妙道宋大师上至下吉係吉林有农安县人民甲申相
演檀妙道赵大师上至下蒲係河北省柬强县人民己亥相
七月十四日吉时建生
纠仪妙道许大师上理下霜係東大有新民县人民辛亥相
十二月二十一日吉时建生
登檀妙道赵大师上至下街係北安有海伦县人民癸巳相
六月十五日吉时建生
引请妙道刘大师上理下晢係奉天有辽阳县人民甲辰相
二月一日吉时建生
登箓妙道刘大师上理下晢係奉天有辽阳县人民甲辰相
十一月二十六日吉时建生
引请妙道许大师至下有係山东有蓬莱县人民己巳相
五月六日吉时建生
纠察妙德房大师上理下家係安徽有宿县人民癸卯相
十二月二十四日吉时建生

图11 双城无量观癸未坛登真录

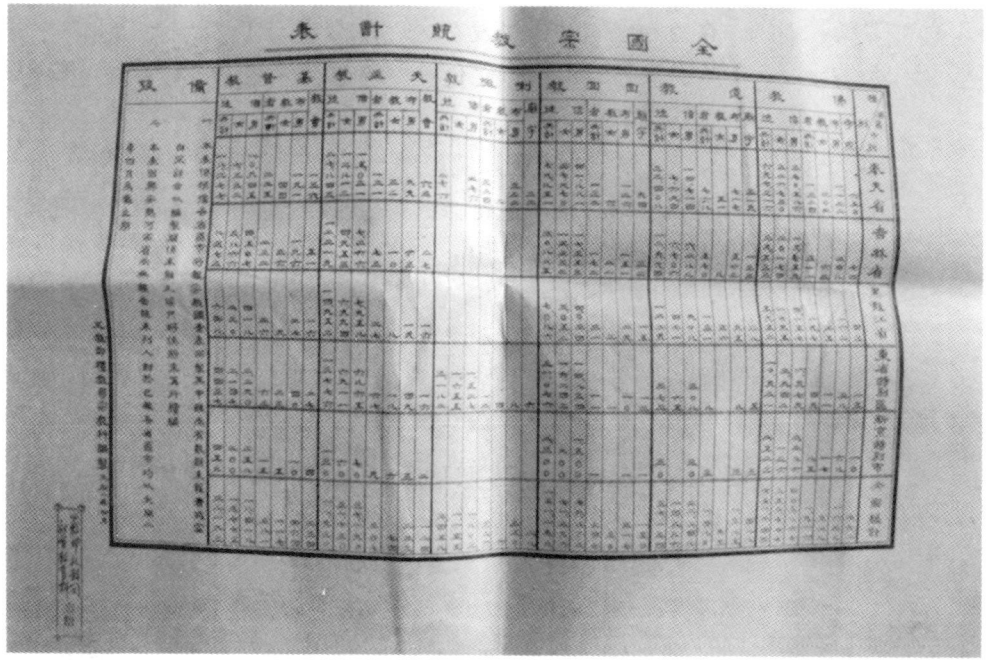

图12 伪满时期的宗教调查资料

序

汪桂平女士的大作《东北全真道研究》摆上案头，阅之不胜欣喜。这是近年来国内学术界研究全真道历史的又一部开创性成果。

道教是中国固有的宗教，与儒教、佛教共同构成中国传统文化的三大主干。中国道教有两个主要流派，正一道与全真道。自金元时期王重阳祖师及其弟子创立全真教门之后，该教对中国传统社会及文化的发展曾有过重要影响。但是对这个重要教派的学术研究，在20世纪80年代改革开放之后，才受到国内外道教学界的真正重视。特别是最近十几年来，对全真道的研究在道教界及学术界的共同推动下，渐入佳境。涌现出一批优秀的专家学者，如张广保、吴亚魁、赵卫东、尹志华以及国外学者露西亚、高万桑、刘迅、森由利亚等。他们发表的许多论著，对全真道的历史、典籍、教派、人物、宫观、科仪、文化遗迹等各个方面，都有更深入的新探索。

全真道是金元明清以来流传地域最广的道教门派。除西藏以外的中国各个省区，或多或少都有全真道传播的足迹。但是迄今为止的相关论著中，主要对华北、西北、华东、华中、华南、西南等地域的全真道研究较多。而对我国东北地区全真道的传播，相关的研究成果则较少。尤其缺乏深入系统的研究论著。因此我们还不太了解我国东北也是全真道传播的一个重要地域。

东北地区古称肃慎，是我国多民族聚居的广大地域。自汉唐以来逐渐归入中国政治版图，金元明清时期已纳入中原王朝直接统辖地区。在政治上纳入中国版图的过程中，文化上也融入了以儒释道为主体的中华传统文明。就宗教信仰而言，东北各民族原初的信仰是萨满教，其思想观念、祭祀仪式及生活习俗，都与中原地区以儒释道为主体的华夏文化有所不同。因此在长期的文化融入过程中，儒释道三教的传播都曾对东北各族人民有过影响。尤其在金元明清时期，一些源于东北地区的少数民族进入中原建立统一王朝，汉族人民也更多移居东北，加速了东北地区在文化上完全融入华夏文明的进程。全真道在东北地区的传播，恰好从一个侧面印证了这一文化交融进程。总而言之，宗教信仰的传播是促使中国各民族人民在文化上融为一体的一个重要因素。我们应该从这样的视角来认识研究东北地区全真道传播史的意义。

汪桂平是我多年合作的同事，曾一起整理编辑《三洞拾遗》等道教典籍。她的治学特点认真细致，擅长搜集整理典籍，尤其在田野调查中能锲而不舍地追踪原始资料，因此多有旁人难得的发现。这部《东北全真道研究》是其学术研究中的一个突破。首次厘清了金元明清及民国约七百年间全真道在东北全地域传播的历史线索。尤其难得的是对清代、民国时期东北全真道龙门派郭守真门下十四支系的传承谱及传播地区，逐一考证清楚。对其他全真支派，如华山派、金山派、蓬莱派、金辉派、尹喜派的流传亦有探索。在资料方面除《道藏》、《藏外道书》及宫观山志外，还利用了地方志、实地调查所得的碑刻、登真录、口传资料、民国及伪满时期的档案，等等。这就大大超越了伪满时期日本学者五十岚贤隆的著作《沈阳太清宫志》的研究水准。见到汪桂平从一个道教研究的初学者，成长为功力扎实的中坚学者，甚为欣慰。故为之序。

王　卡
2013 年 8 月

目　录

序 ……………………………………………………………… (1)

绪论 ……………………………………………………………… (1)
　一　东北区域之概念 ………………………………………… (1)
　二　国内外研究概况 ………………………………………… (3)
　三　本书视点 ………………………………………………… (5)

第一章　金代全真道初传东北考 ……………………………… (9)
　第一节　金代以前的东北道教格局 ………………………… (9)
　　一　五代以前的东北道教传播 …………………………… (9)
　　二　辽代东北道教 ………………………………………… (13)
　第二节　金代道教各派的创立与东北道教的传播 ………… (15)
　　一　金代的新兴道派 ……………………………………… (15)
　　二　金代东北道教的传播 ………………………………… (19)
　第三节　金代全真道初传东北考 …………………………… (21)
　　一　郝大通云游咸平 ……………………………………… (22)
　　二　刘真一布道平滦 ……………………………………… (24)
　　三　于通清弘道北京 ……………………………………… (26)
　　四　王处一阐道东北 ……………………………………… (28)
　　五　小结 …………………………………………………… (33)

第二章　蒙元时期东北全真道的发展与繁荣 ………………… (35)
　第一节　蒙元初期东北全真道的迅猛发展 ………………… (37)
　　一　尹志平北游辽西 ……………………………………… (38)

二　于善庆、张志素演道北京 …………………………………… (42)
　　三　王志坦行化兴锦 ……………………………………………… (48)
　　四　康泰真受封真人 ……………………………………………… (49)
　　五　杨志谷创建大玄真宫 ………………………………………… (55)
　　六　肖道然传道锦州 ……………………………………………… (57)
　　七　蒙古官员对全真道的护持与崇奉 …………………………… (58)
　第二节　元代中后期东北全真道的兴盛不衰 ………………………… (60)
　　一　云溪观、东岳庙、城隍庙的相继复建 ……………………… (60)
　　二　广宁府路全真道的兴盛 ……………………………………… (64)
　　三　懿州道士讲学高丽 …………………………………………… (68)
　　四　小结 …………………………………………………………… (69)
　第三节　金元时期东北地区全真道宫观、道士一览 ………………… (70)

第三章　明代东北全真道的沉寂 …………………………………… (81)
　一　张三丰与懿州 …………………………………………………… (82)
　二　明代北镇庙与离阳宫的重修 …………………………………… (86)
　三　明末马真一的辽东踪迹 ………………………………………… (88)

第四章　清代民国东北全真道的复兴与繁荣 ……………………… (100)
　第一节　清初东北全真道的复兴 ……………………………………… (102)
　　一　开山始祖郭守真 ……………………………………………… (102)
　　二　清代初期郭守真师徒的弘教活动 …………………………… (108)
　　三　清初龙门派其他分支在东北的传播 ………………………… (115)
　第二节　清代中期以后东北全真道的普遍繁荣 ……………………… (117)
　　一　东北地区龙门派宫观的大规模兴建 ………………………… (118)
　　二　东北地区全真道其他流派的传播与发展 …………………… (153)
　第三节　郭祖龙门派关东十四支传承谱系考 ………………………… (175)
　　一　第一支王太祥、第四支刘太琳在辽宁千山的传承 ………… (177)
　　二　第二支王太兴在铁刹山和黑龙江的传承 …………………… (189)
　　三　第三支高太悟、第六支傅太元在铁刹山的传承 …………… (193)
　　四　第七支沈太宗在吉林等地的传承 …………………………… (199)
　　五　第八支砥太庸在本溪等地的传承 …………………………… (200)

  六 第九支秦太玉、第十支高太护在平顶山的传承 …………（203）
  七 第十一支吕太普在吉林的传承 ……………………………（204）
  八 第十二支刘太华在辽宁玄羊山的传承 ……………………（207）
  九 第十三支刘太应在盛京的传承 ……………………………（207）
  十 第十四支刘太静在海城的传承 ……………………………（208）
  十一 小结 ……………………………………………………（208）

第五章 东北全真道著名宫观及道士举要 …………………（210）
  一 沈阳太清宫 …………………………………………………（210）
  二 沈阳关岳庙 …………………………………………………（228）
  三 千山无量观 …………………………………………………（231）
  四 铁刹山云光洞三清观 ………………………………………（235）
  五 喀左天成观 …………………………………………………（239）
  六 吉林蟠桃宫 …………………………………………………（242）
  七 通化玉皇阁 …………………………………………………（243）
  八 辽源福寿宫 …………………………………………………（244）
  九 双城无量观 …………………………………………………（246）
  十 尚志太和宫 …………………………………………………（247）

第六章 东北全真道区域性特征分析 ………………………（248）
  第一节 东北全真道的道派分布特征 …………………………（248）
    一 郭祖龙门派的主流地位 ………………………………（249）
    二 东北全真道各流派的势力分布情况 …………………（250）
  第二节 东北全真道的宫观类型与神灵祭祀特色 ……………（254）
    一 宫观类型特征 …………………………………………（254）
    二 神灵祭祀特色 …………………………………………（256）
  第三节 沈阳太清宫十方丛林的特色 ……………………………（258）
    一 沈阳太清宫丛林的管理制度 …………………………（258）
    二 沈阳太清宫丛林的传戒制度 …………………………（263）
    三 沈阳太清宫丛林的经济状况 …………………………（269）

参考文献 …………………………………………………… （275）

附录 《康泰真碑》探微 ………………………………… （290）

后记 ………………………………………………………… （322）

绪　论

一　东北区域之概念

今辽宁、吉林、黑龙江三省，地处中国东北部，统称为东北地区。然而，东北地区的形成，经历了千百年的沧桑之变，名称种种，同样也经历了历史的演变。[1]

东北作为东、西、南、北、西南、西北、东南、东北八方位之一，早已载入典籍。如《周礼·职方氏》："东北曰幽州，其山镇曰医无闾。"郑注："医无闾在辽东。"[2] 这是以方位定名称，东北仅仅是方位，地区名叫幽州，其镇山医无闾在今辽宁省西部北镇市。其时，东北方位仅限于今辽宁省境。又《山海经·大荒北经》曰："东北海之外……大荒之中，有山，名曰不咸。有肃慎氏之国。"郭注："今肃慎国，去辽东三千余里。"[3] 不咸，即今之长白山。说明东北作为方位名称，已涵盖今辽宁、吉林、黑龙江等省。此后，以方位代为区域名称，一直为人们所沿袭。

东北地区之名称，在历史上有多种称呼。如辽东、关东、关外、满洲、东三省等。不过，这些名称所指的地域范围在历史上有一定的差别。

春秋战国时期，燕国置辽东郡、辽西郡、右北平等郡，其管辖范围涵盖今辽宁省境大部地区。秦灭燕之后，继续在东北地区设有辽东、辽西诸

---

[1] 以下关于东北区域的叙说，主要参考李治亭主编《东北通史》，中州古籍出版社2003年版，第1—7页。

[2] （汉）郑玄注，（唐）贾公彦疏、彭林整理：《周礼注疏》卷三十九，上海古籍出版社2010年版，第1277页。

[3] 袁珂：《山海经校注》，上海古籍出版社1980年版，第421页。

郡。自此，辽东一词，就成为辽宁地区的代名词，有时泛指整个东北地区，但其真正含义，还是专指今辽宁省境。

辽金元时期，已将东北地区看作一个大的区域概念，如辽军建置有"东北路统军司"、"东北路女直兵马司"① 等机构，说明其时已将地理方位引用为建置名称，并将东北地区看作一个独立的行政区域。元代在东北地区广设行政机构，如辽阳行省、岭北行省等，其区域范围涵盖今辽宁、吉林、黑龙江三省以及俄罗斯、朝鲜的部分地区。

明代初年修建山海关，第一次把华北和东北截然分开，此后山海关以东的地区，泛称为关东或关外。在关外，明朝把东北划分为南北两大行政区：南部设辽东都指挥使司，管辖范围相当于今辽宁省境；北部设奴尔干都司，管辖范围包括今吉林、黑龙江及俄罗斯的部分地区。

清代入关后，将东北作为"龙兴"之地而倍加保护，先后设置有盛京、吉林、黑龙江三将军衙门，分理军政庶务，其管理范围涵盖今东北三省及内蒙古东部地区。到光绪时，废三将军制，改设行省名，又有"东三省"、"东省"之概称。民国时期，在今河北省东北部建有热河省，亦属于东北地区。

中华人民共和国成立前后，东北地区的西部划入内蒙古自治区，成为内蒙古东部的东四盟市，即赤峰市（原昭乌达盟）、兴安盟、通辽市（原哲里木盟）、呼伦贝尔市（原呼伦贝尔盟）。

总之，东北作为一个在历史上形成的经济、文化统一体，其区域屡经变革，或扩大，或缩小，其名称也屡有变化，但作为中国东北部领土之统称，"东北"早已成为约定俗成之称呼。正如金毓黻所言："今辽宁吉林黑龙江热河四省，居于中国之东北部，国人为称说之便，合而称为东北，允矣。"②

但在历史上，我们通常所说的中国东北地区，不仅包括今辽宁、吉林、黑龙江三省，还包括了今内蒙古自治区的东四盟和河北省的东北部地区。这是一个在历史上形成的经济、文化区，在建置上，也在我国各地区中，具有一定的特殊性。③

---

① 参（元）脱脱等《辽史》卷三十五，中华书局1974年版，第413页。
② 金毓黻：《东北通史》上编，社会科学战线杂志社1980年版，第1页。
③ 孙进己、冯永谦：《东北历史地理》，黑龙江人民出版社1989年版，"绪论"第4页。

那么，本书所采用的东北概念，亦指历史上的东北区域。比如说，金元时期的"北京"指的是北京路，或北京路路治大定府，均属于历史上的东北地区。北京路是金代在辽西地区的行政建置，设有留守司、都转运司、警巡院等官署。辖境范围北至绰尔河以北，南达长城附近，东起嫩江至辽河口接上京、咸平和东京三路，西北邻阻卜诸部。下辖大定府、临潢府、利州、义州、锦州、瑞州、广宁府、懿州、兴中府、建州、全州、庆州、兴州、泰州。北京路的路治在大定府，即今内蒙古自治区赤峰市宁城县大明城。大定府属县十一：大定、长兴、富庶、松山、神山、惠和、金源、和众、武平、静封、三韩。蒙古灭金后，仍称为北京路大定府。1268年，改北京路为大宁路。总之，金元时期的北京路及其下辖府州，基本上都属于历史上的东北地区。

因此，本书在研究金元时期的全真道时，亦采用了历史上的区划概念，将北京路所辖的今属河北、内蒙的部分地域纳入到东北地区的研究之中。

总之，从东北地区的历史地理来看，由于东北地处关外，历史上又长期为少数民族所统治，尤其是清代把东北作为龙兴之地而封禁多年，使得东北地区的经济、文化、习俗等都与中原地区存在一定的差异，形成一些颇具特色的东北文化。尽管如此，东北地区作为中国领土的一部分，在历史上经过不断的民族融合和文化汇通，其所形成的东北文化仍然以华夏文化为主体，其所传承的文明主要是华夏文明。

本书所研究的东北地区全真道，是东北文化的重要组成部分，同时亦是中国传统文化的一部分。历史上全真道在东北地区的传播、发展和演变，与东北地区的政权更迭、民族融合、边疆开发、文化传播密切相关，亦与道教文化作为中国本土文化对民众生活和思想的天然契合密切相关。

二 国内外研究概况

关于地方道教的专题研究，近年来逐渐成为学术界关注的重点，亦陆续有一些研究专著问世。如赵亮、员信常、张凤林的《苏州道教史略》（1995），王光德、杨立志的《武当山道教史略》（1993），樊光春的《长安·终南山道教史略》（1998），郭武的《道教与云南文化——道教在云南的传播、演变及影响》（2000），吴亚魁的《江南全真道教》（2006），樊光春《西北道教史》（2010）等，都在地方道教资料的搜集整理上颇见功夫，其研究成果体系完整、立论新颖，不仅填补了地方道教史研究的空缺，对于整个道教历史、教派、科仪、教义等多方面的学术研究，也贡献非凡。

但是，与本书相关的东北地区全真道的专题研究，在国内外尚无人涉及，更谈不上专著出版。只是在一些通史、综论类著作中有所涉及，或者在现行编纂的各省市地方志之"宗教志"卷中有所介绍，还有少量的论文对东北地区个别宫观、个别道教人物有一些介绍性研究。在通史方面，如任继愈主编的《中国道教史》第十七章在介绍全真道向东北传播的史迹时，只有寥寥一百余字。而卿希泰主编的《中国道教史》第四卷中介绍全真道龙门派在东北的传播，篇幅稍长，但也只有两千余字，主要利用《奉天通志》等地方志资料，介绍了郭守真一系在沈阳、千山、铁刹山等地的传播概况。而全真道在东北其他地方如黑龙江、吉林等地的传播情况则是所知寥寥，龙门派以外的其他全真道派如金山、蓬莱、华山等道派在东北的传播情况更是无从知晓。在全真道的专题研究方面，如王志忠的《明清全真教论稿》，虽然也涉及龙门派在东北的传播，但却没有深度挖掘，只有简单的一百余字概述。可喜的是，近年来在全国性的地方志编纂过程中，各省市的地方志编纂委员会在丰富的地方史志、档案文献等资料的基础上，相继编纂了宗教志卷，对于本地区的宗教（包括道教）有比较系统全面的介绍。如《辽宁省志·宗教志》中对于辽宁省的道教（主要是全真道）历史、教义、宗派、宫观、组织、活动、现状等都有比较详尽的综述，为我们研究当地全真道提供了重要的线索。遗憾的是，新编方志中常常没有注明资料来源。

在论文方面，东北地方学者及道门中人对当地全真道关注较多，亦有数篇介绍文章问世。如丛佩远《元代辽阳行省境内的宗教》、沈涛《略论辽宁千山道教文化流变》、李治国等《沈阳太清宫与东北道教》、孙诚《郭守真与东北道教的传播》等，这些论文只对个别朝代或个别宫观与人物有所介绍，并没有对东北全真道做系统深入的研究。

综上所述，有关东北地区全真道的研究还存在诸多不足。第一，以往研究主要集中于东北道教的一些概述，或者是个别宫观及人物的介绍，而对东北全真道进行全面系统的专题研究尚属空白。第二，以往研究主要对全真道龙门派郭守真一系有所关注，而全真道的其他派别如金山、蓬莱、华山等道派在东北的传播情况尚无人涉及，对这方面的研究亦属空白。第三，以往研究所依据的史料主要是《奉天通志》等少量的地方志资料，而大量的方志资料（如府县志、乡土志、山志、宫观志等）、碑刻资料、《道藏》及藏外道书资料等，没有得到充分地挖掘利用。总之，东北地区全真道的专题研究还基本上处于一片空白。

东北地区作为全真道传播和流行的一个重要区域，这一点一直没有引起学术界足够的重视。其实，东北地区的全真道早在金元时期就曾广泛传入，相当繁荣。至清代，郭守真及其弟子四处传道，广建庙宇，使得全真道龙门派遍布东北三省。同时，全真道的其他派别如华山派、金山派、蓬莱派等，也陆续传入东北地区。这样，有清一代，东北地区全真道宫观林立，道徒众多，并出现了很多著名的道教大师。沈阳太清宫作为全真道的十方丛林，广纳道众并开坛传戒，自清代道光三年（1823）至民国三十三年（1944），共传戒十坛，受戒弟子多达三千余人。可以说，东北地区是全真道流行的重要地域和传播中心。

因此，研究东北地区的全真道，不仅可以填补东北地区全真道研究的空白，也可以充实丰富全真道历史乃至中国道教历史的内涵。对于东北地区道教的历史影响及其今后的发展趋向，亦有着重要的理论意义和现实意义。

三 本书视点

本书以"东北全真道"作为研究对象，研究地域主要限于东北地区，研究范围主要是道教的全真派。时间上，上推全真道教传入东北之始，下限于中华人民共和国成立之前，约700余年，历金、元、明、清、民国五段历史时期。道派上，包括龙门派、金山派、华山派、蓬莱派、金辉派、尹喜派等全真道系属。内容上，以历史发展为线索，以宫观道士为主体，以宗教活动为内涵，力求勾勒和复原出东北全真道在历史上的完整面貌。

本书主要分为以下章节。

第一章，金代全真道初传东北考。金代以前，道教就曾在东北地区有一定的传播和影响。金代全真道兴起后，东北地区是其传播的重要区域。金正隆四年（1159），王重阳甘河遇仙，为全真道创立之始。大定七年（1167），王重阳东行弘道，收度了七大弟子，成为全真道早期的重要骨干。大定十年（1170），王重阳去世，其弟子相继嗣教，并分别在秦冀鲁豫等地修炼、传教。短短数十年间，全真道发展迅速，遍布黄河以北的大部分地区。而东北地区亦是全真道传播的重点地域，全真七子之一的郝大通、王处一曾亲自到达东北地区云游弘道，马丹阳、丘处机都曾指派弟子到东北弘教。金代晚期，全真道已经在东北地区有着广泛的传播，当时辽西一带建立有数百个宫观，收度门徒数千人，奉道官民数量众多，甚至很多信徒是举家奉道。

第二章，蒙元时期东北全真道的发展与繁荣。随着蒙古灭金，北方地区相继为蒙元所占。全真道在丘处机西行觐见之后，获得迅猛发展，东北地区的全真道在蒙元时代也获得了前所未有的发展。从传播地域来看，北京路大定府、利州、高州、惠州、建州、义州、瑞州、广宁、沈阳、懿州等地是全真道传播的中心。从传播路线来看，全真道初传辽西，逐渐向东推进，到元代中期后，辽东的沈阳、懿州地区亦成为全真道发展的重要地域。从发展阶段来看，蒙古占领东北到元代初年为第一阶段，东北全真道呈现快速发展的态势；元代中后期为第二阶段，东北全真道持续发展并出现普遍繁荣的状态。

第三章，明代东北全真道的沉寂。明代全真道普遍处于沉寂状态，东北地区亦如此。有史可考的只是一些零星片断。比如明初全真高道张三丰是辽东懿州人、明末龙门派马真一曾在东北活动、北镇庙等庙宇得以修复等。

第四章，清代民国东北全真道的复兴与繁荣。清代初年，全真道提倡严守戒律，一改颓敝之风，吸引了大批教徒，使全真道呈现中兴之景象。特别是全真道龙门派王常月公开传戒，弟子遍及南北，其门徒弟子又纷纷创建道院，开启律宗分支。至清中叶，龙门支派踪迹已遍及全国，成为全真道最大派系。明末清初，全真道龙门派开始传入东北地区。清顺治三年，辽宁铁刹山云光洞道士郭守真出山访道，云游到山东即墨县马鞍山聚仙宫，拜龙门派第七代李常明为师，后又到北京白云观受戒圆满，次年返回铁刹山。郭守真在铁刹山持戒修行，收徒弘道，又在沈阳建立三教堂，并派其徒众分往千山、平顶山、玄羊山、吉林、黑龙江等地弘道传教，使得东北地区的龙门派呈现出中兴景象。迨至清代中后期，东北地区龙门派宫观遍布，教徒众多，成为东北地区最主要的道教流派。龙门派及其他全真道宗派的传播和发展，使东北道教出现了全面繁荣的局面。

第五章，东北全真道著名宫观及道士举要。东北全真道在历史上曾建立有近2000座宫观，道士难以计数。其中著名者有沈阳太清宫、沈阳关岳庙、千山无量观、铁刹山三清观、喀左天成观、吉林蟠桃宫、辽源福寿宫、双城无量观、尚志太和宫等，这些宫观或为十方丛林制宫观，或为龙门派、金山派、金辉派的子孙庙，都是东北历史上的名观，规模较大，道众较多，影响深远。东北全真道在历史上曾出现过很多著名的高道大德，如沈阳太清宫的历任监院和方丈，著名者有赵一尘、魏永彩、谢宇寿、葛明新、纪至隐等，都曾对太清宫十方丛林和东北道教的发展产生过重要影响。

第六章，东北全真道区域性特征分析。东北地区的全真道是从关内传入，其传承的道统亦来自中原道教，东北道教是中国道教文化的重要组成部分。但是，全真道在东北地区长期传播和发展的过程中，由于历史、地理、风俗等各种因素的影响，或多或少带有一定的地域性文化的特征，表现出与关内道教有所不同的特色。如东北全真道的道派分布就很有特色，郭祖龙门派关东十四支是东北道教的最主要流派，加上其他全真支派如华山派、金山派、蓬莱派、金辉派、尹喜派，构成东北道教的六大流派。另外，东北全真道的宫观以子孙庙为主，十方丛林制宫观很少。而沈阳太清宫作为东北道教十方丛林的代表，在组织管理制度、传戒制度和经济状况等方面，都有一些自己的特色。

本书在内容上的突出特色和主要建树有：

（1）本书是第一部系统研究东北全真道的专著，对于东北地区全真道自金元到民国期间700余年的历史进行了全面梳理，并分阶段分专题进行了系统阐述。认为历史上的东北全真道经过三个发展阶段，即金元时期的初步传入与兴盛、明代的沉寂、清代民国的中兴与繁荣，这三个阶段基本与关内地区全真道的历史发展相一致。而全真道在东北地区的传播与发展，又与东北地区的政权更迭、边疆开发、民族文化的融合密切相关，并表现出一定的地域性文化特色。

（2）长期以来，学界重点关注全真道在华北和西北地区的传播，对于东北地区的全真道关注不够，而且对金元时期全真道在东北地区的传播状况基本一无所知。那么，本书通过对藏内外文献、碑刻考古的钩沉索隐，基本厘清了金元时期东北全真道的传播和发展脉络。认为全真道在金代末年初传东北，蒙元初期获得快速发展，元代中后期继续兴盛不衰。整个金元时代，东北地区的全真道与全国的全真道发展基本同步，元代全真道在东北地区出现了宫观林立、高道辈出、影响广泛、繁荣昌盛的局面。因此，金元时期东北地区是全真道传播与发展非常活跃的区域之一。

（3）清初郭守真住持辽宁铁刹山，开山阐教，成为东北全真道的初祖。郭守真的十四位弟子在东北地区建庙弘道，收徒传教，香火绵延，影响广布，成为东北道教的最主要流派。本书首次全面考证了郭守真一系龙门派关东十四支的传承谱系，对其历代道士、宫观分布、分支情况等都有细致深入的研究。

（4）学术界以前只对龙门派在东北的传播有所关注，而其他的全真道流派在东北的传播情况付之阙如。本书首次系统研究了全真道其他派别（如华山派、金山派、蓬莱派、金辉派、尹喜派等）在东北的传播和发展，对其历史源流、地域分布、社会影响等都进行了深度挖掘与研究。

第一章

金代全真道初传东北考

全真道是金代王重阳创立的新兴道教流派，金正隆四年（1159），王重阳甘河遇仙，为全真道创立之始。大定七年（1167），王重阳东行弘道，收度了七大弟子，称为全真七子，成为全真道早期的重要骨干。大定十年（1170）王重阳去世后，其弟子相继嗣教，并分别在秦冀鲁豫等地修炼、传教。短短数十年间，全真道发展迅速，遍布黄河以北的大部分地区。金代全真道创立不久，就传播到东北地区。早在1184年，马丹阳的门人刘真一就奉师遗命，前往北方弘道，来到平州、滦州、抚宁一带（今河北省东部和辽宁省西部），弘法二十余年，创建宫观三百区，收度门徒数千人。此后，七真之一的王处一又北上弘法，行程遍及北京、平州、滦州、瑞州等辽西地区，开创了全真道在东北发展的新局面。因此可以肯定，金代晚期全真道就已传入东北的辽西一带，并在这些地方建立了数百所全真道宫观，为蒙元时期全真道在东北的发展奠定了基础。

而全真道能够在东北地区落地生根，快速发展，与东北地区历史上一直存在的神仙信仰与道教文化的传播有着极大的关系。

第一节 金代以前的东北道教格局

一 五代以前的东北道教传播

东北地区历史悠久，民族众多。长期以来，中原文化就源源不断地输入东北，并与东北原有的民族土居文化相融合，形成了东北地区独特的文化个性。早在尧舜禹时代，全国划分为九个州，其中冀州和青州（后改名幽州和营州），已涵盖今辽宁西部和南部。夏商周时期，东北地区有肃慎、东胡、华夏等民族。春秋战国时期（前770—前221），燕国置辽东郡、辽西郡、右北平等郡，其管辖范围涵盖今辽宁省境大部地区，这是有史以来首次在东北地区建置设郡，因而今天的辽宁省地发现了大量燕文化的遗迹。秦灭燕占有东北，沿燕之旧，继续在今承德、赤峰一带设右北平郡，在今辽宁设辽西郡和辽东郡，并设辽东外徼以管辖今吉林、黑龙江两省及朝鲜半岛北部。在秦统治下，原居于今辽宁等地的夷人和燕人等族，均逐渐融合成为秦人的一部分。当秦亡汉兴之际，中原战乱，燕、齐、赵人大批进入东北地区和朝鲜半岛，从而带来了大量的中原文化，中原汉人的宗教信仰也随之而来。

两汉时期，在燕秦建置的基础上，仍设辽西、辽东、右北平三郡，并且增设有新的郡县。武帝元封三年（前108），灭朝鲜，分置乐浪、临屯、玄菟、真番四郡。魏晋南北朝时期，基本沿袭秦汉的行政建置，推行郡县制。这些郡县设置在今辽宁省境及朝鲜部分地区。对于生活在今吉、黑、内蒙古东部的东夷各族及鲜卑、乌桓等民族，另设东夷校尉、护鲜卑校尉、护乌桓校尉等进行管理。这些少数民族与中原王朝保持着进贡与隶属的关系。

秦汉以来，随着在东北地区设郡置县，以及海上交通的发展，大量山东移民渡海来到辽南一带，他们带来了中原的文化和习俗信仰。如近代以来在辽南地区发现了诸多汉墓，其宏伟规模和丰富的陪葬品都反映了汉代辽南地区经济的繁荣和文化的发达。其中，1931年发掘的大连营城子汉代壁画墓中的壁画则反映了羽化升仙等神仙信仰。画面中绘有羽人、方士、鸟、龙、祥云、灵芝等多种图案，墓主人由背有翅膀、手执灵芝、足踏浮云的羽人引入仙境。[①] 另外，在辽阳东门里汉墓壁画中，有风神飞廉和吉羊出现。学界对营城子墓葬推断为西汉末年以前，此时道教教团尚未建立，但这些壁画的内容反映了战国以来流行于燕齐地区的神仙信仰已在该地流传，说明道教的前身——方仙道已传入东北地区。

出土文物之外，传世文献亦对这类神仙信仰有所记载。晋干宝的《搜神记》就记载了辽东仙人丁令威："辽东城门有华表柱，忽有一白鹤集柱头。时有少年举弓欲射之，鹤乃飞，徘徊空中而言曰：'有鸟有鸟丁

---

① 关于营城子汉墓，参见陈相安、张敬《营城子汉代壁画墓》，《兰台世界》2000年第9期；陶莎：《论大连营城子汉墓壁画与"羽化升仙"思想观念的传播》，《大连民族学院学报》2010年第2期。

令威，去家千岁今来归。城郭如故人民非，何不学仙冢垒垒。'遂高上冲天而去。后人于华表柱立二鹤，至此始矣。今辽东诸丁，云其先世有升仙者，不知名字。"① 据载，汉代丁令威是辽阳刺史，因痛惜民众遭受洪水灾害之苦，私自动用了国库粮草赈济灾民，被朝庭问罪，临刑时，飞来一只仙鹤，将丁令威救走，驮着他飞到了太平府灵虚山去学道。那么，丁令威是辽东人，曾任辽阳刺史，他的故事就流传于辽东一带，后来被《搜神记》记载，从而广为流传，千古不衰。故事中记载的丁令威和他的先世也有升仙者，反映了汉代以来辽东地区神仙信仰的盛行。

此后，随着道教的建立与发展，道教文化也陆续传入东北地区。如高句丽民族长期生活在汉玄菟郡、乐浪郡、辽东郡的广大地区，自汉元帝建昭二年（前37）开始建立了高句丽政权，直至唐高宗总章元年（668）灭国，存世705年，传28个王。这个曾统治东北大部分地区、长达700多年的政权，自建立伊始，就隶属中原王朝，与中原王朝保持朝贡关系，因而不断地受到中原地区的政治、经济、思想、文化的影响。他们最初信奉儒教，后逐渐接受佛教、道教，在高句丽后期，形成了三教合一的思想格局。

道教正式传入高句丽，大概在唐代初期。据载，在高句丽王朝后期，国人争着信奉五斗米道。唐高祖听说这种情况，就于武德七年，即高句丽荣留王七年（624），派遣道士送来天尊像等。"唐高祖闻之，遣道士，送天尊像，来讲《道德经》，王与国人听之"②。第二年（625），荣留王"遣使往唐，求学佛老，唐帝许之"③。到高句丽宝藏王（642—668）即位之后，亦崇兴三教，其大臣盖苏文上奏曰："鼎有三足，国有三教。臣见国中，唯有儒释，无道教，故国危矣。"④ 宝藏王接受了这个建议，向唐朝请受道教。唐太宗派遣道士叔达等八人携带《道德经》应邀而往。国王大喜，把佛寺改为道馆，并将道士的地位置于儒士之上。总之，文献记载的荣留王、宝藏王尊崇道教已经是高句丽晚期了。但是从高句丽壁画中反映的内容看，道教对高句丽的影响或许还要早些。

---

① （晋）干宝撰，李剑国辑校：《新辑搜神记》卷一，中华书局2007年版，第39页。
② 一然著，[韩]权锡焕、[中]陈蒲清注译：《三国遗事》第三卷，岳麓书社2009年版，第235页。
③ 同上。
④ 同上书，236页。

668年，高句丽在唐军和新罗的夹击下灭亡。唐朝在东北地区设置了重要的军政管理机构，即安东都护府（668—761），管理范围包括辽东半岛全部、朝鲜半岛北部、吉林西北地区和朝鲜半岛西南部的百济故地，包括今乌苏里江以东和黑龙江下游西岸及库页岛直至大海。此后，唐朝在东北还先后设置了营州都督府、饶乐都督府、松漠都督府、渤海都督府、黑水都督府、室韦都督府等。以都护府、督都府、州、道等行政体制对东北进行行政管理，开发建设东北。

因此，唐朝在东北地区（包括今辽宁、吉林、黑龙江及内蒙古的部分地区）进行了全面而系统的政治建置，唐代主流文化直接辐射和影响了该地区，因此道教文化在这段时期大量传入东北。

大连金州区的响水观，普兰店市的三官庙、夹河庙、清泉寺等，据说都是始建于唐代的庙宇，历史上不断重修，直到民国时期仍然兴盛不衰。相传唐太宗东征时，曾在辽东一带留下众多遗迹和传说，很多庙宇就是这个时候修建的。如清泉寺的明代碑文中有"唐王建刹、吴姑重修"之记载，说明该寺始建于唐。

与此同时，在东北地区还建立有一个少数民族的政权，它们也受到盛唐文化（包括道教文化）的深刻影响。唐武后圣历元年（698），肃慎后裔粟末靺鞨首领大祚荣建立了地方政权渤海国（698—926），亦称震国。统治地区在盛时包括今吉林省大部、辽宁和黑龙江省部分地区、俄罗斯沿海州的南半部以及朝鲜半岛北部。设五京十五府、六十二州、一百三十余县，是当时东北地区的一个强国，被誉为海东盛国。渤海国受唐册封，与唐朝往来密切，大量地吸收盛唐文化。儒释道三教文化在渤海国都有传播，佛教尤为盛行。但在唐代皇室尊奉老子为始祖、尊崇道教为国教的背景下，渤海国也深受其影响，使得道教得以在渤海国流传发展。据有关文献记载，在渤海国的五京地区，道教盛行，男女道士及世俗弟子数量很多。道士、女冠在信徒中从事降魔治病、祈福禳灾等道教活动。

另外，渤海国有一位道士名李光玄者，因其撰有著作《金液还丹百问诀》[①]、《海客论》[②] 而留名于世，该书现存于《道藏》中。据载，他家

[①] 该书现存于《道藏》第4册，第893—903页。
[②] 该存现存于《道藏》第23册，第605—612页。

居渤海,有童仆数人,家积珠金巨万,但他不喜荣华,而是游历中华、新罗、渤海、日本诸国,寻真访道。遇真人授以服气导引之术,于是孤居海岛,修炼多年。继而寻游五岳名山,访求金丹之道,于嵩山遇玄寿先生,授以金液还丹之术。

那么,李光玄作为一个渤海国人,他抛弃家财,远涉重洋大山,寻真求道,这种行为应该说与道教文化在渤海国内的传播和影响有相当大的关联。

二 辽代东北道教

渤海国之后,东北地区又出现了一个少数民族的政权,即居住在辽河上游的契丹族建立的辽王朝(907—1125),辽王朝统治期间,东北道教出现了普及和繁荣的局面。

辽朝建国后,逐步消灭了周边的弱小部落,于926年,消灭了渤海国,基本统一了东北地区。而辽全盛时,几乎统治了整个中国北部。其疆域东北至今日本海黑龙江口,北至蒙古国中部的楞格河、石勒喀河一带,西到阿尔泰山,南部至今天津市的海河、河北省霸县、山西省雁门关一线与北宋交界,与当时统治中原江南的宋朝相对峙。辽朝作为少数民族的政权,虽然与中原地区常年征战,但在政治、经济、文化等方面,它却深受着中原汉文化的影响。

契丹贵族从建立辽朝开始就对中原的儒、释、道文化采取兼容并蓄的态度。辽初神册三年(918)五月,辽太祖"诏建孔子庙、佛寺、道观"。[1] 神册四年(919),耶律阿保机于"秋八月丁酉,谒孔子庙,命皇后、皇太子分谒寺观"。[2] 这些记载说明道教与儒、释同步传入辽朝,并取得了合法地位。

由于统治者的提倡,辽朝各主要京城[3]都建有道观。据《辽史》记载,辽朝的上京建有天长观,中京建有通天观。东京、南京寺观更多。史载景宗之三子齐国王耶律隆裕"自少时慕道,见道士则喜。后为东京留

---

[1] (元)脱脱等:《辽史》卷一《太祖上》,中华书局1974年版,第13页。
[2] 《辽史》卷二《太祖下》,第15页。
[3] 辽朝有五京,即上京(现内蒙古巴林左旗)、中京(今内蒙古宁城县)、东京(今辽宁辽阳)、南京(今北京)、西京(今山西大同)。

守，崇建宫观，备极辉丽。东西两廊，中建正殿，接连数百间。又别置道院，延接道流，诵经宣醮，用素馔荐献，中京往往化之"。① 而辽南京更是"坊市、廨舍、寺观，盖不胜书"②。那么，其中的上京、中京、东京地区，在历史上都属于东北，说明这些地方在辽代已经有相当多的道观和道士活动。在辽朝的其他州城，也有道士活动的记载。史载"四月八日，京府及诸州，各用木雕悉达太子一尊，城上昇行，放僧尼、道士、庶民行城一日为乐"。③ 这里虽说是佛教节日，但文中提到道士，说明诸州府是有不少道士的，所以才会将道士与僧尼、庶民作为三类人并列叙述。

据邢康先生考证，考古发现的一些珍贵辽代文物也反映了道教在辽地的广泛流传情况。如在赤峰、通辽的辽代墓葬中发现有四方神、门神的彩绘，以及王乔乘白鹤升天的彩绘瓷枕、袖上有羽状纹饰的乐伎仙女等。另在赤峰敖汉旗出土有一件陶质八角形宝珠状道教卜具，上有刻词曰："王子去求仙，旦成入九天。洞中方七日，世上几千年。仙列上中下，才分天地人。五行生五子，八卦定君臣。"④ 这些考古材料说明，道教在辽地确实曾经得以广泛流传。

道教作为辽朝的合法宗教，自立国之初就得到统治者的认可和扶植，到辽朝中后期，道教在统治阶层和下层社会都产生有广泛的影响，并出现了一些崇道的皇帝。如辽圣宗、辽兴宗两位皇帝，就雅好道教，并给予道教以极高的地位。史载辽圣宗"英辨多谋……释道二教，皆洞其旨"，说明圣宗对释道二教都很精通，不仅如此，他还经常出入宫观，观看道教活动，并将财物赏赐给僧道，授予道士以显要的官职。史载：圣宗统和四年（986），"冬十月……壬戌，以银鼠、青鼠及诸物赐京官、僧道、耆老"。太平元年（1021），"冬十月……庚申，幸通天观，观鱼龙曼衍之戏。翌日，再幸。"⑤ 太平五年（1025），辽圣宗授予道士冯若谷担任太子中允的官职。"夏五月……道士冯若谷加太子中允。"⑥ 太子中允是掌管皇太子侍

---

① 《契丹国志》卷十四，上海古籍出版社1985年版，153页。
② 《辽史》卷四十《地理志四》，494页。
③ 《契丹国志》卷二十七，251页。
④ 以上材料引自邢康《试论辽朝道教》，《昭乌达盟族师专学报》（哲学社会科学版）1988年4期。
⑤ 《辽史》卷十六《圣宗七》，第189页。
⑥ 《辽史》卷十七《圣宗八》，第197页。

从礼仪，审复太子给皇帝的奏章文书，并监管用药等事，那么道士冯若谷担任太子中允，对太子将来的执政方针是有一定影响的。果然，六年后，这位太子继位，就是辽兴宗，比其父王更加崇信道教。辽兴宗在位期间，不仅在政治上依赖道士，授予道士王纲、姚景熙、冯立等人以显赫的官职，所谓"王纲、姚景熙、冯立辈皆道流中人，曾遇帝于微行，后皆任显官"①。而且在个人生活上也喜好道教的仪式和方术。他经常出入道观，变服微行，甚至在宫廷中模仿道教仪式以取乐。史载兴宗"帝常夜宴，与刘四端兄弟、王纲入伶人乐队，命后妃易衣为女道士。后父萧磨只曰'蕃汉百官皆在，后妃入戏，恐非所宜'。帝击磨只，败面，曰：'我尚为之，若女何人耶？'"②这个故事说明，辽兴宗对道教的尊崇，已经达到一种痴迷的程度了。

总之，辽代诸帝尊崇道教，爱好道术，使得辽朝道教呈现出普遍繁荣的局面，如各京城及州府都有道士的活动，各地建立了不少道观，道教的经典被刻于石幢之上等。而东北地区作为辽朝的发源地和核心领土，同样受到中原文化的浸染，道教文化在这里亦表现出相当普及和繁荣的状态。

第二节 金代道教各派的创立与东北道教的传播

一 金代的新兴道派

金朝是女真族建立的一个政权，始建于1115年，建都会宁府（今黑龙江省哈尔滨市阿城区）。1125年灭辽，次年灭北宋。后迁都中都，再迁都至汴京（今河南开封），1234年灭亡，共经历10位帝王。金国是当时中国华北地区的一个强大政权，统一了包括黄河流域中下游在内的北方地区和东北，其全盛时代的统治范围为：东北到日本海、黑龙江流域一带；西北到河套地区；西边接壤西夏；南边以秦岭到淮河一线与南宋交界。

道教在唐代和北宋因最高统治者的支持而兴盛显贵，充当了统治者"神道设教"的工具。北宋灭亡后，中国北方长期处于异族政权统治之

---

① 《契丹国志》卷八，第82页。
② 同上书，第83页。

下，战乱频繁，民族矛盾空前尖锐。饱受离乱之苦的汉族地主知识分子及普通民众，都需要有新的宗教作为抚慰心灵创伤和安身立命的精神支柱。因此在金元时期，道教内部发生重大变革，先后出现了太一道、真大道、全真道等新兴道派。

太一道是卫州（今河南汲县）人萧抱珍（？—1166）于金熙宗天眷年间（1138—1140）创立的。该教奉祀太一神，传习"太一三元法箓"为人治病驱邪，流传于河南、山东、河北等地。

皇统八年（1148），金熙宗遣使召萧抱珍进京，为皇后驱鬼治病有验，大受赏识，敕赐萧抱珍所居卫州太一庵堂名为"太一万寿观"。金世宗大定六年（1166），萧抱珍在卫州去世。弟子韩道熙（1156—？）嗣掌教事，按教门规矩改姓萧。至大定二十六年（1186），萧道熙以教事传付王志冲，飘然而去，不知所终。他在位期间，太一教徒发展到数万人。三祖萧志冲（1151—1216）继位后，太一教徒众继续发展，第岁所传达数千人。四祖萧辅道（1191—1252）、五祖萧居寿（？—1280）掌教时，受到元朝统治者的大力支持。元世祖忽必烈常命萧居寿为皇室设醮，赐号"太一演化贞常真人"。六祖萧全佑、七祖萧天佑，皆得元朝所赐真人号。但自七祖之后，太一教掌教宗师的名字便不再见于史传。

真大道，又名大道教，是沧州人刘德仁（1122—1180）创立的，主张苦节危行，力耕而食，不妄取于人，不苟侈于己。这种勤俭朴实、安贫自足的教风，适应了战后经济恢复时期下层社会的需要，在河北一带流传颇广。大道教的迅速传播很快引起金国朝廷注意。大定初年，金世宗召刘德仁入居中都天长观，赐号"东岳先生"，以示褒奖。在朝廷保护下，大道教得以稳定发展。到刘德仁晚年，"传其道者几遍国中"。

大道教第二代祖师陈师正、三祖张信真、四祖毛希琮、五祖郦希成、六祖孙德福、七祖李德和相继掌教，教门势力继续发展。真大道第八祖岳德文（1235—1299）掌教时期，得到元室大力扶植，教门兴盛。至元二十一年（1284），元世祖赐岳德文"崇玄广化真人"称号，命他掌教于京师，统辖诸路真大道教，赐给玺书。元贞元年（1295），朝廷又加封真大道历代祖师，赏赐丰厚。这时真大道荣耀至极，教团亦随之大为扩张。正如虞集《真大道教第八代崇玄广化真人岳公之碑》中所记："西出关陇至于蜀，东望齐鲁至于海滨，南极江淮之表，皆有奉其教戒者。皆攻苦力作，严祀香火，朔望晨夕望拜，礼其师之为真人者如神明然。"①

在金朝初年出现的北方三大新兴道派中,全真道创立最晚,但其教制教义比太一道、真大道更为完备,对后世道教发展的影响也最大。

全真道创始人王喆(1112—1170),字知明,号重阳子,陕西咸阳大魏村人。他只做过小吏,因感怀才不遇,辞官归家,佯装疯狂。时值金朝倡修文治,对民间太一教、大道教予以承认。王重阳经过内心痛苦的追求,乃慨然皈依道教,从而创立了对后世影响深远的全真道。

正隆四年(1159),王喆自称在甘河镇酒肆中遇二位仙人,授以金丹真诀,遂弃家入终南山南时村修炼,在山中凿穴而居,号其居处为"活死人墓"。后来又结庐刘蒋村,修行传道。大定七年(1167),王放火焚烧茅庵,东出潼关,沿途乞化,前往山东,正式树起"全真"的旗号。先后在宁海、文登、福山、登州、莱州等地建立了五个群众性的教团"会"或"社"。随王重阳受教的弟子甚多,其中最著名的有七位:马钰(1123—1183),号丹阳子;谭处端(1123—1185),号长真子;刘处玄(1147—1203),号长生子;丘处机(1148—1227),号长春子;王处一(1142—1217),号玉阳子;郝大通(1140—1212),号广宁子;孙不二(1119—1182),号清静散人。这七大弟子即所谓的"全真七子",是全真道早期的重要骨干。

大定十年(1170),王喆在率领丘、刘、谭、马四大弟子返关途中死去。此后,七大弟子分别在秦冀鲁豫等地修炼、传教。

王重阳及其弟子们开创的全真道,是北宋以后最重要的道派之一。受晚唐北宋以来"三教合一"思潮影响,其在教义方面极力标榜"三教圆融"。在修持方面也反对道教传统的外丹烧炼和符箓驱鬼之术,而师法晚唐北宋以来流行的内丹方术,主张性命双修,特别强调以"识心见性"为修仙正途。

全真道在宣扬修真成仙的同时,还要求其信徒必须有克己忍辱、清修自苦精神。全真道祖师王重阳及七大弟子,大体都能保持这种自甘勤苦、安贫守贱的全真精神,以"异迹惊人,畸行感人"。全真道早期的庵观也多尚简朴,道士力耕而食。其丛林庵观制度多仿禅宗丛林之制,对不守清规的弟子有严厉的处罚条例。这种禁欲苦行精神和严执戒规的教风,是对

---

① 陈垣等:《道家金石略》,文物出版社1988年版,第831页。

唐宋以来官方道教结交权贵、奢侈腐化之风的革新。

全真教自祖师王重阳死后，其弟子马钰、谭处端、刘处玄等相继嗣教，教门有所发展，并引起了金廷的注意。大定二十七年（1187），王处一被召至京城，金世宗问以养生之道。次年，又召丘处机进京，并命他主持万春节醮事。翌年，世宗病重，特召王处一，王抵京后，世宗已崩。

金代皇帝的一再征召问道，抬高了全真道士的身价，助长了全真教团在民间的发展。尽管金朝统治者对全真道及其他道派的快速发展有所忧虑，一度下令禁止，但不久即解禁，且召见赐额，更甚于前。承安二年（1197），金章宗召见王处一，赐号"体玄大师"。次年，召见刘处玄，赐以观额五个。泰和三年（1201）、五年（1203），王处一两次被征召，参加为章宗祈嗣的"普天大醮"。泰和七年（1207），章宗元妃分赐王处一和丘处机道经各一藏。

贞祐南迁（1213）之后，金廷地盘局促，政治腐败，内外交困，而金与蒙古连年交兵，北方人民备受痛苦，辗转呻吟于刀兵血火之间，在这动乱的年代里，全真道迅猛发展，走向鼎盛阶段。特别在丘处机嗣教以后，因金元统治者的支持，使全真教迅速发展到全盛时期。

丘处机声望日隆，宋、金、元三方皆争相结纳。兴定三年（1219）冬，蒙古成吉思汗自西域乃蛮国派遣近臣刘仲禄、札八儿持诏召请。丘处机审时度势，慨然应命，乃于次年春率尹志平等十八位弟子启程西行。历时三年多，跋涉数万里，终于到达印度大雪山之阳（今阿富汗境内）。成吉思汗在行宫接见丘处机，设庐赐食，礼遇至隆，请问治国之方、长生久视之道。丘大略以"敬天爱民为本"、"清心寡欲为要"作为回答。成吉思汗大悦，称之为"仙翁"，命左右录其所言。次年二月，诏许东归，赐以礼物，诏令免除全真道赋税差役，发给丘处机金虎牌、玺书，命他掌管天下道教，又派甲士千人护送。1224年，丘还居燕京天长观。在京住持期间，丘建立八个教会，开坛说戒，大收门徒。在都名儒官绅无不争相结纳，或以诗贺之，或争献钱币，葺修宫观。丘之门徒李志柔、刘志源、宋德方、綦志远等亦四出修建宫观，刊刻《道藏》。全真道于是达到极盛，"教门四辟，百倍往昔"。1227年，丘处机病逝于燕京。在他身后，尹志平、李志常、张志敬等人继续掌教，教门仍然兴盛。元朝灭亡南宋之后，全真道又乘势渡江南传，踪迹很快遍及江浙闽鄂。

总之，在金代统治的黄河以北地区，陆续出现了太一道、真大道和全真道等新兴道派，这些道派在战乱频仍、民族矛盾异常尖锐的时代背景下，获得了快速的发展，而金朝统治者的宗教政策也以扶持为主，并利用宗教以稳定人心，从而在客观上也助长了道教的发展。

金朝是在灭辽伐宋的基础上建立起来的新王朝，这就决定它的宗教信仰必然会受到辽及北宋的影响。早在金熙宗时，道教便受到女真统治者的重视。皇统八年（1148），熙宗与皇后裴满氏在上京召见过太一教创始人萧抱珍。① 有金一代，对道教的发展基本采取了宽容乃至扶持的政策。据《大金国志》载："金国崇重道教，与释教同。自奄有中州之后，燕南、燕北皆有之"，"熙宗又置道阶、凡六等，有侍宸、授经之类。诸大贵人奉一斋施，动获千缗"②。道教本为中原深有影响的宗教，女真统治者自然要借宗教的威望抚定中原士庶，所以接见道首，沿袭教制，赐观赏号，表现出一种扶持的政策。在金代皇帝的扶持下，道教在金朝继续获得了较大的发展。

二　金代东北道教的传播

东北地区作为金朝统治者的龙兴之地，在经济和文化上都获得了快速的发展，尤其是中原地区的先进文化大量传入东北，其中道教的传播也在辽代的基础上获得了进一步的发展。金代东北地区道教已经呈现出宫观遍布、道士众多、活动频繁等特点。当时除了全真道在东北地区有所传播外（有关全真道的传播情况，详见下节），还有其他道派在东北活动并且产生了较大影响。如在金代上京地区（今黑龙江阿城），就有道教宫观太虚洞，著名道士曹道清曾在此活动，影响很大。考古实物《曹道士碑》就反映了金代上京地区道教的盛况。

《曹道士碑》是东北地区发现的唯一的金代道教碑刻，也是其现存最早的道教碑刻，原立于阿城县东南百余里之松峰山太虚洞内，现存阿城市文物管理所金上京博物馆。因该碑对于研究金代东北道教具有极其重要的意义，故将碑文转录如下：

---

① 王鹗：《重修太一广福万寿宫碑》（转引自陈垣《南宋初河北新道教考》，中华书局1962年版，第112—113页）。曰："皇统八年，熙宗闻其名，遣御带李琮驿召赴阙，悼后尤加礼敬，赏赉不赀，共为奏乞观额，敕以太一万寿赐之。"

② （宋）宇文懋昭撰，崔文印校证：《大金国志校证》，中华书局1986年版，第518页。

先生姓曹，讳道清，西楼□也。幼绝荤茹，无儿戏事，鲠介拔俗之□。甫冠辞亲就师，茧足千里，金源乳峰古洞居□，□大定之秋也。悟玉清隐文，以恬愉为务，以淡泊为心，粝食充肠，布衣蔽体，循大小于天倪，忘寿夭于彭殇，道尊行苦，羽流往往北面事之。逮承安□癸望日，凌旦告于众曰：吾解去□□凡而逝，春秋四十有几。其高第弟子康道进等，泣涕涟洏，临丧哀祭。三日形色不变，寻卜吉宅而安措之，会八月二十有九。太虚奉道清交素友哀请太清□□大师张洞明，作黄箓大□三昼夜□□□□五色结成□□□□天表昭示丕祥。噫！真人□质，悔恨俗眼不得□□□□□□□勒文于玄石，传于后世矣，其铭曰：

　　大道希夷　非视非听　若人观妙　果获明证

　　丹成九转　功陟三山　云卧天行　逸驾岂攀

　　高功张洞明　监斋高圆明　侍经苏守信

　　都讲郝洞翛　侍香王善贞　侍灯高一真

　　承安四年五月初五□虚崇道邑纠首提点郭彦温等□□①

此碑刻立于金承安四年，即1199年，是由安东进士刘杰遗撰文，玄菟道士赵玄明书写。根据碑文所载，道士曹道清约生活于金代大定、明昌年间，约公元12世纪中后期。曹道士是西楼人（金属临潢府，今内蒙古巴林左旗的一部分），大概20岁的时候投师学道，茧足千里，来到金源乳峰古洞（即现在的阿城市松峰山太虚洞）。曹道清在松峰山学道、传道二十余年，成为当地很有影响的一代大师，所谓"羽流往往北面事之"。他死后，弟子们及太虚崇道邑的信众为其办理丧事，并请来道教大师张洞明担任高功，举办黄箓大斋进行超度。参与黄箓大斋的道士有"高功张洞明、监斋高圆明、侍经苏守信、都讲郝洞翛、侍香王善贞、侍灯高一真"。所谓高功、监斋、侍经、都讲、侍香、侍灯，是指在道教仪式中担任六种职务的执事名称，这种道教斋坛上的"六职"安排，是与中原道

---

① 以上碑文转录自李克民：《金代曹道士碑文勘误及其书法研究》，《北方文物》1995年第4期，第37页。其中个别文字据现场拍摄的原碑数码照片改定。

教斋醮法事中的执事安排完全一致的①,说明金代阿城地区的道教不仅有宫观、道士,还有相当规范的斋醮仪式。

总之,此通碑文反映了金代黑龙江阿城松峰山一带道教活动的实况,说明了道教早在金代就传入黑龙江地区,并成为当地很有影响的一个教团。阿城地区在金代属于上京的所在地,金初都城在上京会宁府,上京作为政治中心,其经济、文化也得到快速发展,金朝政府尤其注重建立上京与外界的交通联系,《金史·太宗纪》:天会二年(1124),"始自京师到南京每五十里置驿"②。这条由京师通往南京(今北京)长达三千余里的驿道,纵贯东北松辽平原直达幽燕,成为金代东北陆路交通的干线。交通的畅通给金代的上京地区带来了经济的繁荣,也带来了中原的文化。所以金代上京地区的松峰山太虚洞内有众多道士活动及规范的斋醮仪式,也就不足为怪了。

第三节　金代全真道初传东北考

全真道初传东北的时间,是在金代晚期。此时全真道创立未久,但发展势头强劲。全真七子及其门徒四处弘道,并得到当朝统治者的尊崇,影响日益扩大。全真道传播地域从齐鲁冀陕向外扩散,在黄河以北的广大地区,几乎都有全真道的足迹。

但早期全真道在东北地区的传播史迹,史书中并无明确记载,资料极少,历代研究全真道的学者也几乎无人涉及。笔者通过爬梳藏内外文献及碑刻史料,找到一些早期全真道传入东北的零星资料,从而确认早期全真道曾经传播到东北地区,并且产生了一定的影响。

在全真道创立初期的七真时代,就制订了向外发展的计划,北方地区(包括东北)是全真传道的重点地域。因此,早在金代后期,全真道就已传入东北。具体而言,主要表现在以下方面,一是郝大通云游咸平,令高士王贤佐等人折服;二是刘真一布道平滦,立观度人;三是于通清弘道北

---

① 据《金箓大斋补职说戒仪》(《道藏》第9册,第74页)记载:建斋行道,应先设立高功、都讲、监斋、侍经、侍香、侍灯六职。

② 《金史》卷三,第49页。

京（今内蒙古宁城县）①，创建华阳观，成为辽西道教的传播中心；四是王处一阐道东北，大显神异，开创了东北道教的新局面。

一 郝大通云游咸平

郝大通（1140—1212），号广宁子，宁海人（今山东牟平）。1168年，师从王重阳学道。作为王重阳的七大高徒之一，郝大通主要在山东、河北一带传教度人，并开创了全真道华山派。著有《太古集》、《太易图》等。为北七真之一，羽化后被封为"广宁通玄太古真人"。

根据现有资料，郝大通大概是最早到达东北地区的全真道士。关于郝大通云游东北的资料有两则：一则为徐琰《广宁通玄太古真人郝宗师道行碑》，收于《甘水仙源录》卷二。碑曰：

  咸平高士王贤佐，占筮素精，见师推服，尽弃其学而学焉。由是技进，名动阙庭。②

另一则为元赵道一《历世真仙体道通鉴续编》卷三"郝大通"条所载：

  二十二年，居真定，每升堂讲演，远近来听者常数百人。有问答歌诗、周易参同演说图象，总三万余言，目曰《太古集》。后至咸平，与高士王绘贤佐游，贤佐相从亦常十数人，占筮之应十得八九，师则无不应者。由是贤佐辈皆神之，请当师席而受其秘义，贤佐因之名动阙庭。③

据上述资料所记，郝大通曾经云游到辽宁咸平境内，与咸平高士王贤佐交游。王贤佐对郝大通的占筮之术极其叹服，于是抛弃自己原先所学，而改拜郝大通为师，学成后技艺大进，名动朝廷。根据前后文，可以判定

---

① 若无特别说明，本书在讨论金元时期的道教时，提到的"北京"均为金元时期的地名，即今内蒙古宁城县。
② 《道藏》第19册，第739页。文物出版社、上海书店、天津古籍出版社联合出版，1988年版。以下所引《道藏》，均为同一版本。
③ 《道藏》第5册，第431页。

郝大通云游咸平的时间在大定二十二年（1182）与其卒年（1212）之间。

又据时人记载，王贤佐确实是名动朝野的一位高士。金元间著名文人元好问曾撰有《王玄佐小传》，曰：

> 贤佐，一名玄佐，名浍，咸平人。为人沉默寡欲，邃于易学，若有神授之。又通星历、谶纬之学。明昌初，德行才能，召至京师，命以官，不拜。朝廷重其人，授信州教授，未几自免去。再授博州教授。郡守以下，皆师尊之……贤佐弃官，遁归乡里。宣宗即位，闻其名，议驿召之，以道梗不果事。驾南渡，人有自咸平来者，说贤佐年六十余，起居如少壮人。宣宗重其人，常以字呼，遣王曼卿授辽东宣抚使，不拜……辽东破时，年九十余矣。①

又，元人杜本编《谷音》，辑有宋元间逸民诗百首，其中就有王玄佐所作诗六首，并有作者的简要介绍，曰：

> 浍博学醇行，博州刺史迎为师，教授弟子百余，贞佑中，就拜宣抚辽东，宰相累书请浍之镇，浍不应，浮海遁去。②

据上所载，王贤佐又名玄佐，一名浍，辽东咸平人。精于易学，又通星历、谶纬之学，朝廷累召不仕，隐居咸平，为金元间之著名隐士。这与郝大通交游的咸平高士王贤佐同为一人无疑。

这里提到的咸平，应指金代的咸平府，位于今辽宁开原。金代咸平府本为高丽铜山县地。辽代设咸州安东军。金初设咸州路，天德二年（1150）八月，升为咸平府，后又兼本路兵马，为总管府，领县八。金代咸平府，即今辽宁省开原县的开原老城。③

开原县位于辽宁省之北部，说明郝大通曾经云游到辽宁北部地区。尽管没有郝大通在此地创立宫观的记载，但从郝大通令咸平高士王贤佐等人

---

① （清）张金吾编：《金文最》卷一百十四，北京：中华书局，1990，1640页。
② （元）杜本《谷音》卷上"辽东王浍玄佐"条，《景印文渊阁四库全书》第1365册，上海古籍出版社1987年版，第594页。
③ 参谭其骧主编《中国历史地图集释文汇编·东北卷》，中央民族学院出版社1988年版，第169页。

折服的叙述中，我们可以推测他已经度化了部分信众。而其咸平之行所经过的辽西地域，恐怕也有不少度化显异之事。郝大通在东北地区的云游，开启了全真教弘道东北的先河。

二 刘真一布道平滦

刘真一（？—1206），号朗然子，山东登州黄县人。据《终南山祖庭仙真内传》卷上"刘真一"条载：其家世为黄县之巨族，"父祖以儒学起家，积德奉道，乡里所称"。刘真一本人也是儒士出身，"读书日记数千言，辞源浩瀚，弱冠间试艺春官，得占高甲，时人以解元呼之"。① 刘真一因为得泄泻之疾，百疗不效，经王重阳祖师治疗后，逐渐康复。于是，刘真一于1170年到达陕西终南刘蒋村，礼马丹阳为师出家。奉侍既久，得付玄旨。大定二十二年（1282），随马丹阳回山东。1183年，马丹阳即将羽化，临终前嘱咐刘真一到北方弘道。

  癸卯冬（1183）丹阳将羽化，召先生嘱之曰：汝等要作神仙，须要积功累行。纵遇千魔万难，慎勿退堕……又曰：汝缘在北方，可往矣。②

马丹阳羽化之后，刘真一遵照先师临终嘱咐，开始了北方弘道之旅。

  丹阳既升仙，迤逦北游平滦之境，所至请益者，户外屡满。一日至抚宁县，爱其山水佳胜，筑重阳观居之。厥后度门众数千余辈，靭官观大小仅三百区。北方道风洪畅，先生阐扬之力居多。至泰和丙寅岁二月初六日，召入室弟子邱道明等曰：吾其归矣……须臾，翛然假化。平昔所作歌诗目曰《应缘集》行于世矣。③

刘真一活动的地方，主要在平州、滦州、抚宁等地，即现在的河北省东北部与辽宁省西部一带。平州，北魏天赐四年（407）置。治所在肥如

---

① 《道藏》第19册，第521页。
② 同上。
③ 同上。

(今河北卢龙北)。唐代移治卢龙(今县)。辖境相当今河北省陡河流域以东、长城以南地区。滦州,天赞二年(923)分平州地置滦州永安军,属平州节度使,是为滦州建置之始。1126年,金灭北宋,置路、府、州、县,滦州属中都路。嗣后,因地理位置险要,改滦州为节度使。辖义丰、石城、马城、乐亭四县及榛子镇、新桥(今乐亭沿海区)二镇。抚宁,商、周为孤竹国地,战国时为燕之辽西郡,西汉时属右北平郡,东汉时为临渝县,唐武德二年(619)始称抚宁县。辽时,抚宁为辽地,西半部属平州卢龙县,东半部属润州海阳县,州、县治在今海阳。金灭辽后,抚宁又为金地,金大定二十九年(1189)复设抚宁县治,东部属瑞州海阳县。总之,从平、滦、抚宁的历史地理来看,当属于今河北省东部与辽宁西部交界处,此地属于辽西走廊的最西端,位处华北通往东北的交通要道,是全真道进入东北的前沿地带。

刘真一作为马丹阳的嫡传弟子,又是儒士出身,颇有弘道才华。他大概于1184年开始北游平、滦,布道一方,所到之处,户外屦满。后来到抚宁县,创建重阳观居住,直到泰和丙寅岁(1206)羽化。刘真一在平、滦、抚宁等地居住了20余年,弘道度人,创建大小宫观300座,度徒数千人,使得此地成为全真道的一个重要传播基地。所谓"北方道风洪畅,先生阐扬之力居多"。

刘真一在平、滦等地的布道传教,是早期全真道传播东北的重要事件。虽然郝大通曾到过辽宁北部的咸平,但他没有建立宫观和广度弟子,因此他的咸平之行只能说是云游,并没有在东北开展大规模实质性的传道活动。而刘真一自1184年开始北游,在平、滦等地布道二十余年,收度了数千个弟子,建立了300个宫观,这样的业绩可以媲美全真道在任何一个地方的发展。因此可以说,刘真一是全真道在东北立观弘道的第一人。正是刘真一及其弟子们的努力,全真道在金代后期即已传入东北的辽西地区,并在此地扎根发展,产生了广泛的社会影响,并为全真道在东北的进一步发展创造了良好的社会基础。

刘真一在北方传道二十余年,门徒众多,这些弟子们亦四处弘道,使得辽西一带成为全真道传播的重镇。例如,刘真一的徒弟杨至道在惠州(今河北平泉)、景州(今河北景县)等地修炼,得到当地官员和民众的尊崇,为之创建了太清观、开阳观等,使得全真道传播到惠州、景州等地。

张本《修建开阳观碑》载：

  通玄姓杨，讳至道，滦州马城县之灵泉人。其师号通玄，前金之赐书也。自明昌庚戌改衣入道，朗然先生之所引度也。①

"明昌庚戌"即1190年，"朗然先生"即朗然子刘真一。杨至道为滦州马城县人，1190年正是刘真一在滦州等地弘道之年，所以杨至道拜刘真一为师，改衣入道。此条资料与上述刘真一的传记可互相印证，说明刘真一弘道平滦之不虚。另外，该碑记载了杨至道兄弟六人，其中四人皆为道士，大概都是礼刘真一为师。这条资料反映了全真道在北方传播，往往是全家入道的事实，也可以印证上述传记中提到刘真一"度门徒数千余辈"是可能的。

  杨至道在刘真一身边学道三年后，开始四处云游，先到达武清（今属天津），居于圜堵三年。然后经过惠州（今河北平泉附近），在灵岩凿穴作洞，十年洞成，泉水出，称为滴水洞。泰和丁卯岁（1207），惠州神山县的官属耆德，赞赏他的志操，邀请他到境内，为建太清观居住。贞祐改元（1213），又云游于兴平之间（今辽西一带）。1217年，功德主燕京行省参谋国家奴、景州牧王仲温倅陈玫、润州牧李济暨诸僚佐，奉地一块，听其耕凿卜筑。杨至道带领徒众，披荆斩棘，不到十年时间，建成一座雄伟宫观，内有三清正殿、云堂香房、果林蔬圃，并且开垦田地十余顷，足以供观中数百徒众生活之所需。宫观建成后，丘处机赐名"开阳观"。杨至道为人推诚，开阳观建成后，广纳往来羽流，远近受业者三百余人。壬辰岁（1232），卒于观中。

  从杨至道的生平可以看出，他出家于滦州，主要活动地点在武清、惠州、兴平、景州等地，其中惠州、兴平在辽西一带，景州在河北东南部。那么，杨至道作为刘真一的弟子之一，其在辽西一带的长期活动，扩大了全真道的影响，推动了全真道在东北地区的进一步传播。

三 于通清弘道北京

  于通清（1162—1217），字泰宁，道号真光子，河东隰州人。他是马

---

① 《道藏》第19册，第804页。

丹阳和丘处机之高徒，遵丘处机之命，于金章宗年间（1190—1195年在位）前往北京弘道，成为早期进入东北地区的全真道士之一。

据元李道谦《终南山祖庭仙真内传》卷上载，大定己亥岁（1179），于通清前往终南山祖庭，拜马丹阳为师，屡得仙法秘诀。明昌辛亥（1191），随从丘处机到山东栖霞太玄观居住数载。后来，丘处机指派他到北方弘道。

> 又数载，长春进而前曰：圣贤教门，方欲开阐，汝可分适北京等处弘扬吾道。遂授以亲翰，付畀教法。先生承命，至霫都环居三载。其神光屡见，僚庶敦请出环。参玄问道者不可胜计，莫不虚往而实归。厥后道缘日兴，度门弟子逾千人，唯卢柔和、丁至一为入室僚庶。选京城东北隅爽垲之地，筑华阳观奉之。先生亦自号涂阳隐士。大安己巳（1209），玉阳真人仙仗北来，馆于观下。无何，挈先生至燕都，保赐紫衣师号。①

据上所载，于通清奉丘处机之命，北行弘道，到达了当时金朝的北京路大定府，即现在的内蒙古宁城县。于通清在霫都环居三载，神光屡见，于是被请出环，参玄问道者不可胜计。此后道缘日兴，度门弟子逾千人，著名者有卢柔和、丁至一等人。其弟子在京城东北隅选择一块地方，为他创建了全真道在北京的第一座宫观——华阳观。

正如前文所介绍的，北京指的是金朝的北京路，也即辽代的中京。中京是辽代中期建立的陪都，辽统和二十五年（1007），建中京大定府，城址在今内蒙古宁城县大明城。金初仍辽旧称，贞元元年（1153）改称北京路。于通清约于1195—1209年间，在此弘道十几年，建立华阳观，度弟子千余人。

于通清在东北弘道，成绩斐然，1209年王处一到达北京华阳观后，非常满意，于是将于通清带回燕都（今北京），向皇帝保赐他紫衣师号等。1214年，丘处机又召他回到栖霞的太虚观，让他主持观事。1217年，于通清仙逝。总之，于通清作为马丹阳、丘处机之高徒，很好地贯彻了丘处机的弘教思想，把北京路开辟成全真道的重要道场。其所建立的华阳观

---

① 李道谦：《终南山祖庭仙真内传》卷上，《道藏》第19册，第523页。

成为东北名观,并成为后来全真道士北上弘法的一个重要基地。

关于北京华阳观,史料记载极少。依据零星数据,华阳观大概建立于金代泰和年间(1201—1208),位于北京路大定府的东北隅。华阳观是早期全真道在东北建立的重要道观之一。此后,王处一、尹志平等北上弘道,都曾居住华阳观。

于通清的北京弘道及其开创的北京华阳观道场,对后世道教影响很大。其弟子卢柔和继任为华阳观住持、北京路道录,亦成为当时的一代尊师。著名道士李志方和王志坦都是卢柔和的弟子,其中,王志坦还成为元代全真道第五代掌教大宗师。

关于卢柔和的生平,史料较少。高鸣《崇真光教淳和真人道行之碑》中有一段介绍:

> (王志坦)甫及冠,即着道士服,师北京卢尊师。师乃丹阳马公之法孙,洞清于公之高弟也,时以道录居京之华阳宫。卢素严厉,少忤辄责诮之,殆若官府然,故居门下者鲜克终。[①]

这里提到的北京卢尊师,即卢柔和,他是于通清的徒弟,马丹阳的徒孙。王志坦(1200—1272)及冠之年(约1220)拜卢尊师为师,此时卢柔和担任北京路道录,居住在北京华阳宫。这里提到的"北京华阳宫",就是于通清开创的北京华阳观,现在已经升格为华阳宫了。史载卢柔和一向严厉,在他门下的弟子大都受不了责骂而离开,但是王志坦却侍奉唯谨,这种厉言苦行的训练最终成就了王志坦的玄门大宗师地位。

王志坦(1200—1272),字公平,号淳和,相州汤阴(今属河南)人。初出家于北京华阳观,拜卢柔和为师。曾长期在辽西地区活动,对于东北道教的传播贡献颇多。有关王志坦的活动,下文再述。

四 王处一阐道东北

继郝大通、刘真一、于通清之后,另一位全真高道、全真七子之一的王处一又北上弘法,在辽西地区游历一圈,大显灵异,开创了全真道在东北发展的新局面。

---

① 《道藏》第19册,第776页。

王处一（1142—1217），字玉阳，宁海人（今山东牟平）。1168 年，拜王重阳为师，为全真道早期的重要骨干，北七真之一。金世宗、章宗年间，多次召见问道，对答称旨。泰和七年（1207），元妃赠《玄都宝藏》一部。1217 年仙逝。元至元六年（1269）赐赠"玉阳体玄广度真人"。

王处一作为全真七子之一，尽管长期活动于山东地区，但也不失时机地出外弘道。金世宗、章宗年间的多次召见，使他名声大震，信徒众多。从 1209—1210 年间，王处一多次北上弘法，他所到达的地方有蓟州遵化县（今河北遵化县）、北京（今内蒙古宁城县）、玉田县（今河北玉田县）、滦州（今河北滦县）、昌黎县（今河北昌黎县）、瑞州海阳县（今辽宁绥中县）等，这些地方大致就在今河北、内蒙东部与辽宁西部一带，从历史地理来看，主要归属于东北地区。

据《七真年谱》、《体玄真人显异录》、《云光集》、《历世真仙体道通鉴》等道书记载，王处一的北行路线大致如下：

大安元年（1209），应缘北迈，到达蓟州遵化县。

  同年七月十四日，应参政宇术鲁之请，居北京华阳观，祈雨沾足。
  七月，治疗按察副使之母多年痼疾。
  八月中秋，回都城太虚观。

大安二年（1210）夏，在蓟州玉田县玉清观住夏，设醮祈雨。

  同年，到达滦州，答门人刘悟真问疑心。
  同年，到达平州昌黎县高真观，驱除前县尉宅中邪精。
  同年十月，在瑞州海阳县修下元黄箓大醮，鸾鹤集坛。

王处一在北行期间，一路上设醮祈雨、治病救人、驱邪去精、超度亡魂，灵异频现，受到沿途官民的热烈欢迎。王处一所到之处，不断有官民捐建宫观，施钱舍财，拜师入道，全真道门徒和信众的数量都大为增加。可以说，王处一此行极大地推进了全真道在东北的传播，开创了全真道在东北发展的新局面。

王处一东北阐道的贡献主要表现在两个方面：一是化度地方官员入

道，扩大了全真道的社会影响和经济实力。二是设醮灵验、立观度人，建立了广泛的群众基础。三是与全真门徒诗歌酬答，培养了一批年轻的道徒。

在王处一化度的东北地方官员中，北京按察使孛术鲁可能是最早入道、时任官阶最高的官员。王处一到北京华阳观祈雨也是受到孛术鲁的邀请而致。

《七真年谱》曰："玉阳真人七月十四日至北京，应孛术鲁参政之请也。"①

《体玄真人显异录》载：

> 时北京大旱，按察使久佩师旨，训名尊道，及屡尝祷师有应。是时复知在于遵化，即选差在京奉道商四官人赍书邀请。师闻之，不能辞避，应命而往，于七月十四日到北京。使与诸官及应系乞雨数千人参拜毕，使亲为祗待。翌日清旦，使复率众，师前焚香致祷曰：此方旱及五旬，苗将槁矣，愿垂慈造，俯慰群情，幸甚幸甚。师曰：用得一尺水否？众相顾而无言。十七日果雨，地方千里，皆及一尺。官民佥议作谢雨醮复罢。师将离京，倾城相饯。使曰：此别之后，再会未可期也。师即云：都下。使归而思忖：到任未及两月，何有都下之期？师于中秋届都城太虚观，不数日，使任太子詹事，果会于此。②

可见，北京按察使孛术鲁早已拜师王处一，并被授予"尊道"之号。大安元年北京大旱，孛术鲁邀请王处一前来设醮祈雨。在整个修醮过程中，孛术鲁都是恭敬有加，并亲自带领乞雨者数千人参拜。王处一祈雨成功后，得到了全城官民的感谢。等他离京时，倾城相饯。可以说，正是由于按察使孛术鲁的信奉，才使得王处一的北京之行成效显著。

在北京期间，王处一又化度了另一位高级官员，即按察副使乌林答。《体玄真人显异录》载：

> 师在北京华阳观，有按察副使嘉议大夫素以刑政酷虐，世号为半

---

① 《道藏》第3册，第385页。
② 《道藏》第11册，第8页。

截剑。事亲颇孝。因母染患数载，千方弗验……遂往拜师，乞余食。师乃授之。回馈于母，食之，沉疾陡痊。翌日请师本厅，朝服设拜，捻香跪启曰：仆之好善，始于幼岁。自及第为官，恐妨王事，固不宜使人知也。比年屡任斯职，至于关西、山东、河南、海北，靡不遍经，尝访以释门，据所亲见，皆泛泛之徒，无可师者。今幸遇真人，乞垂法训，永奉宗师，结出世之因缘也。师训名清质，号开真子。稽首拜谢毕，斋供茶果，留连抵暮，送师还观……翌日，副使乌林答清质纠集京城善众，议修黄箓醮，众欣然而诺。

按察副处乌林答原本不信神异之事，这次因为王处一治好了其母亲的沉年疾患，而对王处一信奉有加，乞求拜师，于是被训名为清质，号开真子。按察副使乌林答的奉道带来了极大的社会效应，次日，乌林答又纠集京城善众，议修黄箓醮，众人欣然同意。这样，王处一在北京期间，不仅化度了按察使、按察副使等高级官员，而且通过祈雨灵验、治病设醮等方式，使北京全城官民产生敬奉之心，奉道入教者自然不在少数。

在平州昌黎县，王处一又化度了另一个地方官员。《体玄真人显异录》载：

师到平州昌黎县高真观，在城有前县尉赋性刚劣，素不信善，忽淹重疾，俯仰逾年……闻师在观，令人抬诣师前，师叱去扶人，乃疑而未舍。再怒叱，方舍而退。病者悉能独立。师令近前，又能行步。似瘳半矣。师以自食余物授之，亦乃食尽。良久轻健若无病之时也。师为祝水一瓶，书符一道，教其用度。礼谢而归，依命贴符于堂中，实时鬼怪现形……从此宅静人安。翌日，挈家诣师，焚香拜谢曰：一生性僻，刚劣不仁，岂知道门有如此奇事邪。遂大施钱财，修建高真观，化在城二百余家尊崇道教。①

昌黎县前县尉原本赋性刚劣，素不信善，但在家门遭遇鬼怪和重疾、百治无效之后，求助于王处一，王处一祝水一瓶，书符一道，就使鬼怪现形，宅静人安。这样的灵验奇事使前县尉拜倒在王处一门下，于是"大

---

① 《道藏》第11册，第11页。

施钱财，修建高真观，化在城二百余家尊崇道教"。

平州昌黎县原本是刘真一曾经活动的地方，高真观大概也是他创建的三百个宫观之一。但是刘真一于1206年去世后，这里的道风似乎有所衰颓。1210年，王处一到达后，大大改变了原有的状态，尤其是化度了前县尉，使全真道的势力蓬勃发展起来。前县尉信道后，不仅大施钱财，重修了高真观，而且利用前县尉的影响力，化在城的二百余家都信奉道教，这样使得全真道在该地区的影响变得全面而久远。

王处一的东北弘道，是在刘真一、于通清之后，并利用了他们已经建立起来的基础，比如说王处一居住的北京华阳观，就是于通清在北京期间创建的，而滦州、平州等地，也是刘真一主要活动的地方。尽管如此，王处一的到来，对于弘扬全真道又起到了推波助澜的作用。因为，王处一作为全真七子之一，声望隆高，灵异良多，其所到之处，一再掀起信众的热情。而且，王处一注重发展地方官员奉道，官员入道所造成的示范效应和社会影响是巨大的，所以说王处一的到来，开创了东北全真道发展的新局面。

王处一在东北弘道的另一个贡献，是他注重提高门徒的道教素质。在他所著的《云光集》中，收有多首诗歌，是他北上弘法期间所作，内容是对门徒的告诫或者回答信徒疑问，反映了王处一对门徒的培养。

《云光集》卷二记载，在宗州海阳县（今辽宁绥中）有奉道信徒张二郎出己钱财购买了观额和度牒，请求王处一委派一名知观。于是王处一就派自己的滦州门人魏志明充当，并写了一首诗《戒魏志明》：

  戒付滦州魏志明，体天布德顺缘行。清心建立诸方所，救物哀人道自成。[①]

这首诗反映了王处一"体天布德、救物哀人"的思想，也反映了王处一对于门徒的谆谆教导。类似的诗篇还有多首，如《化玉田县田先生》、《门人刘悟真问疑心》、《上京刘朝真索》等，都体现了王处一以诗答疑、化度信徒、培养门人的一贯做法。

[①] 《道藏》第25册，第669页。

五 小结

金正隆四年（1159），王重阳甘河遇仙，为全真道创立之始。大定七年（1167），王重阳东行弘道，收度了七大弟子，成为全真道早期的重要骨干。大定十年（1170），王重阳去世，其弟子相继嗣教，并分别在秦冀鲁豫等地修炼、传教。短短数十年间，全真道发展迅速，遍布黄河以北的大部分地区。而东北地区亦是全真道传播的重点地域，全真七子之一的郝大通、王处一曾亲自到达东北地区云游弘道，马丹阳、丘处机都曾指派弟子到北方弘教。金代晚期，全真道已经在东北地区有着广泛的传播，当时辽西一带建立有数百个宫观，收度门徒数千人，奉道官民数量众多，甚至很多信徒是举家奉道。

早在1184年前后，马丹阳的门人刘真一就奉师遗命，前往北方弘道，来到平、滦、抚宁一带（今河北省东部和辽宁省西部），居住此地布道弘法二十余年，创建宫观三百区，收度门徒数千人。1195年前后，马丹阳、丘处机的高徒于通清又奉丘处机之命，前往北京（今内蒙古宁城县）弘道，于通清创建了北京华阳观，弘道十余年，使北京地区成为全真道的重要基地。此后，1209年、1210年，七真之一的王处一北上弘法，行程遍及北京、平州、滦州、瑞州等辽西地区，所到之处，祈雨治病，灵异频现，再次扩大了全真道的影响，开创了全真道在东北发展的新局面。

从现有资料来看，金代全真道在东北地区的传播，主要表现出如下特点：

一是传播地域主要集中于辽西地区。如北京路大定府、利州、惠州、平州、滦州、瑞州等地，这些地方建立了数百所全真道宫观，著名者有北京华阳观、惠州神山县太清观、平州昌黎县高真观、抚宁县重阳观等。这主要是由于当时的辽西地区与全真道传播的热点区域中都路、西京路（即现在的河北、北京、天津、山西等地）接壤，故而北京路可得风气之先，成为全真道进入东北的首传和必经地带。

二是传播人物多是著名的道教大师。在王重阳的七大高徒中，有"四真"曾经关注或亲自到达过东北。如郝大通、王处一亲自北游弘道，马钰临终遗命高徒刘真一到北方阐教，丘处机派弟子于通清往北京布道等。他们都是当时道教界的著名人物，是全真道的骨干力量。这些道教大师奔赴北方弘道，反映了七真时代形成的北上传教的发展战略。如马丹阳临终前就对刘真一说："汝缘在北方，可往矣。"① 丘处机也对弟子于通清嘱咐："圣贤教门，方欲开阐，汝可分适北京等处弘扬吾道。"② 丘处机明确提出要于通清到北京（今内蒙古宁城县）等处弘道，说明他已经看中了北京在当时所处的重要交通和战略位置。正是由于祖师们的战略眼光，和骨干弟子的弘道热情，故全真道创立未久，就开始传入东北，并在金代晚期就已形成广泛的传播和影响。

  三是传播对象涉及社会各阶层。全真道在东北地区的传播，与其他地区相似，其传播对象既有高官显要，也有绅商士人，更有大量普通民众。如全真七子之一的王处一就特别注重度化官员入道，当时北京路最高军政长官按察使孛术鲁、按察副使乌林答以及昌黎县前县尉等人，都成为王处一的门下弟子。在这些官员的带动和影响下，其手下僚属及普通百姓的信道热情高涨，大批官民入道。如昌黎县前县尉就大施钱财，修建高真观，化在城二百余家尊崇道教。总之，在众多全真高道的努力下，金代晚期全真道已经在东北地区广泛传播，当时辽西一带建立有数百个宫观，门徒数千人，奉道官民数量众多，甚至很多信徒是举家奉道。

  东北地区作为早期全真道流播的重要地域之一，其在传播道法、培养人才、社会影响等方面都有着重要的历史地位。而金代晚期全真道在东北的传播和发展，为蒙元时期东北全真道的繁荣奠定了基础。随着蒙古灭金，北方地区相继为蒙元所占。全真道在丘处机西行觐见之后，获得迅猛发展，东北地区的全真道在蒙元时代也获得了前所未有的发展，出现了宫观林立、高道辈出、信徒云集的兴盛局面。

---

① 李道谦：《终南山祖庭仙真内传》卷上，《道藏》第19册，第521页。
② 同上书，第523页。

第二章

蒙元时期东北全真道的发展与繁荣

蒙古族是长期生活于蒙古高原的游牧民族，部落众多，原为金国的臣属民族。金朝末年，随着金国的衰落，蒙古的势力开始壮大起来。金泰和六年（1206），蒙古族领袖铁木真被各部落推举为"成吉思汗"，建立政权于漠北，蒙古汗国成立。

蒙古国成立后，不断发动侵略战争扩张其疆域。1218年灭西辽，1219年西征中亚，1227年灭西夏，1234年灭金国，1241年一度逼近欧洲腹地，1246年招降吐蕃，1253年灭大理。至元八年（1271），蒙古大汗忽必烈称帝，改国号为"大元"，正式建立元朝，1279年灭宋，统一全国。

自蒙古汗国崛起以讫元代初年，中国境内都是烽火连绵，铁骑纵横，东北地区尤其首当其冲。太祖九年（1214），蒙古大将木华黎受命统军进攻辽东、辽西。次年，平东京（今辽阳），陷北京（今内蒙古宁城县西），继取锦州等城，辽西地区尽为蒙古所占。太宗三年（1231），出征高丽，攻下受、开、龙、宣、泰、葭等十余城。高丽惧，遣子为质请和，战事稍息。至此，蒙古已基本平定东北地区，于是封赐战功卓著的吾也而（一名乌叶儿）大将为北京、东京、广宁、盖州、平州、泰州、开元府七路征行兵马都元帅，统辖东北地区。

金末元初的长期战乱，使东北地区遭受严重毁坏，城池变为废墟，人口急剧减少，大片良田陷于荒芜，社会生产遭到严重破坏。在战乱频仍、动荡不安的时代背景下，东北地区的全真道却较早从战火的废墟中崛起，获得了快速的复苏和发展，并在蒙元时期表现出相当兴盛的景象。

东北地区全真道的兴盛，是与蒙元时期全真道的整体繁荣密切相关，也与蒙元的宗教政策有关。全真道在丘处机西行归来后，由于蒙古统治者的尊崇，获得了迅猛的发展，出现了繁荣鼎盛的局面。

1219年，丘处机带领十八大弟子西行觐见成吉思汗，获得蒙古统治者的高度赞赏。次年，丘处机东归，诏令免除全真道赋税差役，命他掌管天下道教。1224年，丘还居燕京天长观。在京住持期间，丘建立八个教会，开坛说戒，大收门徒。丘之门徒亦四出修建宫观，刊刻《道藏》，全真道于是达到极盛。1227年，丘处机病逝于燕京。在他身后，尹志平、李志常、张志敬等人继续掌教，教门仍然兴盛。

关于全真道发展的盛况，立于元宪宗四年（1254）的《清虚宫重显子返真碑铭》称："夫全真之教兴，由正隆以来，仅百余载。以九流家久且远视之，宜若滥觞而未浸也。今东尽海，南薄汉淮，西北历广漠，虽十庐之聚，必有香火一席之奉。"①

金元好问（1190—1257）于1233年撰写的《紫微观记》也有类似的描述："故堕窳之人，翕然从之。南际淮，北至朔漠，西向秦，东向海，山林城市，庐舍相望，什百为偶，甲乙授受，牢不可破。"②

上述碑文记载了全真道在13世纪上半叶的传播状况，可以看出，当时全真道已经传播到东至海、西至秦、北至朔漠、南际淮的淮河以北的广大地区。那么，东北地区的全真道与其他地区一样，亦出现了快速传播和发展的局面。正如1261年论志元撰《大玄真宫祖碑》碑文所说：

> 庚辰春，长春发轫海隅，应诏北阙，贡微言而嘉纳，得中旨以还燕。由是玄风大振，化洽诸方。簪裳之侣，雾集云臻。宫观之修，星罗棋布。增新葺故，所在皆然。

大玄真宫位于今辽宁阜新地区，是由王志谨的高徒杨志谷于1227年创建。论志元撰写的碑文提到"宫观之修，星罗棋布。增新葺故，所在皆然"，这种状况当然也包含了东北地区。说明这个时期的东北全真道也是宫观遍布、道徒云集了。

关于全真道在东北传播的具体情况，史书中并无明确记载，也无相关

---

① 陈垣等：《道家金石略》第476页。
② 陈垣等：《道家金石略》第475页。陈垣有案曰："《佛祖通载》卅一载此记，作癸巳（1233）九月，当得其实。"说明此碑文撰于1233年。

的研究著述。有关蒙元时期东北全真道的资料，主要留存于一些碑石中，如撰于元宪宗六年（1256）的喀左《云峰真人康公墓铭》、中统二年（1261）的阜新《大玄真宫祖碑》、至元二十四年（1287）的《利州长寿山玉京观地产传后弭讼碑》、大德八年（1304）的《辽阳关王庙碑》、至正五年（1345）的《川州重修东岳庙碑》、至正七年（1347）的《大宁路瑞州海滨乡周家庄云溪观碑》、至正十二年（1352）的《沈阳城隍庙碑》等。这些留存于世的碑刻，向我们展示了蒙元时期全真道在东北传播的大致脉络。

蒙元时期，东北全真道的传播从辽西地区向外扩散，几乎遍及整个东北地区。在当时辽阳行省的大宁路（原北京路）和广宁府路，发展尤其兴盛，建立或重修了大量宫观，出现了一些著名的大师，影响了社会各阶层民众。比如说，在北京地区，除了原有的华阳观之外，又兴建有长春观、全真观、白鹤宫等。另外，利州建有玉京观、栖真观等，广宁府路尖山创立了大玄真宫，高州建有东华宫、紫微宫、玄都观等。又有川州东岳庙的重修、瑞州云溪观的重建、沈阳城隍庙的修复等。据志书所载，元代大宁路的著名宫观就有25座，未入史书的大小宫观更多。而到东北地区弘道演法的全真宗师，既有第二代全真大宗师尹志平、第五代王志坦，又有于善庆、高道宽、康泰真、杨志谷、王道明、韩志温、刘德宁、李玄久、胡道真等真人高道，他们建观度人，讲经弘法，主持国家祭祀，极大地推进了东北道教的发展，造就了东北道教的繁荣。

蒙元时期东北全真道的发展，可分为两个时段：一是蒙古占领东北直到元代初年，时间上大致在13世纪30年代到90年代，这段时期全真道获得迅猛发展；二是元代中后期，全真道发展平稳，但依然兴盛不衰，出现普遍繁荣的局面。

第一节　蒙元初期东北全真道的迅猛发展

1224年，丘处机西行归来，居住燕京（今北京）太极宫，燕京成为全真道传播的中心。距离燕京不远的东北地区，亦较早地感受到来自燕京的玄风化导，如尹志平、于善庆等全真大师相继受邀到北京（内蒙古宁城）设醮弘法等。随着蒙古征战东北的战事平息，金代晚期在辽西地区就有所传播的全真道也得到了快速的恢复和发展，如王志坦、康泰真、杨志谷、肖道然等全真高道长期在东北活动，他们在战乱之后建立宫观，弘教度人，使全真道获得迅猛发展。下面以著名全真道士的活动为中心，具体阐述蒙元初期东北全真道的发展状况。

一 尹志平北游辽西

尹志平（1169—1251），字太和，山东沧州人。14岁曾拜礼马丹阳，后又历奉丘处机、郝大通、王处一等列位高道，尽得真传。1219年，丘处机西行觐见，尹志平位列十八位随行弟子之首。1227年，丘处机仙逝，尹志平嗣传法位，继任为蒙元全真道第二代掌教大宗师。1238年，尹志平退位，传大宗师法印于李志常。晚年居住于房山清和宫，1251年仙逝。曾被蒙廷赐赠为"清和演道玄德真人"，死后又追封为"清和妙道广化真人"。

尹志平、李志常掌教期间，是全真教发展最为强劲的时期。这一方面是因为丘处机与蒙古汗廷结成的良好关系，另一方面则是与全真教广开教门、救世救民的宗旨息息相关。在尹志平掌教期间，全真教确立起以积功累行、有为入世为宗旨的立教原则，将建宫立观、救世度人等外相事业与心性修炼结合起来，因而极大地刺激了教徒弘教的精神动力，为全真教的发展带来无限生机。尹志平掌教期间，积极践行有为入世的修炼原则，长期在外游方宣道，广建宫观，招收门徒，极大地扩张了全真教的势力范围。1233—1234年，尹志平北游辽西，一路上演道弘法，设醮度人，大大推动了全真道在辽西地区的传播。

1233年7月，尹志平应北京运使侯进道的邀请，前往北京设醮弘法。尹志平在北京（今内蒙古宁城县）、建州（今辽宁朝阳）、川州（今辽宁北票）、义州（今辽宁义县）、医巫闾山等地巡游一圈，讲经说法，设醮度人，受到沿途信徒的罗拜欢迎，于1234年4月返回燕京。在北游期间，尹志平与弟子们每日讲经演道，探讨教理，弟子段志坚等将其言语记录下来，集为《北游语录》一编，后来在沁州长官杜德康的资助下，于1240年刻板传世。这就是现行《道藏》中收录的《清和真人北游语录》一书。《北游语录》不仅翔实地记载了尹志平讲经说法的内容，而且记载了他所经行的地点宫观，从而提供了当时辽西地区全真道的传播和分布情形，成为研究东北全真道的弥足珍贵的第一手资料。

根据《北游语录》、《葆光集》等书记载，尹志平等人是癸巳年（1133）七月到达北京华阳观的，北游期间经行停留的宫观有北京华阳观、白鹤堂、游仙观、北山通仙道院、栖真观、建州开元观、川州玉虚观、义州朝元观、通仙观、永和庵、闾山太玄观等。关于尹志平驻留的宫观及其活动情况，参见下表。

时间	地点	宫观	观主、弟子	主要活动
1233年7月	北京	华阳观		建黄箓醮、谈论修真炼性之方法
		白鹤观		致祭七真
		游仙观	李志韶	答《悟真篇》所疑等
		北山通仙道院	李志韶	演说七真教诲
8月		栖真观	张公大师	谈论道性自然、修真秘诀等
	建州	开元观		谈论人事兴废
	川州	玉虚观		谈论俗缘害道等事
10月	义州	朝元观		谈论教门法度之演变
		通仙观	赵志完、郭志全	作下元醮；解《梦游仙》诗；详讲《道德经》等
		永和庵		设醮度人
1234年2月	闾山	太玄观	李虚玄	

通过上表可以看出，在尹志平1233—1234年北游期间，曾经居住或经过的宫观达十余个，而这些宫观都位于当时的北京路地区，即现今的辽宁省西部和内蒙古东部一带。其中北京华阳观，前文有所介绍，是金泰和年（1201—1208）间全真道士于通清创建的。而白鹤观的存在也较早，更与北京路行六部尚书史秉直有关，据元刘祁撰《故北京路行六部尚书史公神道碑铭》载：金朝末年太师国王木华黎南下时，永清人史秉直率领乡里老幼数千人投诚。1214年，史秉直从木华黎攻下北京路大定府，因功授北京路尚书行六部事。史秉直一家遂居住北京路大定府迨二十年，直到1230年才南归真定。在此期间，由于太夫人逝世，他曾在北京道士宫设醮，"又思有以祈冥□且念长子无辜被酷，有子弟从军或妄有所杀戮，乃设醮北京道士宫，夜半有鹤翔坛上，人皆见之，因以白鹤名其观。"[①] 这个故事说明，北京路的道教宫观在战争年代仍然存在，并发挥

---

① （清）张金吾编：《金文最》卷一百九，第1572—1574页。

着超度亡魂、祈福禳灾的社会功能。而史秉直设醮的白鹤观，在此之前肯定早已存在，但是否属于全真道士所建，则不得而知。

华阳观、白鹤观之外的其他宫观，因史料缺失，无从详考。但可以肯定，它们在尹志平到来之前已经存在，并且是当地的知名宫观。不管它们原属于何种道派，在尹志平北游之后，这些宫观肯定都归附于全真道了。因此说，尹志平北游辽西，有力地扩大了全真道的影响和势力范围。

尹志平在这些宫观住止期间，总是利用一切机会讲经弘道。如《北游语录》卷一载：

> 癸巳秋七月，北京华阳观，众集夜坐。师曰：自今秋凉，夜渐长，不可早寝，莫待招呼，即来会话。不必句句谈玄是道，至于古人成败，世之善恶之事，道无不存。①

可以看出，尹志平及其弟子常常在夜间晚寝，大家围坐在一起谈玄论道。谈论的内容很广泛，既有对《道德经》、《悟真篇》、《阴符经》等道教经典的发挥讲解，亦涉及全善戒恶、去欲断缘、宽容待众等修心炼性的方法，正如李志全在《清和演道玄德真人仙迹之碑》中所说：

> 通仙观住冬，命讲道德经，混融诸子百家，详说七真得道根源，开觉后进，明心复性，法语该摄，学人弗参，即非同志。②

作为丘处机之后的第二代掌教大宗师，尹志平北游期间的讲经演道，反映了全真道教义思想从早期的"无为"完全转变到现时的"有为"。《北游语录》卷二曰：

> 义州朝元观会众夜话，话及教门法度更变不一事。师曰：《易》有云：随时之义大矣哉。谓人之动静，必当随时之宜。如或不然，则未有不失其正者。丹阳师父以无为主教，长生真人无为有为相半。至长春师父，有为十之九，无为虽有其一，犹存而勿用焉。道同时异

---

① 《道藏》第33册，第155页。
② 陈垣等：《道家金石略》，第538页。

也。如丹阳师父《十劝》有云：茅屋不过三间。在今日则恐不可，若执而行之，未见其有得。譬如种粟于冬时，虽功用累倍，终不能有成。今日之教，虽大行有为，岂尽绝其无为，惟不当其时，则存而勿用耳。且此时十月也，不可以种粟，人所共知，非其粟不可，时不可也。然于春则可种，此理又岂可不知。吾始学道，悟万有皆虚幻，损之又损，以至于无为。后亲奉师真训教，究及造化之理，乃知时用之大也。①

这里，尹志平指出，全真教的教门法度因应时势经历了一个很大的转变：在马丹阳掌教期间，是以无为主教；到了刘处玄掌教时，是有为与无为各占一半；而到了丘处机掌教时，则是有为占了十分之九，无为只占十分之一，但还存而不用。尹志平通过冬天不能种粟的比喻向弟子们解释，这是因为时势的变化，即道同时异也。可以看出，尹志平在东北期间的讲经弘道，是忠实地继承了丘处机的有为入世的修炼思想，并身体力行，积极实践。

尹志平在辽西的传道弘教，深得当地官民的敬重和欢迎。李志全《清和演道玄德真人仙迹之碑》载：

> 癸巳春，师赴北京，宣差侯公请作大醮……既至黄箓醮事毕，谓众曰："此行继踵玉阳。"仍作诗志之。复赴义州，官请作下元醮……时所届州郡官庶出迎，望尘罗拜，以为希遇，闻有伏戎于莽，亦不加害。四月还燕，士民大喜，佥曰："自师去后，若大旱之望云霓，其来也，犹披露而睹青天。为时景仰如此。"②

所谓宣差侯公，即指北京课税使侯显。据《元史》卷二本纪第二《太宗纪》："二年庚寅……冬十一月，始置十路征收课税使，以陈时可、赵昉使燕京……王德亨、侯显使北京，夹谷永、程泰使平州，田木西、李天翼使济南。"③ 太宗二年即1230年，侯显担任北京路课税使，1233年尹

---

① 《道藏》第33册，第166页。
② 陈垣等：《道家金石略》，第538页。
③ 《元史》卷二，第30页。

志平北上就是应侯显的邀请而致。此后在义州等地设醮，亦是受地方长官的邀请而作。尹志平作为一代宗师，不仅普通信众望尘罗拜，希求一见，而且州郡官吏亦是出城迎接，敬重有加。

上述引文中提到的"此行继踵玉阳"，亦反映了尹志平对东北弘道的重视。所谓玉阳，指玉阳真人王处一。王处一曾在1209、1210年间前往北京、平州、滦州、瑞州等地阐道弘法，有力地推动了全真道在东北地区的传播。那么，尹志平说"此行继踵玉阳"，表明尹志平想效法玉阳真人，演道辽西各地，继续扩大全真道在东北的影响。

在尹志平的有为思想和亲行实践的引导下，辽西地区的弟子们也积极践行着弘法度人之教旨，建立宫观，广纳徒众。在尹志平之后，又有一位全真高道于善庆应邀前往北京，设醮弘法，同时，王志坦、康泰真、杨志谷等高道亦在辽西地区广开道场，使东北全真道出现了迅猛发展之态势。

二 于善庆、张志素演道北京

于善庆（1166—1250），字伯祥，号洞真子，宁海（今山东牟平）人。出身高门，喜读书，通经史及性命之学。1182年，拜马丹阳为师，后历师丘处机、谭处端、王处一等，尽得全真心法。曾凿穴居处，绝迹修行多年。道价日隆，上闻于朝，金廷屡赐"体玄大师"、"冲虚大师"等号。长期活动于陕西、河南等地，设醮祈雨，救世度人，声望隆重。天兴二年（1233），蒙古朝廷遣使访求三教名人，于善庆名列榜首，被召北上。1235年抵燕京，居住长春宫。元太宗十年（1238），诏天下选试道释，以其闻望隆高，赐号"通玄广德洞真真人"，旋被北京留守乌德亨请致北京，为筑全真观。1240年前往陕西终南山主持祖庭重阳万寿宫的扩建，并主领陕右教门事。晚年居住重阳宫，四方学道者云集。元定宗五年（1250）卒，享年85岁。有《洪钟集》传世。

于善庆作为马丹阳、丘处机之高徒，在金朝末年就声望极高，入元以后，又受到蒙古统治者的高度尊崇，赐为真人，命其主领陕右教门事，主持祖庭重阳万寿宫的扩建。而于洞真作为一代大师，受到道俗两界的普遍尊重，所谓"羽士服其精严如奉神人，都人瞻其容止如睹列仙"。[①] 各地奉道者都希望于真人前往弘道。1238年，北京留守乌德亨筑全真观，邀

---

① 张本：《送真人于公如北京引》，《道藏》第19册，第811页。

请于善庆前往居住并弘道,于善庆勉强答应他并起程而行。于善庆的北京之行,在当时的燕京(今北京)和北京(今内蒙古宁城县)都引起了极大的轰动,张本《送真人于公如北京引》记载了于善庆前往北京的因由及京城士庶挽留相送的情形:

> 戊戌(1238)岁三月初吉,北京司钥万户乌公遣介绍抵长春,奉玄纁致书邀真人洞真老,以矜式其国人,既可所请。四月望日,公复躬亲备车马来逆……一日命驾,猿鹤为之怨惊,松菊为之寂寞。众设坚议以阻其行,其信不可夺也,至若有以力挽而俾不得去者。①

李道谦《终南山祖庭仙真内传》卷下亦载:

> 适北京留守乌德亨筑全真观,邀师矜式其国人,勉应而行。②

从上引材料中可知,北京司钥万户乌公即北京留守乌德亨③。作为北京路的最高长官,乌公亲自准备车马前来迎接于真人,可见其礼仪之隆重。然而燕京的信众却不愿意于善庆离开,百般劝说不成之后,甚至有人用力拽挽以阻止于真人离开,这样的场面实在让人感动。不过,于真人已经下定决心要应邀北上,化导一方。为此,京城名流设宴为之饯行,所谓"于是相与开宾馆,设祖席,作歌诗饯送,以宠其行"。参与饯行赠诗的名士有金遗民翰林学士张本、道教领袖李志常、冯志亨等人。其中张本赠诗曰:

> 真人白雪行,长官执其御。富贵不敢骄,熏炼窃思预。谁谓雾豹隐,忽与云鸿骛。祖饯何徘徊,未忍别离遽。烟柳望长亭,茫茫正

---

① 张本:《送真人于公如北京引》,《道藏》第19册,第811页。
② 《道藏》第19册,第538页。
③ 乌德亨,《元史》无传。《元史》卷二本纪第二《太宗纪》:"(1230年)冬十一月,始置十路徵收课税使,以陈时可、赵昉使燕京……王德亨、侯显使北京。"这里提到的王德亨不知是否与乌德亨为同一人? 刘晓《金遗民张本事迹考略》中认为乌德亨即为吾也儿(参见刘晓《金遗民张本事迹考略》,《元史论丛》第十辑,第56页)。

飞絮。①

张本的诗歌生动地反映了于真人北京之行的礼遇和众人的惜别之情。北京位于今内蒙古宁城县,历来为少数民族聚居之地,历史上这里曾居住有奚、白霫、室韦、契丹、蒙古等众多民族,尽管奚、霫等族在金元时期因与契丹等族通婚而融合,作为一个民族已趋消失,但"白霫"一名仍以这个民族曾经活动过的地域而沿袭下来,成为常用之地名。学界一般认为,白霫族活动的地望在今内蒙古赤峰市南部、辽宁朝阳市以及河北省的部分地区,也就是金元时期的北京路一带。所以张本诗歌中提到的"真人白霫行",指的就是北京之行。

于善庆在1238年四月前往北京弘道,但同年七月,由于全真掌教李志常奏改祖庭灵虚观为重阳宫,敕命于善庆为住持并领陕右教门事,所以于善庆只能以祖庭事为重,不得不离开北京。庚子(1240)年夏,太傅移剌宝俭和京兆总管田德灿亲自手持疏书,前往迎接,于善庆当日就随驾出发,前往终南山祖庭。经过约两年的北京弘道,于善庆与北京官民已经结下了深厚的友谊,所以离开北京时,官民们仍然是依依不舍,并馈赠了众多钱物。李道谦《终南山祖庭仙真内传》载:

> 庚子夏,太傅移剌宝俭、京兆总管田德灿差官持疏往邀,即日命驾。乌公以下僚庶,以师兴复祖庭之故,知不可留,馈金赆币者充积。过燕涉赵,度晋来秦,所至之方,诸侯郊迎,士庶响慕,以所得之资,悉为兴建之费。②

可以说,于善庆的北京之行是成功的。经过两年的教化,北京地区人心向善,宫观众多,风俗大变。北京原属辽代中京,金元时期称为北京路,属于辽西重镇,地理位置重要。金元以来,历任北京地方长官均好道向善,不断邀请全真高道前往弘道,如金末王处一曾应按察使孛术鲁之邀前往设醮;蒙古初年,尹志平又应宣差侯公之请,居住北京华阳观,设醮弘道;1238年,北京留守乌德亨邀请于真人前去,以矜式其国人。金末

---

① 《道藏》第19册,第812页。
② 同上书,第538页。

元初，北京路长官频繁地邀请全真道大师前往演教弘道，这一方面与官员本人的奉道崇道有关，另一方面也反映了当地官员在战乱之余，希望借助宗教的力量以安定人心，恢复生活生产秩序，改变少数民族原有的好战尚武之习俗。正如张本在《送真人于公如北京引》所说：

又况白霫土厚人纯，劝善易入，闻道易行，加之乌使君、侯漕台辈身先奉簪，能致有德先觉，以师范之，视变故俗如反掌耳。①

这里，张本提到于真人的北京之行是劝善和变故俗，就暗示了北京地区原有的风俗可能是剽悍难羁，不易管理。故需要于真人去矜式其国人，以劝善变俗。

于善庆到达北京后，对于当地风俗的变通，引人向善，稳定人心等方面，应该起到了非常积极的作用。对于全真道在北京地区的发展，也起到了极大的推动作用。随从于善庆去北京弘道的，还有他的弟子高道宽（1195—1277）。1238 年，高道宽从德兴龙阳观应召回燕，然后随从于真人演教北京。1240 年又随入关，修复终南祖庭。②

在于善庆之后，又有一位全真高道张志素，应邀前往北京，演教度人，建立宫观，有力地推动了全真道在北京地区的发展。

张志素（1188—1269），号谷神子，睢阳（今河南商丘）人。师事丘处机，随侍左右四十年。丘仙逝后，担任道门提点，兼中都路道录，道价日重。后应邀到北京演教，广建宫观。1256 年，奉诚明真人张志敬之命，南下谯郡，主持修复亳州太清宫。有诏特加"应缘扶教崇道大宗师"称号。至元五年（1269）十二月卒，寿八十一。

作为丘处机的嫡传弟子，道价高隆的张志素大概是在于善庆离开北京之后，应邀到北京弘道的。孟祺《应缘扶教崇道张尊师道行碑》记载：

长春羽化，清和、真常二真人嗣教，师一居提点之位，一录中都路道教事，众务鳞集，他人若不可措手，师处之常有余裕。既而应北诸侯之聘，演教白霫，门徒琳宇灿然，改一方之观。时谯郡玄元祖

---

① 《道藏》第 19 册，第 811 页。
② 参见《终南山祖庭仙真内传》卷下《圆明真人》，《道藏》第 19 册，第 542 页。

庭，久废于兵，金以兴复为难，诚明真人念独师可办，尺书加币，改白霅之辕而南之。居十余年，殿堂廊庑合百余楹，彩碧一新，郡上其事，有诏特加拥卫，仍赐今宗师之号。①

根据碑文，在尹志平、李志常担任掌教期间，张志素担任提点和中都路道录，尹志平掌教于1227—1238年，李志常掌教于1238—1256年，那么，张志素至少在李志常掌教的1238年仍在燕京，"既而应北诸侯之聘，演教白霅"。因为于善庆自1238年至1240年在北京演教，所以张志素受北诸侯之聘应该在于善庆离开北京之后，即1240年以后。那么于善庆离开北京的时间又是哪一年呢？史载他是受诚明真人之命，离开北京，南下主持谯郡玄元祖庭的兴复。又据王鹗《重修亳州太清宫太极殿碑》载："逮吾诚明之嗣教也，承海都太子之命，敦请崇道真人张志素、栖云真人王志谨同办其事。"② 就是说，张志素是在诚明真人张志敬嗣教之年南下兴复太清宫的，而张志敬于1256年嗣教，说明张志素就在1256年离开北京。按照这样的时间推算，张志素在1240年以后至1256年期间一直在北京演法弘教，大概有十几年的时间，所以张志素对北京地区全真道的弘扬贡献良多。所谓"门徒琳宇灿然，改一方之观"，就是说他在北京招收了众多门徒，兴修了不少宏伟宫观，大大改变了当地的风俗民情。因此说，通过于善庆、张志素的演教弘道，极大地促进了北京地区全真道的发展。

实际上，在蒙元初期，北京路一带的全真道是非常兴盛的，这与尹志平、于善庆、张志素等人的弘扬有着密切的关系。根据成书于大德七年（1303）的《元一统志》记载，当时广宁府路（北京路）地区的道教宫观众多，这些宫观多数创建于蒙元初期。现将《元一统志》中出现的宫观表列如下：

名称	地址	修建年代	有关事项
华阳宫	北京大定府（今内蒙古宁城县）	984年	
玉清观	北京大定府	984年	

---

① 《道藏》第19册，第757页。
② 陈垣等：《道家金石略》，第847页。

续表

名称	地址	修建年代	有关事项
三皇庙	北京大定府		
城隍庙	北京大定府	1224年	
崔府君庙	北京大定府	1224年	
三灵侯庙	北京大定府	1225年	
龙王庙	北京大定府	1225年	
五岳观	北京大定府		
东岳庙	北京大定府	1237年	
白鹤宫	北京大定府	1240年	
义勇武安王庙	北京大定府	1252年	
东华宫	高州（今内蒙古赤峰市）	1254年	王崇真创建
玄都观	高州	1257年	
紫微宫	高州	1261年	李清风创建
隆祥观	龙山县（今辽宁省喀左县）		
重阳观	和众县（今辽宁省凌源县）		
大清观	和众县		
玉清观	金源县（今辽宁省朝阳县）		
宝真观	武平县（今内蒙古敖汉旗）		
玉京观	利州（今辽宁省喀左县）		
昭惠灵显真君庙	利州		
栖真观	利州		
大清观	惠州（今河北省平泉县）		
紫微宫	建州（今辽宁省朝阳县）		

《元一统志》是元代官修的全国性地理总志，历经18年编成，计1300卷。可惜原书早佚。上表所列，依据的是1966年中华书局出版的赵万里汇辑的十卷本《元一统志》[①]。由于汇辑本肯定有遗漏，故上表所列，并不是元代北京路宫观的全部，但能大致反映当时的情况。

根据上表，《元一统志》中记载的北京路地区的道教宫观有24座，其中有些没有注明创建年代，但可以肯定是在该书编成之前（即1303年

---

① 赵万里辑：《元一统志》上册，中华书局1966年版，第210—217页。

之前）就已存在。因此可以说，这些宫观大都创建于蒙元初期。其中华阳宫、玉清观始建于辽代，大概在元初得以重修，而成为全真道的宫观。从分布地点来说，以北京路治所在的大定府最多，有11座宫观，将近统计数量的一半，说明元代北京路大定府作为辽西重镇，其道教发展处于绝对领先和中心的地位。

三 王志坦行化兴锦

王志坦（1200—1272），字公平，号淳和，相州汤阴（今属河南）人。初出家于北京华阳观，拜卢柔和为师。1223年，随同其师卢尊师一起在宣德谒见丘处机，得受秘诀。行化于兴中、义、锦等地。1228年，又在燕京参见丘处机，深得奖拔。后入金坡山中修炼十余年，人称金坡先生。1244年，真常真人招之为大度师。并从真常北上，祈禳诃禁，治人疾病，留居蒙古上都和林达六年之久。后还燕京，为教门都提点。多次召见问道，对答称旨。1270年，诚明真人张志敬仙逝，王志坦袭位为蒙元第五代掌教大真人，加"崇真光教淳和真人"称号。1272年，病逝于长春宫。度门弟子数千人，营建宫观百余区，著述有《信心录》、《六牛图》等。

如果说尹志平、于善庆等人的北京之行只是应邀而来，居住时间也不太长，那么王志坦却不同，他是由北京华阳观直接培养出来的一代名道，他在东北各地的活动时间也比较长，对于东北道教的发展起到了重要推动作用。

王志坦出家于北京华阳观，拜师于卢柔和。卢柔和在前文已有介绍，他是于通清的弟子，马丹阳的法孙。王志坦作为马丹阳一系的嫡传，接受着卢尊师的严格训练，注重修心炼性。在北京华阳观跟随卢尊师的三年中，王志坦是"参谒之余，力营百役，至于饘廡湢碪之细，躬执靡有懈。卢亦悯其勤而诚，复加以礼"[①]。说明北京华阳观的马丹阳一系在蒙元初期还保持着早期全真道自耕自食的素朴教风。不仅如此，王志坦还经历过苦修炼性的磨炼。高鸣《崇真光教淳和真人道行之碑》载：

（王志坦）既恐无以善其后，遂行化兴中、义、锦间，日丐一

---

① 高鸣：《崇真光教淳和真人道行之碑》，《道藏》第19册，第776页。

食，虽蚊蚋嗫败，亦不屑弃，已匪茍而居，不计何地，遇昏暮即止。戊子（1228），闻清和宗师驻燕，知道统所在，参礼焉。师爱其力行，大加奖拔，公忽有开悟，恍若神明，顿还旧观。无几何，径入金坡，坐而炼化，穷深抵幽，木茹涧饮，人莫见其面。其志愈坚苦，虽晦迹十余年，无贤不肖皆曰：金坡王先生，有道之士也。①

这种以乞讨为生、苦行炼性的修炼方法正是全真道早期奉行的修炼法门，而迨至蒙元时期，王志坦还继承了这种以"异迹惊人，畸行感人"的安贫守贱的全真精神，故而受到社会各界的尊重，人称为"金坡先生"、"有道之士"。王志坦后来能够成为一代宗师，也与他早年的心性磨炼、苦修行化有关。

那么，王志坦早年苦修炼性的地方正是在今辽西一带，即"兴中义锦"等地。所谓兴中、义、锦，即兴中府、义州、锦州，金元时属北京路管辖。《元史·地理志二》："元初，为北京路总管府，领兴中府及义、瑞、兴、高、锦、利、惠、川、建、和十州……七年，兴中府降为州，仍隶北京。"② 兴中府（兴中州）即今辽宁朝阳县城，义州即今辽宁义县，锦州即今辽宁锦州市。因此说，王志坦行化的地方正是北京路所属的州县，即今辽西一带，王志坦的苦行异迹对于当地民众具有极强的感化作用，对于全真道在辽西地区的传播起到了极大的促进作用。当然，王志坦后期主要活动于燕京和蒙古上都和林之间，并主持全国的道教，并不在东北地区活动，但王志坦的宗师效应对于东北民众的影响还是相当大的，这也是蒙元时期东北全真道获得迅猛发展的原因之一。

四 康泰真受封真人

康泰真（1164—1256），号云峰，利州花务村人（今辽宁喀左县），是金元之际的道教大师，曾被封为"含真体道至德真人"，毕生活动于辽西一带，为辽西道教的发展作出了不可磨灭的贡献。关于他的生平，其他文献中几乎找不到相关记载，只在民国年间柯绍忞所编《新元史》卷243

---

① 《道藏》第19册，第776页。
② 《元史》卷五十九，中华书局1976年版，第1397页。

《丘处机传》中有一小段叙述，但这段叙述还存在诸多错误。① 不过，现存于世的元代碑刻《云峰真人康公墓铭》，为研究康泰真及蒙元时期的东北全真道提供了极其珍贵的第一手资料。

《云峰真人康公墓铭》又称《康泰真碑》，是金元时期辽西一带著名道士康泰真的墓碑铭文。该碑刻立于丙辰（1256）年，为白霫进士李守撰，白霫石匠高守真、高守宝刻。据李宇峰② 1988 年调查，此碑立于喀左县大城子乡洞上村长寿山东麓半山腰的一个天然石洞下方，但据时任喀左县博物馆馆长的刘新民介绍，此碑已迁移过一次，原来竖立位置无法推测。2009 年 6 月笔者到喀左实地考察，发现此碑又被迁移，现位于该地重建的寺庙——护国毘卢禅院内，并新建一碑亭以保存之。该碑碑身黄砂石，高 210 厘米、宽 110 厘米、厚 20 厘米。碑额已毁无存。碑座青石龟趺，首尾长 190 厘米。碑体完整，文字较为清晰。碑阳阴刻"云峰真人康公墓铭" 33 行，满行 70 字，楷书，正面碑文计 1927 字，记载了康泰真的生平事迹等。碑阴阴刻"康真人徒门男冠女众题名记"，除首行和尾行外，全部题名从上到下分为 7 段刊刻，计 1429 字，载有康泰真的门徒、信众题名共三百余人。

"康泰真碑"是东北地区现存年代较早的重要道教碑刻，亦是东北地区现存最早的全真道士的墓碑，记载内容丰富，具有重要而独特的史料价值。它不仅翔实完整地记载了云峰真人康泰真的生平事迹，而且比较具体地记录了康泰真的门徒及其所在宫观、奉道官民的姓名职位、州县乡村地名等信息，这些内容对于研究金元之际东北地区的全真道，以及当时的职官系统、村社组织、历史地理等，都有重要的史料价值。

该碑的主要内容分为两部分，一是碑阳所刻的康泰真的墓志铭，记载了康泰真的生平事迹，非常完整，是研究康泰真的最重要也几乎是唯一的数据。二是碑阴所刻的康泰真门徒题名，包括姓名、宫观、职务等信息，是研究金元之际东北道教的珍贵资料。

根据碑文记载，康泰真的生平大略如下。

康泰真（1164—1256），号云峰，利州花务村人（今辽宁喀左县），

---

① 参见汪桂平《康泰真碑探微》，载《全真道研究》第三辑，齐鲁书社 2013 年版。
② 参见李宇峰《辽宁喀左元代道士康泰真墓碑调查记》，《北方文物》1990 年第 2 期，第 45 页。

家中世业农桑。据说其母怀孕二十四个月才生下他，自幼就与众不同，长大后相貌堂堂，美髯过腹。他生活于金元之际，碑载他卒于丙辰（1256）年，享年九十二岁，则其生年为大定四年（1164）。

明昌元年（1190）的一天，康泰真在利州长寿山耕作时，遇到一位"至人盘石而坐"，遂稽首拜礼，感至人口传道秘，从而体悟仙机，于是弃家入道。这年他26岁，开始了他的修真之路。碑载：

> 明昌元年，躬耕于州西长寿山，因而憩息，遇至人盘石而坐。公异之，遂稽首□□感至人口传道秘。公心印玄妙，顿觉神识爽然，以悟仙机。因拜谢间，忽失所在。①

那么，这个"至人"是谁？碑中记载很神秘，"因拜谢间，忽失所在"，并说"与重阳祖师甘河饮水得道之缘甚相符契"。后世一般认为王重阳当年"甘河遇仙"遇到的"至人"是吕洞宾和钟离权两位神仙。而康泰真遇到的"至人"是哪位神仙，就不得而知了。不过可以明确的是，康泰真入道之后修学的是全真道法，所谓"合乎妙理，则学于谭马丘刘"，谭马丘刘即指全真七真之谭处端、马丹阳、丘处机、刘处玄，因此，康泰真作为全真道士是没有疑问的。他授业的师傅大概是一位云游于此的全真道人。

康泰真弃家入道之后，下志修真，先居住在长寿山悬崖下的一个石窟之中，数年后被里人敦请下山。承安三年（1198）又到南州旧宜州圜居六年，心性炼就，"透脱净中境界，养成真气，吐而为文。"后来蒙金交战，中原初定，兵余食艰，康泰真背着他的老母，忠诚乞讨，以尽孝道，赢得普遍赞许。1217年，康泰真53岁时，开始定居传道。碑载：

> 公于丁丑夏间徙居霤都，化自然饭。有长春观住持道人高炼真，志气坚刚，性情决烈，少所许余。一见公兒而奇之曰：殆非钟离之后乎？遂稽首曰：弟子所居之院，额曰长春，师不弃卑猥，于中盘礴，可否？公闻之，诺而受焉。炼真永为皈依，肇阐玄风之胜。

---

① 碑文引自汪桂平《康泰真碑探微》，下同。

丁丑（1217）年，康泰真行化至霤都。所谓霤都，即指北京路大定府（今内蒙古宁城县）①，位于康泰真的家乡利州（今辽宁省喀左县）以西，两地均属于金代的北京路②所辖。当时北京长春观的住持道人高炼真很快就拜服在康泰真门下，并接康泰真到观中居住。从此，康泰真开始定居传道，大阐玄风，所谓"有游宦者教之以忠政，修道者导之以性命，士庶者劝之以孝悌，刍荛者诱之以耕耘"，从而博得了不同阶层民众的普遍欢迎，道价日高，远近闻名。四方之人踏门受教者不下千人。当时驻守北京的太师乌古论亦听闻康泰真的声名，当年夏天大旱，乌古论率领僚属来请康泰真祈雨，结果第二天就如期降雨，大显灵验。当年冬天，康泰真又在冰雪中裸袒而居，尽显道力。京主留守完颜芳秀、监军蒲鲜公都叹服礼拜。

此后，利州节度使任公率领官属邀请康泰真到其家乡建立道院一所，于是康泰真到达利州娄家营，几年时间建成一座雄伟壮丽的道观，取名玉京观。所谓"至娄家营，不数载间，刱构琳宇，名曰玉京。圣位窈窈然，廊庑沉沉然。香厨爽然，云堂邃然，靡不俱备"。

此后，康泰真居住玉京观，修炼传道，声望隆高。戊戌（1238）年，蒙古朝廷搜访天下高道，"遣信臣，悬金符，天下搜访高道"，听说康泰真得全真教真传，道德弥高，特赐为"含真体道至德真人"。但是康泰真不喜虚名，坚持着全真道素朴自守之家风，他说"道士家风，一瓢一杖，生涯足矣，焉敢受此大名"？于是逃遁而去。后在太师国王夫人完颜敬善、凝阳真人马公、君瑞大师门公的恳请下才勉强接受封号。

---

① 霤都即为金代的北京（今内蒙古宁城县），这在碑文中有所印证。如碑阴题名中有"北京长春观道士，大师高炼真"等字，说明长春观位于北京，而霤都只是北京的另一称呼。关于霤族的族名和地望，据李宇峰介绍，所谓奚、霤、室韦等北方诸族，在辽代先后为契丹所兼并，渐趋融合。到金元时代，霤族作为一个古代民族已趋消失，但"霤都"、"白霤"等地名作为这个民族曾经活动过的地域而沿袭下来。而白霤族活动的地望，学术界多倾向于今内蒙古赤峰市南部及辽宁朝阳市以及河北省的承德地区。那么，金代的北京（今内蒙古宁城县）、利州（今辽宁喀左县）正处于古代白霤族活动的范围内，因此碑文中多次提到白霤，如碑首曰"白霤进士李守"、"白霤石匠高守真、高守宝"等，碑文中更以霤都指代北京（参见李宇峰《辽宁喀左元代道士康泰真墓碑调查记》，第46页）。

② 北京路是金代在辽西地区的行政建置，下辖大定府、临潢府、利州、义州、锦州、瑞州、广宁府、懿州、兴中府、建州、全州、庆州、兴州、泰州。北京路的路治在大定府，即今内蒙古自治区赤峰市宁城县大明城。蒙古灭金后，仍称为北京路大定府。1268年，改北京路为大宁路。

康泰真晚年隐居于长寿山，远离市井之喧嚣，丙辰（1256）年六月，书颂而逝。颂云："平生活计得优游，寄迹人间九十秋。撒手这回归去也，杖挑明月赴瀛洲。"康泰真享年九十二岁，演道七十余年，道力深厚，名动朝野，是辽西地区的著名大师。正如碑文所说："公之名震天下如雷霆，此岂人力也哉。而能动天，必有道矣。"康真人逝后，白霄进士李守为写碑文，立碑者除门人道官外，尚有宣差利州道达鲁花赤功德允、宣授太师国王夫人完颜敬善等当朝官员。

康泰真作为土生土长的辽西人氏，他毕生修炼和弘道的地方也在辽西，他和门徒在北京（今内蒙古宁城县）和利州（今辽宁省喀左县）等地修建了多座宫观，信徒众多，影响所及，达于整个辽西地区。其死后，"恸哭者数千众，声振山谷"，足见其在当地民众中的威望和影响。

在康泰真碑的碑阴，刻有"康真人徒门男冠女众题名记"，详细记载了康真人门下道士女冠的姓名及所属宫观，以及各地信徒的姓名职位等，总计宫观有8座，门人及信徒共388名。这8座宫观主要分布在利州和北京，有乾道，有坤道，各观住持道士（女冠）数量不等，表列如下：

地点	宫观名	道士（女冠）人数
利州娄家营	玉京观	道士12人
利州	瑞云庵	道士1人
北京	长春观	道士16人
利州□胡寨	崇真观	道士3人
利州花务川	龙清观	道士1人
北京	含真庵	女冠15人
利州娄家营	永真庵	女冠7人
利州井家庄	栖真庵	女冠7人

由上表可以看出，康泰真师徒创建的8座宫观全都分布于利州和北京，共有住观道士33人、女冠29人，合计62人，这62人都是康泰真的门徒。另外，碑阴尚刻有大量的慕道邑众、功德主、道友、徒众等姓名，共326人。这些信众的分布地域更为广泛，主要来自北京路下辖的大定

府、利州、和众县、锦州、顾家寨、石将军寨等地，包含了社会各阶层人士，既有宣差北京长官、达鲁花赤、提领官、提领等地方官员，也有邑老、邑长、二官、三官、千户、百户、户目、吏目、钱帛、知书等村邑长老，更有大量的普通民众。

总之，康泰真作为一代道教大师，德行高尚，道法深厚，名动朝野，被朝廷赐封为真人。他在辽西地区长期活动，产生了广泛的社会影响，徒众遍布北京、利州、锦州等地，影响及于官府和普通民众。通过他和弟子们的弘扬，辽西地区全真道获得快速发展。康泰真及其弟子住持的利州玉京观、北京长春观、北京含真庵等，都是当地著名的宫观，规模宏伟，门徒众多，影响一方。

康泰真在利州创建的玉京观，当时就是一座颇具规模的道观，有殿堂廊庑、香厨云堂，后来经过几代弟子们的努力，规模更大，占地良多，供养着大量道众。到了至元二十四年（1287），传至第三代住持王志瑞、张志定时，为了防止日后发生地产纠纷，而特意立了一通碑石，以记玉京观所属地产位置界域。那么，这通碑石现已不存，但碑文犹存，名《利州长寿山玉京观地产传后弭讼碑》，收录于《塔子沟纪略》、《满洲金石志外编》等方志中。这篇碑文是白霅李察凭撰，至元二十四年（1287）住持李守净、王志瑞、张志定等立石。碑文为一篇记跋，记载立碑之缘由。碑曰：

> 山之东仅四百步，壮哉峙然而金碧辉空者，玉京观也。乘高瞰下，不沙不砾，不垚不潴，阔而长，泽而腴者，观之艺地也。其地是种皆宜。昔大军渐平清，真人康泰真夐刱有之。传三世，而王瑞、张定实同其主，二子老白一二门人曰：天下平乂久矣，民蕃地徧，以至隘碬促堵，堆燥洼濡，牛力农具仅可通者，莫不燔荒斫梗而熟之，至有盗植旁封而致讼。盖盗生乎不足，讼起乎不平也。我赖祖师明智，坐享上稔不粪之地，而无燔荒斫梗之劳。吾耄矣，泉壤日近，若犹纰稚而懵。今不盟乡邻辨封畔，昭昭乎审识诸石，若将与人辩侵昧之讼不已，是吾贻讼嫁怒于后。若然，则奚若一辨而熄其后讼哉？……祖师所以刱有此土，我所以坐享成业，而又早辨后讼者，皆度时酌宜而然。夫强弱相随者，命也；得失相寻者，分也。天无恒命，物无定主，理也。然则雕文于石，时怃后讼，始欲弭之。后之有讼无讼，自

有酌宜行矣，吾无恤焉可也。①

从碑文可以看出，当时长寿山玉京观确是当地的一座巨观，金碧辉煌，雄伟壮观。并且占有大量良田，这些田地"不沙不砾，不垚不潴，阔而长，泽而腴"，是"上稔不粪之地"。而这些地产就是当年康泰真创立宫观时所置。传至第三代时，当时宫观耆老为了防止日后发生地产纠纷，故立有此碑，使后世道徒可以安享成业。总之，玉京观自康泰真创立以来，历来道徒继守成业，不断修缮，在有元一代，都是辽西地区的著名宫观。

五 杨志谷创建大玄真宫

大概比康泰真稍晚，另一位全真高道杨志谷来到广宁府路尖山单家寨（今辽宁阜新县新民乡），创建了大玄真宫，有力地推动了当地道教的发展。有关杨志谷的资料，主要来自现存于世的碑刻，名《大玄真宫祖碑》，该碑为鹤峰野人明真子论志元撰文，将仕郎辽阳等处行中书省理问所知事致仕兼辽阳路儒学教授虞元登书丹并篆额。据介绍，此碑仍立于阜新蒙古自治县新民乡排山楼村原址。碑身高 270 厘米、宽 130 厘米、厚 23 厘米。碑首高 130 厘米，碑额阴刻楷书"大玄真宫祖碑"2 行 6 字。碑阳首题阴刻楷书"大元国广宁府路尖山单家寨创建大玄真宫祖碑"一行 20 个字。其左阴刻楷书碑文 24 行，满行 74 字。碑文撰写于 1261 年，刻石于 1332 年。

杨志谷（1185—1258），深州束鹿县人，为栖云大师王志谨之高徒，而王志谨曾师从郝大通、丘处机，故杨志谷为全真道第四代法孙。杨志谷早年随着全家一起入道，到 1227 年，开始云游四方，在经过广宁府时，目睹"此方雄蓝巨刹，楼阁相望，家庠户序，学校如林"，虽然"三教鼎峙"，可是"道院独遗"，说明此地尚未有道教的传播基地。为了扭转这一状况，杨志谷就在单家寨停留下来，择地而居。当时正值兵燹之后，土地荒芜，杨志谷率领同志二三人，开荒经营，数年之间建成一座宏伟道院。碑载：

---

① （清）哈达清格：《塔子沟纪略》卷十一，第 17—18 页。

>兵麈之后，土地荒芜，暨同志者二三人，撅瓦砾，薙蒿莱，经之营之，不数年间，七真堂岌岌然已立像于其后，三清殿汲汲然构木于其前，香厨洒落，净室虚明，与徒众之所居，宾僚之所寓，虽未大备，亦足以为云朋霞友挂衣钵之所，星冠月帔，炼真之宫。上以为皇帝祝延万寿之方，下以为士庶祈福禳灾之地。①

杨志谷建立的道院，后被清和大宗师题额曰"玄真"。清和大宗师，即清和真人尹志平。前文提到，尹志平曾于1233—1234年间北游辽西，到过义县、闾山等地，而杨志谷所建的道院正好在此期间落成，道院所在的广宁府路尖山单家寨，距离义县及闾山未远。或许杨志谷拜见过尹志平，得到题额。

杨志谷在玄真宫住持三十年，修道炼真，积德累行，影响一方，后来被掌教真人李志常赐为"和光弘德大师"。

>自公住持以来，凡三十年，外修万行，内炼一真，恤孤怜贫，书符疗病，接待方来，自始及终，未尝少变。掌教真常真人闻其风而悦之，乃赐和光弘德大师。

杨志谷在阜新开创了大玄真宫，弘道布教，引度男官女众百余人，并开荒占地，赡养道众，使得玄真宫成为一方名观。1258年，杨志谷仙逝于玄真宫，时年七十三。临逝前集合门众而告曰："玄功未备，岁不我与，予当归矣。"实际上，杨志谷开创的玄真宫已经小有规模，但杨志谷并不满足，而认为玄功未备。

杨志谷在阜新开创玄真宫的弘道举措，曾得到了两代掌教大宗师的肯定，如尹志平题额"玄真"，李志常赐号"和光弘德大师"，说明蒙元时期，全真掌教对于东北地区道教的弘扬相当重视和关注。杨志谷的修道，继承了丘处机和尹志平的有为思想，外修和内炼相结合，正如论志元所作铭文曰：

---

① 碑文引自张守三《大玄真宫祖碑雏议》（《辽金契丹女真史研究》1987年第2期）中的录文，该文是对原碑抄录并对照拓片校对后的整理本。下同。

> 外修万行，内养谷神。玄圃种药，华池固津。书符疗病，恤孤怜贫。循循诱众，返朴还淳。功不厌广，德惟日新。

杨志谷内外双修，不仅内养谷神，而且外修万行，他为当地民众书符疗病，存恤孤贫，产生了良好的社会影响，吸引了大量信众，使得全真道在大宁路一带传播开来。

杨志谷开创的玄真宫经过历代弟子们的努力，到元代后期，规模大备，高道众多，影响广泛，称为大玄真宫。所以到至顺三年（1332）的时候，玄真宫的住持追本溯源，刻立了这块《大玄真宫祖碑》，以记载开山祖师杨志谷的功德。其实这篇碑文早在中统二年（1261）即已写成，是由鹤峰野人论志元撰文。论志元，王志谨之弟子，与杨志谷应为同门师兄弟之关系。当时杨志谷的门人知宫张志净及王道瑞等，不远千里，请求论志元撰写碑文，以传不朽。碑文写成后，当时是否立碑，不得而知。但到1332年的时候，后世道徒新立了此碑，名《大玄真宫祖碑》，留存至今。

六　肖道然传道锦州

肖道然，尹志平之弟子，丘处机法孙。肖道然之传道锦州与于通清演道北京、尹志平北游辽西的情况类似，都是受丘处机弘道思想的影响，遵师命远赴东北传道。据离阳宫末代住持许至林介绍，丘处机住持燕京太极宫时，曾命弟子三十六人按"仁尊礼德信义……"三十六字，分三十六路，去弘扬道法，传播道教。尹志平遵师命，命弟子肖道然按德字分为东北路，出长城去东京路（辽阳）传道。[①]

肖道然经来宾（绥中）、兴中（兴城）、江屯（锦西）等地，于元定宗辛未（1247）年，到达锦州，看到这里山青水碧，风水极佳，于是就在锦州城永安门（南门）外，肇建了一座著名的全真观宫观——离阳宫。

离阳宫初建时规模宏伟，有山门三楹，前殿三楹为白衣观音殿，中殿

---

① 有关肖道然及其弟子传道锦州的资料，参见许至林口述、张传石、李树基整理《锦州离阳宫》（载《锦州文史资料》第六辑）；李树基《锦州的道教》（载《锦州文史资料》第11辑，1993年）。因上述资料出世时间较晚，是道观口述资料，又无相关的原始文献佐证，故其可信度受到影响。本书中此段所述，仅供参考。

三楹为吕祖阁,大殿五楹为老君堂,东西廊房各五楹,素有关东第一大庙之称。此后,于前殿前又增建了丘祖殿三楹,以供奉丘处机。

离阳宫建成后,肖道然及其弟子们四处弘道,使得全真道在锦州附近迅速传播开来。其中以肖道然弟子高德范在锦州普陀山创建的石堂道院最为有名。

高德范自幼父母双亡,出家为道,拜肖道然为师。锦州北普陀山有一天然古洞,早在隋唐时就建有古寺,辽太祖天显二年(915)大辽国太子耶律倍来到这里避难,他的母亲便在此为他建造"紫竹寺"以便安身,直到天显五年离去。到了元代中统元年(1260),高德范来到北普陀山,见这里虽然年久失修,仍不失幽静,于是在此一住18年,并改紫竹寺为石堂道院。据说高德范倾巨资请名工雕刻了上自鸿钧老祖、下至丘祖共64位道教神像,置于洞中。高德范并在洞前、洞后、山上、山下栽植了数千株桃树,人称"种桃道士"。

有元一代,肖道然开创的锦州道场一直兴盛不衰。除离阳宫、石堂道院外,元成宗元贞三年(1297),高德范的弟子沈苑峰又在广宁医巫闾山大朝阳建造了一座三清观[①],使闾山地区的全真道更加繁荣。

七 蒙古官员对全真道的护持与崇奉

蒙元初期,全真道在北京、利州、建州、川州、义州、锦州、广宁、闾山等地获得快速发展,各地修建了大量宫观,信徒众多,如北京有华阳观、白鹤观、游仙观、全真观、长春观、含真庵等,利州有玉京观、崇真观、龙清观、永真庵等,建州有开元观,川州有玉虚观,义州有朝元观、通仙观,广宁有玄真宫,闾山有太玄观等。东北全真道的快速发展,一方面得益于全真大师的阐演弘扬,另一方面也得益于蒙古王侯、官员的崇奉扶持。在东北阐教的高道,既有来自燕京的大宗师尹志平、于善庆、张志素等人,又有长期活动于当地的康泰真真人、杨志谷大师等,他们或者应邀北上,云游弘道,或者长期居住,演化授业,有力地推动了东北全真道的迅速发展。

蒙古王侯、官员对全真道的护持崇奉,在蒙元初期表现非常明显,他们或邀请全真大师前往北京弘道;或建立宫观以供居住;或作为宫观的功

---

① 参见李树基《锦州的道教》,《锦州文史资料》第十一辑,1993年,第104页。

德主，施财助金；或为宫观立碑勒石等，从而助推了全真道的快速发展。

其中，北京路元帅吾也而、太师国王夫人完颜敬善对全真道的扶持最为突出。

吾也而（1163—1258），亦作"乌也儿"、"乌叶儿"。蒙古汗国将领。撒勒只兀惕氏，图鲁华察之子。以武勇著称。成吉思汗六年（1211），与哲别攻克金朝东京（今辽宁辽阳）。十年（1215）从木华黎为先锋，取北京（今内蒙古宁城西）。以功授北京总管都元帅，并相继收降北京以南地区。连年从攻山东、陕西、河西，屡立战功。太宗元年（1229），与撒礼答征辽东；三年，又征高丽。十三年（1241），任北京、东京、广宁、盖州、平州、泰州、开元府七路征行兵马都元帅。宪宗七年（1257）以都元帅授其子阿海。八年病逝。① 总之，吾也而自1215年担任北京路总管都元帅，1241年又担任北京、东京、广宁、盖州、平州、泰州、开元府七路征行兵马都元帅，直到1258年病逝，可以说，吾也而是蒙古初期在东北地区的最高军政长官。

在吾也而任职期间，他对全真道在东北地区的发展积极扶持。1227年，杨志谷在广宁府尖山单家寨创建道院，就得到吾也而的护持。《大玄真宫祖碑》载：

> 蒙北京路都元帅兀也儿及本府主官失剌万户为玄教之外护功德主，暨一方官僚士民，或施之以财，或助之以力，所以赞成胜事也。

这里，北京路都元帅兀也儿即吾也而，他作为玄真宫的外护功德主，影响一方僚庶，施财助力，使玄真宫几年之间就从荒芜土地上崛起。

1238年，北京留守乌德亨筑全真观，邀请洞真真人于善庆到北京弘道，以矜式其国人。那么，据学者研究，北京留守乌德亨就是吾也而，或者是其汉名。1240年，于善庆因兴复终南祖庭而离开北京，乌公及僚庶馈金赆币以送。此后，全真提点张志素大师"应北诸侯之聘，演教白霫，门徒琳宇灿然，改一方之观"。所谓北诸侯，应该就是指北京路都元帅吾也而，张志素演教之地白霫，就是北京路一带。正是在北诸侯的护持下，张志素才在北京修建了不少宫观，招收了众多门徒，推动了东北全真道的

---

① 参见《元史·吾也而传》。

快速发展。

吾也而在平定东北之后，作为地方长官，首要任务是恢复生产，安定人心，重建秩序，而全真道在东北已有一定的社会基础，其教义思想对于稳定人心具有一定的作用，所以吾也而极力扶持全真道，主要是利用全真道以教化其国人。

在都元帅的影响之下，各府、县长官也对全真道积极扶持。如利州节度任公就是其中一位，他曾率领官属到达北京，邀请康泰真大师到利州创建道院一区，以洗涤一方尘心，在他的支持下，康泰真在娄家营创建了一座雄伟壮丽的玉京观，其门徒亦创建观、庵多所。

除此之外，居于辽西的太师国王夫人完颜敬善也对全真道崇奉有加。太师国王是蒙古大将木华黎（1170—1223）的封号，木华黎去世后，其子承袭封号，故完颜敬善大概是第二代太师国王的夫人。1238年，蒙古朝廷特赐利州康泰真"含真体道至德真人"封号，当时向康泰真宣授封号的钦差就有太师国王夫人完颜敬善，后来康泰真去世后，其门人修墓立碑，完颜敬善亦协助了立石事宜。

第二节　元代中后期东北全真道的兴盛不衰

经过蒙元初期的迅速发展，东北地区宫观林立，道风洪畅，到了元代中后期，全真道继续平稳发展，兴盛不衰。除了现有宫观继续保持、规模不断扩大外，东北各地又陆续兴建了一些宫观，如瑞州建有云溪观，川州建有东岳庙，沈阳建有城隍庙等。另外，元代加封北镇医巫闾山为贞德广宁王，每年遣官祭祀，北镇庙的住持道士亦参与每年的官祀活动，从而提升了道士的地位，也使北镇庙成为道教活动的一个中心。在当时的辽阳行省境内，除了原北京路、利州、义州等地而外，沈阳、懿州等地也发展成为道教活动的中心，出现了一些义理精深、经学渊博的道士，他们还应邀到高丽传教，为全真道的传播作出了突出的贡献。

一　云溪观、东岳庙、城隍庙的相继复建

1. 瑞州云溪观

云溪观位于瑞州西北二百里的瑞云山天一大洞，在大宁路瑞州海滨乡周家庄（今辽宁省建昌县大屯乡苇子沟村）。大宁路即北京路，1268年，

改北京路为大宁路,领司一、县七、州九。瑞州为大宁路下属之一州。

天一大洞的云溪观创立很早,金末毁于兵乱,只存故址。迨至元代,建州云峰观的道士李玄久前来住止,修复一新。李玄久(约1266—1347),锦州坊市人,父祖以农桑为业,因自幼多疾,百药无效,父母舍入建州大王山云峰观为道士。关于李玄久的师承,《大宁路瑞州海滨乡周家庄云溪观碑》曰:

> 父母舍入建州大王山云峰观,礼曹大师为引度之师。曹本观拜李老先生为师,李又拜礼庞老大师,绵绵相继,薪火相传。庞闻邱神仙应诏住持燕京大长春宫,径诣堂下,炷香参拜,恳求为门下弟子。受以密旨,因得列于门人之次。玄久实邱神仙之法孙。①

可见,李玄久作为建州云峰观的出家道士,其祖师可以追溯到丘处机门下,说明李玄久属于全真法脉。事实上,李玄久秉承的确为全真家淡泊之家风。碑载其1310年来到天一大洞,隐居此地多年,"镬土播种,衣食自给,居山三十余年,人无识者。""乐清虚之活计,甘淡泊之家风。"

由于李玄久的真功实行,赢得了郡人大中大夫大宁路总管崔履谦的敬重。1340年,崔履谦奉施净财三千贯,在他的带动下,又有郡人张世荣、崔良等,各施钞二千贯,帮助李玄久恢复了三清宝殿。又在四方善信的帮助下,云溪观修建了云房斋厨,增置了地产仙坟等,成为一座颇具规模的道观。至正七年(1347)立碑以纪其事,大宁路道门提点张道中撰文。此碑现已不存,但碑文收录于《塔子沟纪略》、《满洲金石志外编》等志书中。

李玄久修复云溪观,反映了元代中后期全真道仍在东北各地不断传播的史实,以及地方士绅对于全真道的认同。而云溪观的建立,又进一步推动了全真道在瑞州地区的发展。

2. 川州东岳庙

东岳庙位于大宁路川州,即今辽宁省北票市黑城子镇。

有关川州东岳庙的资料,主要来自元代碑刻《川州重修东岳庙记》,该碑立于元至正五年(1345),由前儒学正徐潜撰写。此碑出土于北票市

---

① (清)哈达清格:《塔子沟纪略》卷十一。

黑城子镇东岳庙址，现藏于北票文管所院内。《塔子沟纪略》、《满洲金石志外编》、《辽宁碑志》均有著录。

川州东岳庙历史悠久，始建年月无考。到了元代，"以其岁月悠远，殿宇廊屋，不无残毁。以故人莫克居，神不顾享。"泰定丙寅（1326）年，全真道裔刘德宁云游到此，叹其废坠，捐资重修，焕然一新。碑载：

> 泰定丙寅，全真道裔刘德宁瓢笠而来，于内挂搭。悚焉兴叹，以为一方灵迹，废坠至此，不惟民庶阙首愆之地，系彼羽流者，亦无栖息之所焉。于是，首捐衣钵，衷工计料，移创武安清源二王，行化太尉，合四位，皆隅座附于正寝，神门虚廊各一区。又东向宾位庖湢为间者五。正殿重葺，焕然一新。又东创玄元殿，以宅方士。所费财务，初不出于常住，无烦于士庶。数稔以来，厥绩稍著。阖郡民庶，高其素行，为之舍财相助，以后为耻。①

全真道士刘德宁云游到川州，寄居东岳庙，见其破旧，于是发心重修。刘德宁修复东岳庙的经济来源与元初不同，所谓"首捐衣钵""所费财务，初不出于常住，无烦于士庶"。就是说，刘德宁刚开始完全是依靠自己的积蓄和财力进行维修的，不仅重葺了正殿，而且创建了玄元殿等。几年以后，郡人看到他的德行高尚，又为之舍财相助，使东岳庙规模大备，修复一新。由此可以看出，到元代中后期，全真道已经具有了一定的经济基础，可以资助一些道观的修复。这与元初的情形有所不同，元初的宫观基本都是在地方官员的扶持和捐助下建立的。

总之，刘德宁对川州东岳庙的恢复，扩大了全真道在当地的影响，推动了全真道在川州的传播和发展。

3. 沈阳城隍庙

与川州东岳庙的重修类似，沈阳城隍庙亦是由道士捐资重修的。

沈阳城隍庙位于元代沈阳路，即今辽宁省沈阳市。元至正十二年（1352）的《城隍庙碑》记载了城隍庙重修的经过、功德官员题名、院地四至等。此碑现藏于沈阳故宫。《奉天通志》、《满洲金石志》等均有著录。

---

① 罗福颐：《满洲金石志外编》，第64页。

据《城隍庙碑》记载，至正甲申（1344），道士胡道真出资重修了城隍庙。

> 至正甲申（1344），道士胡道真□举□□实住持之秋也，悯其庙貌残废，心不遑宁，悉出衣钵之资，创建子孙堂一所，东西斋厨对楹陆架，余则扶颠补漏者居多。落成之日，轮奂辉映，邑之贤大夫辈闻而乐之，欲思致于不朽，请文于石。①

可以看出，道士胡道真看到城隍庙庙貌残破，拿出自己的全部资产，进行了维修和创建，得到当地士民的赞赏，并为立碑为记。沈阳城隍庙维修之后，又得到社会各界的资助，于是规模大增，设施齐全，庙产丰厚，成为沈阳的一座名观。碑载：

> 本庙营造到正殿三间，虚廊全，子孙堂一所，碑楼一座，东西斋厨□间，西南栖众瓦屋二间。院地东至回回五哥院墙，南至孙百户界墙，西北北至城隅城西常新寨，刘进卿施刘种伯地□十晌，寨后五十晌，东南北并至道，西至冯社长地，寨西五十晌，东西二至道，南北二至冯社地。②

而住持城隍庙的道士，除胡道真外，尚有□□纯、权首嵩，以及道童李安童、刘寿童等。城隍庙能够容纳众多道士，说明其规模不小，香火较旺。

胡道真修复沈阳城隍庙后，使城隍庙成为一座道教宫观。据碑文记载，在沈阳城内尚有两座道教宫观，一座为万寿宫，一座为东华观③。这样，元代沈阳城至少有三座道教宫观了，说明元代中后期的沈阳城已经成为全真道传播的重要地域。

另据考古发掘，"沈阳东郊发现的一座元代道教庙宇遗址中，出土了

---

① 王晶辰主编：《辽宁碑志》，辽宁人民出版社2002年版，第56页。
② 同上。
③ 《城隍庙碑》碑阴有"万寿观住持提点司力道，东华观主司马调阳"等字样，说明沈阳城有万寿观和东华观的存在。

金鼓、金刚铃、铜钹、铜灯碗等二十余件精美法器。"从铜鼓侧面所刻"至正四年（1344年）四月初八日劝善道人张敬道发愿施纳（?）金鼓壹部"① 字样推测，此庙于至正四年建立或重修。这座庙宇是否为前文提到的沈阳城内的三座庙宇之一，或是另外一座庙宇，已无从考证。总而言之，元代的沈阳城确为道教活动的中心之一。

总之，从云溪观、东岳庙、城隍庙的相继修复可以看出，元代中后期东北全真道仍然相当活跃，并且实力强大，他们云游各处，起废复新，吸引信众，影响一方，保持了全真道兴盛不衰的态势。

二 广宁府路全真道的兴盛

元代的广宁府路在辽代为显州奉先军，在金代为北京路广宁府镇宁军节度使。元初立广宁行帅府事。1278年复分为路，隶属辽阳行省，路治在今辽宁省北镇县城。广宁府领县二：即闾阳、望平。广宁府有医巫闾山，为北镇，在府城西北十里。以医巫闾山为中心，广宁府路在元代成为全真道活动的中心之一。这主要表现在两个方面：一是北镇庙居住有众多道士，参与官方祭祀，影响较大；二是尖山玄真宫自元初杨志谷开创以来，绵延不绝，培养了大批道教人才，影响达于广宁全境。

北镇庙又名医巫闾山神祠、广宁神祠、广宁王神祠等。位于医巫闾山东麓的广宁城西西部山岗之上，即今北镇市广宁城西2公里的山岗上，是医巫闾山的山神庙。北镇庙历史悠久，始建于隋开皇十四年（594），称为医巫闾山神祠。辽、金时期都曾拓建北镇庙，改称广宁神祠。元大德二年（1298），加封北镇医巫闾山为贞德广宁王，并且扩建神祠，改称为"广宁王神祠"。元末毁于战火，明清又不断重建，保存至今，成为全国五大镇山中唯一保存完整的一座大型镇山庙，现为国家级重点文物保护单位。

元代中期，北镇医巫闾山作为五镇之一，被封为贞德广宁王，并由朝廷每年派遣大臣前来祭祀。现存于北镇庙的《圣诏之碑》记载，大德二年二月加封五镇之神：

> 加东镇沂山为元德东安王，南镇会稽山为昭德顺应王，西镇吴山

---

① 《沈阳市郊出土一批元代铜器》，《文物》1966年第4期。

为成德永靖王，北镇医巫闾山为贞德广宁王，中镇霍山为崇德应灵王。仍敕有司岁时与岳渎同祀，著为定式。①

元代大德二年（1298）加封五镇神后，对五镇山祠都进行了大规模修建，北镇庙亦得到扩建，同时，朝廷每年遣官祭祀五镇山神，北镇庙亦得到了与五岳同祀的待遇。此后至元代末年，每年都有官员前来北镇庙进行隆重的祭祀活动。现存北镇庙的12通元代碑刻，除了一通是《圣诏之碑》外，其他11通均为御香碑或代祀碑，记载了元代皇帝派遣大臣前来祭祀贞德广宁王的情况。在参与祭祀的人员中，除了朝廷派遣的大员、广宁路、望平县、闾阳县等地方官员之外，还有北镇庙住持提点、知庙等道教人士。

在11通元代北镇庙御香碑中，每通碑都记录有道士姓名多人，反映了元代北镇庙一直是由道士住持的。通过分析可知，这些道士应该属于全真道。现将北镇庙碑刻中记载的历年住持道士列表如下：

元代北镇庙住持道士一览表②

碑刻名称	道士姓名	职务、道号
皇庆二年（1313）御香碑记	张道义	北镇庙住持提点宝光洞玄大师
	周道真	北镇庙住持提点通真希玄大师
延祐四年（1317）代祀北镇之记	李道和	北镇庙住持提点存真大师
	陈道明	知庙
至顺二年（1331）御香碑记	雷道震	住持提点弘道明远安义大师
	王道用	同提点
	关德用	知庙
元至元五年（1339）御香碑	李玄荣	特旨住持提点凝虚安静崇妙大师
	史德荣	知庙
	王道复	提举
元至正二年（1342）御香碑记	徐道宁	北镇庙住持提点保真玄素明远大师

---

① 于志刚：《北镇庙碑文解析》，内部资料，2009年，第5页。
② 表中所列碑刻，来自罗福颐《满洲金石志》卷四、卷五。亦可参见于志刚主编《北镇庙碑文解析》。

续表

碑刻名称	道士姓名	职务、道号
元至正三年（1343）北镇庙代祀记	李□□	制授广宁路北镇庙住持提点凝虚安静崇□□□□
	王惟景	北镇庙知庙
元至正五年（1345）代祀北镇碑	□□□	北镇庙住持提点广道安静通真大（下阙）
	门道兴	副提点中和广德大师
	雷德信	
	周惟新	
	马惟安	
	李进童	
元至正六年（1346）御香代祀记碑	刘道普	北镇庙住持提点广道通真大师
	雷德信	北镇知庙
	周惟新 马惟安 李进童	
元至正七年（1347）御香代祀记	刘道普	北镇庙住持提点广道通真大师
	雷德信 尹道远	北镇庙知庙
	周惟新 马惟安 李进童	殿主
元至正八年（1348）北镇庙御香代祀记碑	马道金	北镇住持提点清微演道宗正大师
	姜玄聪	北镇住持提举明义冲和希真大师
	管道正	知庙
	侯惟敬 刘仙童 刘广童	
元至正十七年（1357）北镇庙代祀碑	于德元 毕进禄	北镇庙住持提点
	姜玄聪	北镇庙住持提点
	□推僧 甘德和	知庙

根据上述 11 通碑文所载，元代自皇庆二年（1313）到至正十七年（1357）的 45 年时间内，北镇庙都是由道教管理，共出现了 31 位道士的名录，当然这不是北镇庙道士的全部。历年所居道士人数不等，记载最多的一次是 7 人。从碑文来看，北镇庙设置有住持提点、副提点、提举、知庙、殿主等职务，说明北镇庙的道士较多，管理比较严密。

北镇庙作为官祀庙宇，其住持道士多是来自各地的著名大师。如至顺二年（1331）担任北镇庙知庙的关德用，就是来自附近的大玄真宫。至顺三年（1332）立《大玄真宫祖碑》载关德用的职务是"尖山玄真宫道士广宁路北镇知庙文和清逸大师关德用"，这与至顺二年《御香碑记》中记载的关德用为同一人。又据《大玄真宫祖碑》载"本宗堂下汴梁路州朝元万寿宫道士前本路道门提点奉道教所委差永平辽阳广宁大宁等路劝谕诸宫观事明照玄德通妙大师北镇庙住持提点白道明"，可见玄真宫道士白道明担任过北镇庙住持提点。玄真宫一系是全真道士杨志谷开创，由其嗣徒发扬光大[①]，北镇庙的道士来自玄真宫，说明北镇庙属于全真道脉，这一点是没有疑问的。

那么，北镇庙作为官方祭祀的庙宇，其交由道教管理和住持，说明道教的势力在当地占有较高的比重，而道士参与朝廷的每年官祀，又极大地提升了道教的社会地位，推动了北镇地区道教的发展。

事实上，北镇庙所在的广宁府路在元代中后期已经成为全真道活动的中心，除了北镇庙的繁荣之外，尖山大玄真宫亦是本地区全真道活动的重要基地。

玄真宫是元初全真大师杨志谷于 1227 年始创，经过百余年的薪火相传，绵延不绝，到元代中后期，玄真宫壮丽可观，人才济济，成为当地道教的活动中心。至顺三年（1332），玄真宫住持提点王道明等人树立了一块大碑，名《大玄真宫祖碑》，以记载其开山祖师杨志谷的功德。而这块大碑的价值不仅在于记载了杨志谷的事迹，其碑尾题名、碑阴文字均为至顺三年所撰，反映了元代中后期玄真宫及其周边道教活动的情况。

在《大玄真宫祖碑》碑阳结尾处是立石者题名，记载了本宗门下众多道教大师的姓名，有葆和宁真明德大师尖山大玄真宫住持提点王道明、通玄葆和成德大师前广宁府路都道录尖山大玄真宫住持兼辽阳省等处本宗

[①] 关于《大玄真宫祖碑》及道士杨志谷的事迹，参见本书第二章第一节。

门下提点开道淳、庆真玄和应妙大师玄真宫副提点金志公、冲和纯素玄静大师广宁府路道门提点尖山玄真宫提举徐道宁、纯静大师玄真宫知宫杨道兴、清远通妙大师玄真宫知宫李玄静、玄妙普德纯净大师本宫院门提举金志福、集贤虚静冲和大师本宫院门提举肖志常、□真大师本宫宫门提举金道真、尖山玄真宫道士广宁路北镇知庙文和清逸大师关德用、虚静大师本宫宫门知宫曹道安、观妙大师本宫宫门知宫兼库子关德进、本宗堂下汴梁路州朝元万寿宫道士前本路道门提点奉道教所委差永平辽阳广宁大宁等路劝谕诸宫观事明照玄德通妙大师北镇庙住持提点白道明。

  从这些道士姓名和担任的职务来看，玄真宫的道士已经桃李满天下了。他们不仅在玄真宫担任提举、知宫等职，而且到北镇庙担任住持提点、知宫等职；不仅在广宁府路担任都道录、道门提点，而且兼辽阳省等处提点，担任永平辽阳广宁大宁等路劝谕宫观事。可以说，玄真宫培养了一批道教大师，在广宁府路等地的道教事务中发挥着重要作用，使得玄真宫和广宁府的道教呈现出欣欣向荣之景象。

  另外，《大玄真宫祖碑》的碑阴文字记载了宫观四至、田产屋宇、捐助者的姓名乡里及周边地区的其他宫观。其中，对其他宫观的记载弥足珍贵，反映了玄真宫周边地区全真宫观的分布情况。据介绍，当时附近地方的宫观，真可谓星罗棋布。隔山相望，广宁城内有乾元宫、清征宫、长春观，西去百里的义州有万寿宫、全真观、洞直观、通真观、圣灯院、明阳宫，骆驼崖有长生观，东北百里的懿州城有紫微宫、长生观、昊天宫，有宗州的通志观，苍头的大古观、栖云观等。[①]

  根据碑文可知，玄真宫周边一带道教繁荣，宫观遍布。而广宁府路亦成为道教活动的中心之一，除了北镇庙、玄真宫等著名宫观之外，碑载广宁城内还有乾元宫、清征宫、长春观等，足见广宁府路道教发展的盛况了。

三　懿州道士讲学高丽

  辽阳行省内另一道教中心，是元代曾三次成为省治所在地的懿州（今辽宁阜新县东北塔营子城）。懿州始建于辽圣宗太平三年（1023），是著名的萧太后的孙女燕国长公主的私城，后改为州。古懿州历辽、金、元

[①] 参见李宇峰《大玄真宫祖碑》，《辽宁大学学报》1996年第6期。

三代，经三百多年的发展，成为东北地区颇具影响的州城。懿州又是通往朝鲜，连接中原地区的重要交通枢纽，战略地位十分重要，是历代兵家必争之地。元代懿州曾两次升为路，还曾为东京支郡，所领除现今阜新蒙古族自治县境内的豪州、同昌、顺安县外，还曾辖灵山县（法库）、义州（义县）、兴中府（朝阳）。元代辽阳行省的首府自元初至元末，曾三次从辽阳城迁来懿州，使懿州三度成为东北地区的政治、军事、经济、文化中心。

元代懿州不仅是政治、经济中心，也是文化、宗教中心，元代懿州地区的全真道亦获得了较快的发展。据《大玄真宫祖碑》载，懿州城有紫微宫、长生观、昊天宫等道教宫观。其中，昊天宫是当地的著名宫观，高道众多，其影响远达高丽王朝。据《高丽史》记载，至元三十一年（1294），高丽国王特邀懿州昊天宫道士显真大师韩志温及其徒弟李道实、李道和、尹道明等人前往高丽王京讲经，赐韩志温为圆明通道洞玄真人，李道实为定智玄明讲经大师，并赐宅一区①，优礼尊崇，无以复加。

总之，元代的懿州城是东北地区的一个重要州城，亦是全真道发展和传播的重要中心之一。懿州道士远赴高丽王朝传道讲经，为中朝文化的交流作出了一定的贡献，为道教在朝鲜地区的传播起到了积极的推动作用。

四 小结

蒙元时期，东北全真道整体处于快速发展和普遍繁荣的状态。从传播地域来看，北京路大定府、利州、高州、惠州、建州、义州、瑞州、广宁、沈阳、懿州等地是全真道传播的中心。从传播路线来看，全真道初传辽西，逐渐向东推进，到元代中期后，辽东的沈阳、懿州地区亦成为全真道发展的重要地域。从发展阶段来看，蒙古占领东北到元代初年为第一阶段，东北全真道呈现快速发展的态势；元代中后期为第二阶段，东北全真道持续发展并出现普遍繁荣的状态。

蒙元时期，东北地区与全国各地一样，全真道发展兴盛，宫观林立、信徒云集。全真道的发展既得到了政府各级官员的扶持，又得到了普通民众的普遍信奉。全真道的宫观占有大量庙田、宅地，经济实力不断提升。全真道士的文化素养也不断提高，他们既能主持北镇庙的国家祭祀，也能

---

① 引自《高丽史》卷31"忠烈王世家四"。

前往高丽王京，为高丽国王讲经论道。

第三节 金元时期东北地区全真道宫观、道士一览

综上所述，金元时期东北地区是全真道传播与发展非常活跃的区域之一。长期以来，学界重点关注全真道在华北和西北地区的传播，对于东北地区的全真道关注不够，而且对金元时期全真道在东北地区的传播状况基本一无所知。那么，本文通过对藏内外文献、碑刻考古的钩沉索隐，基本厘清了金元时期东北全真道的传播和发展脉络。认为全真道在金代末年初传东北，蒙元初期获得快速发展，元代中后期继续兴盛不衰。整个金元时代，东北地区的全真道与全国的全真道发展基本同步，元代全真道在东北地区出现了宫观林立、高道辈出、影响广泛、繁荣昌盛的局面。

根据藏内外文献的不完全记载和现存碑刻所反映的部分史实，东北地区在金元时期新建全真道宫观数百座，其中有名可考者73座；受度入道的全真道士成千上万人，有名可考者约154人。在73座宫观中，全真道创立以前的宫观有3处，即北京华阳宫、玉清观及广宁北镇庙，这些庙宇入元以后得到修复，为全真道士所住持。

金元时期东北全真道宫观一览表

名称	地址	修建年代	有关事项	出处
华阳宫	北京大定府（今内蒙古宁城县）	984年		H
玉清观	北京	984年		H
重阳观	扶宁县（今河北省扶宁县）	1184—1190年间	刘真一创建	A卷上
太清观	惠州神山县（河北平泉县）	1207年	杨至道创建	B卷十
华阳观	北京	1200—1208年间	于通清创建	A卷上
高真观	平州昌黎县	1209年之前	1209年王处一在此阐道后，前县尉施财重修	L

续表

名称	地址	修建年代	有关事项	出处
□□观	瑞州海阳县	1210年	奉道民张二郎出资买观额，王处一派门人魏志明当知观	L
长春观	北京	1217年之前	高炼真创建，1217年请康泰真为住持	E
白鹤观	北京	1233年之前		C
游仙观	北京	1233年之前	李志韶为观主	C
北山通仙道院	北京	1233年之前	李志韶为观主	C
栖真观	北京	1233年之前	张公大师为观主	C
城隍庙	北京	1224年		H
崔府君庙	北京	1224年		H
三灵侯庙	北京	1225年		H
龙王庙	北京	1225年		H
五岳观	北京			H
开元观	建州（今辽宁朝阳县）	1233年之前		C
云峰观	建州	金末元初	庞老大师创建	F
玉虚观	川州（今辽宁北票）	1233年之前		C
朝元观	义州（今辽宁义县）	1233年之前		C
通仙观	义州	1233年之前		C
永和庵	义州	1233年之前		D
太玄观	闾山（今辽宁北镇）	1233年之前	李虚玄为住持	B卷三
玄真宫	广宁府尖山（今辽宁阜新县）	1227年	杨志谷创建	G
玉京观	利州（今辽宁喀左）	1230年左右	康泰真创建	E
东岳庙	北京	1237年		H
全真观	北京	1238年	北京留守乌德亨为道士于善庆修筑	A卷下
白鹤宫	北京	1240年		H
离阳宫	锦州	1247年	尹志平弟子肖道然创建	
义勇武安王庙	北京	1252年		H
含真庵	北京	1256年之前	康泰真师徒创建	E
瑞云庵	利州	1256年之前	康泰真师徒创建	E

续表

名称	地址	修建年代	有关事项	出处
崇真观	利州	1256 年之前	康泰真师徒创建	E
龙清观	利州	1256 年之前	康泰真师徒创建	E
永真庵	利州	1256 年之前	康泰真师徒创建	E
栖真庵	利州	1256 年之前	康泰真师徒创建	E
东华宫	高州	1254 年	王崇真创建	H
玄都观	高州（今内蒙古赤峰市）	1257 年		H
紫微宫	高州	1261 年	李清风创建	H
石堂道院	锦州	1260 年	高德范创建	
三皇庙	北京			H
隆祥观	龙山县（今辽宁省喀左县）	1303 年之前		H
重阳观	和众县（今辽宁省凌源县）	1303 年之前		H
大清观	和众县	1303 年之前		H
玉清观	金源县（今辽宁省朝阳县）	1303 年之前		H
宝真观	武平县（今内蒙古敖汉旗）	1303 年之前		H
昭惠灵显真君庙	利州	1303 年之前		H
栖真观	利州	1303 年之前		H
大清观	惠州	1303 年之前		H
紫微宫	建州	1303 年之前		H
三清观	闾山	1297 年	沈苑峰创建	
北镇庙	广宁（今辽宁省北镇市）	始建于隋，1298 年扩建	北镇庙为官祀庙宇，但住持为全真道士	I
乾元宫	广宁	1332 年之前		G
清征宫	广宁	1332 年之前		G

续表

名称	地址	修建年代	有关事项	出处
长春观	广宁	1332 年之前		G
紫微宫	懿州（今辽宁省阜新市东北）	1332 年之前		G
长生观	懿州	1332 年之前		G
昊天宫	懿州	1332 年之前		G
万寿宫	义州	1332 年之前		G
全真观	义州	1332 年之前		G
洞直观	义州	1332 年之前		G
圣灯院	义州	1332 年之前		G
明阳宫	义州	1332 年之前		G
通志观	宗州（今辽宁省绥中县）	1332 年之前		G
大古观	苍头	1332 年之前		G
栖云观	苍头	1332 年之前		G
长生观	骆驼崖	1332 年之前		G
东岳庙	川州	1326 年重修	刘德宁重修	K
云溪观	瑞州（今辽宁省绥中县）	1340 年	李玄久重修	F
城隍庙	沈阳	1344 年重修	胡道真重修	J
万寿宫	沈阳	1344 年之前		J
东华观	沈阳	1344 年之前		J

出处：A.《终南山祖庭仙真内传》；B.《甘水仙源录》；C.《清和真人北游语录》；D.《葆光集》；E.《云峰真人康公墓铭》；F.《大宁路瑞州海滨乡周家庄云溪观碑》；G.《大玄真宫祖碑》；H.《元一统志》；I.《满洲金石志》；J.《沈阳城隍庙碑》；K.《川州重修东岳庙碑记》；L.《体玄真人显异录》；M.《高丽史》

根据上表的不完全统计可以看出，金元时期东北全真道宫观主要集中于今辽宁省西部地区，以当时的北京路大定府、利州、高州、义州、广宁、瑞州等地最为集中，其东面的沈阳、懿州等地也有不少宫观。从时间上看，以蒙元初期创建的宫观最为集中，金末或元代后期亦有部分宫观创建或重修。

金元时期，东北地区出现了不少著名的全真道士，他们或是应邀前来弘道，或在本地宫观出家，或长期活动于东北。他们通过结交上层，祈雨有验，或通过行符治病，设醮度人，或德行高尚，化导一方，吸引了大量民众，创建了众多宫观，推动了东北全真道的发展和繁荣。现依据文献或碑刻的不完全记载，将金元时期弘道东北的全真道士表列如下：

金元时期东北地区全真道士一览表

姓名	道号/封号	籍贯	在东北的主要活动	生卒年	资料出处
郝大通	广宁真人	山东	曾云游辽宁咸平等地	1140—1212	B卷二
刘真一	朗然子	山东	在平、滦、扶宁等地传道二十余年，创宫观300座，度徒数千人	？—1206	A卷上
杨至道	通玄	河北	为刘真一之弟子，在辽西一带弘道多年	？—1232	B卷十
于通清	真光子/涂阳隐士	河北	约1195—1209年间在北京弘道，创华阳观	1162—1217	A卷上
卢柔和			于通清之徒。长期住持北京华阳观，任北京路道录		B卷七
王处一	玉阳体道广玄真人	山东	1209—1210年间阐道辽西，大显神异	1142—1217	L
魏志明			王处一门人，1210年到海阳县当知观		云光集卷二
尹志平	清和妙道广化真人	山东	1233—1234年间北游辽西，演道度人	1169—1251	C
李志韶			1233年北京游仙观观主		C
赵志完			1233—1234年间随同尹志平北游辽西		C
李志全			1233—1234年间随同尹志平北游辽西		C
张公大师			1233年北京栖真观观主		C
李虚玄			1234年间山太玄观观主		C
于善庆	通玄广德洞真人	山东	1238—1240年应邀到北京弘道	1166—1250	A卷下 B卷十
高道宽		山西	1238—1240年随其师于善庆弘道北京	1195—1277	B卷八

续表

姓名	道号/封号	籍贯	在东北的主要活动	生卒年	资料出处
张志素	应缘扶教崇道大宗师	河南	约1240—1256年间应邀在北京演教	1188—1269	B卷四
王志坦	崇真光教淳和真人	河南	卢柔和弟子，出家北京华阳观，曾行化于兴中、义州、锦州等地	1200—1272	B卷七
康泰真	云峰/含真体道至德真人	辽宁	毕生活动于辽西一带，创建利州玉京观等多所宫观，门徒众多	1164—1256	E
康守安	宁虚大师		康泰真弟子，利州道录		E
杨志玄			康泰真弟子，玉京观大师		E
潘守信	宝真大师		康泰真弟子		E
赵真仙			康泰真弟子，玉京观大师		E
杨守净			康泰真弟子，玉京观大师		E
杨志云			康泰真弟子，玉京观大师		E
葛成仙			康泰真弟子，玉京观大师		E
毕守素			康泰真弟子，玉京观大师		E
孟守志			康泰真弟子，玉京观知观		E
吕顺童			康泰真弟子，玉京观知观		E
戴灵童			康泰真弟子，玉京观道士		E
翟得童			康泰真弟子，玉京观道士		E
赵守真			康泰真弟子，玉京观道士		E
丰守亢			康泰真弟子，玉京观道士		E
王宝真			康泰真弟子，瑞云庵大师		E
高炼真			康泰真弟子，北京长春观住持大师		E
门自开			北京长春观大师		E
李道真	冲逸大师		北京长春观大师		E
赵志童			北京长春观大师		E
刘自明			北京长春观大师		E
崔礼真	崇静大师		北京长春观大师		E
王道坚			北京长春观知观		E
孙志朴			北京长春观知观		E
康道时			北京长春观道士		E
车载珎			北京长春观道士		E

续表

姓名	道号/封号	籍贯	在东北的主要活动	生卒年	资料出处
刘道开			北京长春观道士		E
田志圆			北京长春观道士		E
梁志朴			北京长春观道士		E
张禄童			北京长春观道士		E
武志超			北京长春观道士		E
郑元童			北京长春观道士		E
张志忍	通玄大师		利州道判、崇真观大师		E
张大师			利州崇真观大师		E
杨大师			利州崇真观大师		E
张志真			利州龙清观大师		E
张得宗			北京含真庵女冠		E
王守安			北京含真庵女冠		E
张安宝			北京含真庵女冠		E
李守善			北京含真庵女冠		E
王守仁			北京含真庵女冠		E
段守妙			北京含真庵女冠		E
徐守真			北京含真庵女冠		E
石妙全			北京含真庵女冠		E
李守素			北京含真庵女冠		E
邢妙真			北京含真庵女冠		E
李守元			北京含真庵女冠		E
丘利善			北京含真庵女冠		E
张思宝			北京含真庵女冠		E
王惠清			北京含真庵女冠		E
陈道□			北京含真庵女冠		E
曹妙真			利州永真庵女冠		E
于妙玄			利州永真庵女冠		E
王守玄			利州永真庵女冠		E
郑□真			利州永真庵女冠		E
张□姑			利州永真庵女冠		E
□□□			利州永真庵女冠		E

第二章 蒙元时期东北全真道的发展与繁荣

续表

姓名	道号/封号	籍贯	在东北的主要活动	生卒年	资料出处
姚守真			利州永真庵女冠		E
李守全			利州栖真庵女冠		E
文妙玄			利州栖真庵女冠		E
曹道真			利州栖真庵女冠		E
贾守真			利州栖真庵女冠		E
李守仙			利州栖真庵女冠		E
刘守净			利州栖真庵女冠		E
宋妙童			利州栖真庵女冠		E
杨志谷	和光弘德大师	河北	王志谨之徒。1227年到达广宁府路尖山，创建玄真宫，住持此地三十年	1185—1258	G
张志净	栖玄子		杨志谷门人，玄真宫知宫		G
王道瑞	明真子		杨志谷门人，玄真宫大师		G
肖道然			尹志平弟子，1247年创建锦州离阳宫		
高德范			肖道然弟子，1260年创建锦州石堂道院		
李守净			1287年利州玉京观住持		
王志瑞	明元大师		1287年利州玉京观大师		
张志定			1287年利州玉京观大师		
韩志温	显真大师/圆明通道洞玄真人		懿州昊天宫道士，1294年应邀赴高丽王京讲经		M
李道实	定智玄明讲经大师		懿州昊天宫道士，1294年应邀赴高丽王京讲经		M
李道和			懿州昊天宫道士，1294年应邀赴高丽王京讲经		M
尹道明			懿州昊天宫道士，1294年应邀赴高丽王京讲经		M
沈苑峰			高德范弟子，1297年创建闾山三清观		
王道明	葆和宁真明德大师		1332年大玄真宫住持提点		G
开道淳	通玄保合成德大师		1332年大玄真宫提点。曾任广宁府路都道录		G

续表

姓名	道号/封号	籍贯	在东北的主要活动	生卒年	资料出处
金志公	庆真玄和应妙大师		1332年大玄真宫副提点		G
徐道宁	冲和纯素玄静大师		1332年大玄真宫提举，广宁府路道门提点		G
杨道兴	纯静大师		1332年玄真宫大师		G
李玄静	清远通妙大师		1332年玄真宫知宫		G
金志福	玄妙普德纯静大师		1332年玄真宫院门提举		G
肖志常	集贤虚静冲和大师		1332年玄真宫院门提举		G
金道真	□真大师		1332年玄真宫宫门提举		G
关德用	文和清逸大师		玄真宫道士、1331年北镇庙知庙		G
曹道安	虚静大师		1332年玄真宫宫门提举		G
关德进	观妙大师		1332年玄真观门知宫兼库子		G
白道明	明照玄德通妙大师		1332年北镇庙住持提点、前广宁路道门提点、差永平辽阳广宁大宁等路劝谕诸宫观事		G
张道义	宝光洞玄大师		1313年北镇庙住持提点		I
周道真	通真希玄大师		1313年北镇庙住持提点		I
李道和	存真大师		1317年北镇庙住持提点		I
陈道明			1317年北镇庙知庙		I
雷道震	弘道明远安义大师		1331年北镇庙住持提点		I
王道用			1331年北镇庙提点		I
李玄荣	凝虚安静崇妙大师		1339年北镇庙特旨住持提点		I

续表

姓名	道号/封号	籍贯	在东北的主要活动	生卒年	资料出处
史德荣			1339年北镇庙知庙		I
王道复			1339年北镇庙提举		I
徐道宁	保真玄素明远大师		1342年北镇庙住持提点		I
李□□	凝虚安静崇□□□□□		1343年制授广宁路北镇庙住持提点		I
王惟景			1343年北镇庙知庙		I
□□□	广道安静通真大师		1345年北镇庙住持提点		I
门道兴	中和广德大师		1345年北镇庙副提点		I
刘道普	广道通真大师		1346年北镇庙住持提点		I
雷德信			1346年北镇庙知庙		I
周惟新 马惟安 李进童			1347年北镇庙殿主		I
刘道普	广道通真大师		1347年北镇庙住持提点		I
尹道远			1347年北镇庙知庙		I
马道金	清微演道宗正大师		1348年北镇庙住持提点		I
姜玄聪	明义冲和希真大师		1348年北镇庙住持提举		I
管道正			1348年北镇庙知庙		I
侯惟敬 刘仙童 刘广童			1348年北镇庙道士		I
于德元			1357年北镇庙住持提点		I
毕进禄			1357年北镇庙住持提点		I

续表

姓名	道号/封号	籍贯	在东北的主要活动	生卒年	资料出处
□推僧			1357 年北镇庙知庙		I
甘德和			1357 年北镇庙知庙		I
庞老大师			曾拜丘处机为师。建州云峰观住持		F
李老先生			庞大师之弟子，建州云峰观道士		F
曹大师			李老先生之弟子，建州云峰观道士		F
李玄久		辽宁	自幼出家建州云峰观。后隐居瑞州天一大洞多年，1340 年修复云溪观	1266—1347	F
张道中	冲和葆素明一大师		1347 年长春宫提举，大宁路道门提点		F
白道容	纯素安然大师		1347 年为《瑞州云溪观碑》书并篆额		F
刘德宁			1326 年重修川州东岳庙		K
胡道真			1344 年重修沈阳城隍庙		K
□□纯			沈阳城隍庙道士		I
权首嵩			沈阳城隍庙道士		I
李安童			沈阳城隍庙道士		I
刘寿童			沈阳城隍庙道士		I
司力道			沈阳万寿观住持提点		I
司马调阳			沈阳东华观主		I
张敬道			1344 年活动于沈阳的道士		

第三章

明代东北全真道的沉寂

有元一代，全真道兴盛至极。但是经过元末的战火，各地宫观损毁严重，道士星散。入明以后，由于明廷宗教政策的改变，全真道政治地位下降，教团发展受到限制，尽管有个别全真道士受到尊崇，但全真道总体出现一种沉寂状态。

明朝立国之初，就确立了以儒学为主，释道为辅的三教并用的宗教政策。而明政府对佛、道二教的尊崇，主要不是出于信仰，而是出于政治上的利用。明太祖在夺取政权的时候，曾有道士如周颠仙、张中、张天师等人为其出谋划策、制造符命。所以明太祖即位之后，对道教给予了一定的扶持，并继续利用道教为巩固其统治服务。明太祖于洪武元年（1368）称帝，天师张正常入贺，即授予他"正一教主嗣汉四十二代天师护国阐祖通诚崇道弘德大真人"的称号，并让他主领道教事。此后的历代天师，都得到明室优礼，敕封真人之号，掌管天下道教。明皇室优崇正一天师，是利用正一道在民间的广泛影响力，利用其斋醮礼仪与善恶理论为辅助王纲、敦纯民俗服务。但是，由于全真道属于"大元遗老"，出于对全真道与元室关系密切的嫌隙，加上对全真道独修一己性命的看法，明王朝从太祖朱元璋起，就对全真道不大重视。

明代初年，明确将道教划分为正一、全真两大派。明太祖《御制玄教斋醮仪文序》曰：

> 朕观释道二教，各有二徒。僧有禅有教，道有正一有全真。禅与全真，务以修身养性，独为自己而已；教与正一，专以超脱，特为孝子慈亲之设，益人伦，厚风俗，其功大矣哉！虽孔子之教明，国家之法严，旌有德而责不善，则尚有不听者。纵有听者，行不合理又多

少？其释道两家，绝无绳愆纠谬之为，世人从而不异者甚广。官民之家，若有丧事，非僧非道，难以殡送。若不用此二家殡送，则父母为子孙者是为不慈，子为父母者是为不孝，耻见邻里。此所以孔子云：西方有大圣人，不教而治，即此是也。①

明太祖将道教划分为正一、全真两大派，是对当时道教各派会归融合的一种总结，反映了元代以来道教各派已形成正一与全真对峙而立的格局。但是，明太祖对这两派的态度截然不同，他说全真道是"务以修身养性，独为自己而已"，正一道却是"专以超脱，特为孝子慈亲之设，益人伦，厚风俗，其功大矣哉"！这里就明确表明了明王朝的态度是尊正一而贬全真。当然，明朝初期对正一道的尊崇主要是利用其"益人伦，厚风俗"的社会功能。

在明朝的宗教政策下，作为大元遗民的全真道不显于世。有明一代，全真道士被授予封号者极少，他们大多隐修于山野，云游于江湖，表现出道教传统中清静无为、隐沦遁世的一面。相反，正一派却备受尊崇，他们受封为天师、真人，享受高官厚禄，担任着道录司各级道官，成为明代道教的主流。

明代东北地区的全真道与全国各地一样，也基本上处于沉寂状态。尽管此间全真道或许在某个宫观、某个山洞有完整的传承，但由于不显于世，缺乏记载，我们无从得知其历史实况。有明一代，东北地区全真道有史可载的只是一些零星的片断，比如明初全真高道张三丰是辽东懿州人、明末龙门派马真一曾在东北活动、北镇庙等庙宇得以修复等。

一　张三丰与懿州

关于张三丰的事迹，史实与传说交杂在一起，后人莫测其实。但有一点可以肯定，张三丰生活于元末明初，是一位影响深远的全真道士。《明史·方伎传》记载：

张三丰，辽东懿州人，名全一，一名君宝，三丰其号也。以其不

---

① 《道藏》第9册，第1页。

饰边幅，又号张邋遢。顾而伟，龟型鹤背，大耳圆目，须髯如戟。寒暑帷一衲一蓑，所啖，升斗辄尽，或数日一食，或数月不食。书经目不忘，游处无恒，或云能一日千里，善嬉谐，旁若无人。尝游武当诸岩壑，语人曰："此山，异日必大兴。"时五龙、南岩、紫霄俱毁于兵。三丰与其徒去荆榛，辟瓦砾，创草庐居之，已而舍去。

太祖故闻其名，洪武二十四年遣使觅之不得。后居宝鸡之金台观。一日自言当死，留颂而逝，县人共棺殓之。及葬，闻棺内有声，启视则复活。乃游四川，见蜀献王。复入武当，历襄、汉，踪迹益奇幻。永乐中，成祖遣给事中胡濙偕内侍朱祥赍玺书香币往访，遍历荒徼，积数年不遇。乃命工部侍郎郭琎、隆平侯张信等，督丁夫三十余万人，大营武当宫观，费以百万计。既成，赐名太和太岳山，设官铸印以守，竟符三丰言。

或言三丰金时人，元初与刘秉忠同师，后学道于鹿邑之太清宫，然皆不可考。天顺三年，英宗赐诰，赠为通微显化真人，终莫测其存亡也。①

明人郑晓（1499—1566）《今言》对张三丰的活动亦记载较详：

张三丰，辽东懿州人，名君实，字全一，又字玄玄，别号保和容忍三丰子。不饰边幅，人号张邋遢。日行千里，静则瞑目旬日。一啖斗升辄尽，又或辟谷数月。洪武初至太和山，往来长安、陇西、岷州、甘肃，又至扬州。成祖遣礼科都给事中胡濙明求邋遢，实访故君云。或曰三丰死于胜国，敛矣，临空复生。入蜀，游行襄汉间。②

张三丰云游各地，灵异众多，明帝遍访不得，赠封真人，如此等等的事迹，本文均不讨论，这里只就张三丰的出生地懿州做一些探讨。

在历史上，关于张三丰的籍贯有众多不同的说法，五花八门，有朔方、宝鸡、辽阳、辽东、义州、懿州、闽县、天目、平阳、贵州、金陵等之说。但学界一般认为，这些说法中能成立者是宝鸡与懿州二说。其他所

---

① 张廷玉等：《明史》卷299，中华书局1976年版，第7641页。
② （明）郑晓撰，杨晓波点校：《今言类编》卷六，上海古籍出版社2012年版，第199页。

谓朔方、义州、辽阳、辽东，实际不过是懿州扩大而已。从历史文献上看，宝鸡说占着优势，到后来懿州说，又取而代之。

现在一般认为《明史》懿州说是正确可靠的，其他说法可能与其活动过的地域有关。因为张三丰一生云游各地，几乎所有名山胜地都有他的足迹，其中宝鸡停留的时间可能最长，道士的这种栖无定止到处为家的生活方式，容易使人们把他的寄寓之地当成籍贯。①

《明史》是一部史料价值较高的正史。是清朝特设史馆历时九十五年编撰完成，参与修撰人员前后达二三百人，最后由张廷玉总裁定。其中有许多著名历史学者，如黄宗羲、顾炎武、王夫之、万斯同等人。其依据材料之丰富，考订之确切，为中国设馆修史上突出的一次。因而《明史》所载是比较可信的，这是研究张三丰籍贯的权威史料。

除《明史》、《今言》而外，主张张三丰为辽东懿州人的著述尚有很多：

陆西星（1520—1606）的《淮海杂记》云："三丰老仙，龙虎裔孙也，其祖裕贤公，学能兼占象，移家于金之懿州。"②

明末王世贞、汪云鹏撰《列仙全传》、洪自诚撰《消摇墟经》、沈德符（1578—1642）撰《万历野获编》均云："三丰，辽东懿州人。"③

此外，各地方志如《祥符县志》、《湖广通志》、《甘肃通志》、《巴县志》、《泰安县志》、《盛京通志》等，均称张三丰为懿州人。

总之，从明清时期的一些权威文献记载来看，张三丰出生于懿州，是有着较为可靠的史料依据。

又据《三丰全集》所载，张三丰不仅出生在懿州，其少年时代也是在懿州度过的，并且与当地的全真道观、道士有着非常密切的关系。

据清人汪锡龄（1664—1724）所撰《三丰先生本传》载，张三丰生于蒙古定宗丁未年（1247），五岁时因目生异疾，送至道观碧落宫治疗，拜住持张云庵为师，半年后双目逐渐复明。于是在道观诵习道经，兼习儒释经典。12岁辞师归家，专究儒业，中统元年（1260）举茂才异等，次

---

① 参见佟宝山《张三丰籍贯辽东懿州考》，《宗教学研究》2005年第3期，第8—10页。
② 《张三丰全集》，方春阳点校，浙江古籍出版社1990年版，第314页。
③ 王世贞、汪云鹏：《列仙全传》，万历二十八年刊本。洪自诚：《消摇墟经》，《万历续道藏》本。沈德符：《万历野获编》，中华书局1959年版。

年称文学才识。至元元年（1264）南游燕京，被平章政事廉希宪举荐为中山博陵县令。第二年，因父母过世，辞官归辽阳，营葬双亲后无意仕进，日诵道经。后来，有邱道人登门造访，与谈玄理，深得启发，于是有方外之想。其后束装出游，历经燕赵、齐鲁、韩魏各地近30年。延祐元年（1314），年六十七岁时入终南山，得遇火龙真人，传以大道。更名玄素，一名玄化，自号玄玄子，别号昆阳。居山四年后出山，和光混俗者数年。泰定甲子（1324），南至武当，居九年而道始成。又云游湘蜀十余年。至正初（1341），由楚还辽阳省墓，再至燕京，又南下至秦蜀、荆楚、金陵等地。至正十九年（1359）居宝鸡金台观。明初，张三丰入武当山，收邱元靖为徒。洪武十七年（1384）明太祖诏求，不赴。二十五年（1392）遁入云南，翌年于贵州平越福泉山飞升。①

根据汪锡龄的记载，张三丰自童年至青少年时期都是在家乡懿州度过的。尤其是他6岁那年因目疾而进入道观碧落宫治疗，并拜道士张云庵为师，从而深度接触道教，阅读大量道经，奠定了他以后的人生方向。后来虽然专攻儒业，考取儒家功名，但非其素志。1265年他19岁时因父母去世，辞官回辽阳，再也无意仕进，几年后踏上了云游寻道之路，终于成长为一代大师。

应该说，张三丰童年居住的碧落宫，以及他的师父张云庵对他的影响是巨大的。张云庵，方外异人也，住持碧落宫，自号白云禅老。他一见到张三丰就断定其为玄门奇器，曰："此子仙风道骨，自非凡器，但目遭魔障，须拜贫道为弟子，了脱尘翳，慧珠再朗。"② 那么，碧落宫、张云庵现已无从考证，但是从蒙元时期全真道在东北地区的发展来看，碧落宫的存在是非常有可能的。

如上章所述，蒙元时期，东北地区全真道获得迅猛发展，全真大师尹志平、于善庆、张志素等都曾到辽西一带弘道，又有康泰真在利州创建玉京观，杨志谷在广宁创建玄真宫，当时辽西的闾山、义州、锦州、建州、利州、川州等地已经是宫观林立，信徒云集。张三丰的家乡懿州位于今辽宁阜新县东北的塔营子，其辖区大致在今阜新县范围，其西部最远至义县、朝阳境内。可以说，在懿州周边的义州、建州、闾山、广宁等地宫观

---

① 《张三丰全集》，方春阳点校，第315—317页。
② 同上书，第315页。

林立的情况下，相隔不远的懿州存在一个碧落宫是非常有可能的。另外，至元三十一年（1294），懿州昊天宫道士显真大师韩志温及其徒弟李道实、李道和、尹道明等应高丽国王邀请，前往高丽王京讲经。说明此时懿州有昊天宫存在，并且道士韩志温等人学识渊博。又据1332年立的《大玄真宫祖碑》碑阴所载，其中提到懿州有昊天宫、长生观、紫微宫等多所宫观。元代懿州还因其三度成为辽阳行省省治所在地，成为当时的政治、经济中心，亦成为全真道发展和传播的重要中心之一。因此，在张三丰的童年时代，懿州地区存在一个全真道宫观碧落宫，这是非常有可能的。

总之，蒙元时期全真道在东北地区发展兴盛，这种时代背景影响了张三丰的童年生活和人生方向，也构就了他成为一代宗师的基础。虽然张三丰自20多岁离开懿州，南下寻师问道，很少再回家乡，但是这种童年的记忆和影响是终生难忘的。可以说，元代懿州全真道的发展造就了张三丰的人生历程，从懿州走出个道教大师张三丰也不是偶然的。

明代以来，张三丰声名鹊起，明廷屡访不得，封为真人。但是，张三丰在明代的地位并没能影响到他的家乡——辽东的道教。因为，元明之际的朝代更迭和战乱之后，元懿州地区在明代变成了北元蒙古各部的游牧地，当时在这一带游牧的蒙古各部落有200余支。世异人非，元代兴盛的懿州全真道至此也自然零落无余。

二　明代北镇庙和离阳宫的重修

北镇庙是祭祀医巫闾山的山神庙，历史悠久。元代以来，封北镇医巫闾山为贞德广宁王，朝廷每年遣官祭祀，庙宇不断重修，成为规模宏伟的官祀庙宇。北镇庙的住持为全真道士，人数众多，参与朝廷祭典，使得北镇庙成为全真道的一个活动中心。

经过元末战争的烽火，北镇庙损毁殆尽。明初以来，北镇庙一直未能修复。直到永乐年间，明成祖才下诏修复北镇庙。现立于北镇庙的洪熙元年（1425）立《敕辽东都司碑》载有永乐十九年（1421）重修北镇庙的敕文，曰：

北镇医巫闾之神，自昔灵应彰显，而卫国祐民盛（厥）绩尤著，独其庙宇颓毁，至今弗克修治。朕心拳切，夙夜弗忘。敕至尔等即择日兴工，建立祠宇，饬严祀事，以将（称）朕崇仰之意。①

在明成祖下诏重修之后，北镇庙得以修复，并恢复了每年的春秋祭祀，而且朝廷有大典礼、大政务等，亦遣使祭告。

北镇庙重修后，侍奉香火和住持庙宇的仍然是道士。北镇庙现存众多明代碑刻的碑阴大都刻录有道士的名字，如洪熙元年（1425）立《敕辽东都司碑》有"侍香道人陆积成、张稷等"字样。弘治八年（1495）《北镇庙重修记碑》碑阴有"庙祝陈道琳　萧道淮　薛芳　王道成　道洪　道珍　樊明　周全　道安　张鉴　熊纪　洪斌　冷荣　杭铠　赵淮　德瓒"等字样。弘治十八年（1505）、正德元年（1506）、正德八年（1513）的《御祭祝文碑》中都有"庙祝于瑛"的名字。而隆庆元年（1567）、万历元年（1573）的《御祭祝文碑》碑阴有"庙祝崔尚义"等字样②。那么，北镇庙的侍香道人或庙祝应为道士无疑，然而他们是否为全真道士，则不得而知。

锦州离阳宫自1247年由全真道士肖道然修建，有元一代，离阳宫香火旺盛，规模雄伟。明代以来，离阳宫在历任地方长官的支持下，不断重修，殿宇壮丽，曾有关东第一大庙之称。据许至林口述、张传石、李树基整理《锦州离阳宫》一文记载：

> 明洪武二十四年（1391），指挥使曹凤把修永安门（锦州城南门）剩余的砖石木料赠给了离阳宫。邹容任锦州指挥同知时又重修了锦州离阳宫，当时前后五层大殿，大门三楹，规模宏大，曾有关东第一大庙之称。明熹宗天启二年（1622）又毁于大水，山门中殿被冲，从此把离阳宫南北分开，北面即现在火神庙旧址，南面为现在白衣庵，中段为现在火神庙南环城路。明天启七年（1627）道士胡明桥在都指挥方应铭的帮助下重建了离阳宫，上院为现在的火神庙旧址，下院为白衣庵。③

---

① 于志刚：《北镇庙碑文解析》，第63页。
② 参见于志刚《北镇庙碑文解析》，第63—103页。
③ 《锦州文史资料》第六辑，第136页。

从离阳宫的历史可以看出，明代离阳宫曾得以不断重修，而且历任住持也应该是道士。但是，离阳宫自元代肖道然以来的法脉是否传承不断？明代离阳宫住持是否还是全真道？这些问题暂时都无法查证，有待于新史料的出现才能作进一步的探讨。

三　明末马真一的辽东踪迹

1. 马真一其人

马真一作为明末的一位全真道龙门派道士，近年来引起学者们较多的关注，主要是因为在研究龙门派起源地、传承法系等问题时，常常会引用到清初刘献廷（1648—1695）的《广阳杂记》，其中不仅提到全真龙门派道士马真一，而且指出马真一作为龙门派"真"字辈的传人，其传承系统来自陕西王刁山。《广阳杂记》载：

> 孙宗武言，今世全真道人所谓龙门派者，皆本之邱长春，其地则王刁山也。王刁山在华阴太华之东，奇峭次于花岳，开山之祖，乃王刁二师，故以人名山。邱长春曾主其席，演派至今遍天下也。其法派凡二十字，曰道德通玄静，真常守太清，一阳来复本，合教永贞明。至真字辈有马真一者，世号颠仙，言其不死，今犹在辽东云。今兴复白云观道人王莱阳，乃其嫡派，莱阳名清正。今白云观已焕然非故矣。盖宗武于华阳时已与之交，知其人甚悉。又言华阳道派有二，一太华，一王刁也。太华宗陈希夷，王刁宗邱长春。①

刘献廷记载龙门派起源于王刁山，又说马真一的徒弟王莱阳兴复白云观，这些与教内传统说法均存在分歧，又被认为是孤证难立②。本书暂不讨论龙门派的起源地及传承法系问题，单就道士马真一的生平和活动情况进行探讨。

其实，刘献廷的《广阳杂记》并非最早记载马真一的文献，早在明

---

① 刘献廷：《广阳杂记》卷三，中华书局1957年版，第130页。
② 参见张广保《明代全真教的宗系分化与派字谱的形成》，载《全真道研究》第1辑，齐鲁书社2011年版，第192页。

末的档案材料中就出现了马真一的踪影。明清内阁大库残余档案中有一份崇祯二年闰四月二十三日的《督师袁崇焕题本》，对道士马真一的生平行迹有较详细的记述：

> 乃万缘供称，华山有道人马绣头者，年三百岁，举动不凡，知未来事，于三年前已出关，今行兵无有盟主，思得此人，假以号召党类，又久出山，叫万缘秘拿表文，到处找寻等情。臣见之不胜骇异，为照白莲不轨，所在有之，幸伏皇上威灵，妖首殄灭，此诚宗社之福。但所言马绣头者，即马一真之旧名也。一真自言原籍河南太康县人，向住华山王刁洞修炼，发久不栉，遂有绣头之号，著于山陕等处。山陕士夫多与之游。于天启六年间剪发下山，云游山东，便舡过到皮岛观看，回至宁远、山海各处，随便山居。似此踪迹，与陕西妖贼所供马道人相同。然跛蹩而背跎，行走艰难，其年已暮，语论平实，似出家修行人。但臣属既有此人，敢不据实奏闻。除行关内道止留外，伏乞勑下该部，或解陕西抚臣原案归结，或发回原籍河南收管，或留在山海任彼焚修，统候圣明裁断施行，缘系云云，谨题请旨。崇祯二年闰四月二十三日。奉圣旨：着暂羁候，移文陕抚确查，该部知道。①

根据这份档案可知，崇祯二年（1629）陕西等地的白莲教造反案被破获，其教首供称他们正在寻找华山道人马绣头，想请他当盟主。这件事被陕西巡抚刘广生呈奏给崇祯皇帝，又被编入《邸报》通报给各地官员。而袁崇焕正是在看了《邸报》之后，发现辖境内祈雨立应的华山道人马一真正是陕西白莲教所要寻找的马绣头。事关重大，袁崇焕立即上了一道题本，将道人马一真的基本经历及其在辽东活动的情形报告给崇祯皇帝，请求圣裁。这是袁崇焕题本的来历。

那么，袁崇焕在题本中反复提到的道人马一真，实际上就是道士马真一。由于中国古代的道士有本名、法名、外号等多种称呼，又常不以真名

---

① 《明清史料——国立中央研究院历史语言研究所编刊明清内阁大库残余档案》，第八本，第713页，1931年刊印本。该条资料社科院历史所杨海英研究员提供的线索和复印件，特致感谢。

示人，故在时人记述中常常出现不同的称呼，而实际上指的是同一个人。袁崇焕题本中的马一真，在其他文献中有称为马真一者，有称为马绣头者，有称为马峰巅者，皆指同一个人。如康熙二年（1663）宋琬撰《永平府志》就记载有道士马真一。所谓"马真一，自称河南人，年一百八十余岁。昔在华山学道，崇祯初年来入广宁，居北镇庙，采蘑菇，拾野菜为食。时大旱，经略袁公崇焕曾使人致至祈雨，次日果雨"①。很明显，《永平府志》中的马真一与《题本》中的马一真是同一个人。

除了这份遗存下来的珍贵档案之外，在时人的回忆录、见闻录等笔记文集中也对道士马真一多有记载。如明末举人李楷（1603—1670）是陕西朝邑人，年轻时曾读书朝来山（与马真一隐居的王刁洞不远），遇到异人马真一，马预言他当以文章名世。②李楷成名之后，为老朋友马真一撰写了一篇传记《马峰巅传》，对其在华山王刁洞的修炼和灵验故事记载颇详：

> 峰巅道人马姓真乙名，不知何里人。其出家始末，师授之书不可详。偶居于华山之王刁仙洞。以峰巅自号，或以疯颠称之，亦漫应之……道人处洞，无榻无几，因石为床。无经书文字，无药物丹灶。其弟子常光等椎鲁无知。不谈烧炼黄白及采战等法，不为斋醮符箓等事，清静全真以为教。能冬月以雪为沐浴，气蒸蒸如暑。居久之，人乃稍知其异。有某院至，使人迎于山，一见倾服，不能测其道。某地旱，官迎之于署，不立坛，不焚香，但索酒大饮，饮酒间雨下如注。人之知峰巅者日益众，奔走如山者无算。问吉凶祸福，矢口而答，无不奇中。或叩以儒典，能举五经之要旨。或问武，则言阵法韬略之事，娓娓不倦，人乃疑其儒而飞遁者。然山居不修饰，破衣垢面。作为诗皆不以格法，散于人者不存稿，答人书多落落无首尾，字画纵横无拘束，预言天下事不爽。忽一日，谓其弟子曰：将东出关矣。旋即去，不与人诀，亦不知其所在。或有遇之于关外者，言峰巅事尤多

---

① 董耀会主编：《秦皇岛历代志书校注·永平府志下》，中国审计出版社2001年版，第630页。

② 李榕：《华岳志》卷二《高贤》："李楷字淑则，号河滨，朝邑人。读书朝来山，遇真人马巅仙，谓当以文章名世。"

奇，不具载。①

总之，马真一作为明末一位曾惊动地方大员和皇帝的道士，其真实存在性不容怀疑。清人笔记《玉光剑气集》对这位传奇道士亦有生动的记载：

> 马绣头道人，修髯伟干，黄发覆顶，舒之可长丈许，不栉不沐，而略无垢秽。自言生于正统甲子，至崇祯庚午、辛未（1630—1631）间，约百六十余岁矣。行素女术，所至淫姬，鸨妞多从之游。时孙公元化开府于登，闻而恶之，呼至，将加责焉。道人曰："公秉钺一方，选士如林，乃不能容一野道人耶？万一有所欲为，以备可使，不可耶？"时方大旱，即令祈雨，曰："是易易耳。"问所须，曰："须桌数百张，结高台于郭。公等竭诚，惟我命是从，稍龃龉者，不效矣。"公曰："姑试之，不效，尔无生理。"治坛如其式。凌晨，道人至，则索火酒一斗，犬肉数斤，啖之尽，乃登坛。命公率文武吏士，长跪坛下。道人东向而嘘，则片云从嘘处起。复东向而啸，则微风应之。少焉，浓云四布，雷电交作，雨下如注。道人熟睡坛上，鼾声雷声，响答互应。历三时许，乃欠伸而起，曰："雨足乎？"众欢呼曰："雨足矣。"道人挥手一喝，而雨止云散，烈日如故。孙公从泥污中踉跄起，扶掖而下，以所乘八座乘之，而骑从以归。归即送入先庄节署中。②

本书作者张怡（1608—1695），字瑶星，号薇庵，别号白云先生，上元（今江苏省南京市）人。明诸生，荫官锦衣卫千户。明亡后，隐居摄山白云观，著书自娱。这本《玉光剑气集》就是张怡隐居期间所撰，他用笔记体分门别类地记述了明朝史实，尤以明末史实为详，旨在总结明朝兴亡的经验教训。资料大多出于正史或其著述，其中大部分是作者亲身见闻，史料价值颇高。此段关于马绣头的记载，也是张怡的亲身见闻。张怡之父可大，谥号庄节，明崇祯初年任山东登莱总兵官，署中客有道士马绣

---

① 李楷：《河滨文选》卷五，《清代诗文集汇编》34册，上海古籍出版社2009年版，第171—172页。

② （清）张怡撰，魏连科点校：《玉光剑气集》卷二十六《玄释》，中华书局2006年版，第916页。

头，张怡因此亲见亲闻马绣头之事迹，后记载于《玉光剑气集》中。而周亮工（1612—1672）在其《因树屋书影》中也引述了这段记载，曰：

> 张瑶星语予："辛未（1631）秋，予觐先大夫于东牟，遇道人马绣头者，亦异人也。道人修髯伟干，黄发覆顶，舒之可长丈许，不栉不沐，而略无垢秽……"①

张瑶星即张怡，周亮工明确说明他的这段记载是张瑶星告诉他的。对比周文和张文，两书的记载几乎完全相同，只是周文在结尾处多出数百字，对于马绣头在东江与刘兴治的矛盾以及对张可大之死期的预言有详细的描述。

总之，两书的记载都是时人对道士马绣头的所见所闻，是比较可靠的资料。而据上述明代档案，道士马真一因"发久不栉，遂有绣头之号"，故文中提到的道人马绣头就是马真一。

马真一曾经云游各地，在多处地方都留下了其事迹和传说。地方志如《登州府志》、《蓬莱县志》、《盛京通志》、《奉天通志》、《北镇县志》、《永平府志》、《华岳志》等都有马真一的记载。

如《登州府志》载：

> 马真一。县志作贞一。不知何许人。天启乙丑（1625）抵登，预谶郡变，有登州府辽阳城之歌。②

马真一曾在陕西华山修炼，当地仍然流传有他的故事和传说，以及祭祀他的庙宇。如华阴县小涨村南有马仙洞，祭祀马真一，据民国三十四年《小涨村改建马仙洞碑记》载：

> 仙系马姓，讳□乾，字真一，为明弘治间人，隐居于华山之王刁岭。能文事，兼武略，盖儒而飞遁者，以当时传闻种种迹象证之，绝

---

① （清）周亮工：《书影》第九卷，中华书局1958年版，第230页。
② （清）方汝翼、贾瑚修，周悦让、慕荣榦纂：《增修登州府志》卷十五，光绪七年刻本。载《中国地方志集成》山东府县志辑48册，第152页。

非庸俗常人所可方拟，殆所谓蝉蜕羽化者之流。①

综合上述档案、笔记、地方志等资料所载，可以对马真一的生平事迹简要归纳如下：

（1）马真一是河南太康县人，亦名马贞一、马一真、马峰巅，外号马绣头、马疯子、颠仙等。

（2）马真一的生年或曰是明正统年间（1444），或曰是弘治间（1488—1505）人，到明末（1630）已百六十余岁，或曰百八十余岁。

（3）马真一曾于华山王刁洞修炼，与士夫多有交游，神迹传说颇多。华山一带曾建有多座祭祀马真一的马仙庙。

（4）马真一于天启六年（1626）剪发下山，云游山东、辽东各地，多次祈雨成功，预言谶语亦奇中，行素女术，饮食无常，语言癫狂、举止疏放。至1633年仍在山东、辽东一带活动，后不知所之。

（5）因行为颠狂，又似与陕西白莲教有关联，曾被袁崇焕题本奏明崇祯皇帝，并将之收押于山海关。

（6）马真一属全真道龙门派，弟子有常光等。

2. 马真一的辽东踪迹

根据相关记载，马真一在天启以前主要在华山王刁洞隐居修炼，与当地士大夫多有交游，远近闻名。自天启六年（或曰五年）以后，剪发下山，云游山东、辽东各处，从而在辽东一带留下众多传说灵迹。那么，作为一位全真龙门派道士，马真一在辽东的活动和影响如何呢？

根据现有文献，马真一在辽东活动的地方主要在辽南沿海一线，东至鸭绿江口的皮岛，西到山海关，都有马真一的踪迹。他曾居止的地方主要有旅顺、皮岛、北镇、宁远、山海关等地。

据袁崇焕奏折，马真一"于天启六年间剪发下山，云游山东，便舡过到皮岛观看，回至宁远、山海各处，随便山居"。指明马真一自天启六年（1626）下山后，先到达山东登州府，随后搭便船到皮岛观看，然后又到宁远、山海关各处。这份奏折上报于崇祯二年（1629），说明马真一从1626—1629年间一直在辽东的皮岛至山海关一带活动。而这一带正是明代辽东都司的管辖范围，又是后金与明军交战的军事前线。

---

① 张江涛：《华山碑石》，三秦出版社1995年版，第505页。

辽东都司是明朝在辽东地区设立的军政机构，在建制上属于山东承宣布政使司。辽东都司领二十五个卫，二个州，治所在定辽中卫（今辽阳市），辖区相当今辽宁省大部。正统年间后，因东部蒙古兀良哈诸族南移，明朝渐失辽河套地区（今辽河中游两岸地）。

明代末年，居住在东北地区的女真族首领努尔哈赤在基本统一了女真各部后，于万历四十四年（1616）称汗登极，建立大金（史称后金），改元天命，建都赫图阿拉。万历四十六年（1618），后金以七大恨为由，起兵伐明，毁抚顺。第二年，明廷派兵十万，分四路进攻后金，结果大败。后金势力从此大振，并趁势攻占了开原、铁岭、沈阳、辽阳、义州、广宁等城，并先后迁都辽阳和沈阳。1626年，努尔哈赤病逝，其子皇太极即位，以明年为天聪元年。皇太极为扩充势力，四处征掠。1627年，他出兵朝鲜，使之臣服。1628年，他亲征蒙古察哈尔部，大胜而归。1629年，他取道蒙古，直逼明京师，大掠而还。1633年，后金攻克旅顺和沿海诸岛。1636年，皇太极即帝位，国号大清，改元崇德。到崇祯十五年（1642），明代辽东全境已为后金（清朝）所兼并。

那么，马真一自1626年云游至山东，随后坐船到皮岛观看，然后又到山海、宁远各处，这期间正是后金崛起，并在辽东一带大肆征战的时期，而宁远、皮岛各处正是明军与后金争夺的军事前沿地带。

皮岛，又称东江，位于鸭绿江口东之西朝鲜湾，今属朝鲜，改名椵岛。明末皮岛位于辽东、朝鲜、后金之间，位置冲要。明末大将毛文龙将皮岛作为根据地，招纳难民，逐渐发展成一支海外劲旅，收复了多座被后金侵占的城镇。天启二年（1622），明廷为毛文龙在皮岛特设一个军区，名东江镇，以毛文龙为东江总兵。1629年，毛文龙被袁崇焕计杀。那么，马真一大概在1626年或1627年间到达皮岛观看，应该是在毛文龙担任总兵期间。马真一在皮岛有过什么活动，未见记载。不过，根据毛文龙平素对待寺庙的态度，可以推测马真一在皮岛期间，应该是受到了毛文龙的优待。天启四年（1624）朝鲜使臣洪翼漠出使北京，从海路到山东，八月二十八日在登州，以"军门行香于诸神庙及佛寺，又不得行见官礼。盖迩来中国之风，大小官员新莅职，例于寺庙必先遍谒，故此礼未行之前，不暇接宾客云"。洪翼漠感叹："大概华人之谄事非鬼，遂成巫风吁，可惜矣。"又载："寺僧持一册来示，即施舍名录，所谓大施主，居首者都督沈有容，总兵毛文龙等大小官员，无不与焉。"① 朝鲜使臣记载了当时明朝大小官员均佞事鬼神，也记载了毛文龙作为东江总兵，参与施舍寺庙的史实。这件事说明毛文龙对待寺庙和僧道的态度应该是比较友好的。所以可以推测，道士马真一到达皮岛后，应该与毛文龙有过交往。

此后，马真一离开皮岛，于1628年到达北镇，在北镇期间曾为经略袁崇焕祈雨。这件事在袁的题本中有所载，《盛京通志》、《永平府志》等亦有记载。《盛京通志》曰：

> 马真一，河南人，年百余岁矣。明季居广宁之北镇庙中，采蘑菇，拾野果为食。会广宁大旱，经略袁崇焕使祷雨，立应。后去之山海关，与士人谈经论艺，剖决如流，为人言休咎，率奇验。后不知所终。②

马真一到达广宁后，居住在北镇庙。而北镇庙作为医巫闾山的山神庙，自金元以来一直是官祀庙宇，香火旺盛。此时马真一入住后，却是采蘑菇、拾野果为食，说明北镇庙在明末的战火中已经破败，成为一座荒庙。马真一于崇祯初年（1628）到达广宁，当年冬曾见过督师袁崇焕，第二年春夏之季，广宁一带久旱无雨，在宁粮通判李茂根的推荐下，袁崇焕派人找他来祈雨，数日后果然下雨。不过，由于马真一举止癫狂，被认为是妖妄，袁崇焕将他羁押到山海关。其实袁崇焕羁押马真一的真正原因恐怕不是他的癫狂，而是出于政治上的考虑。正如袁崇焕题本所记载的，由于陕西的白莲教徒正在四处找寻马一真，欲得之以为盟主。故崇祯皇帝指示："着暂羁候。"从奏折上看，袁崇焕羁押马真一是奉旨行事，也说明马真一在辽东一带的活动，已经引起了朝廷的注意，并对他有所调查。当然，马真一作为一个举止狂异的道士，除了祈雨、预言、谈经论道之外，似乎也看不出什么政治企图，故不久就默许其离开。而马真一在羁止山海关期间，却得到了关宪梁廷栋的关照，康熙二年修《永平府志》曰：

---

① 洪翼漢：《花浦先生朝天航海录》卷一，第14页。《燕行录全集》第17卷，韩国首尔东国大学出版社，第138—139页。

② （清）阿桂等奉敕撰，《钦定盛京通志》卷九十二，第5页。《景印文渊阁四库全书》，第503册，台湾商务印书馆1976年版，第20页。

遇关宪梁公廷栋尤加亲洽，与谈休咎皆应，讲经论艺，剖抉如流，饮食不拘荤素，取足而止。诙谐之中，往往皆成谶兆。踪迹无常，人不能测，后不知所之。①

马真一在梁廷栋的关照下，虽说是羁候于此，却也受到较好的待遇。后来，辽东战事吃紧，袁崇焕也因擅杀毛文龙等事而被处决。在战乱之际，马真一这件事大概也就不了了之。到崇祯庚午、辛未间（1630—1631），他再次来到山东，为登州巡抚孙元化祈雨成功，后成为登莱总兵官张可大之座上客。张怡《玉光剑气集》载：

庄节公固好士，署中客常数十人，每夕必列席共饮，饮必招道人与俱。道人言笑不倦，而多不食，或劝之食，则命取大罍，尽投诸殽核其中，以水沃之，一举而尽。复劝之，则取他席上殽核投罍中，尽之如初。乃至尽庖厨所有，百余人之馔，悉投悉尽。或戏曰："能复食乎？"则取席上诸拌盂杯盌之属，十五累之，举而大嚼，如嚼冰雪，齿声楚楚可听。庄节公治兵庙岛，拉与俱，宿署楼上。楼滨海，海上自入冬，即无日不雪，雪即数尺。人争塞向墐户，而道人夜必敞北窗，以首枕窗而卧。早起雪压身上如堆絮，道人拂袖而起，额上汗犹津津然。或投身海中，盘薄游泳。及登岸，遍身气如蒸，而衣不濡湿。后游东江，与刘兴治忤，取大木剜其中，坐而浮海，莫知所至。②

"庄节公"即登莱总兵官张可大，当时马真一为登州巡抚孙元化祈雨成功后，就被送入张可大府上居住，成为张府的座上客，并常常有一些惊世之举，如一顿吃尽百人之饭，冬日下海游泳而登岸后热气腾腾、衣不濡湿，等等。

在登州期间，他还与老朋友陕西举人陈尚策相遇，并多有预言。《登

---

① 董耀会主编：《秦皇岛历代志书校注·永平府志下》，中国审计出版社2001年版，第630页。
② （清）张怡撰，魏连科点校：《玉光剑气集》卷二十六《玄释》，中华书局2006年版，第916—917页。

州府志》载：

> 陕西举人陈尚策曾于华山谒之，问以后会，马曰登州。崇祯辛未，策果除郡推官，马适至，多隐语，至登陷方验。①

马真一并未久住山东，不久，他告别陈尚策，再次渡海前往辽东，又一次到达皮岛（东江）。此前，皮岛总兵毛文龙被杀，由陈继盛和刘兴治分统皮岛，1630年，刘兴治杀死东江副总兵陈继盛以及明朝官员21人，发动兵变，独据皮岛。到1631年马真一再次云游东江时，岛帅刘兴治对他并不友好，马真一受辱后愤而离岛。周亮工《书影》对此有详细记载：

> 既而往游东江，东江帅为刘兴治，道人至，则聚诸淫妪如在登时。兴治闻之怒，呼而责之，将绳以法。道人曰："公尸居余气，乃相吓耶！公何能杀我？人将杀公耳。"兴治益怒，道人指其左右曰："此皆杀公者也，俟城石转身，则其时矣。"兴治命责之，鞭扑交下，道人鼾睡自若，兴治无如何也。道人出，语其徒曰："辱我甚，不可居矣。"乃往海中浴，浴竟，见有一木大数围，知是土人物，从求得之。自持斧略加刳凿，才可容足，辄坐其中，乱流浮海而去，不知所终。其后兴治以贪残失士心，改筑岛城，城石尽转，而兴治为其下所刺。②

马真一在云游皮岛前后，又曾到过旅顺，与总兵黄龙有过接触。《蓬莱县志》载：

> 抵旅顺，总兵黄龙问以事，卒出恶言，黄怒挞之，跃起趋而北。旅顺陷，黄龙死焉。大约所至之处后必有变，类多微辞。③

---

① （清）方汝翼、贾瑚修，周悦让、慕荣榦纂：《增修登州府志》卷十五，光绪七年刻本。载《中国地方志集成》山东府县志辑48册，第152页。

② （清）周亮工：《书影》第九卷，中华书局1958年版，1962年上海第2次印刷，第231页。

③ （清）王文焘修，葛元昶、张本纂：《蓬莱县志》卷二"仙释"，道光十九年刻本。载《中国地方志集成》山东府县志辑50册，第42页。

崇祯三年（1630）毛文龙被杀后，大将黄龙临危受命，被派往旅顺，接管了东江兵的军事指挥权，成为东江总兵。崇祯六年（1633），孔有德叛乱，黄龙中了后金的调虎离山之计，旅顺沦陷，黄龙自杀身亡。因此，马真一抵达旅顺的时间应该在1631—1633年之间。马真一本来是黄龙的座上客，大概预言到黄龙的军事失利而惹恼了黄龙，所谓"卒出恶言，黄怒挞之，跃起趋而北"。此后，关于马真一的行踪，史书中并无明确记载，只曰"不知所至"，"莫知所之"。

不过，亦有传说直到康熙年间马真一仍在辽东者。如刘献廷（1648—1695）的《广阳杂记》转述孙宗武所说"言其不死，今犹在辽东"，就是说，民间传说马真一在康熙年间仍然活着，并且隐居在辽东一带。

综上所述，马真一于天启六年（1626）到崇祯六年（1633）间多次往返于山东和辽东之间，此后不知所之，或曰仍在辽东一带隐居。而马真一在辽东期间，与多位辽东高级军政长官如毛文龙、袁崇焕、刘兴治、梁廷栋、黄龙等都有接触，或祈雨，或谈休咎，或预谶，事事皆应验如神。那么，马真一以一个疯癫道士的形象，多次往返于辽东战事前线，活跃于军营帅门之间，这种行为如何理解呢？

个人认为在明朝与后金关系极其紧张的背景下，马真一下华山，过山东，渡海到辽东战事前线，可能是预感到明末社会的变局，出于对明朝前途的担忧，故而不避危险，来到战争的最前线，并以其擅长的预测、祈雨等方术，成为多位将帅的座上客。

综观马真一在山东、辽东军营中的主要活动，一是祈雨，二是预测。崇祯二年（1629），马真一在广宁为袁崇焕祈雨成功，随后在山海关成为关宪梁廷栋的幕客，与谈休咎，皆应验如神。到崇祯三年（1630），马真一再度来到山东，为登州巡抚孙元化祈雨成功，并成为登莱总兵张可大的幕僚。在张可大府中，马真一可能对于辽东战事进行过建言献策。所谓"庄节公固好士，署中客常数十人，每夕必列席共饮，饮必招道人与俱"。张氏幕府数十人，每日列席共饮，共饮间自然会涉及辽东战事，大家献计献策也是必然的。而且张可大每到一处，似乎都带着马真一，所谓"庄节公治兵庙岛，拉与俱，宿署楼上"，张可大到庙岛统兵时，都要拉着马真一前去。这可能不是个人感情的问题，说明张可大作为登莱总兵，他与马真一之间可能是有军事战略需要商量的。

然而，马真一尽管受到张可大的知遇之恩，但有些事情他不能明说，也没法改变。如马真一预测到登州的变乱和张可大的死期，可是无能为力，只能抚膺痛哭。据载：

> 方道人之在署中也，每酒后辄抚膺痛哭，先大夫叩其故，则指予曰："郎君有仙才而年不永，使从我游，不死可致也。"先大夫曰："年几何？"曰："尽明岁之正月。"次年壬申（1632），春王四日，道人方与岛中诸将士轰饮次，忽西向而恸曰："可惜张公今日死矣。"盖登州城陷之日也。乃知向日酒后之言，盖托讽耳。①

上文提到的登州城陷事，指的是崇祯四年（1631），登州游击孔有德反叛，攻陷山东沿海州县。次年正月，叛兵攻陷登州城，张可大自缢于太平楼上。马真一对这件事早有预知，但他无法改变，只能酒后痛哭。

此后，马真一渡海到达东江、旅顺等地，此时辽东战局更加混乱，马真一也未得到礼遇，又往往因其预测到战事不利而得罪将帅，遭到驱逐。1633年，旅顺沦陷之后，辽东局势急转直下，明军败亡已成定局，马真一也就隐居不出，故不再有其记载。但马真一在辽东的影响也非同一般，以至在时隔半个世纪后，刘献廷撰《广阳杂记》时，时人还流传其不死，"今犹在辽东云"。

马真一是目前所知有明确记载的最早进入东北地区的一位龙门派道士。但是马真一在辽东的数年间，是否传有弟子、建有道观？是否此后仍然隐居辽东，广度大众？这些都未找到相关资料。因此，我们只能说马真一云游辽东，留下众多神话传说，但没有开宗立派。此后，师法山东李常明的龙门派第八代传人郭守真在辽宁铁刹山、沈阳等地大阐道教，成为清代东北龙门派的开山始祖，他的十四位弟子也开山建庙，广纳徒众，形成东北龙门派关东十四支的传承谱系，从而开创了清代东北全真道的全新局面，影响至今，绵绵不绝。

---

① 周亮工：《书影》，第232页。

第四章

清代民国东北全真道的复兴与繁荣

有明一代，全真道基本处于沉寂状态。明末清初，全真道又遇上了与其兴起阶段相类似的政治气候，民族矛盾异常尖锐，一批怀着国破家亡之痛、耻于剃发易服的明朝遗民涌进了全真教团。正如闵一得所言："国朝顺治间，多隐君子，百工技艺中，往往隐有奇人。"① 他们大多出身儒门，有较高的文化素质，为全真道的发展带来了活力。值此前后，正一道在明代因贵盛而腐化，逐渐失去活力。清代初年，全真道提倡严守戒律，一改颓敝之风，吸引了大批教徒，使全真道呈现中兴之景象。

清代全真道的中兴，主要表现为龙门派律宗的中兴。龙门派是尊全真七子之一的丘处机为祖师的全真道宗派。但实际上"龙门派"这一称呼，并非从丘处机时代开始，而是后世信徒按照传承关系所认同的一种宗派关系。正如陈教友在《长春道教源流》中所言："考长春及诸真门人，无有以派名者，诸派之兴其起于明代欤！惟元时北方全真教长春与诸真递相传授尚可考见，厥后自北而南，地与世相去日远，李道谦后纂辑无人，世但知为全真教，无有识其渊源者矣。"② 因此，学界一般认为，龙门派有着广义和狭义的区别。所谓广义龙门派，是指由丘处机亲传弟子向后传续的谱系；而狭义的龙门派，则是指明清时期以"道德通玄静"百字谱向后传续的谱系。前者与丘处机本人的师承关系有明确的史料证明，后者则不

---

① （清）闵懒云撰，鲍廷博注：《金盖心灯》卷二《黄虚堂律师传》，光绪二年（1876）云巢古书隐楼重刊本。收入杜洁祥主编《道教文献》第10—11册，台北丹青图书有限公司，1983年版。

② 陈教友：《长春道教源流》卷七《邱长春后全真法嗣纪略》，荔庄藏板，清末刻本。

一定与丘处机本人有明确的师承关系，但自认属于这一体系。①

明清以来所指的龙门派，一般是指狭义的龙门派。而龙门派名字与派谱的出现，大概始于明代。龙门派的中兴，则始于清初的王常月。据载，龙门律宗第一代律师为元代的赵道坚，此后递传有第二代张德纯、第三代陈通微，第四代周玄朴，第五代张静定，第六代赵真嵩，迨至明末，传与第七代王常月。据载，龙门派戒律是丘处机制定，称为初真、中极、天仙大坛大戒，至清代以前，龙门派戒律都是单传秘授，故四百年来不能广行，道门多不知有三坛大戒。如赵真嵩在授戒时说："昔我长春真君于元世祖时，广行戒法，流演太上清静律宝，心心相印，祖祖相传，皆守静默而厌有为，单传秘授，不能广行。是以羽流道侣，鲜睹威仪，几不知玄门有戒矣。"② 故明代全真道衰微，除统治者实行抑制政策外，教内单传密授戒律，也是重要原因。因此，要想重振教风，必须改革旧制，实行公开传戒。明末清初，赵真嵩看出道运当兴，嘱咐王常月："吾有三百年来独任之事，当付于子，宝而秘之，时至而兴，大阐元风。"③ 所谓"三百年来独任之事"，即指龙门三坛戒法。

王常月遵师遗嘱，伺察时机，清顺治十二年（1655），北上京师，挂单于灵佑宫。取得了清廷的支持，于是一改旧制，公开传戒。次年三月，奉旨主讲于白云观，赐紫衣。顺治十五年、十六年，又于白云观登坛说戒。凡三次登坛，度弟子千余人，威名大震。一时南北道流纷纷来京求戒。康熙二年（1669），王常月率詹守椿、邵守善等门徒南下，于南京、杭州、湖州、武当山等地立坛授戒，南人皈依者甚众。

自顺治十三年（1656）登坛说戒，至康熙十九年（1680）去世，王常月在京师白云观及南方各地传教授戒二十余年，诸山阐扬殆遍，弟子遍及南北。其门徒弟子又纷纷创建道院，开启律宗分支。至清中叶，龙门支派踪迹已遍及全国，成为全真道最大派系。其影响之大，有如清代禅门之临济宗。故《长春道教源流》云："世称龙门、临济半天下，谓释之临济宗，道之龙门派也。"

明末清初，全真道龙门派开始传入东北地区。清顺治三年，辽宁铁刹

---

① 参见樊光春《西北道教史》，第526页。
② 《金盖心灯》卷一《王昆阳律师传》。
③ 同上。

山云光洞道士郭守真出山访道，云游到山东即墨县马鞍山聚仙宫，拜龙门派第七代李常明为师，后又到北京白云观受戒圆满，次年返回铁刹山。郭守真在铁刹山持戒修行，收徒弘道，又在沈阳建立三教堂，并派其徒众分往千山、平顶山、玄羊山、吉林、黑龙江等地弘道传教，使得东北地区的龙门派呈现出中兴景象。迨至清代中后期，东北地区龙门派宫观遍布，教徒众多，成为东北地区最主要的道教流派。龙门派及其他全真道宗派的传播和发展，使东北道教出现了全面繁荣的局面。

第一节 清初东北全真道的复兴

一 开山始祖郭守真

郭守真为清代东北全真道的开山始祖，后世东北地区所传承的龙门派谱系，基本都是源自郭守真及其弟子，称为龙门派关东十四支。

1. 郭守真生平

郭守真（1606—1708），亦作郭守贞，字致虚，号静阳子。原籍江南丹阳县定远村，后徙居辽郡，是辽宁铁刹山八宝云光洞开山阐教之始祖，亦为清代东北全真道的开山始祖。

据《奉天通志》、《铁刹山志》、《道教丛林太清宫志》等书记载，郭守真生于明万历三十四年丙午（1606）秋九月二十九日。幼时读书慧敏，长则有志于黄老之术。明崇祯三年（1630），隐居本溪县铁刹山八宝云光洞，苦修十余载。感叹未得明师指点，乃于清顺治四年（1647）下山访道，遍历名山。阅二年，行抵山东即墨县马鞍山聚仙宫，遇紫气真人李常明。李常明出家于青州白云观，度师宋真空，为全真龙门派第七代弟子，时为莱州府即墨县马鞍山之开山住持。郭与之晤谈，心缘契合，欲师事之。李设百难以试之，而郭志愈坚，事之愈谨。李乃授以性命妙诀，复诫之曰："道不可躐等，务要持戒精严，以至戒无所戒，再行吾语之诀，则证道无疑矣。"郭守真师事李常明，成为龙门派第八代弟子。

顺治八年（1651），郭守真到燕京谒见王真人，于白云观求戒圆满。次年复归本溪铁刹山。在山持戒熏修，久则不饥不食，纯阴殆尽，怡然乾健，筌蹄亦释，人法交空。得意时辄吟咏以自娱，诗见《铁刹山志》。康熙元年（1662），在山中收度弟子王太兴、王太祥、高太悟、刘太琳、赵太源、傅太元、沈太宗、砥太庸八人。

康熙二年（1663）癸卯，盛京畿内亢旱，将军乌库礼延请高士祈雨。郭守真率弟子刘太琳等应聘前往，登坛虔祷，甘霖立沛。乌将军乃命于盛京外攘关角楼西隅玄武池，撤水筑基，起楼三楹，尊奉玉帝。楼前建三教堂，延请郭真人与诸弟子居之，并率诸长官崇以师礼。郭在三教堂又度化弟子秦太玉、高太护、吕太普、刘太华、刘太应、刘太静六人。康熙八年（1669），御赐《道藏经》一部。乌将军于公务闲暇，辄来听郭宣讲道经，远近参谒者络绎不绝。郭终日讲演，有叩则应，事去则静。复遣刘太琳及诸弟子，赴关东各地名山建庙弘道，遂使道教大兴，遍覆辽海。

康熙三十五年（1696）秋，郭守真将示化，以三大事训诸弟子，告曰："吾以此正法传汝，勿令断绝。"于是谢绝尘缘，掩帘闭息一纪，至康熙四十七年（1708）九月二十五日，盘膝端坐而化，享年一百零四岁。弟子瘞其乌杖于三教堂后院，起塔立祠，题曰"致虚守静郭太真人之塔"。洎雍正七年（1729），其弟子高太悟、嗣法孙赵一尘等，重修三教堂，更名为太清宫。

此为郭守真生平大略。又据《太清宫特建世系承志碑》载："郭祖当龙门第八代，在关东为初祖……初则崇儒通释，继则返道归真，综三教为一家，贯天下为一理。其学识造诣，固足以入圣超凡，成真作祖矣。"[①]因此，东北龙门派始自第八代郭守真，此后按照龙门百字谱递相传授，绵绵不绝，迄至民国时期，有传至第26代"高"字辈者。

2. 郭守真师承

郭守真初在铁刹山隐居修炼，苦修十余年而无成就，喟然叹曰："无师不度，信哉！"于是下山访道。遍历名山，均无所获。顺治六年（1649）到达山东即墨县马鞍山聚仙宫，遇到紫气真人李常明，于是心缘契合，遂师事之。但是李常明刚开始并未传授真法，而是设立百难以试之，后来看到郭守真是真心求道，志向坚定，于是授给他性命妙诀，并告诫他务要持戒精严，并在戒无所戒之后，才能行此妙诀。顺治八年，郭守真又到燕京白云观，谒见王真人，求戒圆满后，次年返回铁刹山。此后，郭守真一直在铁刹山持戒熏修，最终道成。

综观郭守真的求道经历，可以看出郭守真有两位师父，一位是山东即

[①] 五十岚贤隆：《道教丛林太清宫志》，东京国书刊行会昭和13年（1938）初版，昭和61年（1986）原版再刊，第260页。

墨县马鞍山聚仙宫的李常明，一位是北京白云观的王真人（王常月）。但从郭守真的求道时间来看，与北京王常月相遇的可能性不大。据《金盖心灯》所载，王常月于顺治十二年始入京师，次年在白云观登坛授戒。而民国《奉天通志》谓郭祖于顺治八年诣燕京王真人，于白云观求戒后，次年复归铁刹山云云。此说从时间上不能吻合，或为后世郭氏弟子编造，以证辽东道教亦出自龙门派正宗。虽然郭守真直接师从王常月的可能性不大，但不排除郭守真到过北京白云观，而且见过王姓道士。因为据相关资料，明末清初，北京白云观确实住持过一位名为王清正的龙门派道士。清刘献廷（1648—1695）《广阳杂记》云："今兴复白云观道人王莱阳，乃其嫡派，莱阳名清正。今白云观已焕然非故矣。"① 这位王清正是马真一的嫡派，与王常月、赵真嵩一系似乎有所区别。由于清初王常月一系龙门派的影响力，亦不排除郭守真曾受到王常月传戒思想的影响。

郭守真的真正师承是山东马山一系，其师父李常明是当时的著名高道。马山位于山东即墨城西，因形似马鞍，又名马鞍山。雍正十一年（1733）李寅宾编成《马山志》一书，书中收录有多篇前人所写传记和碑文，记载了李常明的生平事迹②。李常明（1571—1681），济南府阳信县人氏，少慕玄虚，明末弃家远游，到青州白云洞，拜异人宋真空为师，得其口授心传，昼供香火，夜讽皇经，苦修三十载。顺治五年（1648），东入东莱，访七真遗迹，至于即墨。众道友接引上马山。当时马山上旧有庙宇，皆剩残垣败壁，李师有慨然重修之志。但是山中多獾狼巢窟，毒魈狐孽作祟，人无敢居者。李常明独坐山中十五昼夜，而恶祟宁息，杳无声影。众皆讶之。师乃考寻旧址，对众约誓，择日兴工。于是檀越云集，钱米山积，凿山开路，垒石筑基，修成玉皇、天成诸殿，栋宇巍峨，楼榭参差，时人叹为神工，称为绝业。此后又于栖霞修建滨都宫、于莱阳修造端阳宫、于平度创建崇德宫等多所宫观，又修路架桥，造福一方，名动乡里。缙绅大夫、道释两门，皈依趋谒者无虚日。尤可奇者，李常明初以药剂为人治病，后应接不暇，和土为丸，以治百病，未有不愈者。因自号泥

---

① 刘献廷：《广阳杂记》卷三，中华书局1957年版，第130页。
② 参见蓝润《马鞍山建庙碑记》、宋暕《泥丸道人李老师碑序》、无名氏《泥丸祖师传》，载李寅宾《马山志》，即墨市文化局整理本，青岛市新闻出版局1996年版，第55—58、73—77页。

丸道人。如是者凡数十年，康熙二十年（1681）三月三日，无疾而化。李常明生前被邑侯黄公赐号紫气真人。门徒百余人，散处青、兖、幽、冀间，各立门墙，嗣法不辍。

又据《马鞍山宗谱》[①]载，李常明之弟子著名者有14人，均戒律精严，修行高洁，除在本山修持外，亦有散处他省、阐教弘道者。其中以郭守真一系最有成就。郭守真首创铁刹山云光洞，继建沈阳太清宫十方丛林，开创了东北道教龙门法系，成为山东马鞍山道教之发扬光大者。

山东马鞍山道教自称龙门正宗，其本山历代传人均依照龙门百字谱"道德通玄静、真常守太清、一阳来复本、合教永圆明、至理宗诚信、崇高闻法兴……"取名，传至民国时期，已传至第二十六代"崇"字辈。据《马鞍山宗谱》记载，自第七代李常明以下，马鞍山本宗谱系所载的龙门派弟子众多，有第八代守字辈14人、第九代太字辈31人，第十代清字辈33人，第十一代一字辈40人，第十二代阳字辈29人，第十三代来字辈31人，第十四代复字辈29人，第十五代本字辈48人，第十六代合字辈29人，第十七代教字辈55人，第十八代永字辈49人，第十九代圆字辈36人，第二十代明字辈30人，第二十一代至字辈15人，第二十二代理字辈14人，第二十三代宗字辈6人，第二十四代诚字辈4人，第二十五代信字辈2人，第二十六代崇字辈5人。总之，马鞍山自李常明而下至民国时期，历代所传龙门派弟子共500余人，成为山东地区龙门派的一支重要流派。

而马鞍山道教传自青州白云观，故李常明之前的传承谱系主要接自青州白云观。据《马鞍山宗谱》记载，丘处机弟子任道安初在陕西太华山隐修，后云游到山东青州之西山，创修了白云观，为龙门派第一代。任道安弟子郭德真，住持青州白云观，为龙门派第二代。郭德真弟子周通乾，住持青州白云观，为第三代。周通乾弟子司玄乐，系进士出身，住持白云观，是龙门派第四代。司玄乐弟子李静一为第五代。李静一弟子有宋真空、王真成、刘真玉，并为龙门派第六代。宋真空弟子李常明（住持马山）、王真成弟子王常月（住持北京白云观）、刘真玉弟子郭常清（住持青州白云观），为龙门派第七代。李常明收有贾守兴、王守正、岳守虚、

[①]《马鞍山宗谱》原本似已不存。转抄本现存于《铁刹山志》卷七，系民国十三年（1924）铁刹山三清观监院炉至顺到马鞍山聚仙宫续谱时抄录而来。

孙守林、李守成、郭守真等门徒14人，系龙门派第八代，皆在马鞍山聚仙宫修炼，唯郭守真住持辽宁铁刹山，开创了东北龙门派。

作为东北龙门派初祖的郭守真，其道统是接续自青州白云观而来。所以，辽东地区龙门派所奉传戒祖师，其第一至八代为：任道安→郭德真→周通乾→司玄乐→李静一→宋真空→李常明→郭守真。此与京都白云观及江南龙门律宗所奉王常月的法统全然不同，说明山东青州、马山乃至东北龙门派，有一套自己的传承体系。关于郭守真的师承，可列表如下：

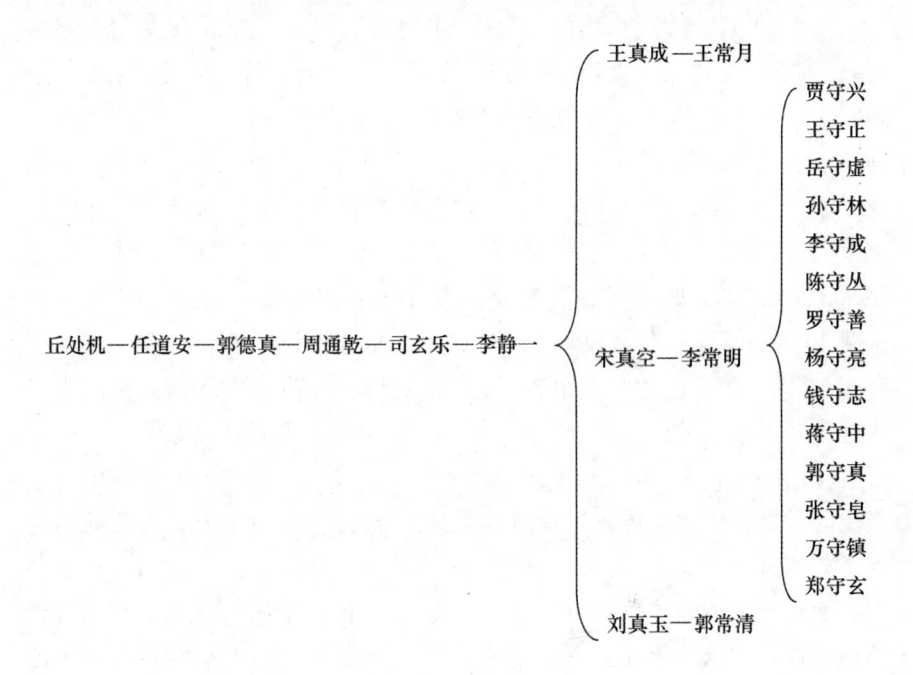

丘处机—任道安—郭德真—周通乾—司玄乐—李静一 ⎧ 王真成—王常月
⎨ 宋真空—李常明 ⎧ 贾守兴／王守正／岳守虚／孙守林／李守成／陈守丛／罗守善／杨守亮／钱守志／蒋守中／郭守真／张守皂／万守镇／郑守玄
⎩ 刘真玉—郭常清

3. 郭守真弟子

顺治九年（1652），郭守真在京求戒圆满后，回归本溪铁刹山。在铁刹山云光洞持戒熏修多年，饥餐松子，渴饮洞内天然泉水，久则不饥不渴，余阴殆尽，怡然乾健，温养而神通大化，涵虚以妙证金身，筌蹄亦释，人法交空，得意时辄吟咏以自愉。康熙元年（1662），在云光洞收度弟子王太兴、王太祥、高太悟、刘太琳、赵太源、傅太元、沈太宗、砥太庸八人。康熙二年（1663），郭守真应盛京将军乌库礼祈雨成功，乌将军乃命于盛京建三教堂以居之。郭在三教堂又度化弟子秦太玉、高太护、吕太普、刘太华、刘太应、刘太静六人。至此，郭守真先后共度徒14人。这14位高徒皆能恪遵师训，敷教阐道，各据名山创立庙院，修真守道，传教度人，使龙门派传播到千山、平顶山、吉林、黑龙江诸地，各自成为所在庙院的开山祖师，此后薪火相传，不绝如缕，关东道教得以发扬光大，兴盛非常。因此，后世认为东北道教是从郭守真的14位弟子开枝散叶而来，又称为关东十四枝。

郭守真的14位弟子或住本山，或分往千山、吉林、黑龙江等地，开山建观。根据《铁刹山志》的记载，这14位弟子的简历如下：

王太祥，山东登州府蓬莱县人。生于明天启二年（1622）。年41岁，在铁刹山云光洞出家。嗣奉师命赴千山，与刘太琳同创无量观，为千山开山始祖。

王太兴，山东莱州府掖县人。生于明天启四年（1624）。年39岁在铁刹山云光洞出家，居本山之南白云洞。

高太悟，直隶顺天府大兴县人。生于明崇祯七年（1634）。年29岁在铁刹山云光洞出家，住持本山。

刘太琳，直隶永平府临榆县人。生于明崇祯元年（1628）。在铁刹山云光洞出家。嗣奉师命赴千山，与王太祥同创千山无量观，为该观开山始祖。

赵太源，山东莱州府潍县人。生于明崇祯四年（1631）。32岁在铁刹山云光洞出家。先住奉天三教堂，嗣后隐居终南山。

傅太元，山东莱州府潍县人。生于明天启五年（1625）。38岁在铁刹山云光洞出家，住持本山，寿91岁。

沈太宗，山东登州府海阳县人。生于明天启二年（1622）。年42岁在铁刹山云光洞出家，住吉林省梨树沟。

砥太庸，盛京辽阳正白旗人。生于明崇祯二年（1629）。35岁在铁刹山云光洞出家，在本溪湖东20里卧龙村庙住持。

秦太玉，直隶永平府昌黎县人。生于明崇祯十年（1637）。年29岁在盛京三教堂出家。住辽阳州东田宫屯大岭。

高太护，山东登州府文登县人。生于明崇祯十四年（1641）。年25岁在盛京三教堂出家。住辽阳州东田宫屯大岭。

吕太普，奉天承德县人。生于明崇祯十六年（1643）。年24岁在盛京三教堂出家。住吉林船厂。

刘太华，河南省祥符县人。生于明崇祯四年（1631）。年37岁在盛京三教堂出家。在奉天西北边外玄羊庙住持。

刘太应，辽阳州人。生于清顺治元年（1644）。年25岁在盛京三教堂出家。

刘太静，辽阳人。生于清顺治八年（1652）。年19岁从兄刘太应在盛京三教堂出家。后住持海城真武庙。

从这14位弟子的简历可知，其中只有3人住持本山，多数弟子都在各地开山弘道。如刘太琳、王太祥开创千山无量观；沈太宗、吕太普去往吉林；秦太玉、高太护住辽阳州东田宫屯；刘太华住持玄羊山；刘太静住持海城真武庙；砥太庸住本溪；等等。因此，后世东北全真道的发展兴盛，与这14位弟子的早期开拓有着莫大的关系。

二 清代初期郭守真师徒的弘教活动

郭守真师承山东马山李常明，成为龙门派第八代。他独往辽东开山弘道，收度弟子14人，是为龙门派第九代。弟子们又各自招收门徒共约35人，是为龙门派第十代。到乾隆初期，郭守真一系龙门派大概在铁刹山、平顶山、盛京、千山、吉林、黑龙江等地传承到十二代左右。从第八代郭守真到第十二代的众弟子，是清代初期复兴东北全真道的中坚力量。在他们的努力弘扬下，东北全真道开始分布于各大名山，他们建观度人，修废起新，信徒云集，影响逐渐扩大，使东北地区的道教呈现出中兴之势。

1. 郭守真开创铁刹山和盛京道场

郭守真作为东北全真道龙门派的开山始祖，他住持铁刹山数十年，修复了云光洞、乾坤洞、天冠庙等众多殿宇，开创了铁刹山道场，使铁刹山成为东北全真道的祖庭。此后，郭守真又因祈雨成功，住持盛京三教堂，招徒纳众，开创了盛京道场。三教堂后来扩建成太清宫，成为东北道教的十方丛林和传播中心，极大地推进了东北全真道的发展。

明代崇祯三年（1630），郭守真就隐居于铁刹山八宝云光洞，苦修十余年。顺治四年（1647）下山访道，九年（1652）复归本溪铁刹山。此后一直在山持戒熏修，修建殿宇，并收度弟子王太祥等八人。康熙二年（1663），郭守真到盛京祈雨成功，开始住持盛京三教堂，招徒纳众，讲经布道，备受尊崇。此后，直到康熙四十七年（1708）去世，郭守真主要住持于盛京三教堂。综观郭守真的一生，除了下山求道五年外，其他时间主要在铁刹山和盛京度过，他与门徒一起建庙弘道，度人无数，开创了铁刹山和盛京两大道场，成为清代东北全真道的初祖。

郭守真在铁刹山的活动，包括其早年的隐居苦修，以及求戒圆满归来后的持戒修行、招徒传道等。其早年的隐修因无明师指点，效果不好，影响也不大。但是自顺治九年持戒修行以来，历经十余年的修炼，道法日进，渐臻高妙。所谓"久则不饥不渴，余阴殆尽，怡然乾健，温养而神通大化，涵虚以妙证金身，筌蹄亦释，人法交空，得意时辄吟咏以自愉"。① 郭守真修道成功后，开始收徒传道，修复殿宇。康熙元年（1661），他在云光洞收度弟子王太祥、王太兴、高太悟、刘太琳、赵太源、傅太元、沈太宗、砥太庸八人。这八人都能奉戒修行，恪守师训，并且遵师指示，奔赴各大名山修道弘教。如王太祥、刘太琳开创千山道场；王太兴、高太悟、傅太元三人驻守本山，将铁刹山道场发扬光大；其他弟子亦各住一方，演教弘道。

郭守真于康熙二年应聘到盛京祈雨，留下王太兴、高太悟、傅太元三位高徒驻守铁刹山云光洞，率其他弟子赴坛虔祷。此后，盛京将军筑三教堂，延郭守真及弟子居留。因此，在铁刹山本山，主要还是王、高、傅三位弟子住持。在这三位弟子驻守期间，铁刹山道场获得了较快的发展，除了对云光洞、乾坤洞、天冠洞进行修复维护外，又新建了太平观、圣水宫、朝阳观等下院，并收度了众多门徒，这些门徒又能独当一面，开山立观，在铁刹山周围兴建了众多庙宇，逐渐形成了按八卦方位排列的宫观建筑群。

云光洞和乾坤洞是郭守真在铁刹山居住和修复的道场。云光洞又称八宝云光洞，位于铁刹山元宝顶南下，是一个天然形成的高大石洞。进深五丈余，宽二、三、四丈不等，高一丈有奇。洞内有自然天成、栩栩如生的石龙、石虎、石蟾、石莲盆、石木盂、石寿星、石仙床、石定风珠八种宝物，故名八宝云光洞。乾坤洞位于云光洞之下，取"壶中日月、洞里乾坤"之意，言此别有天地也，故名日月乾坤洞。乾坤洞西十余丈为日光洞，东为风月洞，此洞极深。这些天然石洞自古以来就有修道者居住，历来建有祠宇。明末清初，郭守真住持云光洞后，修复殿宇，招收徒众，使这里成为全真道的著名道场。在八宝云光洞里，有方八尺石庙三座：正殿

---

① 《龙门八代祖郭真人碑》，载白永贞主编《铁刹山志》卷六，伪满康德五年（1938）铅印本。

一座奉玉皇大帝，东配殿一座奉真武大帝，西配殿一座奉三官大帝，皆铜像。另有砖庙三座，分别奉灵官、土地和黑老太太。在日月乾坤洞内，建有正殿三楹，奉南海大士、西王母、长眉李大仙、药王等神像。雍正十年（1732），因铁刹山庙宇内贴金减色，弟子傅太元曾主持修葺，并立有神道碑。

除了云光洞和乾坤洞外，郭守真师徒还修建了天冠洞天冠庙、太平观、圣水宫、朝阳观等庙宇，初步建成了以铁刹山为中心的传播道场。天冠洞位于铁刹山东云台卷舒山西南，洞内建有天冠庙一座，供奉玉皇大帝、南海大士、地藏王等神像。据载，天冠庙是郭守真的徒孙李一刚所建。另外，康熙初年，郭守真弟子秦太玉在铁刹山之西的太平沟创建了一座太平观，作为本山之下院；又有弟子王太兴在铁刹山之南创建了白云洞圣水宫，作为本山之下院。康熙三十二年（1693），郭守真徒孙任清慧在铁刹山之北建立了朝阳观。康熙末年（1722），龙门派十一代弟子华一福在铁刹山之南的黄香峪创建了三元宫，在分水岭创建了青云观。乾隆九年（1744），道士任阳月在天冠洞下建立三清观一座，作为本山之下院，有前后大殿、东西配房，规模较大，供奉三清、关帝、吕祖等神。总之，清代初期郭守真师徒在铁刹山的建观传道活动，影响深远，不仅使铁刹山成为全真道的著名道场，而且确立了其为东北全真道祖庭的地位。

郭守真作为东北全真道初祖，他的另一贡献是开创了盛京道场，即后来的沈阳太清宫十方丛林。

康熙二年（1663），盛京畿内亢旱，乌库礼将军延请高士祈雨。郭守真应聘，率领弟子刘太琳等如坛虔祷，甘霖立沛。这次祈雨事件成为郭守真在盛京发展的契机。因为祈雨成功，郭守真得到了盛京将军的崇奉和支持。乌将军随即命令于盛京城外攘关角楼处建立三教堂一座，延请郭守真与诸弟子居住。郭在三教堂又度化弟子秦太玉、高太护、吕太普、刘太华、刘太应、刘太静六人。康熙八年（1669），郭守真得到御赐《道藏经》一部。乌将军对郭守真信奉有加，于公务闲暇，辄来听郭宣讲道经。在其影响下，其下属诸长官也都崇以师礼，远近参谒者络绎不绝。而郭守真也以弘道为己任，终日讲演，有叩则应，事去则静。而且无论何人，郭守真总是平等接待。"其时，远近来参谒者恒络绎不绝。姑无论请见为何如人，苟其洁己以进，莫不覆以慈云，施以化雨。盖有叩即鸣者，真常之应物也。"① 总之，郭守真居住盛京三教堂数十年，演道弘法，不仅得到了将军官员的支持和崇奉，也赢得了普通民众的信仰与欢迎，使得盛京地区道风大振，成为全真道的一大道场。

三教堂初建时期，是作为铁刹山的下院，规模不大。当时只有大殿三楹，及玉皇阁、关帝庙、究堂、丹房数处。郭守真于1708年仙逝，即于三教堂后院建塔奉安。其后住持三教堂历任道士都能继守成业，先后有马复彭、赵一尘为监院。然三教堂建立以来，影响日广，香火日众，原有规模略显局促。乾隆三十年，监院赵一尘募修扩建，规模大增，乾隆四十四年（1779）扩修完成后，更名为太清宫，定为十方常住，成为东北道教的第一丛林。太清宫十方丛林的确立，意义重大。它不仅使得太清宫成为东北全真道的中心和祖庭，也使得太清宫及其所在的盛京地区成为东北道教的重镇和传播中心。

清代初期的盛京地区，除了郭守真开创的三教堂（太清宫）之外，还有郭祖弟子刘太应开创的奉天真武庙，亦成为郭祖龙门派驻守的重要宫观。

2. 刘太琳、王太祥开创千山道场

郭守真住持盛京三教堂期间，不仅每日讲经布道，济世度人，而且派遣弟子分赴各大名山弘道布教。正如《龙门八代祖郭真人碑》所说：

> 尤可述者，真人抱度世之宏愿，复遣刘太琳诸弟子，分往千华、医闾诸名山，建庙鸣道，普济众生。由是道教所被，遍及辽海，其功德抑何伟哉！②

康熙五年（1666），郭守真的弟子刘太琳、王太祥二人就遵师嘱来到千山，随后创建千山无量观、玄真观等众宫观，从而开创了千山道场。

刘太琳初到千山时，栖止于祖越寺罗汉洞，此后，借其俗家师弟乌将军之力，以沙河的土地与祖越寺无根石以东的地界互换，开始创建无量观。康熙十七年（1678）创建观音阁，康熙四十八年（1709）重修观音阁和罗汉洞。嘉庆三年（1798）、十三年（1808）又重修，并增建钟楼，

---

① 《太清宫特建世系承志碑》，载《铁刹山志》卷六。
② 《铁刹山志》卷六。

以后观音阁改称西阁。雍正五年（1727）创修老君殿。此后又经过多次重修和扩建，无量观成为千山道观之首，亦成为东北乃至全国的道教名观。

无量观原名无梁观，后取"大道无量"之意，改称现名。又因是最早建于千山的道观，俗称老观，位于千山北谷东首之阳。无量观建成后，成为全真道在千山传播的基地，随后千山道教迅速发展起来，陆续建造有玄真观、刘家庵、南泉庵、圆通观、三清观等道教建筑，使清代初期的千山道教亦呈现出中兴之势。

玄真观系无量观下院，位于无量观东1公里处。创建于清康熙十七年（1678），开山祖师为郭守真的另一弟子王太祥，供奉真武大帝、吕祖、丘祖等神像。

刘家庵亦系无量观下院，为康熙年间刘姓道士所创建，位于无量观南1.5公里处。

南泉庵位于千山北沟，系唐明古刹，清初荒废。康熙十四年（1675）无量观道士王一贯将其修建成为道庵。后又经过多次增扩建，成为千山道教刻印经版的场所。

圆通观位于龙泉寺东南，清代以前为祖越寺念佛堂。雍正三年（1725），龙门派道士孙阳忠创修茅庵三间，历后多次重修，成为千山名观之一。

三清观位于千山宽长峪，系无量观道士于乾隆二年（1737）创修。

总之，清代初期，经过龙门派第九代道士刘太琳、王太祥的开山创建，千山地区的道教呈现中兴之势，除了无量观、玄真观之外，其弟子们还在千山周围陆续创建有刘家庵、南泉庵、圆通观、三清观等道教宫观。尽管这些宫观在创建初期只是茅茨草庵，但随着千山道教的发展，不断修复扩建，最终成为千山乃至东北地区的著名宫观。

3. 刘太华开创玄羊山道场

刘太华是郭守真在盛京三教堂招收的六大弟子之一，河南省祥符县人，生于明崇祯四年（1631），年37岁出家。康熙年间，刘太华遵承师训，寻山弘道，来到盛京西北边外的玄羊山（今属辽宁朝阳县）居住，建立一座道观灵佑宫，使全真道传播到当时的边外之地。据雍正十二年（1734）义州通判蒋国璋撰《玄羊山灵佑宫碑序》载：

第四章　清代民国东北全真道的复兴与繁荣　113

  丘祖八代郭守真之徒刘太华，号觋世道人，亲承师训，心受真传，坎离交泰，童子分明。师命出山，寻访弘扬，适遇贝勒王帐前善人李应启等，心识其法，奉请主治玄羊山。经行数载，针传于世，普救于千千，无一而不思，无一而不念，诚所谓神针神法神医者，若我觋世道人也。兹又结成皇檀大事因缘，启建灵佑宫混元阁、伏魔殿，并及山门、配殿，焕然一新。观庙貌峨峨，林泉增彩，神圣巍巍，来求必应。①

根据记载可知，刘太华又号觋世道人，医术高超，擅长针灸。他到玄羊山后，以针灸治病救人，被称为神医妙手，所谓"针无不灸，灸无不灵，俾举世同登上寿，咸称仙手。无论贵贱求治，不靳囊丹"。②刘太华以医术治病获得了大量信徒，在信众的支持下，刘太华在玄羊山创建了一座规模可观的道观——灵佑宫。据何奕舒《玄羊山灵佑宫碑记》载：

  由山门而入，大殿三楹，中祀金阙化身上帝，左药王，右祖师。配殿各一楹，左速报司，右太乙天尊。两廊各三楹。后院由甬道而上，蓬莱岛祀关西夫子。从月台又进，三台三楹，温（混）元阁祀元始天尊。两庑又各三楹，刘君养性居焉。前后又有错落静室。刘君勤念，开辟四方，远近翕然，乐助告成。此山之兴，皆由刘君平日救世感人所致。③

此碑立于雍正十二年（1734）。灵佑宫始建于康熙三十四年（1695），此后又有增修。故雍正年间所见的灵佑宫拥有前后院、正配殿、廊庑静室等众多建筑，在当时的辽西地区，可以算得上是一座规模可观的道教宫观了。而灵佑宫的建成，仰赖于各方信众的乐助，更是刘太华多年来行医救人感化所致。

可以说，刘太华没有辜负师父郭守真的期望，他在辽西开创的玄羊山道场，信徒云集，成为东北龙门派的一个重要基地。

---

① 《塔子沟纪略》卷十一，第23页。
② 何奕舒《玄羊山灵佑宫碑记》，《塔子沟纪略》卷十一，第23页。
③ 同上。

4. 秦太玉、高太护开创平顶山道场

《增续铁刹山志》卷十二载：

> 康熙年间，郭祖在三教堂分遣诸弟子若王祖太祥、刘祖太琳开化千山闾山去讫，复遣第九枝秦祖太玉、第十枝高祖太护，前往本溪创兴道教。在本溪湖太子河南平顶山建庙名清虚观传道……清虚观又分枝十余处。①

据上所述，康熙年间，郭守真派弟子秦太玉、高太护到本溪平顶山地区建庙弘道，开创了平顶山道场。清代初期，秦太玉、高太护及其弟子们在平顶山及周围地区修建了众多宫观，使平顶山的道教出现了中兴之势。

康熙年间，秦太玉、高太护遵师命到达平顶山，创修了玉皇庙清虚观，清虚观成为平顶山道教传播的祖庭和中心。另外，秦太玉在平顶山东北十五里处，又修建了圆通观。此后，秦太玉派弟子晋清祥到达平顶山东南三十里的大峪沟，修筑了玲珑观。雍正三年（1725），清虚观监院晋清祥遣弟子赵一成开化三架岭连环洞（三架岭在平顶山正东五十里），赵一成在此静修十余年，修建了聚仙观、真武庙（又名三圣宫）、天齐庙（即圣泉庵）等宫观。在此前后，晋清祥法孙赵阳玉在距平顶山二里处的千金沟修建了三官庙名三圣宫，张来云在距平顶山西北二十里的青石沟修建了玄真观，刘来荣在支岔子修建了玉皇庙名灵霄观。总之，清代清期，经过秦太玉、高太护及其弟子们的开拓，平顶山及周围地区出现了众多宫观，使平顶山成为郭祖龙门派的一大道场。

5. 沈太宗、吕太普弘道吉林

沈太宗和吕太普均为郭守真的嫡传弟子，他们奉师命开创吉林道场，使全真道传播到吉林等地。

据《铁刹山志》卷八载，沈太宗，山东海阳县人，天启二年（1622）出生，42岁出家于铁刹山云光洞，拜郭守真为师，后来遵师命住持吉林省梨树沟。吕太普，奉天承德县人，生于崇祯十六年（1643），1666年出家于盛京三教堂，拜郭守真为师，后住吉林船厂。

又据《增续铁刹山志》卷十二载：

---

① 白永贞：《增续铁刹山志》卷十二，第6页，伪满康德十年（1943）铅印本。

兹续查第十一枝吕太普，奉郭祖命，于康熙十年正月十五日出而开化北方，先到吉林省长春县（俗称宽城子）东南四十里龙泉山，地名泉眼沟，创教立庙，筑小茅庵静养，自来铜佛三尊，因改其地名佛堂屯，又建修玉皇殿三楹，名其庙曰清华宫。现又在新京西二十里地名大屯火车站西阜丰山，建庙名庆云观，在此东西两处收度弟子六名，轮流看守，监院陈清志。①

据上所述，吕太普是康熙十年（1671）奉师命到达吉林长春弘教的，他在此地筑庵静养，先后创建清华宫和庆云观两座道观，并收度弟子六名。自后，吕太普一系一直传承不辍，门徒众多，而且不断发扬光大，创立了不少分支道观，从而使吉林道教呈现出中兴之势。

关于沈太宗在吉林梨树沟的创观传承情况，因未找到详细资料，具体情况不明。总之，通过沈太宗、吕太普的弘扬，全真道于清代初期传入吉林地区，并逐渐发展成为吉林道教的重要流派。

6. 王太兴创建黑龙江慈云宫

王太兴（1624—？），山东掖县人。1662年出家于铁刹山云光洞，是郭守真的嫡传弟子。据黑龙江省绥化县慈云宫谱系②记载，龙门派第九代王太兴由铁刹山到达黑龙江绥化县，收度刘清贵。刘清贵为第十代，住持慈云宫，收度任一云。任一云为第十一代，住持慈云宫，收度王阳红。王阳红为第十二代，住持慈云宫，收度李来荣……由王太兴开山的慈云宫不断发展，徒众日多，又开创了众多分支道院，成为黑龙江地区的重要流派。到民国时期，王太兴以下共传十二代186名弟子。

三 清初龙门派其他分支在东北的传播

尽管郭守真及其师徒在东北地区广泛活动，占据了东北道教的大部分山头，但是在某些个别地方，亦有不属于郭守真一系的龙门派传入，并传承发展，成为东北全真道的重要一支。如喀左天成观、凤凰山紫阳观等宫观的建立，就是由其他支系的龙门派道士创建的，他们有着自己的传承系

---

① 白永贞：《增续铁刹山志》卷十二，第1页。
② 参见《增续铁刹山志》卷十二，第9—13页。

统，不属于郭祖龙门派的关东十四支。

1. 喀左天成观

天成观坐落在喀左县大城子镇，始建于康熙六年（1667），开山祖师为龙门派第十一代夏一阵。乾隆三十八年（1773）哈达清格撰《塔子沟纪略》载：

> 天成观在大城子之东，康熙六年间（1667）道士夏一阵募建天齐庙三间，东西十阎君殿六间，关帝殿三间，嗣经道徒夏阳春、徒孙蒙古傅来正先后募建增修，因之楼阁殿堂规模宏敞，屋宇焕然，迄于今犹足为边地寺院之巨擘焉。①

关于夏一阵开创天成观的来历，当地有一流传已久的传说。据传，1644年4月，李自成领导的农民起义军攻入北京城，崇祯皇帝吊死于煤山，在他死前给皇族下了一道密旨：从此可以隐姓埋名，各自逃生，东、南、西、北、春、夏、秋、冬，均可为姓。此后，明皇室成员便四散逃生。其中最小的叔叔，带着小侄子，化装后逃出皇宫，先躲进北京西郊的白云观，然后离京北上，到达了古营州中卫地（今大城子），住到了北山脚下的傅锁柱家，化名为夏一阵。几年后，眼看大明江山恢复无望，夏一阵决定在此出家，他将随身携带的金银珠宝等物变卖之后，请来外地工匠，开始修建天成观。由于修观资金既不是御赐的，也不是官民施舍的，为了掩人耳目，所以只说是得了聚宝盆，是天修成观，故取名为天成观。天成观修成后，夏一阵父子、傅锁柱相继担任一至三代住持。1950年喀左县医院在天成观墓地施工时，挖掘出一具棺木，木上刻有"供俸先师夏一阵之位"的字迹，由此可证天成观确为夏一阵所建，说明夏一阵父子在天成观出家当道士这一口碑资料，是较为可信的。②

不管传说如何，天成观作为辽西地区的著名宫观，确实属于全真道龙门派，其历代住持和道士都是按照龙门派字谱传承的。如第一代住持夏一阵，第二代夏阳春，第三代傅来正等。天成观的龙门派谱系应该是承续北

---

① 哈达清格：《塔子沟纪略》卷七，台北广文书局1968年版。
② 参见张子奇口述，文史办整理《天成观的来历及其建筑规模》，载《（喀左县）文史资料》第一辑，1987年4月。

京白云观而来。据载，天成观自康熙六年建立，直到新中国成立前，共有十代方丈，他们都到北京白云观受过戒。

康熙六年，夏一阵主持修建天成观，在南北中轴线上建成三间山门殿、三间七真殿、三间春秋楼、三间天齐殿和三间三官殿，以及六间东西廊房和钟鼓楼等，楼堂殿阁共24间，总面积为660平方米。乾隆四年，由傅锁柱（道名傅来正）主持扩建，嘉庆十五年，第五代方丈周本义又进行了扩建，至此，整个天成观的占地面积达到一万余平方米，建筑面积2000余平方米，整个建筑结构严谨，巧夺天工，富丽庄严。

喀左天成观建成后，历代重修，管理有方，香火旺盛，并建有数百座下院，弟子众多，成为辽西地区最大、最著名的宫观之一。

2. 凤凰山紫阳观

紫阳观坐落于丹东市凤城满族自治县东郊的凤凰山，原名大安寺，先为僧人住持，明清之际日渐凋零，清雍正年间只有老僧一人，当时龙门派道士郝教明云游至此，与僧人相契，老僧圆寂后，郝教明住持数年，后去长安。其徒李永义等，将大安寺改为紫阳观，又称三官庙，供奉天地水三官。①

从紫阳观的历史可知，紫阳观是清乾隆初年龙门派道士郝教明师徒建立，而郝教明又是从外地云游来此。那么，郝教明是否属于郭守真一系呢？雍正年间，郭守真一系龙门派大概只传到十二代，而郝教明已经是龙门派第十七代了，说明其传承明显来自另一支系。又据民国二年的《释道两教护法碑》记载，"郝教明由山东云游至此，发愿重修，始为道观。"② 可见，紫阳观一系龙门派是从山东传播而来。

郝教明师徒在凤凰山创立紫阳观，开创了凤凰山龙门派道场，是为凤凰山道教之始。此后凤凰山陆续建立了众多道教宫观，使得凤凰山成为东北道教的重要基地。

第二节　清代中期以后东北全真道的普遍繁荣

清代中期以来，至民国（伪满）时期，是东北地区全真道发展极其

---

① 参见马龙潭、沈国冕等修，蒋龄益纂：《民国凤城县志》第十一卷《宗教志》。
② 崔玉宽：《凤城市文物志》，辽宁民族出版社1996年版，第126页。

快速而繁盛的时期，尤其是全真道龙门派的发展最为兴盛而广泛，龙门派道士成倍增长，他们兴建了大大小小的道观，几乎遍及东北三省的所有市县。与此同时，全真道其他宗派如华山派、金山派、蓬莱派、金辉派、尹喜派等，也陆续传入东北地区，并兴建了部分宫观，传承不断，成为东北道教的重要流派。

一 东北地区龙门派宫观的大规模兴建

经过清初郭守真师徒的努力弘扬，郭祖一系龙门派发展迅速，传播到东北地区的名山大邑，修建了众多的宫观庵堂。清代中期以来，龙门派继续发展，并出现全面兴盛的局面。原有宫观不断扩建或重修，新兴或分支宫观大量出现，在东北的一些名山或都邑，形成了众多的龙门派宫观建筑群，如辽宁有太清宫为中心的盛京宫观群、千山宫观群、铁刹山祖庭宫观群、平顶山宫观群、医巫闾山宫观群、喀左天成观及其下院、凤凰山宫观群等；吉林有长春清华宫、阜丰山庆云观及其分支宫观群、吉林蟠桃宫等；黑龙江有绥化慈云宫及其分支宫观群、阿城松峰山海云观等。除了这些比较集中的宫观建筑外，在各地城乡，还有众多零散宫观在不断兴建，这些宫观或从大宫观分支而来，或是云游道士修建，或是当地村民修建并请道士住持等。从道法传承上看，各地兴修宫观多与龙门派关东十四支有关。总之，龙门派宫观建筑占据了东北地区道教宫观的主体。

1. 以太清宫为中心的盛京城内宫观

盛京为后金（清）都城，即今辽宁省沈阳市。1625年清太祖把都城从辽阳迁到沈阳，并在沈阳城内着手修建皇宫。1634年清太宗皇太极改称沈阳为"盛京"。1644年清朝迁都北京后，盛京为陪都。1657年清朝以"奉天承运"之意在沈阳设奉天府，沈阳又名"奉天"。盛京作为陪都，陆续设户、礼、兵、刑、工五部，各部设侍郎，置内大臣为总管，留守盛京。所以清代的盛京城是东北地区的政治、经济、文化之中心。

太清宫原名三教堂，位于盛京城西北外攘门外，是康熙年间盛京将军乌库礼为郭守真修建。当时三教堂作为铁刹山的下院，规模不是很大。到乾隆三十年，三教堂遭受水潦之患，殿宇倾圮，半就淹没。当时监院赵一尘竭力化缘，以次翻修，增其式廓，工程宏大，历经十数年告竣，于是更名为太清宫，成为十方丛林。关于这段历史，民国六年（1917）葛月潭撰《太清宫丛林历史志略》有详细记载：

乾隆三十年（1765）乙酉，曾遭水潦之患，殿宇倾圮，半就淹没。当由本庙道士赵一尘竭力化募，以次翻修，并增购丁家园空地及马姓房身。向西开渠引水，直从边城外出，以资疏泄。乃丁未（亥）三十二年（1767），复由马道士阳震，借盛京魏将军、刑部荣侍郎，及通省各界绅民之力，大加扩充。增修外院群房及西院空基屋宇，并大殿前东西廊，四周均各围以垣墙，借作保障。其先由孙姓隐种熟田二百六十八亩，亦讼蒙前承德县断回作为本庙香火。直至乾隆四十四年己未（亥）（1779）方始修筑完竣。遂改名太清宫，定为十方常住，永作东省第一丛林。①

监院赵一尘通过化募各方，在盛京将军、刑部侍郎等官员的支持下，在各界绅民的大力赞助下，将三教堂大加扩充，增加了外院和西院，及大殿东西廊，增修了围墙、大门等，使三教堂成为一个独立院落的、拥有几重殿堂的规模较大的庙宇。同时，三教堂还增置了不少房产和地产，为十方丛林的改制提供了经济基础。

关于增修后的三教堂现状，乾隆四十三年奉敕刊本《盛京通志》有所记载：

三教堂，在外攘门外。正殿三楹，经楼三楹，配庑八楹，后殿三楹，耳房四楹，前殿三楹，耳房八楹，大门一楹，左右门各一楹。②

《盛京通志》修成于乾隆四十三年，即在三教堂修竣完工的前一年，这时三教堂的修缮工作已接近尾声，其布局已基本成型。因此《盛京通志》记载的三教堂应该就是赵一尘重修后的规模。可以看出，三教堂修成后，已拥有正殿、后殿、前殿各三楹，以及经楼、耳房、配庑、大门等众多建筑，确实称得上规模宏伟、殿宇辉煌了。

乾隆四十四年（1779），三教堂修缮完成后，遂改名太清宫，作为东

---

① 五十岚贤隆：《道教丛林太清宫志》第39页。按，《太清宫丛林历史志略》原本现已不存，但其全部内容保存于《道教丛林太清宫志》第39—43页。

② 阿桂等奉敕重修：《盛京通志》卷九十七。

北三省道教的第一座十方丛林，广纳道众，不再招收徒弟，而成为道士之公庙。太清宫改为十方丛林后，意义深远。作为东北道教的第一座十方丛林，它成为高道云集、道众公议的地方。盛京（今沈阳）是清代的陪都，是东北地区政治、经济、文化之中心，盛京太清宫建成十方丛林后，因其所处的地理位置优越，规模宏伟，又是郭祖始建的祖庭，因而成为东北道教的中心和重镇，它对整个东北地区道教的发展有着极强的示范和引导作用。

太清宫在乾隆四十四年重修后，规模粗具，并拥有不少房产和田产，用以维持本庙香火。此后，太清宫不断重修和扩建，如嘉庆十三年（1808），监院间山子又募资扩建，将山门外围墙打开修路，设照壁，将西院、后院东北隅一带房舍重新添修，增皂房九间，寮房五间。至此，太清宫共有殿宇142楹，规模基本完备。光绪三十一年（1905）玉皇楼失火，监院潘忠泰解职，众推葛月潭为监院，三十三年（1907）重建玉皇楼。总之，太清宫在清代不断重修，规模不断扩大，并从子孙庙发展为十方常住丛林，到清末时，太清宫设置有住持方丈一人，监院一人，职事十六人，拥有道侣百余人。

太清宫作为东北道教的传播中心，对东北各地的道教都有辐射性的影响。位于盛京城的太清宫不仅本院规模宏伟，地产丰富，而且在各地发展有众多下院，作为太清宫的附属庙宇，其庙产亦归太清宫所有。其中较大者有位于盛京城小南门外的玉皇庙、位于城南张官屯的太清宫地庄亦称三圣祠、位于兴京大旺子沟屯的关圣庙、位于桓仁县五龙山屯的玉皇庙、位于锦县新庄子屯的关圣庙五所下院。

太清宫下院简表（1929年）[1]

编号	庙名	地址	历代置建情况
1	玉皇庙	沈阳小南关关岳庙前边	乾隆年间道士李来成占有，民国六年报领。有土地8.35亩，庙堂9间，住房27间
2	三圣祠	浑河南岸张官屯	乾隆四十四年购置，后陆续添置，计地380亩，庙堂1间，房屋10间

---

[1] 参见五十岚贤隆《道教丛林太清宫志》第243页所引"寺庙登记报告表"。

续表

编号	庙名	地址	历代置建情况
3	关圣庙	兴京大旺子沟屯	道士孙圆荣报领，计地135亩，庙堂3间，住房5间
4	玉皇庙	桓仁县五龙山	清光绪二年始置。有土地500亩，庙堂3间，房屋3间
5	关圣庙	锦县新庄子屯	道士王明智建。土地50亩，庙堂9间，住房8间

根据民国年间寺庙登记表所载，太清宫本部在民国十八年占地8亩多，有庙堂23间，住房68间，楼房33间，另有附属本庙西院（同昌店）、前院（同发店）及下院共7处，合计总数为土地1062.64亩，房屋234间，庙堂48间。当时太清宫及其下院居住道士共145人。因此，太清宫作为十方丛林，规制完备，拥有众多庙产，容纳百余道众，是当之无愧的东北道教的中心。

然而，民国时期的登记表尚有遗漏，太清宫的下院不止上述5处。据载，在铁岭市康平县的张强乡七家子村，有一庙宇名福庆宫，俗称"汉庙"，就是隶属于沈阳太清宫。该庙建于道光十五年（1835），有房屋12间，土地18垧，道士7名。在沈阳太清宫及福庆宫的影响下，康平县内陆续建立有清华观、龙泉宫、万庆宫等宫观，都属于全真道龙门派，它们与沈阳太清宫保持有密切的联系。①

太清宫作为东北道教的中心，不仅建有众多下院，促进了所在地道教的发展，而且在盛京城内，受太清宫影响而兴建或重建的道教庙宇更多。正如《奉天通志》所载：

> 教徒散居四方，到处立庙。如德胜门内有景佑宫，明时创建，有万历丙寅重修碑记。内治门有老君堂，天祐门外有玉皇阁，德胜关街东有南极宫，天祐门外有清虚观、七圣宫，内治门外有五圣观，福胜门外有五圣宫、白衣庵，皆为道冠修持之所。其他如千山之无量观、五龙宫、慈祥观、青云观、南泉庵皆道院。尤以无量观为最，道士百余，朝夕讽经，日中耕樵，至今不衰。②

---

① 参见朱永德、王乃德《辽北宗教与宗教常识》第62—63页，辽北书刊印刷厂1993年版。
② 《奉天通志》卷九十九《礼俗三·神教》。

民国六年《沈阳县志》卷十三《宗教》亦载，当时沈阳城内外的道教宫观庙宇很多，大约有近50座，而且其中多数都受到了沈阳太清宫及郭祖龙门派的影响，同时亦促进了火居道士在东北地区的发展和传播。

根据民国《沈阳县志》的记载，参考《沈阳市志》、《沈河区志》等当代方志资料，现将沈阳城内的主要道教宫观表列如下：

沈阳道教宫观简表（1917年）

名称	地址	历代修建情况	创建人	祠宇规模	道士人数
都城隍庙	城内四平街	元至正四年建。明、清重修	胡道真	17楹	道录管理
白衣庵	福胜关白衣寺东北	明嘉靖十八年建			女冠3人
九圣祠	地载关慈惠寺南	明嘉靖二十五年建			
三圣宫	内治关城内东北	明万历三年建，清道光十七年重修		6楹	4人
景祐宫	德胜门内路东	明代建，清代多次敕修。敕选住持		20楹	道录管理
南极宫	德胜关街东	原名净业庵。清顺治五年建，乾隆庚午重修		9楹	5人
太清宫	外攘关角楼	清康熙二年建	郭守真	88楹	百余
五圣宫	福胜关	清康熙六年建	郭墨云		2人
真武庙	外攘门外	清初建，乾隆四十一年重修		3楹	3人
关帝庙	德胜关外	清初建，康熙二年、道光二十四年重修		12楹	2人
五圣祠	天祐关西板井	清初建			
玉皇阁	德胜关柴草市南	清康熙二十四年建		6楹	4人
五圣观	内治关街北	清康熙三十年建，清光绪十四年重修		7楹	5人
斗姆宫	外攘关街南	原为明建准提阁。清康熙四十四年新建斗姆宫代替之。	潘清真	26楹	2人
玉皇庙	天祐关马神庙西南	清乾隆五十五年建。系道教公产，现由太清宫经理			
清虚观	天祐关风雨台	清乾隆五十六年重修		11楹	2人
七圣宫	天祐关天主堂西	清道光元年建，光绪三十四年重修		5楹	2人
吕祖宫	天祐关街东	清道光年建		15楹	2人
圣清宫	城内石头市	清道光五年建，同治十一年重修	高园初	6楹	4人
中心庙	城内铜行南	清道光年重修			道录管理

续表

名称	地址	历代修建情况	创建人	祠宇规模	道士人数
瑶池宫	地载关护城河北坭	清初建		火居道	1人
马神庙	天祐关普济寺西南	清康熙二年建	雍道宇	火居道	1人
关帝庙	天祐关风雨台东北	清康熙二十八年建		火居道	1人
火神庙	福胜关交通银行东	清康熙三十年建		火居道	1人
财神庙	福胜关街东路北	清康熙三十一年建		火居道	3人
碧霞宫	天祐关街东	清雍正三年建		火居道	1人
关帝庙	德胜关路西	清乾隆三十八年建		火居道	1人
药王庙	德胜关街西	清乾隆五十五年重修		火居道	9人
火神庙	德胜关街西	清乾隆五十七年		火居道	1人
观音堂	怀远关柴草市	清嘉庆二十四年重修		火居道	3人
珠琳寺	内治关外	清初建,为江浙会馆			
三皇庙	地载关街东	清康熙十六年建。今为福建旅奉同乡事务所			
天后宫	地载关三皇庙西	清乾隆年建,为闽江会馆			
吕祖堂	地载门内路北	清乾隆十四年建			
七圣祠	内治关元宝桥西	清乾隆年建			
天后宫	怀远关外	清道光十八年建,为山东会馆			
老仙人洞	城内文庙东南	清道光二十九年重修			
九圣祠	天祐关工夫市	清同治元年建			
十圣祠	地载关街西	清同治年建			
五圣祠	地载关街西	清光绪年建			
五圣祠	怀远关街北	清光绪九年建			
山西庙	外攘关外迤北	清为山西会馆			

根据上表可以看出,在民国六年的沈阳城内存在的42座道教庙宇中,除了少数是元代或明代始建外,多数是清代修建的,而且元明古庙在清代都得以重修或扩建,反映了清代盛京城内道教的繁荣状态。在这些道教宫

观中，属于全真道的约20座，属于火居道的约10座，另外10多座为会馆或居民所有。可以看出，全真道宫观及其建筑占有较大的比重，全真道士亦占有绝对多数，反映了全真道在盛京城内的广泛传播，亦体现了沈阳太清宫及郭守真师徒对沈阳地区道教的深厚影响。

另外，根据沈阳市沈河区地方志办公室的同志所作的调查研究，认为在沈河区的历史上曾经建立过41座道教宫观，这些宫观的创建朝代如下表：

沈河区道教宫观创建朝代统计表[①]

朝代		创建数
元朝		1
明朝		5
清朝	清初	3
	崇德	1
	顺治	2
	康熙	7
	雍正	3
	乾隆	6
	道光	8
	同治	1
	光绪	1
	清末	1
民国		2
合计		41

沈河区是沈阳市的老城区，位于沈阳市中心，是沈阳市乃至辽宁省宗教活动的集中地。那么，沈河区的道教历史具有极强的代表性。在上述41座宫观中，建于元代的有1座，建于明代的有5座，建于清代的有33座，这组数据同样也反映了清代是沈阳道教最兴盛的时期。尤其是在清代

[①] 以下表格来自《沈河区志·宗教篇》征求意见稿，第34页，沈河区政府地方志办公室，1987年。

中期的乾隆、道光年间，新建宫观最多，反映了这段时期是沈阳道教发展的黄金时期。

总之，清代以来，盛京城内的全真道呈现出相当繁荣的状态，这种状态不仅表现为太清宫作为十方丛林，规模完备，庙产丰赡，道士众多，而且表现为盛京城内新建或修缮了众多全真道宫观，这些宫观大多与太清宫有着密切的关系。如玉皇庙是太清宫的下院，斗姆宫、真武庙等是太清宫的分支等。

2. 千山宫观群

千山是东北的三大名山之一，西距鞍山四十里，北距辽阳六十里。千山为长白山支脉，主峰高 708 米，总面积 72 平方公里。奇峰峭壁，高低起伏，共 999 峰，其数近千，故名"千山"，又名"积翠山"、"千华山"、"千顶山"、"千朵莲花山"。千山在明清之际就已成为辽东名胜之首，有"无峰不奇，无石不峭，无寺不古，无处不幽"的评价。山中寺庙始建于唐，至元、明时代千山佛教发展兴盛，出现著名的"五大禅林"，即祖越寺、龙泉寺、香岩寺、中会寺、大安寺等，均形成一定规模的建筑群。到了清代，随着道教的传入和发展，陆续建立了三十余座道教宫观，错落在重峦绝壁之间，千山一跃成为享誉关内外的道教名山。

据相关资料记载，道教在明朝初年首次传入千山，但不久匿迹。清代初年，道教再次传入千山，发展迅速，兴盛不衰。

清代康熙六年，郭守真派其弟子刘太琳、王太祥前往千山，开山建庙，千山地区的道教逐渐发展起来。清代初期，刘太琳、王太祥及其弟子们在千山陆续创建了无量观、玄真观、刘家庵、南泉庵、圆通观、三清观等道教宫观。清代中期以来，千山道教继续发展，并出现繁盛局面，除了原有宫观不断修复扩建外，又新建了众多道观，到清末民国时期，千山道观达到 30 座，有八庵、九宫、十二观之说。所谓八庵，即龙泉庵、南泉庵、鎏金庵、洪谷庵、木鱼庵、石龙庵、观音庵、伴云庵。九宫指西海宫、斗姥宫、圣仙宫、东极宫、太和宫、太安宫、朝阳宫、五龙宫、圣清宫。十二观为青云观、普安观、玄真观、圆通观、慈祥观、双泉观、凤朝观、宝泉观、三清观、白云观、双塔观、武圣观。当然，这些宫观尚不包括祖庙无量观。因此，历史上的千山道观应有 30 余处，这些宫观散落于山中各处，几乎在千山的每一条壑谷中都能听到钟声。

无量观作为千山祖庙，经过历代重修，规模颇大，有观音殿、老君殿、三官庙、大仙堂、吕祖殿等建筑，土地山产丰厚，常住道士百余人。《奉天通志》载：

> 其他如千山之无量观、五龙宫、慈祥观、青云观、南泉庵皆道院。尤以无量观为最，道士百余，朝夕讽经，日中耕樵，至今不衰。①

清代中期以来，千山道教获得迅猛发展，不仅新建了大量宫观，原有宫观也不断重修扩建，将创建初期的茅茨草庵都变成了金碧辉煌的殿堂楼阁。如无量观下院玄真观，是清初王太祥于康熙十七年创建，刚开始仅有茅庵，后经嘉庆十五年、咸丰八年、九年相继重修和扩建，变成拥有东西两院共27间房屋的较大庙宇了。又如南泉庵，原为明代佛寺，清初荒废，康熙三十四年无量观道士王一贯将之修建为道庵，始创茅屋数椽。其徒刘阳秀、徒孙冯来真相承修理。到乾隆五十年，其徒曾孙贾复铨修建瓦殿三楹。嘉庆五年，王本宁重修。道光二十六年，史圆普重修。光绪三十一年，杜理清重修灵官殿。经过历代不断重修扩建，南泉庵由最初的茅屋发展为规模可观的著名宫观，到清末时有三皇殿、灵官殿、经堂、客堂、监院房等建筑32间。千山其他道观的发展状况，多与玄真观、南泉庵类似，在清代经过不断重修和扩建，最终成为一座座著名宫观。这些宫观共同构成了千山宫观群的布局，体现了千山道教的繁荣鼎盛。

关于千山道观的分布和创建沿革情况，可表列如下：

千山宫观一览表②

编号	创建时间	名称	地址	祖师	派别	历代沿革
1	康熙十七年（1678）	无量观（无梁观）	北谷	刘太琳	龙门派	康熙十七年创建观音阁，康熙四十八年、嘉庆三年、十三年重修，增建钟楼。雍正五年创老君殿，后经乾隆二十七年、嘉庆九年、道光五年、同治四年多次重修。道光十六年创建三官殿。道光二十六年创建吕祖殿。

---

① 《奉天通志》卷九十九《礼俗三·神教》。
② 此表资料主要来自刘伟华《千华山志》、刘明省《千华道教》、《鞍山市宗教志》等。

续表

编号	创建时间	名称	地址	祖师	派别	历代沿革
2	康熙十七年（1678）	玄真观	庙台沟	王太祥	龙门派	为无量观下院。初为茅庵。嘉庆十五年、咸丰八年、九年相继重修与扩建。
3	康熙三十四年（1695）	南泉庵（暖泉庵）	莲花峰	王一贯	龙门派	原为佛寺，清代荒废。康熙三十四年王一贯修建为道庵。乾隆五十年、嘉庆五年、道光二十六年、光绪三十一年等相继重修与扩建。
4	康熙年间	刘家庵（鎏金庵）	庙台沟	刘道士	龙门派	无量观下院。创于康熙年间。道光年间重修和扩建。
5	康熙四十二年（1703）①	洪谷庵	千山中沟	皮一明	龙门派	嘉庆六年重修三清殿，嘉庆二十一年新建玉皇阁，道光二十七年重修，咸丰年间增修东配房、两廊，移修玉皇殿等。
6	雍正三年（1725）	圆通观		孙阳忠	龙门派	原为祖越寺念佛堂。雍正三年孙阳忠创修茅庵三间。嘉庆十四年重修，道光三十四年又重修大殿五间。
7	乾隆二年（1737）	三清观	宽长峪	王阳清	龙门派	
8	乾隆三年（1738）	五龙宫	丁香峪沟里	彭复光	龙门派	乾隆三年创建真武殿和玉皇阁。嘉庆五年、道光五年、道光十七年、咸丰元年相继重修与扩建。
9	乾隆二十五年（1760）	保泉观		李来正	龙门派	三清观分支。

① 嘉庆六年《千山洪谷庵重修三清观碑记》曰，皮一明于乾隆癸未年（1763）开创洪谷庵。此年代明显有误。因为，刘太琳于康熙六年（1667）到达千山，收徒刘清正、崔清玉等。崔清玉又收徒皮一明等。那么，皮一明作为刘太琳的徒孙，应该活动于康熙年间，不可能活动于百年之后的乾隆年间。而且皮一明的徒孙彭复光于乾隆三年（1738）创建千山五龙宫，说明皮一明开创洪谷庵至少在此之前。又，与皮一明同辈的王一贯，于康熙三十四年（1695）创立南泉庵，则皮一明的开创洪谷庵活动亦应在此前后。故初步断定，原碑记载有误，"乾隆癸未年"大概是"康熙癸未年"之误。如果按康熙癸未年（四十二年，1703）推算，则合情合理。

续表

编号	创建时间	名称	地址	祖师	派别	历代沿革
10	乾隆二十五年（1760）	普庵观	五佛顶	钱来吉	龙门派	原为西明庵。清乾隆二十五年改建道观，更名普庵观。嘉庆十三年、十九年、同治四年、光绪二十年等多次重修。
11	乾隆三十六年（1771）	双泉观		张一麟	龙门派	
12	乾隆年间（1779年前）	凤朝观	凤凰砬子	崔清玉	龙门派	乾隆四十四年，周来福重修。嘉庆三年、光绪二十八年多次重修。
13	乾隆五十二年（1787）	武圣观	双塔岭	徐本成	龙门派	无量观下院。咸丰二年移修。有武圣殿及配房。
14	乾隆五十九年（1794）	西海宫（西映宫）	碾盘沟	孙嘉文	华山派	
15	乾隆六十年（1795）	朝阳宫	千山中沟西部	栾合中	龙门派	始建于乾隆六十年。嘉庆五年、二十一年、道光五年、咸丰六年相继重修。
16	嘉庆二年（1797）	木鱼庵	千山中沟	张信兴	华山派	原址为玉皇庙基，年代无考。嘉庆二年张信兴募化创修。咸丰四年曲万明重修。又称木盂庵、回龙庵。
17	嘉庆十年（1805）	慈祥观	古碾沟	陈本丹	龙门派	嘉庆十四年创建。同治元年修葺，同治五年补修。
18	嘉庆十年（1805）	太和宫	沙子冈	温本保	龙门派	嘉庆十年温本保创修。嘉庆二十五年、咸丰四年续修增建。光绪九年重修，改茅茨为砖宇。
19	嘉庆十三年（1808）	青云观	青龙山	邢本隆	龙门派	嘉庆十三年创观。嘉庆二十一年重建瓦殿、左右配殿及院墙，为普安观下院。后经道光、光绪年间多次重修。
20	嘉庆十九年（1814）	东极宫	小丁香峪半截沟	阎清霈	蓬莱派	嘉庆十九年创草殿三楹。嘉庆二十三年、道光十五年重修。同治元年修钟楼及客堂三楹。
21	嘉庆二十年（1815）	斗姥宫（皇姑庵）	南谷大皇姑庵峪	孙清山	蓬莱派	嘉庆二十年孙清山创建，道光十四年刘重忍重修。

续表

编号	创建时间	名称	地址	祖师	派别	历代沿革
22	嘉庆二十一年（1816）	圣仙宫（小皇姑庵）	小皇姑庵峪葛藤沟	张嘉净	华山派	嘉庆二十一年创修，二十五年重修。
23	道光五年以前（1825年之前）	圣清宫	南沟六庵峪	吕圆照	龙门派	原有古刹关帝庙，道光初年庙已毁。道光五年，吕圆照于旧地复立茅庵三间，名圣清宫。历代相继修补。咸丰八年兴修殿宇，改修大殿，扩建耳房、山门等。
24	道光五年（1825）	太安宫		刘本德	龙门派	道光五年创，历代多有补修。
25	咸丰七年（1857）	白云观		孙圆性	龙门派	无量观下院。
26	清	晏清宫			龙门派	无量观下院。
27	清	双龙观（双龙庵）	仙人台之东北		龙门派	创修年代无考。有神殿一间，茅屋三间。
28	民国十六年（1927）	天宝宫	大孤山南	王明玉	龙门派	原为僧庙。1927年道士王明玉建为道观。

根据上表可知，千山道观可考者约28座。从这些宫观的创建年代来看，只有1座是民国年间从僧庙改建而来，其余27座全部建于清代。其中5座修建于清乾隆年以前，其他23座修建于乾隆朝及以后。尤其以乾隆和嘉庆两朝为盛，共新建宫观16座，占总数的一半多。从各宫观的历史沿革来看，几乎所有的宫观创建后，在清代都是香火不断，并经过多次重修，最终发展为规模可观的建筑群。总之，千山宫观的建立和沿革情况，反映了清代东北全真道发展的一般特征，即清代中后期是其发展的黄金时期。

另外，从宗派传承来看，这28座道观全部属于全真道。其中只有5座属全真道华山派和蓬莱派，其他23座均为全真龙门派。那么，这些龙门派宫观又几乎全部是从千山无量观分支而来。据民国年间统计，无量观在千山有下院5座，即玄真观、鎏金庵、武圣观、白云观和晏清宫。而由无量观派生出的龙门派宫观更达16座之多，即洪谷庵、慈祥观、五龙宫、太安宫、普安观、青云观、天宝庵、南泉庵、朝阳宫、圣清宫、三清观、保泉观、太和宫、凤朝观、圆通观、双泉观等。无量观及其派生宫观，可表列如下①：

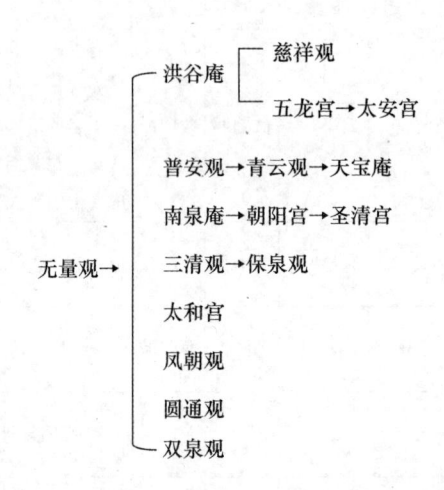

```
            ┌─ 洪谷庵 ┬─ 慈祥观
            │         └─ 五龙宫 → 太安宫
            │
            │  普安观 → 青云观 → 天宝庵
            │  南泉庵 → 朝阳宫 → 圣清宫
无量观 →    │  三清观 → 保泉观
            │  太和宫
            │  凤朝观
            │  圆通观
            └─ 双泉观
```

总之，在清代千山道教的发展中，全真道龙门派占据着绝对优势的地位。也正是由于郭祖龙门派一系的努力弘扬，广建宫观，才造就了千山乃至东北道教的兴盛局面。

3. 铁刹山宫观群

铁刹山又名铁叉山、九顶（鼎）铁刹山，位于辽宁本溪满族自治县南甸镇境内，系长白山的余脉。因其山峰形如"铁叉"，当地百姓呼之"铁叉山"。民国时期，铁刹山第二十代弟子、时任监院的觉明德认为"铁叉"二字粗俗，不能表现本山雄伟的气势和道教的博大精深，又考虑山名流传已久，不宜全改，遂将"铁叉"改为"铁刹"。

铁刹山主要由五个顶峰组成，中峰原始顶，北峰真武顶，南峰灵宝顶，东峰玉皇顶，西峰太上顶。以中峰原始顶最高、最险、最美。海拔912.9米。因从东、南、北三面仰视，均可望见五顶中的三顶，三三合而为九，故名九顶铁刹山。该山奇峰峭拔，林木葱郁，古树参天，洞穴幽深。山上多古洞，有云光洞、天桥洞、乾坤洞、日光洞、风月洞、悬石洞、郭祖洞、三仙洞等。其中以云光洞最大最著名，内有石龙、石虎、石

---

① 参见刘明省《千华道教》，第6页。

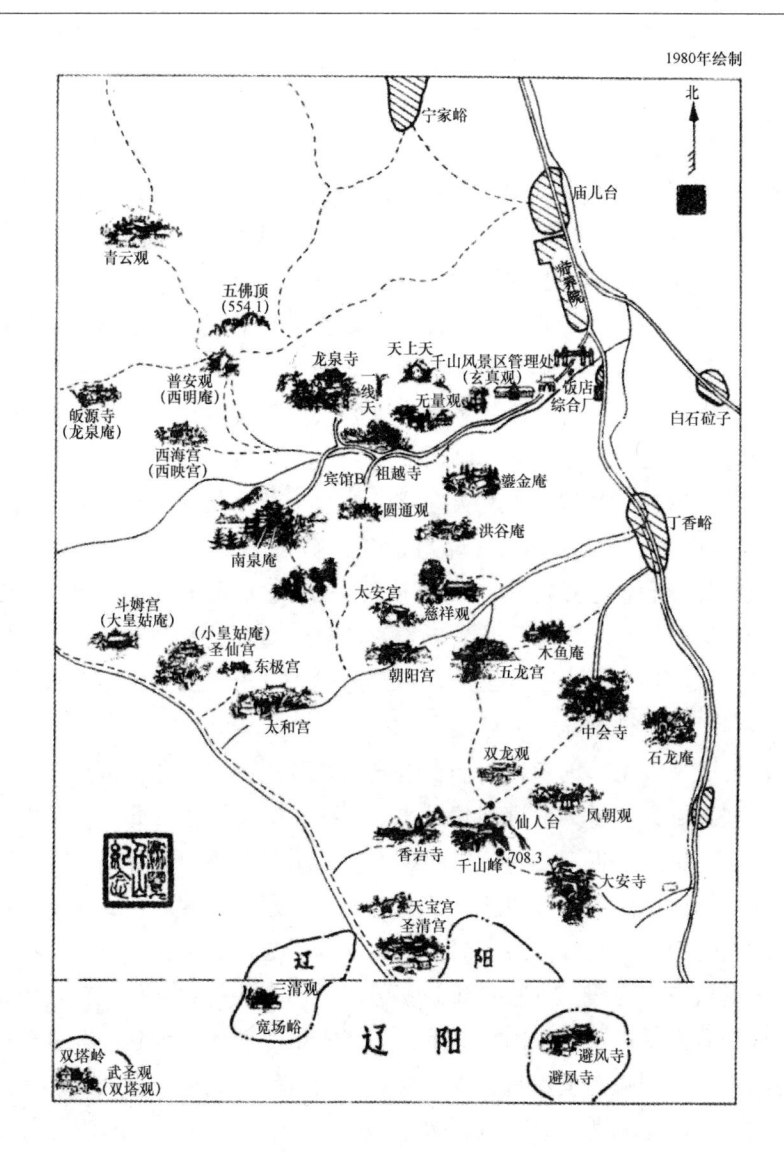

千山庙宇分布图①

蟾、石木鱼、石寿星、石定风珠、石仙床、石莲盆八石景，皆天然而成，惟妙惟肖，人称"八宝"，故亦名"八宝云光洞"。明代崇祯三年（1630），道士郭守真开始居于铁刹山云光洞内修炼，后又收徒传教，开

---

① 图片来源于刘明省《千山无量观志》卷一。鞍山市五洋印务实业有限公司2009年版。

清代关东道教之始，郭祖被尊称为关东道教始祖，铁刹山亦成为东北道教的祖庭。

清代初期，郭守真及其弟子在铁刹山建庙弘道，陆续修建了云光洞、乾坤洞、天冠洞等殿宇，使铁刹山成为全真道的一大道场。后来，郭守真受邀住持盛京三教堂，留下王太兴、高太悟、傅太元三位高徒驻守铁刹山云光洞。在这三位弟子驻守期间，铁刹山道场获得了较快的发展，除了对云光洞、乾坤洞等进行修复维护外，又新建了太平观、圣水宫、朝阳观等下院，并收度了众多门徒。

清代中期以来，铁刹山道教继续发展兴盛。根据记载，郭祖弟子、龙门派第九代高太悟、傅太元奉师命住持铁刹山，收徒传教，修复殿宇，开创下院。此后，云光洞一直香火旺盛，传承不断。从清代康熙初年到民国年间，铁刹山云光洞从第八代郭祖始，到第二十三代"宗"字辈，共传承了15代。历代在云光洞（包括下院三清观等）出家的道士共92人（关于其传承谱系，参见下节）。这些道士或继续住持本山，守成继业，发扬光大；或到五女山、闾山、吉林等地建庙弘道，成为开山祖师；或云游各地名山，随地阐化。

清代中期以来，郭祖嗣徒们在铁刹山及其周围兴建了众多道庙，逐渐形成了按八卦方位排列的宫观建筑群。《铁刹山志》卷一曰："又以全山为中心，在山麓外四正四隅划分八区，按后天八卦位置定其界段。"这样，在铁刹山周围的八方位置，都有龙门派所建的宫观庙宇，从而形成了所谓的铁刹山外八宫的宫观布局。如在铁刹山之西北为乾宫，此地有庙一座，名紫云宫，为居民孟永泰建修，道士王明太住持。又如在铁刹山正西的兑宫，有太平观，为本山之下院，是郭祖弟子秦太玉创建。在铁刹山正南的离位，分别建有圣水宫、青云观、三元宫等。又如正北坎宫建有来龙宫，东北艮位建有正教宫，正东震位建有祥云宫，东南巽位建有关帝庙等。在现将铁刹山及其周围宫观可考者表列如下：

铁刹山及外八宫创建道观简表

创建时间	名称	地址	祖师	派别	备注
顺治八年（1651）	云光洞	铁刹山南面	郭守真	龙门	雍正十年、道光九年、道光十九年重修。洞内有石庙三座，供玉皇、真武、三官。有砖庙三座，供灵官、土地、黑老太太等。

续表

创建时间	名称	地址	祖师	派别	备注
	乾坤洞	在云光洞下	郭守真	龙门	内建正殿三楹，供南海大士、西王母、长眉李大仙、药王、郭祖等。
	天官洞	铁刹山东	李一刚	龙门	洞内有天官庙一座，奉玉皇、南海大士、地藏王等。
康熙初年（1662）	太平观	山之正西（兑宫）	秦太玉	龙门	本山下院。
康熙初年	白云洞圣水宫	山之正南（离宫）	王太兴	龙门	本山下院。
康熙三十二年（1693）	朝阳观	山之正北（坎宫）	任清慧	龙门	乾隆二年沈教育重修。
康熙年间	无量观等	山之西南（坤宫）	刘太琳等	龙门	坤宫所在为千山。千山历代建有无量观、青云观、五龙宫等几十座宫观，为本法派之大支。
康熙末年（1722）	三元宫	离宫	华一福	龙门	有弟子项本祥，道德高尚。
康熙末年	青云观	离宫	华一福	龙门	
乾隆九年（1744）	三清观	铁刹山东	任阳月	龙门	乾隆九年任阳月始建，为天官庙下院。光绪六年重修。有主殿三楹，奉三清、关帝。前正殿三楹，奉火神、药王、财神、三霄等。廊房十余间。
道光年间（1821—1850）	来龙宫	坎宫	孙永贵	龙门	本山下院。
道光年间（1821—1850）	祥云宫	山之正东（震宫）	于永仙	龙门	住持于永仙，亦为郭真人之嗣法孙。
光绪三十四年（1908）	紫云宫	山之西北（乾宫）	王明太	龙门	居民孟永栋建。光绪末年孟凌云重修。道士王明太住持。有殿三楹，奉关帝。
民国十年（1921）	正教宫	铁刹山东坡		龙门	原由上茅庵三元宫移来。正殿三楹，奉三清、灵官、土地。前殿三楹，奉关帝、吕祖、财神、药王、三霄等。

根据上表可知，铁刹山作为东北全真道的祖庭，开发比较早，其主要建筑如云光洞、乾坤洞、天官庙、三清观、太平观、圣水宫、朝阳观等都修建于康熙及乾隆初年。乾隆以后修建的庙宇不多，名气亦不响。这主要与铁刹山所在的地理位置比较偏僻，文化开发较晚有关。但总体来说，自郭守真开辟以来，铁刹山作为东北全真道的发源地，有清一代都是兴盛不衰、传承不断，并对整个东北道教产生了深远的影响。在铁刹山本山及外八宫所形成的宫观建筑群，尽管规模不算宏伟，但对当地居民生活和文化发展产生了巨大的影响，对于东北边地的开发具有积极的意义。正如白永贞在《铁刹山志》中所说：

> 此山未经郭真人开辟以前，居民鲜少，文化未兴，洪荒草昧，无可称述。今则村闾相比，兰若相望，廛市隐轸，十步之内必有芳草，十室之邑必有忠信。①

4. 平顶山宫观群

平顶山位于辽宁省本溪市，海拔高度657米，占地面积17平方公里，是一座美丽的"城中之山"。清康熙年间，郭守真在三教堂分遣诸弟子前往各地开山鸣道，其中派遣第九支秦太玉、第十支高太护，前往本溪创兴道教。他们在本溪湖太子河南平顶山，建庙名清虚观传道。秦、高又收度了晋清祥、崔清田为弟子，历代相传，绵绵不绝，到清末民国时期，据不完全统计，秦太玉、高太护一系共在平顶山地区传承14代，到龙门派二十三代"宗"字辈，弟子姓名可考者约109人。

秦太玉、高太护及其弟子们在平顶山及其周边地区建庙弘道，由清虚观又分支出十余处，如秦太玉派晋清祥开化平顶山东南30里的大峪沟，创修了玲珑观；晋清祥派弟子赵一成在平顶山正东50里处的三架岭连环洞修建了天齐庙、真武庙及聚仙宫；赵一成的法孙刘来荣在支岔子修建了玉皇庙名灵霄观；第15代郑本历、郭本福分支在今本溪湖处，创修了圆通观、三圣宫等。总之，平顶山自秦太玉、高太护开化以来，经过历代龙门派道徒的努力阐扬，开创大小宫观庙宇二十余座，从而形成了以平顶山为中心的道教宫观建筑群，使得平顶山地区的道教呈现出繁荣昌盛之势。

---

① 白永贞：《铁刹山志》卷一。

根据《增续铁刹山志》卷十二的记载，自清康熙到民国年间，平顶山及周边地区所建道观约 20 座，表列如下：

平顶山及周边地区道观简表

	创建时间	名称	地址	祖师	备注
1	康熙年间	清虚观	平顶山	秦太玉、高太护	
2	康熙年间	玲珑观	大峪沟	晋清祥	在平顶山东南三十里
3	雍正年间	聚仙观	三架岭	赵一成	在平顶山正东五十里。赵一成为晋清祥弟子
4	雍正年间	真武庙	三架岭	赵一成	
5	雍正年间	天齐庙	三架岭	赵一成	
6		三官庙（三圣宫）	千金沟	赵阳玉	距平顶山二里
7		灵霄观	支岔子	刘来荣	刘来荣为赵一成法孙
8		玄真观	青石沟	张来云	平顶山西北二十里
9		老君庙	新洞沟	李复春	平顶山西北十里
10		圆通观	本溪湖	郑本历、郭本福	
11		龙凤观	滴水湖	王本箓	在平顶山西南五十里许
12		三教观	偏岭子	王本箓	在平顶山东南五十里
13		朝阳观	转山沟	王本箓	在平顶山下
14		三圣宫	本溪湖	张合举	
15		斗姥宫	三道沟	赵教魁	在平顶山下
16		老君庙	河西街	平教隆	在本溪市内。由圆通观分支
17		三清观	麦子伙	张圆章	距平顶山东北十五里
18		赤航宫	红庙子	唐圆有	距平顶山东南四十里
19		太和宫（关帝庙）	彩家屯	刘圆喜	在平顶山西十里
20	光绪年间	兜率宫	本溪市内	纪至隐	

上述 20 座宫观均为郭祖龙门派在本溪的分支嗣徒所创，是从秦太玉、高太护首创的清虚观分支而来，反映了郭祖龙门派第九支、第十支在本溪的繁衍兴盛状况。这些宫观多数创建于清乾隆以后，说明清代中后期是平顶山道教发展的鼎盛时期。

平顶山位于本溪市内，在本溪市东约 65 公里处即为郭祖修炼的祖庭铁刹山，因此，以平顶山清虚观为中心的道观网，和以九顶铁刹山八宝云光洞为中心的宫观建筑群相互照映，共同构就了本溪地区道教的繁荣。

5. 医巫闾山宫观群

医巫闾山位于辽宁北镇、义县境内，属阴山山脉的余脉，古称于微闾、无虑山，满语意为翠绿的山，简称闾山。山势自东北向西南走向，纵长45公里，横宽14公里，面积为630平方公里。有名峰五十余座，最高峰海拔866.6米。其峰险壑幽，石异松奇，名列关东三大名山之首。

医巫闾山历史悠久，文化深厚，古迹众多。虞舜时分全国为十二州，各封一山以为一州之镇，医巫闾山为幽州镇山。迨至隋代，颁封五岳五镇，尊医巫闾山为北镇。唐代封为广宁公，辽代建乾显二州以奉护山中辽皇帝的乾显二陵，历代辽帝多次谒陵祭山。宋金二朝诏封北镇医巫闾山为广宁王，扩建闾山神祠。元代封为贞德广宁王，定期祭祀。明清二朝尊为北镇医巫闾山之神，多次诏修神庙，清代皇帝还亲临祭祀，游山题咏。据统计，辽代和清代皇帝东巡，足登闾山者，先后竟有42次之多。医巫闾山亦是宗教圣地，山中寺庙星罗棋布，香火鼎盛，历代名僧高道，多出其间。

据说，早在唐宋时期，道教即已传入闾山地区，传说吕洞宾曾云游到此，陈抟亦在闾山大朝阳题有"福寿"奇字。但这些仅止于传说，并无相关的文献佐证。

到了金元时期，道教全真派大举传入闾山一带，形成宫观林立、异常兴盛的局面。早在蒙元初期的1233年，尹志平北游辽西时，曾在闾山一带盘桓数月，当时闾山地区就有多所全真道宫观，如在闾山西麓百里之遥的义州城内有朝元观、通仙观、永和庵等，而在闾山深处有道士李虚玄的太玄观等。到了元代中后期，闾山一带全真道发展尤为兴盛，宫观林立，成为道教活动的中心之一。当时闾山神庙北镇庙就是由道士住持，每当国家遣官祭祀北镇庙时，道士亦参与朝廷祀典，影响甚大。另外，闾山一带宫观众多，如在闾山东麓的广宁城内有乾元宫、清征宫、长春观等，义州城内有万寿宫、全真观、洞直观、通真观、圣灯院、明阳宫等，在骆驼崖还建有长生观，道教活动可谓盛极一时。

元末明代，闾山地区成为各民族角逐争夺的地域，战火不断，山中建筑大多被毁，道教发展一度沉寂。明末清初，全真道再度传入闾山地区。

史载，龙门派道士马真一曾于明末到达闾山，居于广宁的北镇庙中，以蘑菇野果为食，当时广宁大旱，经略袁崇焕使祷雨，次日果雨，后去之山海关，不知所终。马真一作为龙门派第六代，是目前所知最早进入东北地区的一位龙门派道士。但是马真一在闾山活动的时间不长，似乎也没有留下传人，故对后世闾山全真道的发展影响不大。

清代全真道再次大规模传入闾山，是在乾隆时期。《增续铁刹山志》卷十二载：

> 医巫闾山在唐虞时代为幽州之镇山，形势雄伟，为关外诸山之冠，历代高人逸士栖隐于兹者，不可胜数。清康熙年间，有龙门第九代刘太霖既开千山无量观，又分支开化闾山。派嗣法孙于来炼到闾山清修鸣道，创兴老爷岭圣清宫，收度弟子王复善，由此发源扩展各宫观。又其第二徒王本还，分支于乾隆三十六年，创修圆通观。又第十六代王合悲，分支于四十二年，建修大芦花海云观。至十七代法孙赵教明，重修圣清宫，此皆大有功于道教者也。山中幽敞明秀之区，类皆有道教之建设，如圣清宫、白云宫、碧霞宫、庆云宫、圣贤宫、蟠桃宫、龙潭宫、圆通观、海云观、天仙观、大朝阳，各宫观之道众，实繁有徒，除龙潭宫等外，皆龙门派第八代郭真人之嗣法后裔也。①

据上所载，最早到闾山弘道的是龙门派第十三代于来炼，他是千山无量观开山始祖刘太琳的法孙，因此说闾山龙门派是从千山分支而来，亦属于郭祖关东十四支的一个分支。于来炼到达闾山后，收度弟子王复善，他们开创了闾山老爷岭圣清宫，成为闾山地区最早的龙门派道观。

关于圣清宫的创建，在当地还有另一种传说②。据说乾隆年间，皇帝派遣御前侍卫官王梁、王栋哥俩前往东北捉拿大盗谢虎，兄弟二人深知谢的武艺高超，同伙众多，取胜希望不大。如果不去吧，就是抗旨不遵，也难逃死罪。于是他们就决定弃官从道，隐姓埋名，来到闾山。王梁就出家老爷岭当道士，王栋先到圆通观，后修复海云观。据说，王梁刚来时，老爷岭原有一座关帝庙，始建于明，是一座只剩三间破旧殿堂和几间破道房

---

① 白永贞：《增续铁刹山志》卷十二，第12页。
② 参见北宁市政协编《北宁文史资料》第15辑，内部发行1995年，第303、316页。

的小庙。在王梁的经营下，扩建成规模宏伟，拥有三个道院的大道观，乾隆十五年建成上、东下、西下三院，改名圣清宫。该宫观信奉龙门派，广招徒众，扩置果园、耕地、山林，一时跃居闾山所有寺庙的首富位置。

那么，不管王梁创修圣清宫的传说是否可靠，但有一点可以肯定，即圣清宫创建于乾隆十五年，是龙门派道观。这从当地曾立有一通乾隆十五年的《重修圣清宫碑记》可以明证，可惜碑文现已不存。另外，传说中的王梁或许与于来炼收度的弟子王复善为同一人，也未可知。如果为同一人，则两书的记载基本吻合。因为王复善是乾隆年间的道士，是圣清宫的开山祖师，这是有墓碑可资佐证的。

据五十岚贤隆的《道教丛林太清宫志》记载：伪满时期（1938）在闾山圣清宫的墓地发现了一块墓石，上刻："龙门正宗第十四代羽化先祖上复下善王公之墓。"另有一块墓碑，此碑正中刻有"开山启教太上全真龙门正宗第十四代羽士讳复善王仙师之位"之字样，左右刻有"老爷岭圣清宫嗣派弟子姬本相暨领本派门人敬立"、"大清嘉庆二十年焚修弟子三教隆建修"等字样[①]。由此可见，王复善是龙门派第十四代，是圣清宫的祖师，这与《增续铁刹山志》中所载的于来炼收度王复善为弟子，是完全吻合的。

总之，闾山圣清宫作为清代龙门派在闾山建立的首座宫观，建于乾隆十五年，开山祖师是龙门派第十三代于来炼，发扬光大者为第十四代王复善。此后，圣清宫经过同治十一年、光绪三年的多次重修，规模甚为可观。除了主庙上院、东下、西下三院外，附屋庙宇还有很多，如西坡有白云、庆云、蟠桃三宫，东坡有圣贤、太阳宫等庙宇。道士最多时达200人，各类雇佣人员达30人。

圣清宫之后，又在闾地一带分支出众多宫观。如于来炼的徒孙王本还，于乾隆三十六年创建分支圆通观；第十六代王合悲，于乾隆四十二年建修大芦花海云观。总之，清代以来，闾山地区陆续建立有大小宫观十余所，如圣清宫、白云宫、碧霞宫、庆云宫、圣贤宫、蟠桃宫、龙潭宫、圆通观、海云观、天仙观、大朝阳等，其中除少数为全真华山派外，多数宫观都是郭祖龙门派的分支。

清代乾隆以来，闾山地区全真道发展迅速，道观遍布，道众繁多，按

---

① 参见五十岚贤隆《道教丛林太清宫志》，第21页。

规模和财产计量，其中最著名的称为四大道观，即圣清宫、圆通观、三清观、海云观。

圣清宫原为关帝庙，乾隆十五年龙门派第十四代王复善改扩建而成。圣清宫位于闾山中段，东北距广宁古城16公里，西距宜州古城35公里。古庙分上院、东下、西下三院。上院位于北镇、义县两县的交通古道处，东下院在北镇一侧的十里沟，西下院在义县大榆树堡乡大石沟村境内。其中上院南北150米，东西33米，占地4950平方米，有两层院落，两后两殿，供奉关帝和三清诸神。东下院和西下院亦规模较大，殿宇众多。圣清宫是闾山的首座龙门派道观，经过多年的经营，其规模及财产居于闾山四大道观之首，占有大量山场、果园、森林。

圆通观位于闾山中段，东北距广宁古城15公里，是乾隆三十六年圣清宫道士王本还分支创建。圆通观建成后，经过道光十三年、光绪七年的多次重修，规模可观，财产丰厚。庙上有上等好地360垧，坡地8垧，果园50垧，山场30垧，计7000亩。其与圣清宫、三清观、海云观的财产齐名，通称闾山四大道观。圆通观分上下两院。下院建在千家寨山谷入口的山坡台地上，南北80米，东西40米，面积3200平方米。上院建在千家寨山顶的山沟里，有殿堂三间，道房三间。

三清观位于闾山中段的大朝阳沟，又称为大朝阳，是闾山四大道观之一。三清观分上中下三院。下院建于大朝阳沟下部台地，占地4500平方米，有院落三层，殿宇三座，供奉三清、斗姆和吕祖。这里明朝称朝阳寺下院，乾隆七年重修，改名三清观。中院位于大朝阳沟中部一处崖壁下的台地，占地4500平方米，有两进院落，有斗姆宫、三清殿等建筑。上院建于大朝阳沟顶部的台地上，占地2450平方米。

海云观又称大芦花，位于闾山中段芦花峰东海拔550米高的台地上，东北距广宁县城16.5公里。由于山上云腾雾涌，犹如海上仙山，故称海云观。海云观所处地理位置险要，地形奇特，所有楼亭殿阁错落有致地分布于三层台地上，形成三个院落，有真武殿、灵官殿、王母殿、老君殿等建筑。三层台地相连，总为南北177米，东西42米，面积7434平方米。海云观历史悠久，早在元代，这里就有云岩寺，明代改名龙战寺，清初庙毁。传说乾隆初年，朝廷派王梁、王栋兄弟捉拿大盗谢虎，他们预测此事难以成功，于是避祸出家。王梁到闾山老爷岭出家，成为圣清宫的祖师。而王栋先到圆通观，继转大芦花，他多方化募银两，将原有寺庙故址改为道庙，命名曰海云观。王栋本人道号合悲，世人尊他为王炼师。那么，不管王梁、王栋二侠出家闾山的传说是否属实，道士王合悲确为海云观的开山祖师。《增续铁刹山志》卷十二曰："又第十六代王合悲，分支于四十二年，建修大芦花海云观。"就是说，乾隆四十二年，龙门派第十六代王合悲开创了闾山海云观。此后，经过嘉庆、咸丰、同治、光绪年间的多次重修扩建，殿宇宏伟，财力雄厚，影响广泛，海云观已与圣清宫、圆通观、三清观齐名，通称闾山四大道观。

除上述四大道观外，闾山地区尚有众多规模较小的道观，如蟠桃宫、龙潭宫、白云宫、碧霞宫、庆云宫、圣贤宫、天仙观等。这些道观多数是从圣清宫分支而来，属于郭祖龙门派关东十四支的分支。据载圣清宫最盛时有道士200人，但是闾山地区龙门派的传承谱系因史料缺失，难以查明。仅根据《铁刹山志》、《增续铁刹山志》、《太清宫志》、《医巫闾山志》光绪八年北京白云观《登真录》、1943年黑龙江双城无量观《登真录》等书的零星所载，将闾山圣清宫的传承谱系（不完全）简列如下：

```
                    ┌─三教隆     ┌─李理先
于来炼─王复善─┬─姬本相─┤           │
                │        └─赵教明─朱至和─┼─刘理汗─张宗才
                │        （创圆通观）    │
                └─王本还                 ├─李理昆─马宗潘
                                         │
                                         └─马理州─金宗亮
                                                    │
    ┌─白诚福─┬─田信斋─杨崇起─穆高瑞─────────┘
    │        └─贾信尨
```

圣清宫的开山祖师于来炼来自千山无量观，是刘太琳的法孙，而于来炼之前的传承，在《铁刹山志》中有明确记载，即郭守真→刘太琳→刘清辉→郭一光→王阳春→于来炼→王复善。可以看出，于来炼确为郭祖龙门派的传人，是龙门派第十三代道士。也可说明，闾山地区建立的众多道观，都是郭祖龙门派关东十四支的分支。

闾山地区另一座宫观海云观是龙门派第十六代王合悲创建，规模大，道士多，但是其传承情况缺乏完整记载，只能根据一些零星资料进行复原。

海云观在历史上影响广大，其下院曾建到今盘锦市的双台子镇。据载，在盘锦双台子南街，有一座乾隆年间修建的古庙——天仙宫，又称"大芦花分院"，是广宁医巫闾山海云观的下院。天仙宫经过历代重修，规模较大，有房屋40余间，田地110公顷。天仙宫的首任监院为柴圆盛，之后，相继有崔明芳、李至有、张至量、戴宗莲、马崇环为监院。最后一位监院是马崇环的徒弟高甚[①]。其中，高甚与龙门派字谱不合，查1943年双城无量观《登真录》，记载有一位来自闾山海云观的戒子名赵高慧，其度师为马崇还，则可知高甚就是赵高慧，"高"字是其派辈，而非姓也。那么，天仙宫作为海云观的下院，其监院一般都是海云观监院兼任，所以，根据天仙宫监院的传承，则可推出海云观的历代监院大致如下：

王合悲—吴教善—柴圆盛—崔明芳—李至有—张至量—戴宗莲—马崇环—赵高慧

又据《医巫闾山志》载，在芦花南下院东部，有一处道士墓地，最北面高坡处为始祖墓塔，字迹不清。中部数座墓塔铭文也漫漶不清。前面一排的三座墓塔，由东往西分别刻着："皇清羽化先师吴公宗宽之墓"、"皇清羽化先师朱公宗相之墓"、"皇清羽化先师师公宗孝之墓"[②]。据此可知，海云观曾有吴宗宽、朱宗相、师宗孝等道士。

又据北京白云观《登真录》记载，在同治十二年（1873）、光绪八年（1882）的两次传戒活动中，闾山海云观参加受戒的道士有15人之多，而千山无量观参与受戒的同期道士只有6人，足见当时海云观的规模之大，道徒之众。这15位道士如下：

派别	姓名	籍贯	出家宫观	度师
龙门	丁宗鹤	盛京奉天府金州	闾山海云观	闻理柱
龙门	魏宗顺	直隶省承德府	闾山海云观	单理元
龙门	田诚瑞	盛京奉天府辽阳州	闾山海云观	娄宗显
龙门	敖宗圭	盛京锦州府义州	闾山海云观	李理深

---

① 参见《盘锦地域文化寻踪》（《盘锦文史资料》第十辑），中国国际广播出版社2003年版，第92—98页。

② 参见《医巫闾山志》第153页。

续表

派别	姓名	籍贯	出家宫观	度师
龙门	解宗午	关东吉林省	闾山海云观	王理学
龙门	周宗善	关东吉林省	闾山海云观	张理凌
龙门	狄诚云	直隶顺天府大兴县	闾山海云观	魏宗顺
龙门	冯诚瀛	直隶永平府滦州	闾山海云观	李宗义
龙门	吴诚道	直隶承德府	闾山海云观	宋宗德
龙门	郭诚杰	直隶永平府迁安县	闾山海云观	娄宗显
龙门	王诚丹	奉天义州	闾山海云观	宋宗德
龙门	张诚潜	顺天府	闾山海云观	孙宗和
龙门	赵诚心	关东广宁县	闾山海云观	张宗岐
龙门	曹宗永	山东长青县	闾山海云观	王理学
龙门	赵诚方	直隶永平府	闾山海云观	丁宗鹤

从上述名录来看，在闾山海云观出家的道士全是龙门派，其籍贯主要来自辽宁、吉林、河北、山东等地。同治、光绪年间，海云观的道士以龙门派二十三代"宗"字辈为主，加上二十二代"理"字辈和二十四代"诚"字辈道士，则光绪初年闾山海云观的常住道士至少在30人以上。

又据1943年双城无量观《登真录》，当年有14位来自闾山海云观的道士参与了受戒，他们全都属于龙门派，以龙门派二十六代"崇"字辈和二十七代"高"字辈为主。这14位戒子的情况如下：

派别	姓名	籍贯	出家宫观	度师
龙门	佟高山	河北省临榆县	闾山海云观	郭崇仙
龙门	孙高苑	锦州省锦县	闾山海云观	王崇立
龙门	刘高仲	河北省卢龙县	闾山海云观	刘崇惺
龙门	杨高芝	滨江省肇州县	闾山海云观	龚崇金
龙门	张崇□	河北省迁安县	闾山海云观	王信刚
龙门	孙崇寂	吉林省榆树县	闾山海云观	张信鹏
龙门	常高学	锦州省绥中县	闾山海云观	母崇德
龙门	李嗣杰	热河省青龙县	闾山海云观	姜高周
龙门	姜高周	热河省凌源县	闾山海云观	国崇云
龙门	赵高慧	河北省枣强县	闾山海云观	马崇还
龙门	姚嗣贤	锦州省锦县	闾山海云观	刘高永

第四章 清代民国东北全真道的复兴与繁荣

续表

派别	姓名	籍贯	出家宫观	度师
龙门	阎高文	锦州省盘山县	闾山海云观	孙崇寂
龙门	刘高永	锦州省黑山县	闾山海云观	张崇让
龙门	李高祯	锦州省盘山县	闾山海云观	马崇还

那么，综合上述零星资料，可以简列出闾山海云观的不完整传承谱系如下：

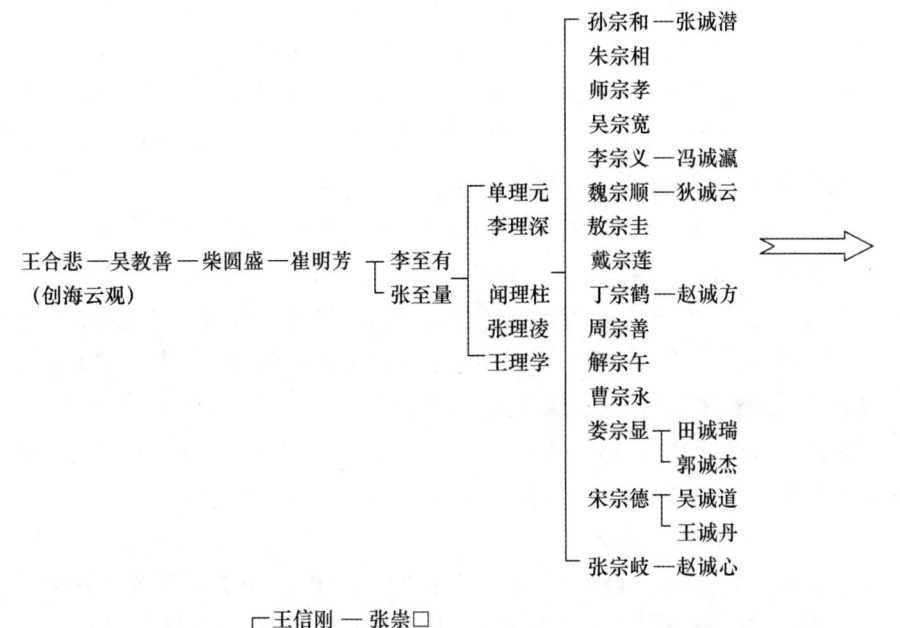

```
                                              ┌ 孙宗和 ─ 张诚潜
                                              │ 朱宗相
                                              │ 师宗孝
                                              │ 吴宗宽
                                              │ 李宗义 ─ 冯诚瀛
                                       ┌ 单理元 │ 魏宗顺 ─ 狄诚云
                                       │ 李理深 │ 敖宗圭
王合悲 ─ 吴教善 ─ 柴圆盛 ─ 崔明芳 ┬ 李至有 ┤     │ 戴宗莲
（创海云观）                       └ 张至量 │     ┤ 丁宗鹤 ─ 赵诚方        ⇒
                                       │ 闻理柱 │ 周宗善
                                       │ 张理凌 │ 解宗午
                                       └ 王理学 │ 曹宗永
                                              │ 娄宗显 ┬ 田诚瑞
                                              │       └ 郭诚杰
                                              │ 宋宗德 ┬ 吴诚道
                                              │       └ 王诚丹
                                              └ 张宗岐 ─ 赵诚心

    ┌ 王信刚 ─ 张崇□
    │ 张信鹏 ─ 孙崇寂 ─ 阎高文
    │         郭崇仙 ─ 佟高山
    │         王崇立 ─ 孙高苑
    │         刘崇惺 ─ 刘高仲
    ┤         马崇还 ┬ 赵高慧
    │                └ 李高祯
    │         龚崇金 ─ 杨高芝
    │         母崇德 ─ 常高学
    │         国崇云 ─ 姜高周 ─ 李嗣杰
    └         张崇让 ─ 刘高永 ─ 姚嗣贤
```

总之，自清代乾隆以来，全真道再度传入闾山地区，并且发展迅速，陆续兴建了数十座宫观道院。经过百余年的发展，闾山道教一直兴盛不衰，道观规模不断扩大，殿堂楼阁不断增修，形成所谓的闾山四大道观的格局。闾山道教传承不断，财力雄厚，香火旺盛，影响广泛，反映了全真道在闾山地区的繁荣状况。

6. 喀左天成观及其下院

自清初郭守真与众弟子到东北各地开山阐教以来，郭祖一系龙门派逐渐占据了东北的名山大邑，经过历代嗣徒的弘扬发展，郭祖一系龙门派已经遍布城乡，道徒众多，不可胜数。他们修建了大量宫观庵堂，并且不断增修扩建，逐渐形成了规模雄伟的宫观群，如沈阳太清宫、千山宫观群、铁刹山宫观群、平顶山宫观群、医巫闾山宫观群等，这些宫观群成为当地乃至整个东北道教的活动中心。

当然，在郭祖龙门派遍布东北的时候，亦有一些地方出现了龙门派别支的传播，他们不属于郭祖一系的传承，而是来自北京白云观或其他地方。这支龙门派在当地亦发展迅速，出现兴盛局面，形成一定规模的宫观群，它们与其他道派一起，共同构成了东北道教的繁荣。其中，喀左天成观及其下院、凤凰山宫观群就是这类代表。

天成观坐落在喀左县大城子镇，始建于康熙六年（1667），开山祖师为龙门派第十一代夏一阵。当时建有七真殿、春秋楼、天齐殿、三官殿等楼堂殿阁共24间。乾隆四年（1739），第三代住持傅来正进行了扩建，先后修建了东大门、西跨院。嘉庆十五年（1810），第五代住持周本义再次重修扩建，增建了玄坛、灵官二殿，以及戏楼、广场、东西跨院、东厨、西仓等附属建筑。经过历代重修，天成观总占地面积达18000余平方米，建筑面积达3000多平方米，构成一座庄严雄伟、巧夺天工的建筑群。观内有玉皇楼、春秋楼、三皇楼、三官楼、方丈楼、藏经楼、钟楼、鼓楼、东西客堂、南山门、东山门、东角门、南角门、寮房、迎宾阁、龙王殿、三霄殿、财神殿、八仙殿，另有山西会馆、居士林、念经堂、别有天、斋堂、会客厅等。周边还有各种商铺、当铺、地桩房等，各类房屋达数百间，天成观成为辽西地区最大的宫观之一。

天成观作为一座著名的龙门派宫观，其开山祖师夏一阵来自北京白云观，与郭祖龙门派没有传承关系，应该算是北京白云观的分支。天成观自康熙六年建立，直到新中国成立前，一直传承不断，共传有十代方丈，这十代方丈为：夏一阵→夏阳春→傅来正→周复祥→周本义→齐合美→韩教湛→暴永存→齐圆法→李明琴。

天成观不仅规模宏伟，传承不断，而且向外扩张，建有众多下院，影响广泛。据沈阳太清宫老道士王高澄和天成观老道士张明修回忆，天成观的下院扩张到锦州、锦西、义县、朝阳、建平、建昌、凌源、平泉、青龙、山海关、赤峰一带，所建庙宇不下数百座①。如今大多数庙宇无从考察，但据《朝阳市宗教志》记载，仅在朝阳、建昌一带的下院也有二三十座，这些下院可考者如下：

喀左天成观下院简表②

编号	名称	地址
1	元成观	喀左公营子镇
2	天清观	喀左十二德堡乡
3	兴隆观	喀左老爷庙镇宁家窑村
4	东大庙	喀左水泉乡
5	三官庙	喀左小塔子沟乡
6	玉皇庙	喀左六官营子乡化石沟村
7	永清观	喀左东哨乡车杖子村
8	双庙	喀左山嘴子镇南山
9	祥云观	喀左羊角沟乡
10	玉皇庙	建平县沙海镇
11	天星观	凌源市安杖子
12	天贞观	凌源市西大街
13	云溪观	建昌县大屯镇
14	玉皇阁	建昌县大屯镇
15	天后宫	建昌县玲珑塔镇
16	天云观	建昌县要路沟乡
17	天兴观	建昌县大屯镇

---

① 参见朝阳市宗教事务局主编《朝阳市宗教志》，宗教文化出版社2010年版，第144页。
② 表中资料来源于朝阳市宗教事务局主编：《朝阳市宗教志》，第144页。

续表

编号	名称	地址
18	泰山宫	朝阳市南双庙乡梁家店村
19	关帝庙	朝阳县单家店乡七家村

总之，喀左天成观以其规模宏丽、下院众多而成为辽西地区最著名的宫观之一，天成观及其下院的广泛兴建，反映了清代辽西地区龙门派的繁荣景况，说明了北京白云观的龙门派分支在东北地区也得以广泛传播的史实。

7. 凤凰山宫观群

凤凰山坐落于丹东市凤城满族自治县东郊，清乾隆年间龙门派道士郝教明、李永义师徒在凤凰山首建紫阳观，是为凤凰山道教之始。郝教明的龙门派传承亦不属于郭守真一系，而是从山东云游而来的另一龙门支系。

郝教明师徒在凤凰山创立紫阳观，开创了凤凰山龙门派道场。道光十三年（1833），紫阳观重修扩建，建有山门一楹、正殿三楹、东西配房各五楹。庙内奉三官及药王神像，香火旺盛。紫阳观作为凤城地区较早的龙门派宫观，一直传承不断，庙产亦较丰富。据民国二年道士毕信清等立的《释道两教护法碑》载：

> （凤凰）山中原有古刹数处，系释教创建，明鼎革时僧人星散，庙亦就圮。于雍正年间，经信清之七世祖郝教明由山东云游至此，发愿重修，始为道观。历经师高祖尚志德大为扩充，师曾祖隋礼先接续衣钵，苦行积累，有香火地一千余亩。圣师祖邢崇太以年景凶荒，地多佃压，未能恢复，即行羽化。信清师马诚富幼未读书，中年多病，自知不能经理，于信清甫成童时，即将一切事物交付检点。[①]

根据碑文可知，紫阳观自郝教明始创，到民国初年毕信清时，共传承七代。紫阳观经过历代重修和积累，清末时已拥有地产1000余亩，在当地也可算得上是一座大观了。另外，据《民国凤城县志》载，在城北有座地藏庵，原为乡里善会创建，村民伺守香火。后来守庙者拜紫阳观道士

---

① 崔玉宽：《凤城市文物志》，辽宁民族出版社1996年版，第126页。

尚志德为师，将此庙变为紫阳观的下院。经过历代重修扩建，地藏庵也发展成为一座规模可观的龙门派道庙。关于紫阳观及其下庙的传承，根据碑志的零散记载，可简列如下：

郝教明 — 李永义 — 马明通 — 尚志德 ┌ 隋礼先 — 邢崇太 — 马诚富 — 毕信清
　　　　　　　　　　　　　　　　　├ 郭理名 ┐
　　　　　　　　　　　　　　　　　└ 陈理玉 ┘（住地藏庵）

在紫阳观之后，凤凰山又陆续建立起众多道教庙宇，形成凤凰山宫观群，使凤凰山道教呈现出兴盛之势。据民国《凤城县志》载，凤凰山上除紫阳观外，尚有药王庙、斗姆宫、九圣祠等众多道教庙宇。

> 自观南行悬崖上，药王庙三楹，祀孙思邈，建修年月失考。碑三，载乾隆十八年、嘉庆十四年、道光二十年皆重修。庙右为斗母宫一楹，相传建自明代……又庙前有石庙一，名九圣祠，纯石制，乾隆间道士隋理先建。①

凤凰山上的庙宇建筑大多由紫阳观道士开创或重修，是紫阳观的分支，如九圣祠就是紫阳观道士隋理先创建。因此，凤凰山诸宫观属于郝教明的龙门派一系。

在清代的凤城地区，除了凤凰山上建有众多宫观外，在凤城县城内外，如城南卡巴岭、城西清凉山、城北长山子等地，都曾建有众多龙门派宫观，据民国《凤城县志》载，当时凤城县有地藏庵、紫阳观、三义庙、神水宫、九圣祠、显应宫、人和宫、三清观、玄都宫等龙门派道观约40余座，有住持道士约40余人。另外，绥山派、华山派、金山派、隐西派等道教宗派也陆续传入凤城地区，建有宫观10余座，但不如龙门派之盛。可见民国时期凤城县道教的繁荣景象。总之，以凤凰山为中心的众多龙门派宫观的建立，反映了清代中后期全真道龙门派在凤城地区的广泛传播和兴盛不衰。

---

① 马龙潭、沈国冕等修，蒋龄益纂：《凤城县志》第十一卷《宗教志》，民国十年石印本，第5页。

8. 吉林清华宫及其分支宫观的广泛建立

据《增续铁刹山志》载，康熙十年，郭祖龙门派第十一支吕太普奉师命前往吉林弘道，先后在长春县开创清华宫和庆云观两座道观，是为郭祖龙门派传入吉林之始。吕太普收度弟子六名，徒孙八名。自后，吕太普一系一直传承不辍，门徒众多，而且不断发扬光大，创立了不少分支道观，从而使吉林道教呈现出繁荣景象。

清华宫，位于吉林长春市东南四十里的龙泉山泉眼沟，该地又名佛堂屯，康熙年间，吕太普在此修建玉皇殿三楹，名其庙曰清华宫。此后，清华宫历代重建，规模扩大，香火旺盛，传承不断，至民国年间，清华宫有龙门派道士3人。《长春市志·宗教志》载："青华宫，在泉眼沟村后台子屯。殿十五间，廊房五间。道士圆升等3人，龙门派。"① 清华宫现已不存，其原址位于今双阳县境内，清华宫对双阳县的道教影响较大，境内曾建有众多龙门派宫观。《双阳县志》载："清康熙年间，道士全合明、刘教贤等募修青云宫和慈祥观。据1918年调查，全县有道院19所，住持21人，教徒42人，多为道教的龙门派和华山派。全县寺院拥有土地6180亩，收租粮除用于寺院的开销外，还用一部分办教育。"②

康熙年间，吕太普又在长春西南大屯山（即阜丰山）建庙，名庆云观。吕太普在清华宫和庆云观两处收徒传教，代代相传，绵绵不绝。传至乾隆年间的第七代住持张本顺时，"立志发扬道化，建树根基，遂向达尔汗王府募化，求香火地。王爷说：你有何等真心，表示出来，可以舍地。张道人自己将左手指割去，血流满地。王府遂舍地七十余垧。由此庆云观根深蒂固，道众皈依。"③ 因此，张本顺住持期间，庆云观得以发展壮大。此后，庆云观不断重修扩建，道徒众多，影响深远。《长春市志·宗教志》载：

> 庆云观，在大屯阜丰山，创建于乾隆三年。有关帝殿、娘娘殿等，另有草房八间，厢房十间，土地12垧。开山道士张本顺。住持道士韩永义，副住持张明帝，弟子王元勋、郭元三等，道士最多时7

---

① 《长春市志·宗教志》，吉林人民出版社1998年版，第210页。
② 双阳县地方志编纂委员会：《双阳县志》，吉林文史出版社1992年版，第782—783页。
③ 《增续铁刹山志》卷十二，第1页。

人。据说该观是伪满洲国 58 个祭祀地之一。1959 年拆除。①

《长春市志》中提到的"创建于乾隆三年"、"开山道士张本顺"是不准确的，因为根据教内资料，庆云观始建于康熙年间的吕太普，张本顺应该在乾隆年间进行了重修扩建。扩建后的庆云观规模较大，庙产丰厚，香火极旺，闻名东北。据当地人回忆，民国时期庆云观占地 1 万余平方米，殿房数十间，其庙会尤其出名，影响深远。

> 每年农历四月初八、十八、二十八的娘娘祭，山上山下热闹非凡，方圆几百里的香客乘火车或马车专程前来进香，远至大连、沈阳、齐齐哈尔、哈尔滨。这几天每天都有从长春发往大屯专列，运送前来进香的香客。同时各种商贩也云集于此，生意红火至极，其声势空前盛大，人多时每天有数万之巨。由于采石的需要，庆云观于 1958 年被拆毁。然而，虽然道观损毁，但其香火却一直也未中断。即使在文化大革命期间，适逢娘娘祭，上香、讨药的人也是络绎不绝，每天都有成百上千人之多，这些人中，讨药者居多，所谓讨药就是在一只碗上蒙上一块红布，然后点上香，闭上双眼，将所求治之事反复默诵，直至碗中出现"圣物"为止，然后用水将"圣物"服下，不管碗中"圣物"为何物都必须吃进肚里，即使是虫子也得吃下，但多半碗中"讨"得的大都是刮入的草削或香灰。红卫兵、民兵多次驱赶整治，收效甚微。②

吕太普及其弟子辈除了经营清华宫和庆云观外，还积极到各地建庙弘道，创立了众多分支道观。如道光元年（1821），庆云观监院陈清志派遣弟子张来总在吉林农安县开化道教，创修保安宫。同年，清华宫监院刘一真派其弟子张来聪赴吉林怀德县（今公主岭市）杨家大城子创修道教，创修无量宫。道光十一年（1831），庆云观监院张本顺派遣弟子张永函到吉林韦沙河开化道教，创修兴隆观。那么，农安县保安宫、怀德县无量

---

① 《长春市志·宗教志》，第 201 页。
② 引自雪域艺术中心的博文：《阜丰山一个从远古走来的小巨人》，网址：http://blog.sina.com.cn/s/blog_ 521ac80d0100j9cg.html。

宫、苇沙河兴隆观等道观，都是郭祖龙门派第十一支之分支。据记载，这些分支亦传承不辍，谱系清晰，人数众多，构成了吉林道教龙门派的主流。关于郭祖龙门派第十一支吕太普一系及其分支的传承谱系，详见下节。

康熙年间，郭守真还派其弟子沈太宗到达吉林，在吉林省梨树沟开山弘道。但是关于沈太宗的建庙和传承情况，因资料缺乏，暂无详述。总之，吕太普、沈太宗等到吉林后，建庙招徒，弘道阐教，开创了吉林龙门派的道场。此后，吉林道教得到快速发展，其中以龙门派的发展最为强盛。也正是吕太普一系龙门派的长期传播和弘扬，才造就了吉林道教的繁荣。如在吕太普一系活动较为集中的地区，如吉林省长春县、双阳县、九台县、怀德县、农安县、榆树县等地，正是吉林省道教最为集中和活跃的地区。据1935年的统计，当时吉林全境42个市县有宫观448座、道士659人，其中上述六县有宫观126座、道士232人，占据全省宫观的1/4多，道士的1/3多①，说明这些地区确为道教活动相对集中的地区。这与关东龙门派的早期开拓和长期弘扬是有着密切关系的。

吕太普一系龙门派除了在吉林长春等地传播外，还影响到邻近的其他地区，如辽宁省北部的西丰县内，就有怀德无量宫道士前来创建的宫观。据载，西丰县境内的普庵观和圣清宫，就是怀德无量宫道士田明海于民国八年创建的。②

9. 黑龙江绥化慈云宫及其分支宫观的大量建立

清代康熙年间，郭守真的嫡传弟子王太兴分支黑龙江省绥化县慈云宫，开创了黑龙江龙门派道场。据黑龙江绥化县慈云宫龙门派谱系③记载，龙门派第九代王太兴由铁刹山到达黑龙江绥化县，创慈云宫，收度刘清贵。刘清贵为第十代，住持慈云宫，收度任一云。任一云为第十一代，住持慈云宫，收度王阳红……由王太兴开山的慈云宫不断发展，徒众日多，到第十六代王合祥时，收度7人，即姜教芝、王教会、柳教常、韩教修、张教普、张教义、刘教贤。其中刘教贤为第十七代，住持慈云宫，收度20人。此后，第十八代王永山、张永芳、赵永春、孙永茂、何永秀、

---

① 参见《吉林省志·宗教志》，第135—137页。
② 参见朱永德、王乃德《辽北宗教与宗教常识》，辽北书刊印刷厂1993年版，第65页。
③ 该谱系原本或已失传，其内容收录于《增续铁刹山志》卷十二，第9—13页。

孙永庆等人又收徒共 100 余人。到民国时期，王太兴以下共传十二代，到龙门派第二十一代"至"字辈，姓名可考者有 186 人。关于王太兴开创的慈云宫传承谱系，详见下节。

王太兴开创慈云宫后，其嗣徒们又陆续开创了众多分支道院，其中龙门派第十八代"永"字辈道士就开创有 6 座道宫，如王永山开创海伦县青云宫、安永清创建海伦县凌云宫、孙永庆建修铁骊县凌云山太圣宫、刘永中创建铁骊县东大营松云宫、康永畅开创铁骊县西潘家冈玉清宫、高永升住持庆城县东疙疸山玉清宫。到龙门派第十九代"圆"字辈时，门徒达 100 余人，分布的地区更广，创修的道院更多，如毕圆林住绥化县张维屯关岳庙、赵圆瑞建绥化县北厢黄旗八井太和宫、叶圆珍创绥棱县四合城太平宫等。关于王太兴一系创建的绥化慈云宫及其分支道观，表列如下：

绥化慈云宫及其分支道观简表

名称	地址	创建人
慈云宫	绥化县	王太兴
青云宫	海伦县	王永山
太圣宫	铁骊县凌云山	孙永庆
凌云宫	海伦县	安永清
松云宫	铁骊县东大营	刘永中
玉清宫	铁骊县西潘家冈	康永畅
玉清宫	庆城县东疙疸山	高永升
关岳庙	绥化县张维屯	毕圆林
太和宫	绥化县北厢黄旗八井	赵圆瑞
太平宫	绥棱县四合城	叶圆珍
青华宫	铁骊县	何圆方
治圣宫	铁骊县	刘圆清
关岳庙	海伦县翟家店	田圆信
太圣宫	克山县太安镇	由圆如
紫霞观	明水县厢蓝旗	徐圆慧
关岳庙	绥化县津河镇	于圆滨
三圣宫	海伦县	赵圆波
全真庵	庆城县	孟明静

续表

名称	地址	创建人
关岳庙	绥化县南林子	贾明真
同善宫	拜泉县霍家沟	杜明芳

根据上表可知，王太兴及其嗣徒们创建的道观有20座，主要分布于黑龙江省绥化县（今绥化市）、海伦县、铁骊县（今铁力市）、庆城县、克山县、明水县、绥棱县、拜泉县等地，这些市县主要分布于绥化县周围，是以绥化慈云宫为中心而形成的辐射网。这些分支道观的创建时间主要集中在清代末年和民国初年。如铁骊县凌云山太圣宫创建于清光绪三十二年（1907），海伦县三圣宫创建于民国十二年（1923）。

尽管龙门派第九代王太兴早在康熙年间就到达黑龙江省绥化县，开创慈云宫，但是清代初期和中期，当地道教的发展较慢，王太兴下传六代，都只有一位传人，直到第七代王合祥时，才收度了7位弟子。此后出现爆炸式增长，如第八代有7人，第九代有20人，到第十代"圆"字辈的弟子已经达100余人。此时正值清代末年和民国初年，龙门派弟子广建宫观，四处活动，使得当地道教出现了相当繁荣的景象。

据民国年间统计，1937年黑龙江地区道观有约500处，道士约3000人。[①] 其中半数以上的道观和道士主要集中于海伦、绥化、望奎、巴彦、铁力、双城、尚志、阿城、呼兰等地城乡，而这些地方正是王太兴一系龙门派的主要活动区，说明黑龙江地区的道教深受郭祖龙门派的影响，而龙门派亦是当地最主要的道教流派。

在黑龙江地区，除了王太兴一系龙门派的广泛传播外，另有郭祖龙门派第七支沈太宗一系分支亦于道光年间传入到黑龙江阿城地区，并在松峰山太虚洞创建了海云观，传承不断，香火旺盛，成为东北道教圣地。据《海云观建观缘起碑》[②] 记载，龙门派第十七代道士王教原在二十家子娘娘庙出家，其度师杨合选是郭祖第七支沈太宗的传人。王教参于道光十八年（1838）云游到松峰山太虚洞，在金代太虚洞道庙遗址处重建庙宇，

---

① 转引自黑龙江省地方志编纂委员会《黑龙江省志·宗教志》，黑龙江人民出版社1999年版，第88页。

② 王亮、滕瑞云：《黑龙江碑刻考录》，黑龙江教育出版社1996年版，第277页。

名海云观。王教参在此苦志修行二十年，功德圆满，其后门徒代代相延，香火不断，使得海云观成为当地道教名观。王教参是海云观的开山祖师，收度弟子五人，其后到民国年间，共传承七代，共传弟子近百人。海云观经过历代道士的经营，规模较大，有殿房35间，山林庙地300余垧。整个建筑包括三清殿、娘娘殿、关岳殿、经堂、静室、太虚洞、藏经楼、拜斗台、钟鼓楼等组成，另有斋堂、客房、库房、碾房等。据称，香火盛时，海云观常住道士达200余人。

清代后期以来，黑龙江地区的道教日渐繁盛，宫观不断增修，陆续形成了一些著名宫观，如松峰山海云观、帽儿山太和宫、双城无量观、凌云山太圣宫、海伦三圣宫、齐齐哈尔关帝庙等。其中有些道观规模宏大，占地上万平方米，常住道士上百人，这些著名的宫观多数为龙门派道士住持。

二 东北地区全真道其他流派的传播与发展

在清代东北地区的道教发展中，全真道龙门派占据了绝对优势地位，无论是宫观数、道士人数，还是社会影响，都远远超过了其他道派，成为东北道教的主流。但是龙门派的一枝独秀，并不意味着其他道派没有传播，只是其他道派传播的规模和范围较小而已。有清一代，传入东北地区的全真道其他流派有华山派、金山派、蓬莱派、金辉派、尹喜派等。其中以华山派、金山派、蓬莱派的势力较强，影响较大。这些派别或在清代初期即已传入，或在清代中后期传入，传播范围遍及东北三省，各派都建有一定数量的宫观庙宇，有些道观还传承不断，留下比较清晰的传承谱系，在历史上产生了较大的社会影响，从而构成东北道教的重要流派。

（一）东北地区华山派的传播

华山派是全真道的一个重要流派，尊奉七真之一的广宁真人郝大通为始祖，传承派辈谱诗为："至一无上道，崇教演全真。冲和德正本，仁义礼智信。嘉祥宗太宇，万里复元亨。清静通玄化，体性悟诚明……"[①]

华山派是仅次于龙门派的一个全真道流派，在中国北方地区有着广泛的传播。华山派传入东北地区，大概始于清代乾隆年间。到民国时期，在辽宁的千山、闾山、朝阳、复县、庄河等地，吉林的长春、榆树、九台、双阳等地，黑龙江的龙江、依兰、阿城、肇东、海伦县等地，都有华山派

---

① 《铁刹山志》卷七，第11页。

的传播。

1. 辽宁华山派的传播

辽宁地区华山派主要分布于千山、闾山、朝阳、复县等地，主要宫观有千山西海宫、千山木鱼庵、千山圣仙宫、闾山天仙观、复县慈航观、凤城双龙寺等。

清代乾隆末年，华山派开始传入千山地区。乾隆、嘉庆年间，千山地区共创建华山派道观三所。乾隆末年，华山派第二十代道士张信兴来到千山中沟古木鱼庵遗址处，发愿重修，募化十方，于嘉庆二年（1797）修成大殿三间，改名回龙观。咸丰四年，弟子曲万明重修大殿，增修七圣祠、钟鼓楼、山门、群墙等，规模大备，仍名木鱼庵，成为千山地区最有影响的华山派宫观。乾隆五十九年（1794），华山派第二十一代道士孙嘉文在千山碾盘沟处创建道观一所，名为西海宫，又名西映宫。民国二年重建，有殿宇一间，厢房四间。嘉庆二十一年，华山派第二十一代道士张嘉净在千山小皇姑庵峪葛藤沟创建大殿三间，后经二十二代道士王祥云建东西厢房，构成道院一所，名圣仙宫，又名小皇姑庵。

千山地区的华山派宫观以木鱼庵规模最大，历代重修，香火旺盛，传承谱系清晰。根据木鱼庵重修碑记[①]等资料，其传承谱系可考者如下：

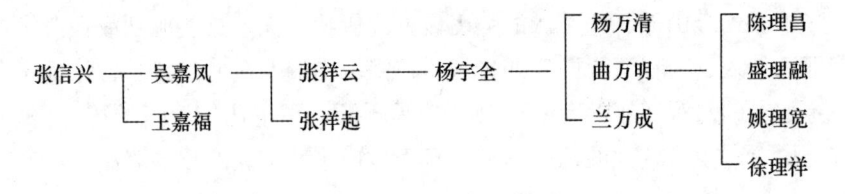

张信兴 ─┬─ 吴嘉凤 ─── 张祥云 ─── 杨宇全 ─┬─ 杨万清   ┌─ 陈理昌
        └─ 王嘉福   └─ 张祥起   ├─ 曲万明 ─┼─ 盛理融
                                              └─ 兰万成   ├─ 姚理宽
                                                          └─ 徐理祥

辽宁医巫闾山地区亦有华山派的传播。闾山名观天仙观、龙潭宫就是华山派的道场。据载，天仙观位于闾山中段稍北，东距庙沟村2公里。天仙观规模宏大，有上院、中院、东下院、北下院、西下院等建筑，另有清水庵、明道观等附屋庙宇。天仙观庙产宏富，占有大量山林、土地、果园。观中道众较多，常住道士30余人，道姑7人，暂住的云游道人、伙

---

① 木鱼庵现存碑文数通，如嘉庆二年《古号木鱼庵今改为回龙观重修碑记》、咸丰十年《增修木鱼庵碑记》等，参见温德辉《千华金石录》，吉林人民出版社2006年版，第432—433页。

计、杂役人员也不下几十人。天仙观香火旺盛，历代重修，是闾山地区的著名道观。天仙观的始建年代，史无明确记载。华山派住持天仙观，大概始于清代，光绪年间和民国年间曾予重修。

据北京白云观《登真录》记载，在同治十二年和光绪八年的两次传戒活动中，天仙观和龙潭宫参加受戒的华山派道士有4人，分别是华山派第二十三代朱宗吉和第二十四代王太荣、王泰铸和李泰贵，说明光绪初年闾山天仙观的华山派已传到第二十四代。

又据光绪二十二年的《重修石刹碑文记》载，光绪年间住持道衲孟宇田和徒侄周万征曾重修天仙观三霄圣殿。那么，道士孟宇田和周万征属于华山派第二十五和二十六代，说明光绪末年天仙观华山派还在不断传续。

根据上引资料的不完整记载，闾山天仙观在同治、光绪年间的不完全传承如下：

```
                ┌ 朱宗吉 ┬ 王太荣
赵祥意 ─┤         ├ 王泰铸 ─ 孟宇田 ─ 周万征
                └ 敖宗昆 └ 李泰贵
```

辽宁地区除了千山、闾山等地外，其他地区如朝阳、复县、庄河、凤城等地，亦是华山派传播比较集中的地区。

据《朝阳市宗教志》记载，位于朝阳县北四家子乡朝阳沟村的朝阳洞，是一古庙遗址，清末有华山派道士李礼祥来此复建，后有其徒耿智德、徒孙孙信忠先后募化增修，始成规模。有殿堂十余间。另外，位于朝阳市孤山子村的觉真寺（又名关帝庙），是清嘉庆年间本地善士募建，所住道士名司智修，系全真道华山派第19代传人。清末民国时期，朝阳县的华山派传播较广，据伪满洲国时期的统计资料，1936年朝阳县有华山派庙宇7座，道士19人。

复县位于今大连市瓦房店市、普兰店市一带，是辽宁华山派最为集中的地区。据1936年的统计资料，当时复县有华山派庙宇20座，道士30人，信徒7万余人，可见华山派的影响相当广泛。复县华山派宫观有娘娘庙、龙王庙、慈航观等，其中慈航观一系华山派自清代咸丰年间开创，传承不断，时至今日，仍有众多该派弟子在大连地区活动。据传，慈航观位于今大连普兰店市元台镇后元台村,开山始祖为华山派第十六代赵仁来。赵仁来的师父是山东平邑云蒙山白云岩清虚观的道士朱本峪,咸丰年间,赵仁来自山东云游到复县元台镇,修建慈航观,收徒传教。度有刘义明、王义精等四位徒弟。王义精又收度陶礼修、张礼矩二位弟子。张礼矩(1915—2011),瓦房店市长兴岛人,出家于慈航观,改革开放后,修复了瓦房店市龙华宫,成为龙华宫的开山祖师,度有弟子十余人,现分别住持于大连、千山等地的宫观中。慈航观一系的传承简谱如下①:

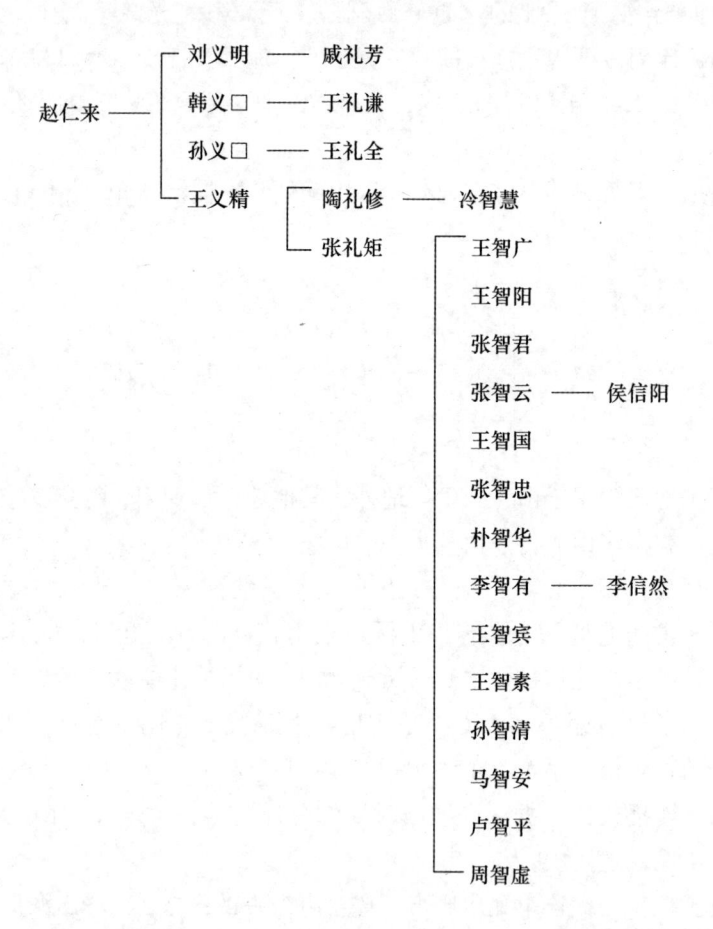

```
         ┌ 刘义明 ── 戚礼芳
         │ 韩义□ ── 于礼谦
赵仁来 ──┤ 孙义□ ── 王礼全
         │         ┌ 陶礼修 ── 冷智慧
         └ 王义精 ─┤
                   └ 张礼矩 ─┬ 王智广
                             │ 王智阳
                             │ 张智君
                             │ 张智云 ── 侯信阳
                             │ 王智国
                             │ 张智忠
                             │ 朴智华
                             │ 李智有 ── 李信然
                             │ 王智宾
                             │ 王智素
                             │ 孙智清
                             │ 马智安
                             │ 卢智平
                             └ 周智虚
```

在辽宁庄河、凤城等地,亦有华山派的传播。据民国十年《凤城县志》记载,当时凤城县西云峰岭的关帝庙、城西罗圈背的玄都宫、城西

---

① 关于慈航观华山派的介绍,来自大连市道协秘书长王智广道长提供的资料。

牛心山的双龙寺等庙宇，为华山派所住持，有道士2人。

总之，辽宁华山派约在清代中期传入，主要分布于千山、闾山、朝阳、复县、庄河等地，宫观道士众多，传承谱系清晰，影响较为深远。同时在辽宁的凤城、安东、本溪、盖县、康平、锦州、黑山、绥中、彰武等地，也有一定的传播。据伪满洲国时期的统计资料，1936年辽宁境内（未统计大连地区）有华山派宫观59座，道士83人[1]。可见，全真道华山派是辽宁地区的一支重要道教流派。

2. 吉林华山派的传播

吉林地区华山派的传入较早，大概始于乾隆初年。据现有资料记载，吉林地区最早的华山派宫观是榆树县秀水甸子屯的玉清宫，始建于乾隆八年（1743）。此后，榆树县陆续建立了众多华山派宫观，如乾隆五十六年（1791）华山派道士侯仁富在太平山屯创立了朝阳观。此外，创建于道光四年（1824）的泗河村护国寺（俗名关帝庙）、创建于道光五年（1825）的拌子窝堡宝龙观、始建于乾隆年间的秀水村保安寺等，都是华山派宫观。

在吉林长春市郊乐山镇，有一组创建于乾隆三十一年（1766）的建筑群，由娘娘庙、老爷庙、吕祖庙、胡仙堂、玉皇阁等组成庙群，规模宏伟，影响广泛。庙内有一座钟楼，内悬挂一口同治十三年铸造的大钟，钟上刻有铭文，记载了铸钟缘由、时间等。根据大钟铭文中提到的"住持道张义林"、"住持道单礼祯"等字样[2]，可以推断此为华山派道士住持的庙宇，因为按照派谱，张义林、单礼祯应为华山派第十七、十八代道士。由此可知，清代乾隆年间，华山派已传入长春市区。

另外，在吉林省的九台市、双阳县等地，也有华山派的传播。如九台市李家屯的凌源观、龙泉寺、双阳县泉眼村庙屯的朝阳观等，都是华山派庙宇。其中，朝阳观的规模较大，始建于乾隆二十年（1755），有殿堂23间，占地面积约8亩，常住道士4人。

总之，全真道华山派早在乾隆初年就已传入吉林省榆树县，并陆续建立有玉清宫、朝阳观等众多宫观。同时，华山派亦传播到长春、双阳、九台、桦甸、舒兰等地，并建有不少宫观。据伪满洲国时期的统计资料，

---

[1] 参见《第四次满洲帝国文教年鉴》（1936年度），满洲帝国民生部1938年版。
[2] 参见《长春市志·宗教志》，吉林人民出版社1998年版，第201页。

1936年吉林桦甸、双阳、九台、长岭、榆树、舒兰等地共有华山派宫观12座，道士22人。

根据《长春市志·宗教志》等相关记载，吉林省内华山派宫观可考者如下：

宫观名	地点	创建时间	创建道士
玉清宫	榆树县	乾隆八年	
朝阳观	双阳县	乾隆二十年	
娘娘庙群	长春市	乾隆三十一年	
朝阳观	榆树县	乾隆五十六年	侯仁富
保安寺	榆树县	乾隆年间	
宝龙观	榆树县	道光五年	
凌源观	九台县		
龙泉寺	九台县		

吉林华山派约在清代中期传入，到民国时期，已发展成为吉林道教的一支重要流派。据伪满洲国文教部统计，1940年吉林境内有道士1027人，其中龙门派812人，占总数的79%，华山派111人，金山派47人，蓬莱派25人，尹喜派9人，门派不明23人。[①] 又据统计，1940年吉林境内有道教宫观542座，其中龙门派431座，华山派55座，金山派22座，蓬莱派16座，尹喜派9座，门派不明9座。[②] 总之，相关数据显示，吉林境内的华山派是仅次于龙门派的第二大道派。

3. 黑龙江华山派的传播

华山派何时传入黑龙江地区，因未找到相关资料，暂无从考证。但到民国时期，华山派已成为黑龙江地区的重要道教流派。据《黑龙江省志·宗教志》载，民国年间流传于黑龙江地区的全真道支派以龙门派、华山派、金山派、尹喜派、金辉派、真武派为主，称为六大宗派。又据伪满《宗教调查报告书》1937年的统计，黑龙江地区道教宗派主要有龙门、华山、蓬莱、金山、金辉五派。其中龙门派道观有250座，道士819人。

[①] 以上数据转引自《吉林省志·宗教志》，吉林人民出版社2000年版，第149页。

[②] 参见《吉林省志·宗教志》第135页。

华山派道观有 17 座，道士 27 人。蓬莱派道观有 4 座，道士 49 人。金山派道观有 10 座，道士 22 人。金辉派道观有 25 座，道士 65 人。[①] 可见，民国时期黑龙江的华山派是当地道教五大宗派之一。

民国时期，黑龙江地区的华山派道观主要分布于龙江县、依兰县、阿城县、肇东县、海伦县、铁骊县、东兴县、巴彦县、木兰县等地。

(二) 东北地区金山派的传播

金山派是全真道龙门派的一个分支流派，创立于明代嘉靖、隆庆年间，创始人为龙门派第四代道士孙玄清，祖庭位于山东崂山明霞洞。金山派创立后，在山东崂山地区传承不辍，并向外辐射到山东、河北等地，同时向华北、东北及广东等地传播，宫观遍布，信徒众多，高道辈出，字谱传承清晰，形成一支有全国性影响的道教流派。

根据记载，金山派传承的派字谱诗为："玄元乙无上，天元妙理生，体性浮空坐，自然是全真，常怀清静意，合目得金丹……"[②] 共一百字。历代金山派道士均按此派字谱取名。

金山派早在清朝初年即已传入辽宁地区，经过数百年的发展，到民国时期，金山派已遍及辽省全境，并传播至吉林、黑龙江诸省，成为东北道教的一支重要流派。

(1) 辽宁金山派的传播

清代以来，创立于山东崂山的金山派，不仅传播到山东、河北、北京等地，而且还传播到隔海相望的辽东半岛。在辽宁大连金州、庄河、东港大孤山、盖州、复州、凤城等地，都发现了金山派活动的踪迹。金山派道士在这些地方创立宫观，传法授徒，传承谱系清晰，影响地域广泛，构成辽宁道教的一支重要流派。

据现有资料分析，金山派最早传入辽宁的时间大概在清朝初年，地点在大连金州。据调查，在金州区的杏树屯镇沙家村，有一座原金山派庙宇太平宫（俗称粉皮墙庙），庙内残存有不少清代至民国时期的碑刻，其中有五块墓志碑，碑体较为完整，碑文也很清晰，记载了该庙的历代祖师之名。从姓名上看，完全符合金山派的派谱，说明这里曾经是一座金山派庙宇，五块墓碑正好记载了金山派从"天"字辈到"生"字辈的十代传承

---

① 以上数据转引自《黑龙江省志·宗教志》，第 93—95 页。
② 白永贞：《铁利山志》卷七，第 13 页。

谱系。在这五通墓碑中，有两块为清同治十年（1871）立，两块为民国十七年（1928）立，一块为伪满康德三年（1936）立。其中同治十年所立的两块墓碑上载有字辈为"天元妙理生体性浮空坐"共十代祖师的名录，应该是同治十年补立的祖师墓碑。而民国十七年和康德三年的墓碑上只有两三代道士的名字，表明是弟子为羽化不久的师父所立。现根据墓碑①记载，将清代太平宫的历代金山派道士名单整理如下：

徐天侯
王元恒　宁元成
孙妙成　宋妙道
刘理法　刘理柱
林生乾　王生荣
王体仁　鲁体明
姜性太　宋性桂　于性智　于性财　王性发　江性学　朱性贵　韩性德　初性鲁
徐浮喜　孙浮元　徐浮德　杨浮贵　于浮全　张浮祯　王浮利　于浮焕　于浮臻
初空福　徐空乾　滕空太　徐空元　王空增　滕空羽　于空有　孙空仪　李空有　李空性
初坐屿　吴坐喜　李坐发　曲坐福

从这份整理的名单可以看出，太平宫从清代到民国共传承了十代43人。其中开山祖师为徐天侯，是金山派的第六代。那么，徐天侯来自哪里？生于何年？师承何人？现已找不到相关资料。笔者推测应该是从山东崂山渡海而来。徐天侯作为金山派的第六代传人，应该生活于清代初年。据崂山明霞洞、上清宫石刻所载的宗派谱，"天"字辈道士活动于清顺治、康熙年间。那么可以推测，徐天侯也大致生活于清顺治、康熙年间。因此，笔者认为，金山派传入辽宁太平宫的时间大概在清代初年，即顺治、康熙年间。

太平宫自徐天侯开山之后，一直香火旺盛，嗣承不断。到清末同治年

---

① 关于太平宫的墓碑资料，系笔者于2009年实地调查所得。

间，达于鼎盛，所以同治十年立有两块墓志碑，刻上了该庙历代祖师的名字，以寻祖溯源。这期间太平宫的金山派弟子众多，人气旺盛，共传有"性"字辈道士9人，"浮"字辈道士9人，"空"字辈道士10人。直到民国时期，太平宫仍然传承不辍。

在大连金州区，除太平宫之外，还有一座三官庙也传承金山派，而且三官庙与太平宫关系密切，似乎是上庙与下庙的关系。三官庙位于金州区向应镇大关家屯，与太平宫所在的杏树屯镇相距不到20公里。三官庙现已不存，但有一通清同治三年（1864）的《三官庙重修碑》保存于金州区博物馆，碑中记载了金山派道士滕空羽等人在道光、咸丰、同治年间重修三官庙的经过。碑文末尾是参与修庙的道士名录，包括道士杨浮贵、徐浮喜，住持杨空翔、滕空羽、滕空太、徐空乾，徒初坐屿共七人。

对照太平宫与三官庙的道士名单，可以发现两者几乎完全一致。除了杨空翔外，其余六人都可以在太平宫的墓志碑中找到。因此可以断定，太平宫与三官庙作为传承金山派的庙宇，有着非常密切的关系，两家庙宇可能就是上下院的关系。同时也说明，金山派在金州区的传播历史悠久，地域广泛，影响深远。

有清一代，金山派在辽宁很多地方得以传播，在金州区之外，东港大孤山圣水宫也是金山派长期传播的道场。圣水宫始建于唐，明末荒废，清代乾隆十一年（1746），金山派第十代倪理休云游至此，发愿重修，建成娘娘庙草殿三间，此后经过倪理休及其后嗣的不断修建增扩，终成一座壮丽大观的庙宇。《大孤山圣水宫记碑》记载了历代金山派道士修建圣水宫的经过。碑曰：

圣水宫原名望海寺，传系唐代古刹，但不可考，迄至明末，殿宇荒废，仅存基垣。清初乾隆十一年，本庙开山始祖倪大真人理休云游来此，□景地清幽，有古刹遗址，遂发愿重修。托钵募化，历时三载，先建娘娘庙草殿三间。后阅十载，又集资重修，当时掘得钱罗汉十六尊，乃增建佛殿一楹。于是规模略备，神灵有妥。迨后五传至张师祖浮槎，于道光十二年先后建筑龙王、玉皇、药王三殿，并修钟楼一座，更于西院迁瘗古坟，兴工修筑客厅斋堂，于焉以备，由斯庙貌壮丽，乃蔚成大观。传至六世宋师祖空岫，继承祖业，多有建树，并为庙中置买产业，百余年来庙中香火徒众生活皆赖以维持。然方乃本庙九代嗣徒，于民国十四年来主此庙，关乎庙中工程，完者□之，缺者补之，时加修缮，以求完整。惟愿后之继者能谨遵祖训，加意看护，使庙貌常新，香火不替，永为□海名胜古迹，方不负历代师祖经营之至意。欲垂永久，乃勒石而为之记。

大孤山圣水宫主持胡然方敬立

中华民国三十四年九月九日任川澄镌①

该碑刻于民国三十四年（1945），是圣水宫第九代嗣徒胡然方敬立，尽管立碑时间较晚，但碑中追述的历代祖师之事迹，应该无误。根据碑文可知，圣水宫的开山始祖是倪理休，为金山派第十代，此后一直传承不辍，至民国年间，圣水宫已传了九代，即金山派谱的第十七代。那么，碑文中提到的五世祖张浮槎、六世祖宋空岫、九代嗣徒胡然方，都可明显看出是金山派的字谱，可见圣水宫在清至民国的二百年间一直为金山派住持。

在东港大孤山上有一组古寺庙建筑群，是辽宁省现存规模较大保护较完整的古建筑群之一，现为辽宁省省级文物保护单位。建筑群占地1万多平方米，建筑面积5000余平方米，殿宇楼阁百余间。古建筑群随山就势，飞檐走栋，画梁雕阁，整个布局疏密有致，交错紧凑，众多的景观堪称辽东一绝。建筑群分下庙、上庙两部分，但上下贯通，连成一体。每个部分都由一个个小寺庙构成，每个小寺庙又都是一个四合院，有正殿和配殿。建筑群包括有天后圣母殿、天王殿、地藏殿、释迦牟尼殿、财神殿、关帝殿、十王殿、吕祖亭、观海亭、玉皇殿、药王殿、龙王殿、罗汉殿、三霄娘娘殿等。那么，在这个古建筑群中，大多数殿宇是金山派道士修建的。

根据上述碑文，圣水宫的历代祖师曾建有娘娘殿、罗汉殿、龙王殿、玉皇殿、药王殿等。另外，根据大孤山现存的光绪八年（1882）的《观海亭碑》和光绪十四年（1888）的《重修天后宫碑》记载，观海亭和天后宫亦是金山派道士修建。在《观海亭碑》中提到"监院宋虚谷任监修"，在《天后宫碑》中提到"宋法师讳空岫字虚谷发愿重修"、"嗣徒座莲尹道友虔遵遗范"等语，那么宋空岫（字虚谷）就是圣水宫碑文中提到的六世祖，嗣徒尹座莲应该是第七代。因此可以看出，大孤山的大部

---

① 碑文转录自王晶辰主编：《辽宁碑志》，辽宁人民出版社2002年版，第294页。

分庙宇建筑都是金山派历代祖师进行修建的。可以说，清乾隆到民国时期，金山派在东港大孤山进行不断的修建增补，经营置业，弘道传法，香火不替，使得大孤山成为金山派的一个大道场，众多的殿宇建筑也造就了如今的大孤山古建筑群的独特景观。

2009年，中央民族大学民族学与社会学系的博士生孙晓天在东港市进行社会调查时，搜集到一份大孤山圣水宫道士的传承谱，这份谱系正好记录了大孤山道教的十代传承，可与碑刻资料相印证。现将该谱转录如下[①]：

大孤山古建筑庙内历代住持名单

代序	姓名
1	倪理休
2	于生宪、壬生机、原生秀
3	姜体福、童体仙、刘体仁、杨体义
4	肖性义、王性福、由性禄、刘性元、孙性含
5	周浮清、孙浮声、张浮槎、刘浮生、王浮琴
6	宋空岫、宋空罂、邹空峣、王空峰、张空惠、周空泰、刘空顺
7	徐坐新、傅坐舟、尹坐莲、张坐馥、薛坐林
8	李自洞、孙自金、王自静、汪自正、王自敏、宋自财
9	王然兴、胡然方、孙然珍
10	范是中、孙是家

计十代，四十一人。

根据这份谱录可知，大孤山庙宇的道士都是按照金山派的字谱"玄至乙无上，天元妙理生，体性浮空坐，自然是全真……"取名的，其开山始祖倪理休为金山派第九代"理"字辈，到民国时期，共传承了10代41人，到金山派第十八代"是"字辈。

在辽宁省的盖州、庄河等地，亦有金山派传播的踪迹。《盖州市志》载："境内道教有龙门、金山两大分支，以金山派为盛……境内主要宫观

[①] 以下表格转引自孙晓天《辽宁地区妈祖文化调查研究》，中央民族大学博士学位论文，2011年。

均由金山派住持修行。1995年其辈分已传至21代。"①《盖州市志》没有注明资料来源，但是盖州道教主要为金山派的说法是有根据的。在光绪八年北京白云观的《登真录》中，有三位金山派道士出家于盖州的三江会馆、福建会馆和城隍庙，说明盖州的主要庙宇确实属于金山派。又据道光二年（1822）《蛟河古庵观纪事碑》载"道士于体和、于体臣、丛体玉师兄弟三人也……幼而好道，皈依崂山明霞洞祠孙祖门下修真，系金山派次弟分支，于奉天盖邑南山三清观住持"。②说明盖州三清观亦是金山派的道场，亦说明早在嘉庆年间，盖州三清观就在传承金山派，并且向外传播到吉林地区。

又据1943年双城无量观《登真录》记载，当时参与受戒的道士中，有六位金山派道士来自盖平县的四座宫观，即盖平县东朝阳寺村圣水宫、盖平县卢家屯村保安寺、盖平县梁家屯村朝阳宫、盖平县三元宫，说明这四座宫观都在传承金山派，而观中住持的道士从金山派第十八代"是"字辈至第二十一代"常"字辈的都有。

又据《第四次满洲帝国文教年鉴》的统计，1936年盖平县有金山派道观22座，道士23人，可见民国时期盖州金山派相当兴盛。因此可以肯定，辽宁盖州市亦是金山派传播的重要地域。

总之，金山派早在清朝初年就传入辽宁省，并陆续传播到辽宁的广大地区，其中大连金州、东港大孤山、盖县等地是金山派传播比较集中的地方。金山派在当地创立或住持的宫观主要有金州太平宫、金州三官庙、大孤山圣水宫、大孤山天后宫、盖州城隍庙、盖州福建会馆等。金山派在当地创立宫观，修道弘法，传续香火，直到民国时期一直传承不断，对于当地的信仰生活、民俗文化、建筑艺术等都产生了深远的影响。因此，金山派在辽宁的传播具有时间早、地域广、影响深的特点。

据《第四次满洲帝国文教年鉴》的统计，1936年辽宁境内（不包括大连地区）共有金山派道观71座，道士106人，是仅次于龙门派的一支重要全真道流派。当时辽宁境内金山派道观主要分布于安东县、庄河县、宽甸县、盖平县、复县、兴京县、兴城县、义县等地。

---

① 《盖州市志》，辽宁科学技术出版社2008年版，第451页。
② 皮福生：《吉林碑刻考录》，吉林文史出版社2006年版，第133页。

（2）吉林金山派的传播

根据现有资料，吉林金山派约在清代嘉庆年间传入。在吉林蛟河市天北乡有一座古庵观，观已毁，但原址尚存有古碑一通，碑文记载了金山派第十代"体"字辈传人在此建庙修行的事迹。碑曰：

> 建之者，惟道士于体和、于体臣、丛体玉师兄弟三人也。其三人皆山东登州府文登县巨族名门子弟，幼而好道，皈依崂山明霞洞祠孙祖门下修真，系金山派次弟分支，于奉天盖邑南山三清观住持。缘其惟嗜山水，偕步发祥，云游大东，悦此地山明水秀，林茂石岩，堪作南海仙境，动建修之诚意……①

根据碑文所载，道士于体和三人于嘉庆二十年（1815）云游至吉林蛟河天北乡，看到此地山明水秀，于是结庵而居，次年耕地时又掘得观音古像，于是兴修古庵观，五年后修成。道光二年（1822）立碑纪事。

古庵观或许是金山派在吉林最早建立的宫观，始于嘉庆二十年，开山者为金山派第十一代"体"字辈道士于体和、于体臣、丛体玉三人，嗣传者有弟子周性发、吕性福、刘性义等人。此后的传承只缺乏史料记载，不得而知。

清代以来，金山派在吉林稳步传播，先后有阿什河双龙山岫云观、辽源市福寿宫等都成为金山派的宫观。据同治十二年（1873）北京白云观《登真录》所载，当时吉林阿什河双龙山岫云观有一位金山派道士戴空琳曾到白云观受戒，其师父为高浮海，说明他们是金山派第十三代、十四代弟子。另据《吉林省志·宗教志》载，清光绪三十二年（1906）全真道金山派道士王作全主持修建了辽源市福寿宫，福寿宫历代监院为王作全、王志臣、杨延明、善是春、滕全一、王全林②。可见，福寿宫自建立以来，基本上是由金山派道士住持。福寿宫经过历代重修，到民国年间规模宏伟，是由关岳殿、碧霞宫、吕祖殿、娘娘殿、三官殿、火神殿、三清殿等众多殿宇组成的建筑群，神像百余尊，房舍百余间，盛时道士达50余人，可见福寿宫的规模之盛，影响之大。据1943年双城无量观《登真

---

① 皮福生：《吉林碑刻考录》，第133页。
② 参见《吉林省志·宗教志》，吉林人民出版社2000年版，第144—145页。

录》记载，当年有来自四平省西安县（今辽源市）福寿宫的四位道士高然富、田然福、杨然明、于然泉参加了受戒，说明民国时期辽源福寿宫的金山派已传至第十七代"然"字辈。

吉林金山派约在清代中期传入，到民国时期，已发展成为吉林道教的一支重要流派。据伪满洲国文教部统计，1937年吉林境内有道士877人，其中龙门派441人，占总数的50%，蓬莱派16人，华山派6人，金山派35人，西山派5人，尹喜派1人，门派不明373人。又据统计，1940年全境有道士1027人，其中龙门派812人，占总数的79%，华山派111人，金山派47人，蓬莱派25人，尹喜派9人，门派不明23人。[1] 又据统计，1940年吉林境内有道教宫观542座，其中龙门派431座，华山派55座，金山派22座，蓬莱派16座，尹喜派9座，门派不明9座。[2] 总之，相关数据显示，吉林境内的金山派是仅次于龙门派和华山派的第三大道派。

民国时期，吉林境内的金山派道观主要分布于长春县、怀德县、长岭县、扶余县、延吉县、蛟河县、西安县等地。

(3) 黑龙江金山派的传播

金山派何时传入黑龙江地区，因缺乏史料记载，暂无定论。但到民国时期，金山派已经成为黑龙江地区的六大宗派之一。据载，"流传于黑龙江地区的支派以龙门派、华山派、金山派、尹喜派、金辉派、真武派为主，称六大宗派。其中又以丘处机的龙门派为最盛，分布面广，人数最多。"[3]

根据伪满《宗教调查报告书》1937年的统计，黑龙江地区道教宗派主要有龙门、华山、蓬莱、金山、金辉五派。其中龙门派道观有250座，道士819人。华山派道观有17座，道士27人。蓬莱派道观有4座，道士49人。金山派道观有10座，道士22人。金辉派道观有25座，道士65人。[4] 可见，民国时期黑龙江的金山派是当地道教五大宗派之一。

民国时期，黑龙江的金山派道观主要分布于佳木斯、肇东县和锦贲县等地。

---

[1] 以上数据转引自《吉林省志·宗教志》，吉林人民出版社2000年版，第149页。
[2] 参见《吉林省志·宗教志》，第135页。
[3] 《黑龙江省志·宗教志》，黑龙江人民出版社1999年版，第91页。
[4] 以上数据转引自《黑龙江省志·宗教志》，第93—95页。

(三) 东北地区蓬莱派的传播

蓬莱派是全真道的一个流派，尊全真五祖之一的吕洞宾为祖师，又曰吕祖蓬莱派。其留传的派辈谱诗为："圆通智毓用，始清重密真。丹体赴蓬莱，宝鼎炼成金。云霞生造化，光明妙元根。道德复天本，万古永长春。"① 在《铁刹山志》卷七所载的《道教宗派》中，还有一支蓬莱派，称为三丰祖师蓬莱派，其传承的派诗为："圆通智敏用，是清修觅真。丹体赴蓬莱，保定炼成金。"② 两派的派诗基本相同，但个别字有出入。

早在清代康熙年间，蓬莱派即已传入东北的吉林地区。据载，清康熙十五年（1676），蓬莱派第三代道士王智福在吉林舒兰县的凤凰山上，修建了一座朝阳宫，这大概是东北地区最早建立的蓬莱派道观。咸丰六年（1856）在打牲乌拉总管禄权主持下扩建，历时三年竣工，建成玉皇阁、老君庙、关帝庙等，有房30余间，最盛时有道士百人左右。后又经过多次重修扩建，形成规模宏伟的建筑群，由老爷殿、观音殿、娘娘殿、老君殿、吕祖殿、玉皇阁、三仙洞、海云洞等组成。

舒兰朝阳宫蓬莱派一直传承不断，据光绪八年北京白云观《登真录》记载，当年有2位朝阳宫道士参加了受戒，一位是蓬莱派第十代张真理，一位是第十一代万丹兴，他们的度师分别为韩密然和张真常。到民国时期，朝阳宫已传承到第十五代"莱"字辈。

吉林市亦是蓬莱派传播较早的地区。清代雍正五年（1727），山东泰安徂徕山蓬莱派第四代道士廉毓礼云游到吉林市，在北极门外的玄天岭上结草为庵，迨乾隆三年（1738）创建了真武庙、斗姆宫。历经乾隆五十二年、道光二十九年、光绪十九年的修葺，成为一座规模可观的道教宫观，名玄帝观。有正殿、后殿共15间，其后殿采用的"悬梁吊柱"设计，工艺独特，技术高超，曾是吉林市八大景观之一。盛时道士有10余人。玄帝观蓬莱派一直到民国时期都传承不断，但因资料缺失，传承谱系无从查考。只知光绪十九年有住持道士张真理及其门徒王礼寀，他们主持重修了玄帝观，并立有一通石碑，记载了玄帝观的创立经过和庙基四界等。

---

① 《铁刹山志》卷七《道教宗派》，第15页。
② 《铁刹山志》卷七，第16页。

另外，吉林市尚有多处宫观属蓬莱派。据光绪八年北京白云观《壬午坛登真录》记载，有吉林玄天岭大荒地松江观出家的道士李赴明参与了受戒，其度师为李提福，为蓬莱派。又有吉林省永吉州湖岛三清观出家的道士张赴义参加了受戒，其度师为张体山，亦属蓬莱派。可见，松江观、三清观均为蓬莱派道观。

吉林省榆树县是蓬莱派传播比较集中的地区，境内有蓬莱派道观多所。清乾隆四年（1739），道士黄志河在榆树县兴隆山屯创建朝阳观，是为榆树境内较早的蓬莱派道观。建有关帝殿一间，娘娘殿三间，东西廊房九间，钟鼓楼一座。咸丰二年（1852）重修。朝阳观是榆树县内的著名宫观，传说乾隆皇帝曾御赐金质龙牌，为祈雨所用。另外，创建于乾隆五年（1740）的东圣观，俗名老边庙，开山道士为曲兴重，民国年间住持为蓬莱派十三代道士王赴昆。在榆树县城中街，有一座建于乾隆二十年（1755）的关帝庙，亦属蓬莱派。清同治十年（1871），在榆树县四区新站屯创建的东圣宫，也是蓬莱派道观。

在吉林省九台县，亦有蓬莱派的传播。据载，在九台县三区江西口子屯的兴隆宫、石砬子屯的峰云寺，住持道士张配源，属于蓬莱派。另有和龙县慈云观，是蓬莱派十三代道士陶赴安在二十世纪二十年代初创建的。

总之，吉林地区是蓬莱派传入较早的地区，发展亦比较兴盛，据伪满时期的统计资料，1936年吉林境内有蓬莱派道观10所，道士18人。主要分布于榆树县、九台县、扶余县、舒兰县、和龙县、梨树县、海龙县等地。

吉林省之外，黑龙江和辽宁地区亦有蓬莱派的传播。民国时期，黑龙江地区的蓬莱派主要分布于双城县、宾县、拜泉县、大赍县等地。1936年有道观5座，道士23人。在黑龙江庆安县的青云观，又称关岳庙，是蓬莱派十二代道士刘体云于清光绪十四年（1888）创建，其后住持为姜赴海，民国（伪满）时住持道士为王蓬义，当时庙中有道士8名。另外，庆安县的龙凤山云霄观，民国时期的住持为蓬莱派十三代张蓬如，庙中有道士6名。又据载，大赍县关岳庙、延寿县太和宫、双城县保云宫，都是蓬莱派道士住持的宫观。

辽宁地区蓬莱派的传入大概始自清代嘉庆年间。据千山《新建东极宫碑记》载："甲戌年间，有蓬莱派道士阎清泓由吉林云游于此，而心悦焉。因其基而庐焉……迨五年于兹矣，始立东极宫草殿三楹。"① 此碑立于嘉庆二十三年（1818），甲戌年指嘉庆十九年（1814），就是说蓬莱派道士阎清泓于1814年从吉林云游到辽宁千山，历经五年创建了千山东极宫。又《清霈道人碑》载：

> 清霈道人姓阎氏，山东武定府乐陵县人。嘉庆六年以岁饥，于直隶为富人佣。明年游奉天锦州府。又五年，至吉林凤凰山，遇道士某，心悦之，遂师事焉。十九年至千山小丁香岭，穴居数年，食黄精，饮泉水，植果木千余株自陶焉，以建东极宫有余，辄济贫。②

可见，千山东极宫的开山始祖阎清霈是山东人，在吉林省凤凰山遇到道士某，而拜师之。那么，吉林凤凰山位于舒兰县境内，山上有一座著名的蓬莱派道观朝阳宫，阎清霈遇到的道士应该是朝阳宫的蓬莱派道士。故阎清霈在辽宁千山创建的东极宫应为吉林凤凰山朝阳宫的分支。

东极宫作为千山地区的蓬莱派道观，经过道光十五年、同治元年、光绪十九年的多次重修扩建，成为一座有正殿3间，客堂3间，斋堂3间、钟楼1间、大门1间等共11间的小有规模的庙宇。

据北京白云观的《同治癸酉坛登真录》记载，同治十二年参与北京白云观传戒的道士有来自千山东极宫的滕题要，属于蓬莱派，其度师为张丹魁③。按照蓬莱派字谱"丹体赴蓬莱"，"滕题要"当为"滕体要"之误。说明清代同治年间，东极宫的蓬莱派已传至第十二代"体"字辈。又据光绪八年北京白云观《壬午坛登真录》记载，有千山东极宫道士王体中参与了传戒，其度师为徐丹鹤。

又据1943年双城无量观《登真录》载，当年参与受戒的道士有来自千山东极宫的刘赴真，其度师为董体纲。

那么，根据相关碑文、《登真录》等资料的不完整记载，东极宫自开创以来的传承谱系大致如下：

---

① 《千华道教》第156页。
② 刘明省：《千华道教》，第157页。
③ 参见王卡、汪桂平主编《三洞拾遗》第11册，第191页。

```
赵清容      ┌ 王重良
阎清霭 ──┤ 郭重月 ── 于真一 ┬ 张丹魁 ── 滕题（体）要
王清霆      └ 祝重安             └ 徐丹鹤 ── 王体中
                                        董体纲 ── 刘赴真
```

嘉庆二十年（1815），千山地区又创建了一座蓬莱派道观——斗姆宫。斗姆宫是千山善士苏建铎等人为蓬莱派道士孙清山创建，位于千山西南沟原皇姑庵旧址上。孙清山作为蓬莱派的第七代道士，其师承无从考证。他于嘉庆年间云游到千山一带，嘉庆二十年创建斗姆宫，修有正殿3间，客房3间。此后，其徒刘重忍于道光十四年（1834）重修扩建，建东西配房、山门群墙等。千山斗姆宫建立后，一直传承不断，到民国年间，传到第十四代"蓬"字辈。据民国三年《甲寅坛登真录》载，千山斗姆宫有道士马蓬德参加了受戒，其度师为刘赴修[①]。又据《民国甲申坛登真录》所载，1944年千山斗姆宫有蓬莱派道士丁蓬安、丁蓬莲参加了受戒，她们的师父为田赴洲[②]。根据历代重修碑刻及以上相关资料的不完整记载，斗姆宫一系蓬莱派的传承谱系如下：

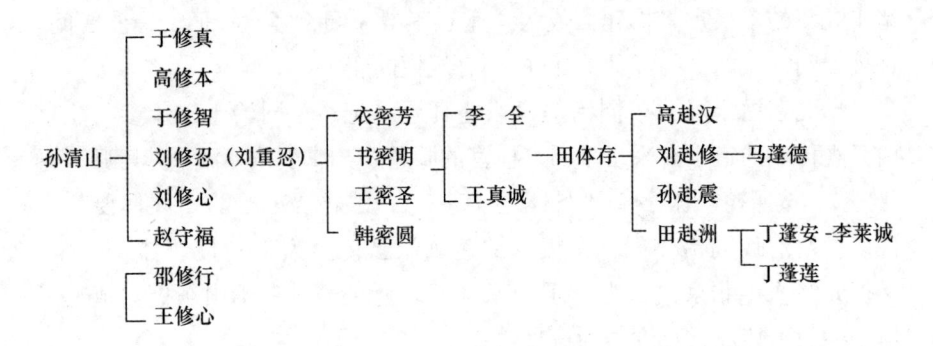

```
         ┌ 于修真
         │ 高修本
         │ 于修智          ┌ 衣密芳 ┬ 李  全      ┌ 高赴汉
孙清山 ──┤ 刘修忍（刘重忍）┤ 书密明 │          ├ 刘赴修 ── 马蓬德
         │ 刘修心          │ 王密圣 └ 王真诚 ── 田体存 ┤ 孙赴震
         │ 赵守福          └ 韩密圆                    └ 田赴洲 ┬ 丁蓬安 - 李莱诚
         ├ 邵修行                                                └ 丁蓬莲
         └ 王修心
```

从斗姆宫的传承谱来看，孙清山为"清"字辈，其门徒于修真、高修本等人均为"修"字辈，其师叔名费是信，为"是"字辈，这样的辈谱似乎属于"三丰祖师蓬莱派"一系，因为该派字谱为"圆通智敏用，是清修觅真。丹体赴蓬莱，保定炼成金"，与上述传承正好相合。

民国时期，辽宁省除了千山东极宫和斗姆宫两座蓬莱派宫观外，锦州地区亦有蓬莱派的传播，如北镇、锦县、兴城、台安等县，都有蓬莱派的

---

① 参见五十岚贤隆《道教丛林太清宫志》，第114页所引。
② 参见《千华道教》，第185、189页。

宫观和道士。据统计，1936年锦州地区有蓬莱派宫观6座，道士11人。此后，蓬莱派继续发展，尤以锦州省北镇县朝仙宫的规模最大，人数最多，仅1943年参加双城无量观传戒的朝仙宫道士就有11人，他们均属于蓬莱派。据双城无量观《癸未坛登真录》记载，这11位道士的简况如下：

姓名	派别	籍贯	出家宫观	度师
李蓬铠	蓬莱	锦州省北镇县	锦州省北镇县朝仙宫	赵赴证
刘蓬义	蓬莱	吉林省永吉县	锦州省北镇县朝仙宫	赵赴高
崔蓬柱	蓬莱	河北省宛平县	锦州省北镇县朝仙宫	王赴仙
赵赴高	蓬莱	吉林省永吉县	锦州省北镇县朝仙宫	齐体鑫
赵赴证	蓬莱	吉林省吉林市	锦州省北镇县朝仙宫	齐体鑫
李蓬志	蓬莱	锦州省北镇县	锦州省北镇县朝仙宫	赵赴高
傅蓬瀛	蓬莱	三江省富锦县	锦州省北镇县朝仙宫	赵赴证
邰莱豁	蓬莱	吉林省吉林市	锦州省北镇县朝仙宫	刘蓬义
苏莱法	蓬莱	吉林省盘石县	锦州省北镇县朝仙宫	刘蓬轩
刘蓬君	蓬莱	吉林省永吉县	锦州省北镇县朝仙宫	赵赴证
刘蓬轩	蓬莱	滨江省五常县	锦州省北镇县朝仙宫	赵赴证

根据上表，可列出锦州北镇县朝仙宫在民国时期的传承简谱如下：

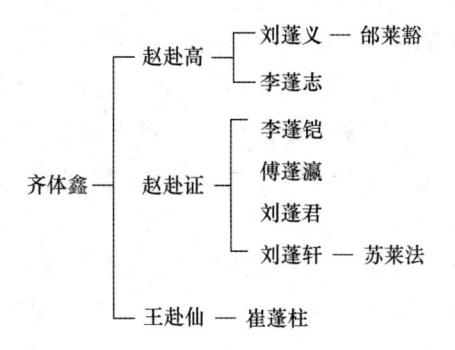

```
                    ┌─ 刘蓬义 ─ 邰莱豁
            ┌─ 赵赴高 ─┤
            │        └─ 李蓬志
            │
            │        ┌─ 李蓬铠
            │        │
            │        │  傅蓬瀛
  齐体鑫 ──┼─ 赵赴证 ─┤
            │        │  刘蓬君
            │        │
            │        └─ 刘蓬轩 ─ 苏莱法
            │
            └─ 王赴仙 ─ 崔蓬柱
```

总之，一座朝仙宫就有11名道士参与了受戒，则可以想象其时朝仙宫的常住道士至少有一二十人，应该说，这是一座规模相当大的蓬莱派道观。

综上所述，全真道蓬莱派自清代康熙年间开始传入东北的吉林省舒兰县，创建了著名的宫观朝阳宫。此后，蓬莱派在东北三省陆续传播，共建有宫观50余座，成为东北道教的一支重要流派。蓬莱派分布的区域相对较少且比较集中，如吉林的舒兰县、永吉县、九台县、榆树县，黑龙江的双城县、大赉县、拜泉县，辽宁的千山、锦县、北镇县等地，是蓬莱派的主要传播地。历史上著名的蓬莱派道观有舒兰朝阳宫、吉林玄帝观、榆树朝阳观、榆树关帝庙、千山东极宫、千山斗姆宫、北镇朝仙宫等。

（四）东北地区金辉派的传播

金辉派为全真道龙门派的分支流派，创始人齐本守，字金辉，钱塘人，乾隆二年生，系龙门派本字岔支，在山东即墨县崂山天门后巨峰顶得道，嘉庆九年飞升。其留传的金辉派字辈谱诗为："本合教中理，智时悟我机。远近从和起，阳子结金辉。超元守静字，同法会真人。诠义功斯尚，观文象乃纯。修丹立鼎炉，造化乾坤祖。运动五行相，山岳震万古。昆仑玉光明，九曲赴蓬莱。琳琅振一方，逍遥步天台。"①

金辉派尽管创立较晚，但创立不久，即传入到黑龙江地区，并在双城县创建了无量观，成为金辉派在东北地区的第一座宫观。据载，早在乾隆三十三年（1768），山东崂山金辉派道士唐士来、刘士起就来到黑龙江双城县西大街，自修关帝庙一座。至嘉庆二十二年（1817），在当地绅商官府的赞助下，扩建关帝庙正殿3楹，添建观音殿、娘娘殿、土地祠、钟鼓楼、山门、东西配庑等。道光二十五年（1845）重修，添建祖师殿、胡仙堂等。此后，又经咸丰六年、光绪八年等多次重修，构成一组规模宏伟的建筑群，称为无量观。无量观香火鼎盛，清末住持道士7人，挂单者甚多，常住道士10余人。东北沦陷时期，无量观是省内唯一被指定的"特殊寺庙"，准许传戒。但按道教惯例，此观仍属子孙庙，不属于十方丛林。由于这段时期无量观的特殊地位，宫观规模和道士人数都获得较大发展。伪满康德十年（1943），作为特殊寺庙的双城无量观举行了一次大规模的传戒活动，当时从沈阳太清宫请来了金诚泽方丈担任传戒律师，来自全国各地参加受戒的道士达到600余人。其中金辉派道士有54人，全部来自东北地区。其中又以双城无量观的金辉派道士最多，有37人参加了受戒，足见当时无量观的规模之大，道众之多。据本次戒坛的《登真录》

---

① 白永贞：《铁刹山志》卷七，第13页。

所载，当时双城无量观的金辉派道士有第十二代"近"字辈3人，第十三代"从"字辈9人，第十四代"和"字辈30人，第十五代"起"字辈1人，可见当时无量观是四代同堂，道派已传至第十五代。现将其传承谱简列如下：

双城无量观道士传承谱（伪满时期）

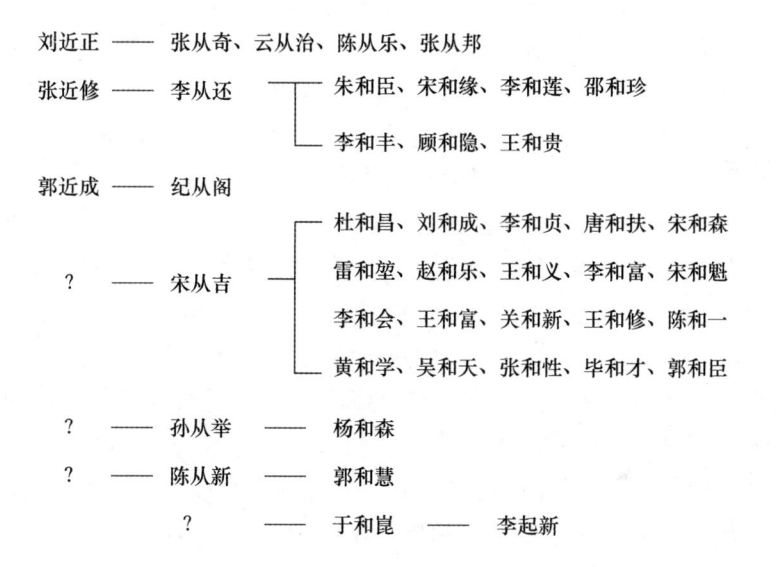

刘近正 —— 张从奇、云从治、陈从乐、张从邦

张近修 —— 李从还 ┬ 朱和臣、宋和缘、李和莲、邵和珍
　　　　　　　　　└ 李和丰、顾和隐、王和贵

郭近成 —— 纪从阁

? —— 宋从吉 ┬ 杜和昌、刘和成、李和贞、唐和扶、宋和森
　　　　　　├ 雷和堃、赵和乐、王和义、李和富、宋和魁
　　　　　　├ 李和会、王和富、关和新、王和修、陈和一
　　　　　　└ 黄和学、吴和天、张和性、毕和才、郭和臣

? —— 孙从举 —— 杨和森

? —— 陈从新 —— 郭和慧

? —— 于和崑 —— 李起新

双城无量观建成后，对双城道教影响较大，此后陆续建立了众多金辉派道观，使得双城县成为金辉派传播最为集中的地区，有道观多所，如双城清城宫、双城无为观、双城无极观、双城兴隆宫等，都是金辉派道士住持。1943年双城无量观举行传戒活动时，共有53名金辉派道士参加了受戒，其中有48人是来自双城县各道观。

民国时期，金辉派在东北地区的传播，主要集中于黑龙江的双城县、兰西县、东兴县等地，以及吉林省的长春县。据伪满时期的统计资料，1936年黑龙江地区有金辉派道观17所，道士48人。吉林长春县有金辉派道观2所，道士2人。又据1943年双城无量观《登真录》记载，安东省庄河县徐岭村天后宫、奉天省复县祥隆村聚会庵也是金辉派道观，说明金辉派在辽宁地区也有传播。

总之，金辉派在东北三省都有传播，但主要集中于黑龙江省，被称为黑龙江省的"六大宗派"之一。从道观和道士人数来说，是黑龙江省的第二大道教流派。

（五）东北地区尹喜派的传播

尹喜派是尊奉尹喜真人为祖师的一个道教流派，又称为文始派、楼观派。其留传下来的派谱诗为："道德清高上，云程守炼丹。九重天外子，方知妙中玄。心静自然体，白发面童颜。袖吞乾坤大，阴阳造化先。"①

尹喜派在东北地区的传播，始于何时无从考证。据现有资料记载，清代乾隆年间尹喜派就已传入吉林省榆树县。据载，位于榆树县六合屯的普陀庵，创建于乾隆五十九年（1794），创始人为刘外盛，属于尹喜派。另外，六合屯的关帝庙亦属于尹喜派。榆树县是尹喜派在东北的主要传播地，据伪满时期统计，1936年吉林榆树县有尹喜派庙宇9座，道士9人，信徒达6万余人，可见榆树县尹喜派传播之盛。

另外，在黑龙江省的哈尔滨市、双城县、延寿县、兰西县，以及辽宁省的铁岭县、扶顺县等地，也有少量尹喜派的传播。

据《哈尔滨市志·宗教方言》载，位于哈尔滨市五柳街的正阳宫（又称娘娘庙）是尹喜派道观，始建于清光绪二十八年（1902），是道士康山创建。1935年时，有道士6名，信徒42人。另外，哈尔滨市的关岳庙、滨江道观亦属于尹喜派道观。

同上书载，黑龙江尚志县帽儿山太和宫原系尹喜派子孙庙，后于同治十一年（1872）改为十方丛林道院，说明尹喜派在清同治年间就已传入了尚志县。

又据1943年双城无量观《登真录》记载，当时滨江省延寿县龙宫村无极观、兰西县西甸村关帝庙、双城县韩集甸村太和宫均在传承尹喜派，并且已经传到第二十二代"静"字辈。这些参与受戒的尹喜派道士简况如下：

姓名	道派	籍贯	出家宫观	度师
张心恩	尹喜	黑河省本县	滨江省延寿县龙宫村无极观	张玄龄
蔡心仪		安东省凤城县	滨江省兰西县西甸村关帝庙	马玄三
薛静恩	尹喜	河北省饶阳县人	滨江省兰西县西甸村关帝庙	蔡心仪
李静基	尹喜	滨江省双城县	滨江省双城县韩集甸村太和宫	翟心悟

---

① 白永贞：《铁刹山地志》卷七，第1页。

辽宁铁岭县也有尹喜派的传播，如铁岭抱元宫是光绪十八年（1892）由尹喜派第二十一代道士张心仿募建，到民国时由二十四代马然久住持。

辽宁抚顺市是尹喜派传播的一个重要地区。如抚顺纯德宫，又称火神庙，始建于清同治二年。抚顺广缘宫，修建于1925年。抚顺紫霞宫，建成于1940年。这三座庙宇均属尹喜派道观。

总之，尹喜派大概在清代乾隆年间传入东北，此后在黑龙江、吉林、辽宁三省都有传播，成为东北道教的一支重要流派。

第三节　郭祖龙门派关东十四支传承谱系考

郭守真作为东北龙门派的始祖，开创了铁刹山和盛京两大道场，奠定了东北全真道传播的基础。他收度有14位弟子，这些弟子们又在各地开山鸣道，代代相传，绵绵不绝，构就东北龙门派的兴盛局面。郭守真的14位弟子所开创的分支被后世称为郭祖龙门派关东十四支。

清代康熙年间，郭守真派遣弟子们分赴各大名山弘道阐教，历代嗣徒们又不断开山建观，使得龙门派传播到东北各地城乡，成为东北道教的最主要流派。后世一般认为，东北道教大都是郭守真的14位弟子开枝散叶而来，本地道教就是关东十四支的分支。如《盘锦市简志》曰："境内道教的宗派法系是全真道金莲宗龙门派关东十四支。"[1]《大洼县志》亦曰："境内道教属全真道金莲宗龙门派。"[2]

郭守真的14位高徒分散于辽宁、吉林、黑龙江等地的名山大邑，每个人都独当一面，建观度徒，成为本地的开山祖师，并且代代传续，门徒众多，香火鼎盛，影响深远。因此，郭祖龙门派关东十四支在各地的活动及其传承情况，基本代表了东北全真道发展的脉络和兴衰。但是，在关东十四支的历代传承中，除了千山、铁刹山、平顶山等支的记载较多，传承谱系比较清晰外，其他各支的情况不甚明晰。民国年间，铁刹山监院炉至顺为了重振铁刹祖庭，曾遍历名山，苦心查访，对于郭祖来自山东的师承源流，及14位弟子在各地的传承情况都做了全面的调查，并且重金礼聘

---

[1] 《盘锦市简志》，方志出版社2005年版，第653页。
[2] 《大洼县志》，沈阳出版社1998年版，第624页。

辽东名士白永贞编写了《铁刹山志》和《增续铁刹山志》，详细记载了铁刹山郭祖一系的沿革和活动情况，成为记载郭祖龙门派的最权威著作。但是，由于历史条件的限制，如交通不便、信息不通、文献记载缺失等各种因素，白永贞在两本《铁刹山志》中并没有将关东十四支的情况全部调查清楚，而只考证出了其中六支的传承。他在《增续铁刹山志》卷十二中说：

> 郭祖抱度世之宏愿，遣诸弟子分布各省县名山，建庙阐扬道教。属在本山宗谱世系，已载上卷。现经详查，郭祖所传十四枝内，有八枝独善其身，云游三山五岳各处名山，不能详考，其六枝皆有度世之心，远绍太上道统。

白永贞所谓"郭祖所传十四枝内，有八枝独善其身"的说法是不确切的，因为事实上，在郭祖所传十四支中，除了第五支赵太源隐居于终南山、找不到相关记载外，其余十三支都能找到相关资料，说明他们在各地弘道阐教，开山度徒，没有一支是独善其身的。

本节将依据各类山志、地方志、碑刻、地方文史资料等，全面梳理郭祖龙门派关东十四支的分布和传承情况。同时，对于关东十四支在各地的众多分支，亦进行择要介绍。

龙门派关东十四支简表

分支	姓名	阐化地点	住持宫观	备注
第一支	王太祥	辽宁千山	无量观、玄真观	有弟子王清鲜、刘清廉、张清云等3人
第二支	王太兴	辽宁铁刹山、黑龙江绥化县	白云洞、慈云宫	有弟子苑清龙、王清自、刘清贵等8人
第三支	高太悟	辽宁铁刹山	云光洞	弟子任清慧、郑清邈
第四支	刘太琳	辽宁千山	无量观	有弟子刘清正、常清真、宋清远等10余人
第五支	赵太源	陕西终南山		隐居
第六支	傅太元	辽宁铁刹山	云光洞	弟子高清学、张清悟
第七支	沈太宗	吉林梨树沟		弟子许清贵、马清云
第八支	砥太庸	辽宁本溪	卧龙村庙	弟子王清祥、王清义
第九支	秦太玉	辽宁平顶山	清虚观	弟子晋清祥

续表

分支	姓名	阐化地点	住持宫观	备注
第十支	高太护	辽宁平顶山	清虚观	弟子崔清田
第十一支	吕太普	吉林长春	清华宫、庆云观	弟子陈清志、张清礼等6人
第十二支	刘太华	辽宁玄羊山	玄祐宫	弟子段清风、贾清然
第十三支	刘太应	辽宁沈阳	三教堂、真武庙	弟子刘清元、王清风、张清秀
第十四支	刘太静	辽宁海城	真武庙	弟子刘清荟、王清云

一 第一支王太祥、第四支刘太琳在辽宁千山的传承

王太祥是郭守真的第一位弟子，1662年在铁刹山云光洞出家。刘太琳为郭祖的第四位弟子，亦在铁刹山云光洞出家。康熙六年，郭守真分派长支王太祥、第四支刘太琳前往千山，阐教化世，大畅玄风。自康熙初年刘太琳开创无量观以来，嗣后逐渐开化，所建宫观庵院，殆遍于千华山中，如玄真观、洪谷庵、三清观、慈祥观、五龙宫、南泉庵、凤朝观等二十余处，皆为郭祖龙门派千山分支。关于千山道观的创建和分布，上节已有详述。本节主要考述千山刘太琳、王太祥一系的传承情况。

《铁刹山志》、《太清宫志》等书中都记载有郭祖众分支的传承谱，但该谱比较简略，且只记载有前几代的传承，第五代以后完全空白，故该谱是不完全的。正如《增续铁刹山志》卷十一在表列"关东龙门派第九代十四支以下谱系"时，后附注文称："此表据《太清宫小史》，仍未完全。"说明当时所列谱系并不完全。随着各山志、碑刻等资料的陆续出版，关东龙门派十四支的传承情况逐渐明晰，能够勾勒出相对比较完全的传承谱。

据《铁刹山志》等书记载，王太祥的传承谱如下：

王太祥 ┬ 王清鲜 ─ 王一宏
　　　├ 刘清廉
　　　└ 张清云 ─ 王一亮

此表所列，自王一宏、王一亮以下的传承没有收录，那么，王太祥一系的千山分支是否就此绝续，尚存疑问。

而据《铁刹山志》、《太清宫志》中收录的关东十四支传承谱，刘太

琳在千山的传承谱系相对完整而丰富。兹抄录如下：

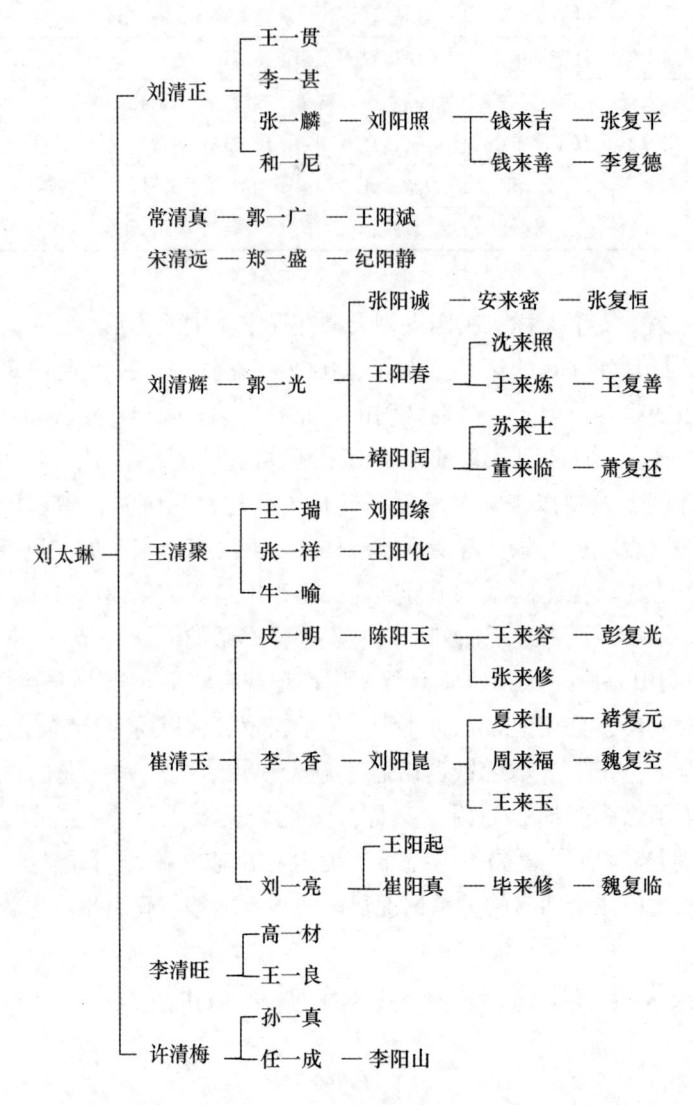

```
                    ┌─ 王一贯
          ┌ 刘清正 ─┼─ 李一甚
          │         ├─ 张一麟 ─ 刘阳照 ┬ 钱来吉 ─ 张复平
          │         └─ 和一尼            └ 钱来善 ─ 李复德
          │
          ├ 常清真 ─ 郭一广 ─ 王阳斌
          ├ 宋清远 ─ 郑一盛 ─ 纪阳静
          │                   ┌ 张阳诚 ─ 安来密 ─ 张复恒
          │                   │           ┌ 沈来照
          ├ 刘清辉 ─ 郭一光 ─┤ 王阳春 ─┤
          │                   │           └ 于来炼 ─ 王复善
          │                   │           ┌ 苏来士
          │                   └ 褚阳闰 ─┤
          │                               └ 董来临 ─ 萧复还
          │         ┌ 王一瑞 ─ 刘阳绦
  刘太琳 ─┼ 王清聚 ─┼ 张一祥 ─ 王阳化
          │         └ 牛一喻
          │                               ┌ 王来容 ─ 彭复光
          │         ┌ 皮一明 ─ 陈阳玉 ─┤
          │         │                     └ 张来修
          │         │                     ┌ 夏来山 ─ 褚复元
          ├ 崔清玉 ─┼ 李一香 ─ 刘阳崑 ─┤ 周来福 ─ 魏复空
          │         │                     └ 王来玉
          │         │         ┌ 王阳起
          │         └ 刘一亮 ─┴ 崔阳真 ─ 毕来修 ─ 魏复临
          │         ┌ 高一材
          ├ 李清旺 ─┤
          │         └ 王一良
          │         ┌ 孙一真
          └ 许清梅 ─┤
                    └ 任一成 ─ 李阳山
```

根据上表可知，刘太琳下传一系比较庞大，他自己有 8 位嫡传弟子，弟子们又传徒授教，分出 17 支，以后继续分枝散叶，门徒众多。但是，两书所载仍不全面，表中最多只记载到刘太琳以下第五代"复"字辈，以后的传承完全没有记录。另外，根据千山无量观等地的碑刻所示，刘太琳的弟子尚不止 8 位，每位弟子或住持无量观，或另创新庙，收徒众多，远不止表中所列。因此，上表记载并不完全，需要重新整理。

康熙年间，郭守真派长支王太祥、第四支刘太琳到达辽宁千山开山阐教，此后千山发展成为道教名山，宫观遍布。王太祥、刘太琳作为开山始祖，不仅开创了无量观、玄真观等宫观，其嗣徒又开创了南泉庵、凤朝观等众多分支。千山的每个宫观都保存有大量的重修碑、墓碑等碑石碑文，比较完整地记载了各个宫观的重修和道士情况，由此可以大致总结出千山各宫观的传承谱系。而千山各龙门派宫观都是从千山无量观派生而来，都是刘太琳的嗣徒所创，故理清各宫观的传承谱，就代表了王太祥、刘太琳一系的传承和分支情况。

1. 千山无量观传承谱

千山无量观是刘太琳、王太祥在千山最早创建的宫观，被称为老观，也是千山最著名的宫观，其后创立的宫观都是无量观的分支或下院，据民国时期的统计资料，千山无量观有下院5处，分支宫观16所。所以，无量观是千山道教的代表，无量观的传承谱系成为千山分支的主干。

千山无量观作为郭祖龙门派在千山地区开创的首座宫观，经过历代重建，不仅规模宏伟，建筑壮丽，而且道士云集，道徒众多，传承不断，香火鼎盛。据不完全统计，自龙门派第九代刘太琳、王太祥以来，到伪满时期，千山无量观已传到二十七代"高"字辈，共传承了19代，历代道士可考者约计349人。

千山无量观历代道士表[①]

龙门派代数	道士姓名	分支情况
第九代2人	王太祥　刘太琳	康熙六年到千山弘教，创建无量观和玄真观
第十代17人	张清秀　刘清连　王清祥　常清贞　刘清正 王清聚　王清辉　宋清远　崔清玉　成清信 王清选　刘清廉　王清鲜　张清云　刘清辉 李清旺　许清梅	崔清玉创建凤朝观

[①] 下表所列道士出处，主要来自刘明省《千华道教》、刘明省《千山无量观志》、刘伟华《千华山志》、温德辉《千华金石录》、光绪八年北京白云观《登真录》、1943年双城无量观《癸未坛登真录》、1944年沈阳太清宫《甲申坛登真录》等。

续表

龙门派代数	道士姓名					分支情况
第十一代 24 人	和一尼 王一贯 王一宏 郭一光 高一材	张一鳞 陈一尘 王一亮 王一瑞 王一良	李一香 白一宣 李一甚 张一祥 孙一真	苏一仪 张一顺 郭一广 牛一喻 任一成	皮一明 高一祥 郑一盛 刘一亮	康熙四十二年（1763）皮一明创建洪谷庵 康熙三十四年（1695）王一贯创建南泉庵
第十二代 16 人	刘阳照 王阳清 褚阳闰 李阳山	张阳观 王阳斌 刘阳绦	孙阳忠 纪阳静 王阳化	陈阳玉 张阳诚 王阳起	刘阳崑 王阳春 崔阳真	雍正三年（1725），孙阳忠创修圆通观 乾隆二年（1737），王阳清创修三清观
第十三代 13 人	钱来吉 安来密 毕来修	钱来善 于来炼	王来功 沈来照	谷来云 苏来士	王来恭 董来临	乾隆二十五年（1760），钱来吉创普安观 乾隆年间，于来炼创修闾山圣清宫
第十四代 9 人	张复平 高复安	张复俊 陈复俊	李复庆 杨复孝	李复堂 牛复禄	徐复开	
第十五代 24 人	郝本美 王本起 刘本德 陈本丹 邢本龙	王本全 韩本实 王本玘 孙本昶 张本和	陈本荣 李本叙 李本叔 郑本富 王本现	邢本隆 黄本龙 郭本琳 蒋本清 杨本兴	荣本华 温本宝 董本珮 韩本云	道光年间，荣本华开创沙金沟朝阳观、双塔岭关帝庙、誉隆山白云观为无量观下院 嘉庆十年（1805），温本宝创太和宫
第十六代 23 人	郭合望 张合靖 吕合瑞 许合金 王合有	刘合明 李合旺 李合望 吴合纯 张合学	吕合香 王合臣 齐合悟 王合畅 王合兴	李合亮 宁合春 王合一 顾合倍	秦合林 张合□ 蔡合仙 郭合淋	
第十七代 27 人	邵教玉 黄教严 张教正 李教真 李教成 史教北	赵教志 聂教云 杨教□ 战教奎 王教景 杜教昆	王教海 田教良 张教文 李教会 董教洽	高教起 卢教湖 赵教智 曹教顺 林教常	程教明 王教恒 许教新 翟教悟 曹教深	

续表

龙门派代数	道士姓名	分支情况
第十八代 26 人	张永魁　沈永泰　魏永来　李永全　姜永维 徐永照　刘永密　杨永持　顾永逊　静永济 张永恭　武永洁　王永山　李永清　陈永德 静永吉　刘永真　王永芳　赵永广　孙永德 宋永振　李永和　张永环　管永柱　赵永维 静永集	
第十九代 22 人	戴圆伦　胡圆汉　后圆矫　马圆一　刘圆复 赵圆深　曹圆让　董圆嵩　孙圆性　周圆成 王圆存　国圆满　孙圆庆　刘圆禄　段圆吉 于圆敏　牟圆助　陈圆新　柴圆茂　李圆澈 郝圆宪　胡圆翰	
第二十代 17 人	刘明杰　曾明寿　金明诚　李明云　郭明五 邰明白　宋明月　黄明泗　徐明烂　王明松 孙明湘　李明厚　傅明昶　董明禄　孙明香 刘明修　卢明峰	
第二十一代 8 人	杨至宝　乔至仁　金至诚　吴至爽　张至盛 钟至秀　王至龄　姜至恢	
第二十二代 5 人	施理义　赵理普　常理仁　傅理雅　王理均	
第二十三代 15 人	白宗福　李宗源　徐宗阳　张宗伦　孙宗法 盛宗文　李宗慧　韩宗豁　文宗斗　于宗壬 高宗祥　李宗位　刘宗泽　程宗通　崔宗环	
第二十四代 29 人	沈诚新　喻诚品　李诚明　张诚意　王诚瑞 陈诚意　李诚实　孙诚慰　赵诚让　张诚东 刘诚鑫　谭诚贤　李诚寿　田诚雨　赵诚丹 陈诚玺　李诚安　杨诚荣　赵诚藩　张诚福 李诚分　刘诚银　陈诚箴　李诚启　刘诚品 陈诚驻　张诚亮　金诚泽　郭诚元	

续表

龙门派代数	道士姓名				分支情况
第二十五代 54人	乐信如 胡信潮 田信茂 赵信颇 张信韬 王信海 张信敏 王信贝 张信达 金信之 胡信旭 王信仙 丛信江 王信性 吕信睢 张信度 师信一 孟信文 何信鑫 李信正 王信慈 谭信珍 庄信槃 张信泰 王信岳 张信亮 宋信庚 王信清 邢信玄 赵信绵 里信程 柳信恒 郭信儒 刘信洲 张信阶 刘信霖 聂信英 李信增 张信渠 关信壮 耿信蓬 苗信秀 董信古 刘信峰 李信凝 宋信玄 李信禄 吴信庚 马信德 王信芝 赵信粹 王信森 牟信邦 张信恕				
第二十六代 17人	程崇笃 张崇耀 尤崇勋 李崇业 孙崇谟 张崇儒 乔崇寅 戴崇全 董崇献 宋崇岳 王崇典 张崇让 程崇善 董崇清 刘崇煜 石崇岚 王崇守				
第二十七代1人	孙高修				

根据上表可以看出，千山无量观作为东北地区最早建立的龙门派宫观之一，因其规模巨大，经营有方，名震东北，因而历代道徒众多，成为培养道士的基地。从康熙十七年建立，到民国时期近三百年的历史中，千山无量观共有道士约340余人（不完全统计），平均每代门徒保持在20人左右，少者五六人，多者达50余人，观内常住道士在百人左右。无量观收度的众多门徒，有些留在本庙，有些分支他处，有些云游各地，他们都对龙门派在东北的传播和发展进行了有力的推动。其中不乏一些著名的道士，他们不仅担当着千山宫观的建设，而且常常成为沈阳太清宫的监院和执事，负责十方丛林的事务。

2. 千山南泉庵传承

王太祥、刘太琳开创的千山龙门派分支，除了千山无量观之外，历代建有20余座大小宫观，其中南泉庵、朝阳宫、圣清宫、凤朝观、洪谷庵、五龙宫、慈祥观、普安观、青云观等，是规模较大的分支宫观。这些宫观开创以后，香火绵延，传承不断，亦形成比较清晰的传承谱系，成为千山

第四章　清代民国东北全真道的复兴与繁荣　183

分支的重要组成部分。

南泉庵原为佛庵，清代荒废。康熙三十四年（1695），龙门派第十一代无量观道士王一贯将其修建为道庵。历代重修、扩建，殿房可观。自嘉庆十四年（1809）起，即为千山道教刻印经版的场所。

根据历代南泉庵重修碑文、《登真录》等记载，南泉庵自康熙三十四年（1695）开创以来，到伪满时期，已传至第二十七代"高"字辈，共传承17代，历代道士姓名可考者约90人。

南泉庵历代道士表

龙门派第几代	道士姓名
第十一代1人	王一贯
第十二代1人	刘阳秀
第十三代1人	冯来真
第十四代1人	贾复铨
第十五代3人	韩本实　张本瑞　王本宁
第十六代5人	王合理　朱合成　齐合悟　范合兰　岳合宗
第十七代2人	王教守　李教成
第十八代5人	韩永谦　武永洁　刘永清　马永如　孙永年
第十九代7人	董圆东　吕圆皓　韩圆复　史圆普　倪圆皎　董圆砾　屠圆升
第二十代9人	任明安　谢明存　张明嵩　汪明范　郭明武　汪明苑　徐明显　王明鉴　刘明志
第二十一代7人	陈至庆　赵至宽　张至起　吴至和　孙至刚　刘至义　夏至平
第二十二代13人	李理科　史理元　杜理清　胡理文　张理德　马理璘　张理环　田理兴　张理善　于理福　邹理纯　姜理深　马理宗
第二十三代12人	喻宗泉　王宗恕　张宗舜　马宗畅　丁宗诚　丁宗宝　宋宗典　吴宗茜　李宗耀　韩宗长　王宗春　王宗泉
第二十四代11人	李诚丹　喻诚章　郭诚海　尤诚化　刘诚芳　马诚泰　曹诚敏　张诚莹　冯诚儒　张诚会　徐诚文
第二十五代6人	陈信起　郭信昌　孟信生　曾信维　孟信鈝　刘信礼
第二十六代5人	石崇华　李崇文　赵崇珊　韩崇新　曹崇雨
第二十七代1人	王高晨

总之，千山南泉庵作为无量观的分支宫观，自开创以来，发展兴盛，传承不断，历代道士众多，为辽宁道教的道经刻印贡献良多。

3. 千山朝阳宫及其下院圣清宫传承

朝阳宫位于千山中沟西部，龙门派第十六代道士兰合中开创于乾隆六十年（1795）。嘉庆、道光、咸丰、民国年间相继重修。有正殿三间，客堂、库房、门房、仓房等共十六间。圣清宫位于千山南沟六庵岭，此地原有古刹关帝庙一座，清道光初年，庙已毁。道光五年（1825），朝阳宫道士吕圆照于旧地复立茅庵3间，名圣清宫。历代相继修补，为朝阳宫之下院。

据现有碑文记载，朝阳宫自乾隆六十年创立，到清代道光年间，共传承六代，道士可考者约40人。到清末民国时期，朝阳宫仍在传承，但限于资料，本书不做考证。

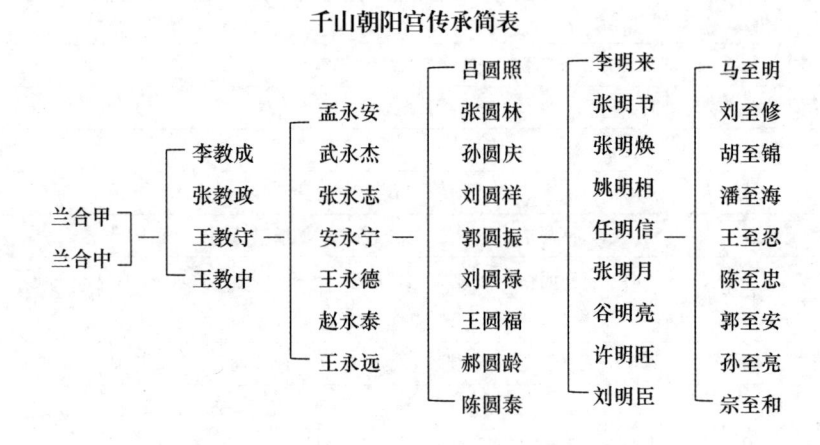

千山朝阳宫传承简表

| 兰合甲 兰合中 | 李教成 张教政 王教守 王教中 | 孟永安 武永杰 张永志 安永宁 王永德 赵永泰 王永远 | 吕圆照 张圆林 孙圆庆 刘圆祥 郭圆振 刘圆禄 王圆福 郝圆龄 陈圆泰 | 李明来 张明书 张明焕 姚明相 任明信 张明月 谷明亮 许明旺 刘明臣 | 马至明 刘至修 胡至锦 潘至海 王至忍 陈至忠 郭至安 孙至亮 宗至和 |

4. 千山凤朝观传承

千山凤朝观位于千山南沟，开山祖师是龙门派第十代道士崔清玉。乾隆四十四年（1779）周来福重修，嘉庆三年（1798）住持张本禄修冷洞，凿石作阶。光绪二十八年（1902）何宗全重修大殿，民国时期于宗清募款重修。

千山凤朝观自崔清玉开创以来，传承不断。到民国时期，凤朝观已传承15代。据现存资料的不完全记载，凤朝观的传承如下：

千山凤朝观传承简表

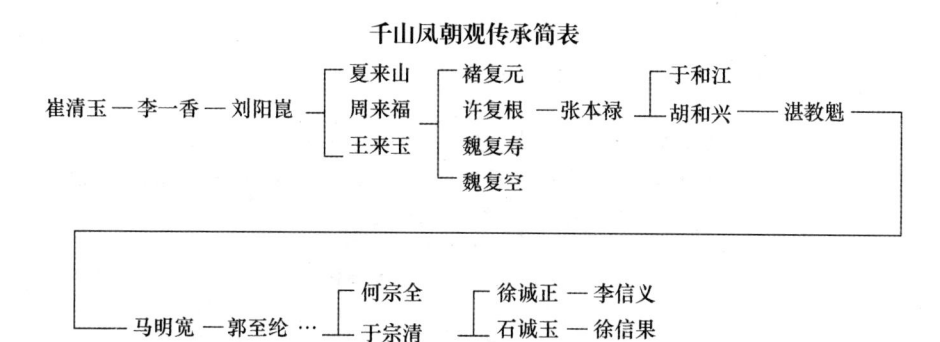

崔清玉—李一香—刘阳崑—┬夏来山　┬褚复元　　　　┬于和江
　　　　　　　　　　　　│周来福　│许复根—张本禄—┤胡和兴—湛教魁—
　　　　　　　　　　　　│王来玉　│魏复寿　　　　　
　　　　　　　　　　　　　　　　　└魏复空　　　　　

—马明宽—郭至纶…┬何宗全　┬徐诚正—李信义
　　　　　　　　└于宗清　└石诚玉—徐信果

5. 千山洪谷庵、五龙宫、慈祥观传承

洪谷庵在千山中沟，由龙门派第十一代道士皮一明创建。关于洪谷庵的创建年代，嘉庆六年碑文记载有误，兹考证如下。

嘉庆六年《千山洪谷庵重修三清观碑记》曰：

> 自我大祖师皮公于乾隆癸未年间发基于冷洞，徙居洪谷，见其山峦巍峨，环抱有势，真修行所也。于是草创茅庵，建立三清圣像以祀之。

上碑提到皮一明于乾隆癸未年间（1763）开创洪谷庵，此年代明显有误。因为，刘太琳于康熙六年（1667）到达千山，收徒刘清正、崔清玉等。崔清玉又收徒皮一明等。那么，皮一明作为刘太琳的徒孙，应该活动于康熙年间，不可能活动于百年之后的乾隆年间。而且皮一明的徒孙彭复光于乾隆三年（1738）创建千山五龙宫，说明皮一明开创洪谷庵至少在此之前。又，与皮一明同辈的王一贯，于康熙三十四年（1695）创立南泉庵，则皮一明开创洪谷庵的时间亦应在此前后。故初步断定，原碑记载有误，"乾隆癸未年"大概是"康熙癸未年"之误。如果按康熙癸未年（四十二年，1703）推算，则合情合理。

洪谷庵作为千山地区开创较早的宫观之一，历代传承不辍，并且由洪谷庵分支出两座宫观：慈祥观和五龙宫，五龙宫又分支太安宫。

根据历代碑记等资料的不完整记载，洪谷庵自皮一明开创以来，到清代光绪年间的传承谱系如下：

千山洪谷庵传承简表

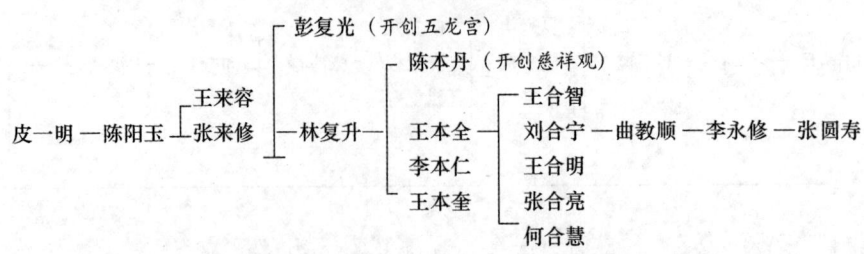

皮一明 — 陈阳玉 ┬ 王来容
　　　　　　　　└ 张来修 — 林复升 ┬ 彭复光（开创五龙宫）
　　　　　　　　　　　　　　　　　├ 陈本丹（开创慈祥观）
　　　　　　　　　　　　　　　　　├ 王本全 ┬ 王合智
　　　　　　　　　　　　　　　　　│　　　 ├ 刘合宁 — 曲教顺 — 李永修 — 张圆寿
　　　　　　　　　　　　　　　　　├ 李本仁 ├ 王合明
　　　　　　　　　　　　　　　　　└ 王本奎 ├ 张合亮
　　　　　　　　　　　　　　　　　　　　　└ 何合慧

五龙宫位于千山中沟丁香峪沟中部，开山祖师为洪谷庵龙门派第十四代道士彭复光。彭于乾隆三年（1738）化缘创建真武殿和玉皇阁。后经嘉庆五年、道光五年、道光十七年、咸丰元年、民国十六年先后重修和扩建，历代传承不辍，道士众多。

根据五龙宫历代重修碑记的不完全记载，自乾隆三年（1738）到咸丰元年（1851），五龙宫的传承谱系如下：

千山五龙宫传承简表

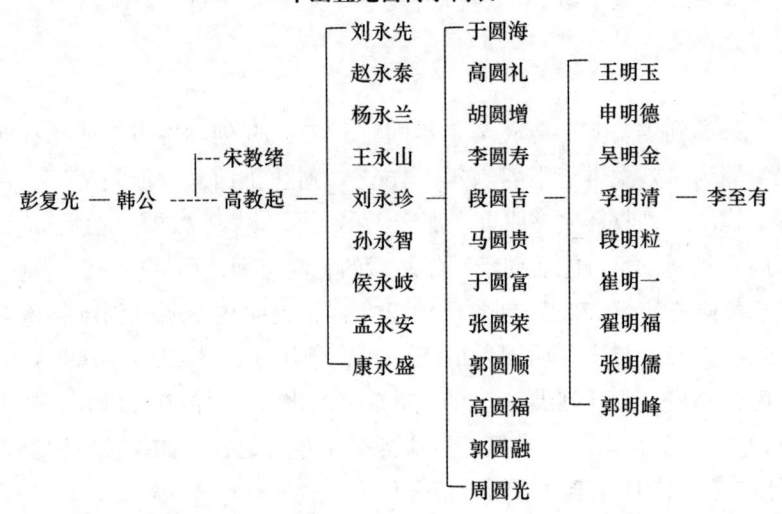

彭复光 — 韩公 ┬--- 宋教绪
　　　　　　　└ 高教起 ┬ 刘永先 ┬ 于圆海
　　　　　　　　　　　 ├ 赵永泰 ├ 高圆礼 ┬ 王明玉
　　　　　　　　　　　 ├ 杨永兰 ├ 胡圆增 ├ 申明德
　　　　　　　　　　　 ├ 王永山 ├ 李圆寿 ├ 吴明金
　　　　　　　　　　　 ├ 刘永珍 ├ 段圆吉 ├ 孚明清 — 李至有
　　　　　　　　　　　 ├ 孙永智 ├ 马圆贵 ├ 段明粒
　　　　　　　　　　　 ├ 侯永岐 ├ 于圆富 ├ 崔明一
　　　　　　　　　　　 ├ 孟永安 ├ 张圆荣 ├ 翟明福
　　　　　　　　　　　 └ 康永盛 ├ 郭圆顺 ├ 张明儒
　　　　　　　　　　　　　　　 ├ 高圆福 └ 郭明峰
　　　　　　　　　　　　　　　 ├ 郭圆融
　　　　　　　　　　　　　　　 └ 周圆光

清末民国时期，五龙宫仍在传承，到伪满时期，千山五龙宫已传至龙门派第二十五代"信"字辈。依据《登真录》的不完整记载，五龙宫在民国年间的传承简谱如下：

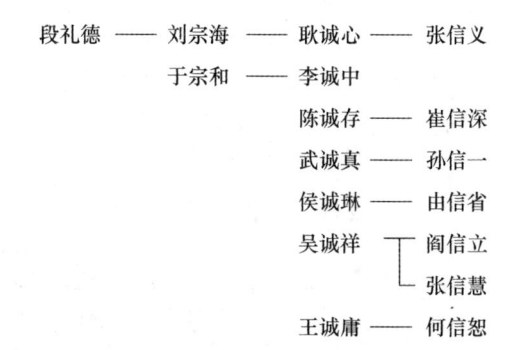

```
段礼德 ── 刘宗海 ── 耿诚心 ── 张信义
         于宗和 ── 李诚中
                  陈诚存 ── 崔信深
                  武诚真 ── 孙信一
                  侯诚琳 ── 由信省
                  吴诚祥 ┬ 阎信立
                         └ 张信慧
                  王诚庸 ── 何信恕
```

慈祥观位于千山中沟的向阳山坡上，与五龙宫相邻。始建于嘉庆十四年（1809），开山祖师为洪谷庵龙门派第十五代道士陈本丹。陈本丹于嘉庆十年（1805）从洪谷庵徙居此地，独居天然石洞。十四年修盖宫殿，创立慈祥观。同治五年（1862），吴教滋募化重修。同治五年（1866）道士刘永朴补修。之后又经历代修葺，渐成较大之规模。

根据慈祥观现存碑刻等资料的不完全记载，慈祥观自嘉庆十年（1805）到民国时期的传承谱系如下：

千山慈祥观传承简表

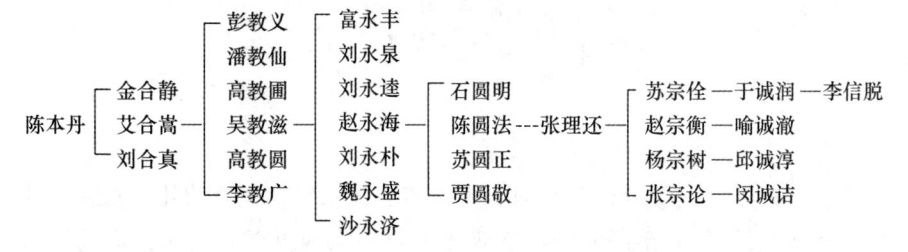

```
         ┌ 彭教义   ┌ 富永丰
         │ 潘教仙   │ 刘永泉
         │ 高教圃   │ 刘永逵   ┌ 石圆明              ┌ 苏宗佺 ── 于诚润 ── 李信脱
陈本丹 ┬ 金合静 ┬ 吴教滋 ┬ 赵永海 ┬ 陈圆法---张理还 ┬ 赵宗衡 ── 喻诚澈
       ├ 艾合嵩 │ 高教圆   │ 刘永朴   │ 苏圆正              │ 杨宗树 ── 邱诚淳
       └ 刘合真 └ 李教广   │ 魏永盛   └ 贾圆敬              └ 张宗论 ── 闵诚诰
                          └ 沙永济
```

6. 普安观及下院青云观的传承

普安观在千山五佛顶南侧的悬崖绝壁中，原为明代修建的僧庙，名西明庵。清代改为道观，更名普安观。开山祖师为无量观道士钱来吉，乾隆二十五年（1760）在西明庵的基础上建为道观。后经嘉庆十三年、十九年、同治四年、光绪二十年的多次重修，有老君殿、关帝殿、玉皇洞等建筑。普安观是千山庙宇中建筑位置最高者。

青云观在千山五佛顶西北1.5公里的青龙山中，清嘉庆十三年（1808）由普安观道士邢本隆开山创观。嘉庆二十一年重建瓦殿3间，左右配殿各3间及院墙，成为普安观下院。历代经多次重修，规模可观，庙产丰赡。

根据现存碑石等资料的不完全记载，到伪满时期，普安观及其下院青云观共传承13代，历代道士姓名可考者约52人。

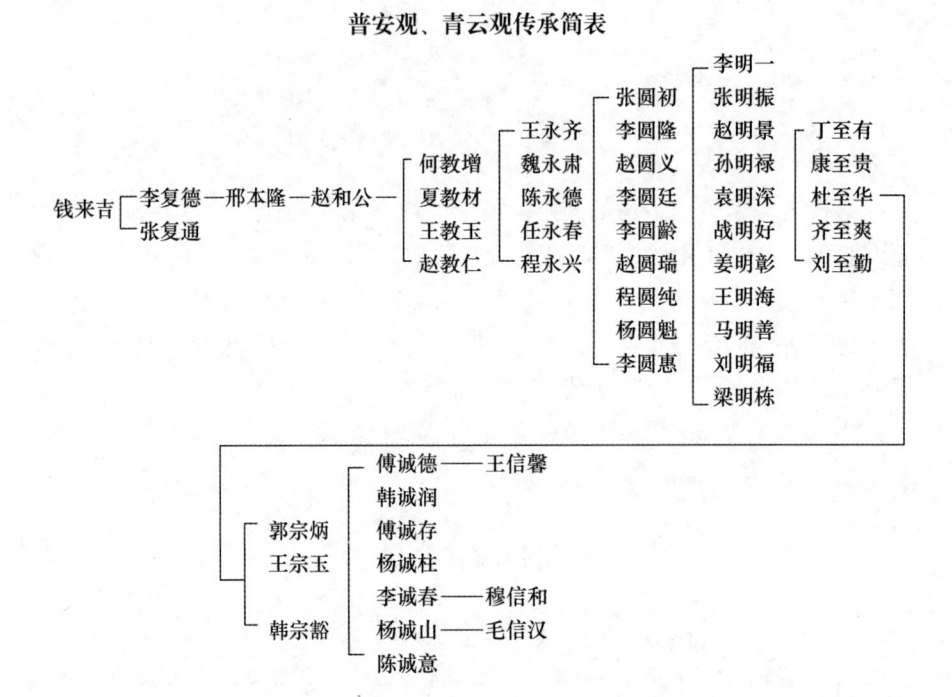

普安观、青云观传承简表

```
                    ┌何教增  ┌王永齐  ┌张圆初  ┌李明一   ┌丁至有
钱来吉─李复德─邢本隆─赵和公─┤夏教材  │魏永肃  │李圆隆  │张明振   │康至贵
       └张复通           │王教玉  │陈永德  │赵圆义  │赵明景   │杜至华
                    └赵教仁  │任永春  │李圆廷  │孙明禄   │齐至爽
                              └程永兴  │李圆龄  │袁明深   └刘至勤
                                        │赵圆瑞  │战明好
                                        │程圆纯  │姜明彰
                                        │杨圆魁  │王明海
                                        └李圆惠  │马明善
                                                  │刘明福
                                                  └梁明栋
```

```
        ┌傅诚德──王信馨
        │韩诚润
  ┌郭宗炳─┤傅诚存
  │王宗玉 │杨诚柱
  └韩宗豁 │李诚春──穆信和
        │杨诚山──毛信汉
        └陈诚意
```

7. 千山其他龙门派道观的传承

上文所述，是资料留存相对较多、传承谱系较为完整的几所宫观。其实，在千山地区20余所龙门派宫观中，每座宫观自创立以来，都是传承不断，道徒众多，只是由于史料缺失，无从考证，难以复原其历史盛况。如千山圆通观、千山太和宫、双泉观、太安宫等，到民国时期，仍在传承不辍，但由于资料所限，无法详考。其中千山圆通观和太和宫，尚能依据现存碑刻等资料，暂且勾勒出其传承的大致脉络。

圆通观位于千山中部的深谷绝壁处。清代以前为祖越寺念佛堂。清雍正三年（1725），千山无量观龙门派第十二道士孙阳忠创修茅庵三间，嘉庆十四年住持杨复孝重修，道光三十四年道士孙本检重修大殿五间。到伪满时期，圆通观已传至龙门派第二十五代"信"字辈。其传承情况因资料缺乏，难以考证，只能依据零星记载，得出大致脉络如下：

```
孙阳忠 —— 杨复孝 ┬ 孙本检 —— 刘合宽 —— 王教景 …… 于诚林 —— 于信妙
                └ 崔本焕
```

太和宫位于千山西南沙子岗，嘉庆十年（1805）无量观道士温本宝（保）创建大殿三间，住持房三间。后经嘉庆二十五年、咸丰四年、光绪九年的扩建重修，规模渐具。太和宫自创建以来，传承不辍，到民国时期，大概传承了 11 代。依据现有资料的不完整记载，其传承的大致脉络如下：

```
                    ┌高教吉┬白永素─隋圆让┬王明贵┬窦至刚
温本保—吴合纯┤      │马永常        │蓝明恒├杨至春—李理安—叶宗兴─┐
                    └高教文                     └邱至权                                │
                                                                                       └梁诚彬—宋信和
```

综上所述，郭祖龙门派第一支王太祥、第四支刘太琳开创的千山分支，在历史上可谓是人才济济、繁盛异常。从最早建立的无量观，到陆续建立的众多分支道观，经过历代重修和扩建，规模可观，道士众多，传承不断，兴盛不衰。据现有资料的不完全统计，千山龙门派分支共建有道观 20 余所，历代道士约 600 余人，可见千山道教的兴盛。在历代道士的努力弘扬下，辽宁千山早已成为道教名山和东北道教圣地。

另外，刘太琳的千山分支不仅在千山地区活动，而且还在周边地区，甚至远到闾山、朝阳等地开创分支道场。如清代盛极一时的闾山道教，就是千山无量观的道士于来炼于乾隆年间首先开创的。

关于于来炼在闾山的传承谱系，参见上节。

二 第二支王太兴在铁刹山和黑龙江的传承

王太兴是郭守真的第二个弟子，山东掖县人，1662 年在铁刹山云光洞出家。先居住铁刹山之南白云洞，收徒传教。后到黑龙江绥化县，创建慈云宫，成为黑龙江龙门派的开山祖师。王太兴下传的龙门分支，是为关东十四支的第二支。

据载，在铁刹山南十里有铁刹山的下院，名白云洞圣水宫，是王太兴创建。王太兴一系在白云洞的传承情况，资料不详。但是，《铁刹山志》、《太清宫志》均记载有王太兴下传的 5 代徒众，人数很多，只是未标明活动地点和住持宫观等情况。据推测，王太兴早年在铁刹山南白云洞活动，其众多嗣徒亦应活动在白云洞及其附近。现据《增续铁刹山志》卷十一所载，抄录王太兴的传承谱系如下：

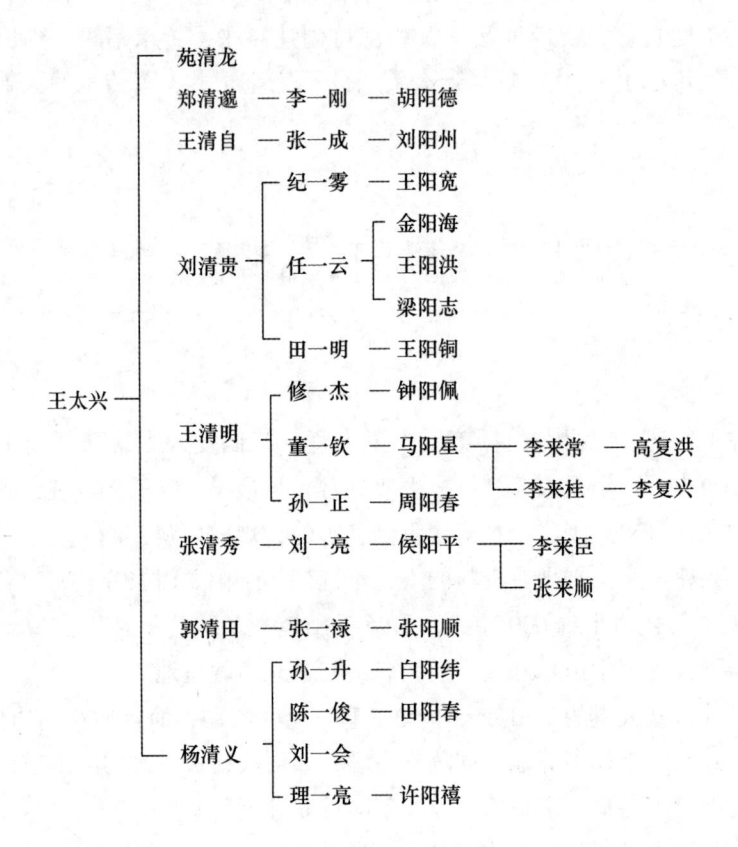

```
王太兴 ─┬─ 苑清龙
        ├─ 郑清邈 ── 李一刚 ── 胡阳德
        ├─ 王清自 ── 张一成 ── 刘阳州
        ├─ 刘清贵 ─┬─ 纪一雾 ── 王阳宽
        │          ├─ 任一云 ─┬─ 金阳海
        │          │          ├─ 王阳洪
        │          │          └─ 梁阳志
        │          └─ 田一明 ── 王阳铜
        ├─ 王清明 ─┬─ 修一杰 ── 钟阳佩
        │          ├─ 董一钦 ── 马阳星 ─┬─ 李来常 ── 高复洪
        │          │                    └─ 李来桂 ── 李复兴
        │          └─ 孙一正 ── 周阳春
        ├─ 张清秀 ── 刘一亮 ── 侯阳平 ─┬─ 李来臣
        │                              └─ 张来顺
        ├─ 郭清田 ── 张一禄 ── 张阳顺
        └─ 杨清义 ─┬─ 孙一升 ── 白阳纬
                   ├─ 陈一俊 ── 田阳春
                   ├─ 刘一会
                   └─ 理一亮 ── 许阳禧
```

根据上表所载，郭祖第二支王太兴门徒众多，他嫡传的弟子就有 8 位，各弟子又度徒众多，形成庞大的分支。可惜的是，《增续铁刹山志》中只列举了王太兴以下 5 代的传承简表，关于众多嗣徒的活动情况及其以后的传承谱系，没有介绍。其中，只有刘清贵→任一云→王阳洪一系在黑龙江慈云宫的传承比较清晰完整，略述如下：

黑龙江绥化县慈云宫及其分支龙门派谱系

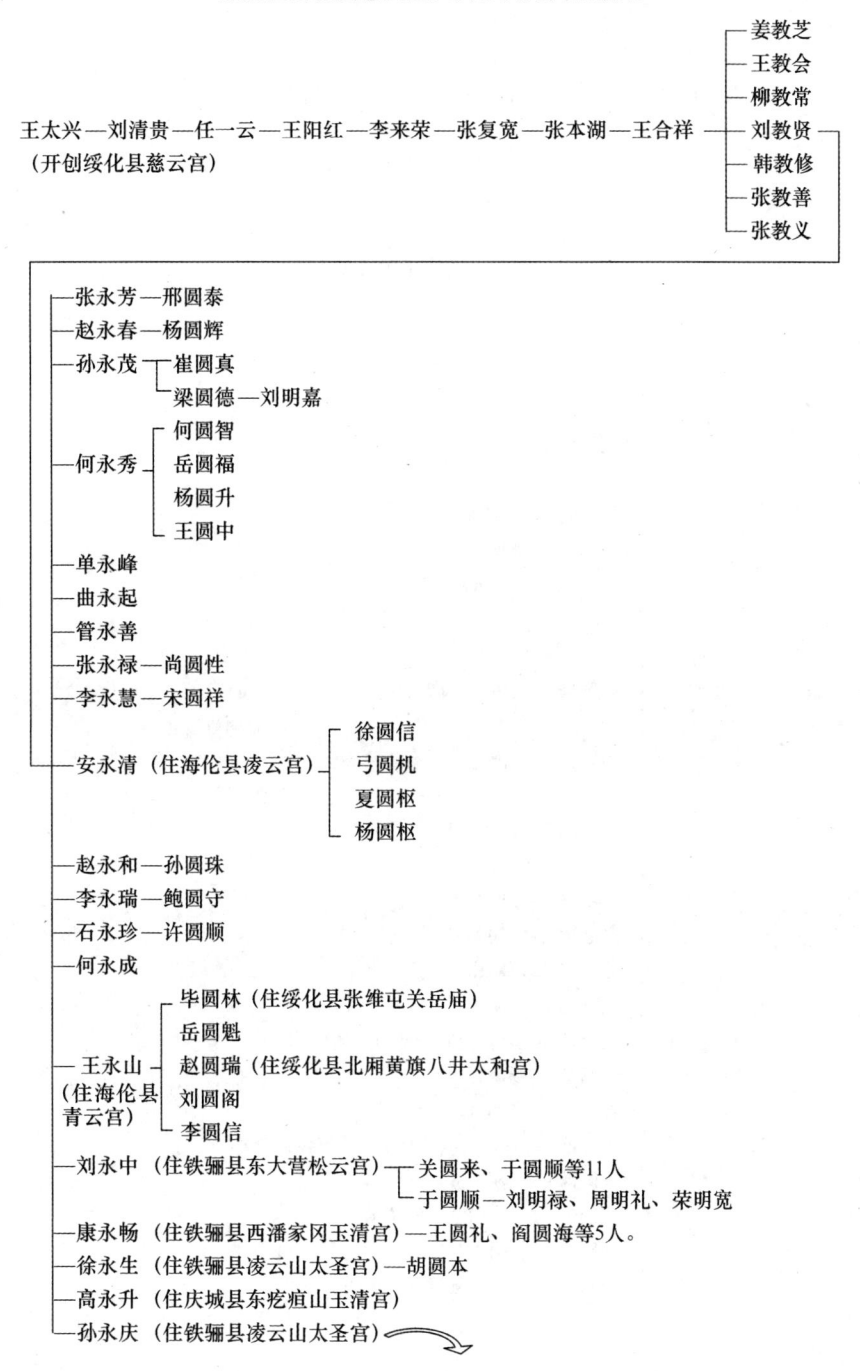

王太兴—刘清贵—任一云—王阳红—李来荣—张复宽—张本湖—王合祥—┬姜教芝
（开创绥化县慈云宫）   ├王教会
                                                              ├柳教常
                                                              ├刘教贤
                                                              ├韩教修
                                                              ├张教善
                                                              └张教义

┬张永芳—邢圆泰
├赵永春—杨圆辉
├孙永茂┬崔圆真
│   └梁圆德—刘明嘉
├何永秀┬何圆智
│   ├岳圆福
│   ├杨圆升
│   └王圆中
├单永峰
├曲永起
├管永善
├张永禄—尚圆性
├李永慧—宋圆祥
├安永清（住海伦县凌云宫）┬徐圆信
│   ├弓圆机
│   ├夏圆枢
│   └杨圆枢
├赵永和—孙圆珠
├李永瑞—鲍圆守
├石永珍—许圆顺
├何永成
├王永山 ┬毕圆林（住绥化县张维屯关岳庙）
│（住海伦县├岳圆魁
│ 青云宫） ├赵圆瑞（住绥化县北厢黄旗八井太和宫）
│   ├刘圆阁
│   └李圆信
├刘永中（住铁骊县东大营松云宫）┬关圆来、于圆顺等11人
│   └于圆顺—刘明禄、周明礼、荣明宽
├康永畅（住铁骊县西潘家冈玉清宫）—王圆礼、阎圆海等5人。
├徐永生（住铁骊县凌云山太圣宫）—胡圆本
├高永升（住庆城县疙疸山玉清宫）
└孙永庆（住铁骊县凌云山太圣宫）

孙永庆
收徒61人
├─ 赵圆臣 ─ 马明海
├─ 高圆昌 ─ 范明德
├─ 何圆方（住铁骊县青华宫）─ 宫明奇
├─ 刘圆清（住铁骊县治圣宫）┬─ 杨明春
│   └─ 姜明远
├─ 祁圆库 ┬─ 李明义 ─ 龚至云、李至国、姜至发
│   └─ 赵明印
├─ 王圆升 ─ 董明发
├─ 程圆纲 ┬─ 孟明静（住庆城县全真庵）─ 刘至慧
│   ├─ 任明先
│   ├─ 赵明久
│   ├─ 岳明广
│   └─ 薛明林
├─ 王圆谦
├─ 王圆九 ─ 王明贤
├─ 周圆明 ─ 杨明秀
├─ 赵圆林 ─ 祁明孚
├─ 关圆一 ┬─ 张明文
│   └─ 贾明真（住绥化县南林子关岳庙）
├─ 叶圆修（住绥棱县四合城大平宫）┬─ 王明仁
│   ├─ 孙明三
│   └─ 张明惠
├─ 田圆信（住海伦县翟家店关岳庙）┬─ 王明常
│   └─ 张明奇 ─ 张至财
├─ 杨圆山 ┬─ 凌明五
│   └─ 张明洞
├─ 王圆兴 ─ 张明荣
├─ 颜圆理 ─ 宫明顺
├─ 张圆实 ─ 夏明山
├─ 王圆韶 ─ 张明和
├─ 赵圆波（创海伦县三圣宫）─ 宋明修
├─ 赵圆章 ─ 杨明元
├─ 谭圆庚 ─ 张明林
├─ 吴圆静 ─ 杜明芳（住拜泉县霍家沟同善宫）─ 刘至中
├─ 李圆西 ─ 刘明一
├─ 由圆如（住克山县太安镇太圣宫）
├─ 徐圆慧（住明水县厢蓝旗紫霞观）─ 赵明春
└─ 于圆滨（住绥化县津河镇关岳庙）

据黑龙江省绥化县慈云宫谱系[①]记载，郭祖龙门派第二支王太兴由铁刹山到达黑龙江绥化县，创建慈云宫，收度刘清贵。刘清贵为龙门派第十代，住持慈云宫，收度任一云。任一云为第十一代，住持慈云宫，收度王阳红。王阳红为第十二代，住持慈云宫，收度李来荣……由王太兴开山的慈云宫不断发展，徒众日多，到第十六代王合祥时，收度7人，即姜教芝、王教会、柳教常、韩教修、张教普、张教义、刘教贤。其中刘教贤为第十七代，住持慈云宫，收度张永芳、王永山等20人。此后，第十八代王永山、张永芳、赵永春、孙永茂、何永秀、孙永庆等人又收徒共100余人。到民国时期，王太兴以下共传12代，到龙门派第二十一代"至"字辈，道士姓名可考者约186人。根据《增续铁刹山志》等资料的记载，王太兴开创的黑龙江慈云宫传承谱系如上。

根据上表可以看出，郭祖第二枝王太兴开创的黑龙江绥化县慈云宫一系传承不断，尤其是清末民国时期发展兴盛，不仅分支出约20座宫观庙宇，而且道徒众多，历代道士姓名可考者达180余人，从而成为黑龙江地区最重要的道教流派。慈云宫及其分支宫观主要分布于黑龙江省的绥化、绥棱、海伦、铁骊、庆城、克山、明水等地，这些地方正是黑龙江省道教最为兴盛的地区。

三 第三支高太悟、第六支傅太元在铁刹山的传承

高太悟是郭守真的第三位弟子，直隶大兴县人，1662年在铁刹山云光洞出家，一直住持本山。傅太元是郭守真的第六位弟子，山东潍县人，1662年在铁刹山云光洞出家，也一直住持本山。高太悟和傅太元作为郭守真留居铁刹山的两位高徒，不负郭祖厚望，除了对铁刹山云光洞、乾坤洞进行重修外，还创建了太平观等下院，收度门徒，传教弘法，使得铁刹山祖庭的道教一直传承不断，兴盛不衰。据《铁刹山志》记载，高太悟和傅太元的铁刹山分支自清代康熙初年到民国时期，共传承15代，到龙门派第二十三代"宗"字辈，历代在铁刹山云光洞出家的道士约93人。现依据相关记载，将这些道士列表如下：

---

① 参见白永贞《增续铁刹山志》卷十二，第9—13页。

铁刹山云光洞历代道士简况表

龙门派代数	姓名	籍贯	生卒年	主要活动
第九代2人	高太悟	直隶顺天府	1634—?	29岁出家，住持云光洞，收徒任清慧、郑清邈
	傅太元	山东潍县	1625—1716	38岁出家，住持云光洞，收徒高清学、张清悟
第十代4人	任清慧	山东青城县		36岁出家，住持铁刹山，弟子姜一安、赵一尘、潘一成
	郑清邈	奉天广宁县		25岁出家，住持铁刹山，度徒李一刚
	高清学	山东蓬莱县		21岁出家，住持铁刹山，弟子韩一明、林一龙、傅一江、郭一溪
	张清悟	山东蓬莱县		23岁出家，住持铁刹山，弟子李一真、陈一衍、宋一河
第十一代11人	赵一尘	山东德州		40岁出家，雍正九年（1731）到盛京三教堂任监院。弟子任阳月
	姜一安	直隶卢龙县		19岁出家，住持云光洞。弟子张阳秀
	潘一成	奉天辽阳正白旗		19岁出家。弟子李阳山
	韩一明	直隶乐亭县		25岁出家。弟子孙阳照、孙阳绍
	林一龙	直隶卢龙县		38岁出家。弟子王阳宏
	傅一江	奉天海城县		41岁出家。弟子侯阳纯
	郭一溪	直隶天津		29岁出家
	李一真	奉天义县		19岁出家
	陈一衍	山东聊城县		28岁出家。弟子李阳太
	宋一河	山东平原县		39岁出家。弟子金阳海
	李一刚	奉天承德县		35岁出家，弟子胡阳德
第十二代9人	王阳宏	山东掖县		38岁出家，弟子李来荣
	任阳月	陕西临潼县	？—1879	41岁出家，弟子王来云。云光洞监院
	张阳秀	山东德州		31岁出家，弟子于来海
	孙阳绍	奉天承德县		32岁出家，弟子李来福
	侯阳纯	直隶卢龙县		23岁出家，弟子赵来宾
	金阳海	吉林江东人		29岁出家，弟子范来香、张来法。云光洞监院

续表

龙门派代数	姓名	籍贯	生卒年	主要活动
	胡阳德	山东禹城县		29岁出家，弟子石来贵
	李阳山	直隶天津		18岁出家，弟子杨来惠
	李阳泰	奉天北边人		36岁出家，弟子崔来义
第十三代10人	王来云	奉天开原县		40岁出家，弟子赵复仙。云光洞监院
	李来荣	直隶卢龙县		27岁出家，弟子陈复俊
	范来香	山东高苑县		40岁出家，弟子赵复安
	李来福	山东清县		35岁出家。
	赵来宾	山东历城县		29岁出家，弟子李复成
	杨来惠	直隶固安县		30岁出家
	张来法	山西平阳县		30岁出家
	于来海	山东蓬莱县		34岁出家，弟子贾复真
	崔来义	直隶永清县		38岁出家，弟子刘复贡
	石来贵	直隶永年县		21岁出家，弟子李复兴
第十四代7人	赵复仙①	直隶临榆县		38岁出家，弟子潘本会。云光洞监院
	赵复安	山东曹州府		37岁出家
	李复成	直隶昌黎县		42岁出家，云游终南山
	贾复真	山西阳曲县		39岁出家，住持铁刹山
	陈复俊	直隶卢龙县		25岁出家，云游陕西太华山
	李复兴	河南安阳县		31岁出家，云游恒山
	刘复贡	山西阳曲县		29岁出家，云游终南山
第十五代2人	潘本会	山东蓬莱县		39岁出家，弟子于合正、孙合顺、范合中。云光洞监院
	姜本利	山东蓬莱县		39岁出家，住持铁刹山。弟子刘［合永］、［孙］合治、姜合忠、王合悲。道光九年（1829）重修云光洞
第十六代7人	于合正	山东蓬莱县		41岁出家，住持云光洞及三清观。弟子于教升、于教玉。道光十九年（1839）重修云光洞
	孙合顺	江东大川人		41岁出家，弟子于教河。后云游嵩山

① 《铁刹山志》卷八原作"李复仙"，据上下文改。

续表

龙门派代数	姓名	籍贯	生卒年	主要活动
	刘合永	吉林农安县		35岁出家，弟子刘教吉
	范合中	山西静安县		40岁出家，弟子于教海
	孙合治	山东招远县		36岁出家，弟子门教亮。后云游各名山
	姜合忠	山东昌邑县		30岁出家。后云游华山
	王合悲	山东历城县		20岁出家，弟子吴教善。云游各名山
第十七代7人	于教升	奉天承德县		19岁出家。弟子张永瑞、丁永宝、刘永镇、沈永虔、孙永贵、汤永静。为云光洞监院
	于教河	奉天承德县		25岁出家，云游名山
	于教海	奉天北边门		29岁出家，云游名山
	刘教吉	奉天新民县		24岁出家，弟子于永诚
	门教亮	山东曲阜县		51岁出家，弟子赵永福
	吴教善	奉天北边门		30岁出家，云游山东
	于教玉	奉天兴京人		41岁出家，弟子堵永清
第十八代9人	孙永贵	直隶大兴县	1810—1886	47岁出家，弟子张圆慧、周圆清。云光洞监院
	丁永宝	直隶卢龙县		51岁出家，云游匡庐山
	于永诚	奉天辽阳人		31岁出家。在桓仁县五女山开山建庙
	汤永静	奉天承德县		60岁出家，云游江南
	白永逵	盛京镶黄旗人		40岁出家
	刘永镇	山东费县		38岁出家，弟子陈圆复。后云游终南山
	张永瑞	直隶永清县		47岁出家，弟子李圆休。住持大阳三清观
	堵永清	直隶乐亭县		64岁出家，云游终南山
	沈永虔	奉天开原县		23岁出家。云游四方
第十九代4人	张圆慧	直隶安肃县	1829—1918	38岁出家，弟子徐明安、张明纯、觉明德。云光洞三清观监院，重修三清观
	陈圆复	直隶清苑县		40岁出家，弟子崔明惠
	周圆清	直隶冀州人		47岁出家，住持通化县霸王曹十方庙
	李圆休	奉天义县		25岁出家，弟子王明泰。住锦州南老爷庙
第二十代5人	徐明安	山东文登县	1857—？	16岁出家，弟子炉至顺

续表

龙门派代数	姓名	籍贯	生卒年	主要活动
	张明纯	山东莱阳县		40岁出家，弟子李至香。云游各山
	崔明惠	奉天辽阳县		54岁出家，弟子王至林
	觉明德	奉天兴京陵街	1868—？	27岁出家，住持铁刹山。晚年隐修于吉林舒兰县素月庵。弟子赵至辅
	王明泰	奉天锦州	1855—1932	25岁出家。后住持沈阳太清宫地庄子40余年
第二十一代4人	炉至顺	山东栖霞县	1876—1946	23岁出家，弟子刘理芳、李理潭、房理家。云光洞三清观监院
	李至香	辽阳	1870—1955	1900年出家，住持铁刹山三清观。弟子郑理震
	赵至辅	奉天凤凰城人	1877—？	1913年37岁出家。1928年始住持沈阳小南关关岳庙。弟子王理祥
	王至林	奉天义县	1852—1923	1899年48岁出家。云游吉林富锦县。弟子茅理修、李理由
第二十二代8人	茅理修	山东高密县	1855—1918	1904年50岁出家
	郑理震	山东齐东县	1887—1928	1914年27岁出家。经理太清宫地庄
	刘理芳	奉天法库县	1886—1919	1916年31岁出家
	李理由	奉天沈阳县	1877—？	1916年出家
	王理祥	山东栖霞县	1881—？	1916年出家。云游各方
	李理潭	山东平度县	1885—1926	1920年35岁出家
	房理家	安徽凤阳县	1903—1978	1926年24岁出家。曾任沈阳关岳庙住持、伪满道教总会会长、辽宁省道教协会会长
	徐理恕	吉林怀德县	1872—？	1931年59岁出家
第二十三代4人	傅宗智	山东临沂县	1899—？	1933年35岁出家
	张宗普	山西壶关县	1893—？	1933年41岁出家
	周宗哲	山东齐河县		1914年21岁出家
	左宗贵		1908—1985	1940年出家。云光洞住持

根据上表可以看出，郭祖龙门派第三支高太悟、第六支傅太元奉师命住持铁刹山，收徒传教，代代相续，绵绵不绝，而历代在云光洞出家的道士有近百人。这些道士或继续住持本山，守成继业，发扬光大；或到五女山、间山、吉林等地建庙弘道，成为开山祖师；或住持沈阳太清宫等宫观，经营有方；或云游各地名山，随地阐化。

高太悟和傅太元的历代嗣徒们除了继续经营铁刹山诸宫观外，还在铁刹山周围或更远的地方开山建庙，从而形成众多分支宫观。如康熙三十四年道士任清慧在铁刹山之北创建朝阳观、乾隆九年道士任阳月创建三清观、道光年间道士孙永贵创建来龙宫、光绪末年道士王明太住持紫云宫等。除此之外，又有龙门派第十八代于永诚在桓仁县五女山开山建庙，道行颇高；又有第十九代李圆休住持锦州南老爷庙等。这些新修的宫观，成为高太悟或傅太元一系的分支或下院。

根据上表，可将铁刹山云光洞的传承谱系简列如下：

铁刹山云光洞传承谱

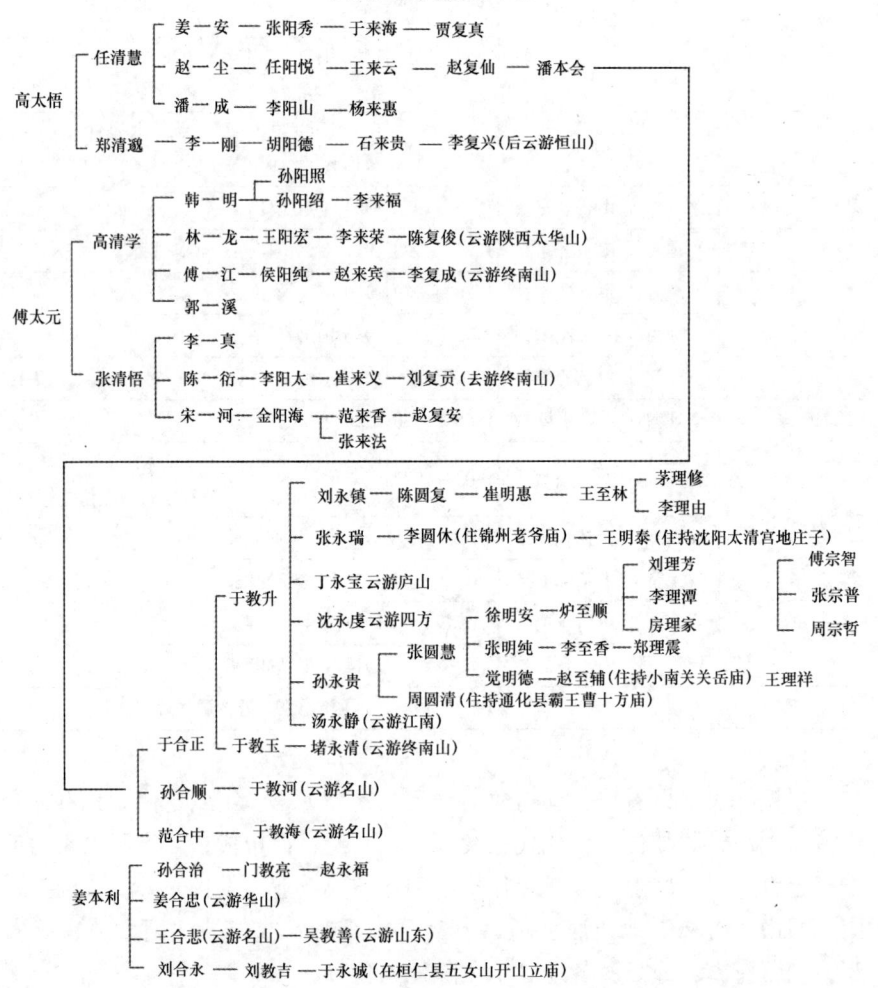

```
          ┌ 任清慧 ┬ 姜一安 ─ 张阳秀 ─ 于来海 ─ 贾复真
          │        ├ 赵一尘 ─ 任阳悦 ─ 王来云 ─ 赵复仙 ─ 潘本会
高太悟 ────┤        └ 潘一成 ─ 李阳山 ─ 杨来惠
          └ 郑清邈 ─ 李一刚 ─ 胡阳德 ─ 石来贵 ─ 李复兴(后云游恒山)

          ┌ 高清学 ┬ 韩一明 ┬ 孙阳照
          │        │        ├ 孙阳绍 ─ 李来福
          │        │        └（续）
          │        ├ 林一龙 ─ 王阳宏 ─ 李来荣 ─ 陈复俊(云游陕西太华山)
          │        ├ 傅一江 ─ 侯阳纯 ─ 赵来宾 ─ 李复成(云游终南山)
傅太元 ────┤        └ 郭一溪
          │
          └ 张清悟 ┬ 李一真
                   ├ 陈一衍 ─ 李阳太 ─ 崔来义 ─ 刘复贡(去游终南山)
                   └ 宋一河 ─ 金阳海 ┬ 范来香 ─ 赵复安
                                     └ 张来法
```

```
          ┌           ┌ 刘永镇 ─ 陈圆复 ─ 崔明惠 ─ 王至林 ┬ 茅理修
          │           │                                    └ 李理由
          │           ├ 张永瑞 ─ 李圆休(住持锦州老爷庙) ─ 王明泰(住持沈阳太清宫地庄子)
          │           ├ 丁永宝云游庐山                  ┌ 刘理芳      ┌ 傅宗智
          │ 于教升 ────┤                                 ├ 李理潭      ├ 张宗普
          │           ├ 沈永虔云游四方 ─ 徐明安 ─ 炉至顺 │             └ 周宗哲
          │           │                                 └ 房理家
          │           ├ 孙永贵 ┬ 张圆慧 ─ 张明纯 ─ 李至香 ─ 郑理震
          │           │        └ 周圆清(住持通化县霸王曹十方庙)
于合正 ────┤           │                ┌ 觉明德 ─ 赵至辅(住持小南关关岳庙) ─ 王理祥
          │           ├ 汤永静(云游江南)
          │           └ 于教玉 ─ 堵永清(云游终南山)
          ├ 孙合顺 ─ 于教河(云游名山)
          └ 范合中 ─ 于教海(云游名山)

          ┌ 孙合治 ┬ 门教亮 ─ 赵永福
          │        └ 姜合忠(云游华山)
姜本利 ────┤
          ├ 王合悲(云游名山) ─ 吴教善(云游山东)
          └ 刘合永 ─ 刘教吉 ─ 于永诚(在桓仁县五女山开山立庙)
```

四　第七支沈太宗在吉林等地的传承

沈太宗为郭守真的第七位弟子，山东海阳县人，1663年于铁刹山云光洞出家，住吉林省梨树沟。沈太宗在吉林梨树沟的传承，是为郭祖第七支。

据《铁刹山志》记载，沈太宗的传承谱系为：

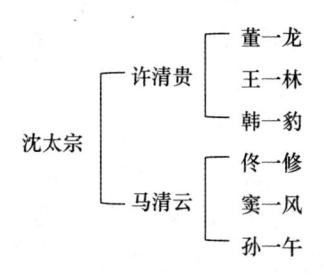

```
              ┌ 许清贵 ┬ 董一龙
              │        ├ 王一林
              │        └ 韩一豹
沈太宗 ┤
              │        ┌ 佟一修
              └ 马清云 ┼ 窦一凤
                       └ 孙一午
```

此传承谱系只记载了沈太宗以下两代门徒，此后的传承不详。尤其是沈太宗到吉林省梨树沟后的活动和传承情况，因文献资料缺乏，更是基本空白。但是在黑龙江省阿城县松峰山太虚洞附近曾有一座龙门派宫观海云观，观内有一块伪满康德二年（1935）立的《海云观建观缘起碑》，碑文提到郭祖第七支的分支情况，碑曰：

> 宾县南二区松峰山海云观，龙门正宗，本观开山祖师王教参，为朝阳县人。前于清嘉庆二十年，在玄阳山二十家子娘娘庙入院，度师为杨合选，原系九顶铁刹山八宝云光洞郭祖师守贞第七枝。王祖师于杨祖师修真飞升后，云游至吉林省宾州南山里松峰山太虚洞，见有古庙遗址，并有残碑，字迹不全，尚辨识有承安四年等字。祖师慨世代变化，而清静庙宇仍应修复，因此于道光十八年，开山凿岭，建修海云观道院。在此苦志修行，历二十年，功满德就，至同治九年羽化飞仙，年七十三岁。有度徒五人，继续相承，香火绵延。谨述吾祖师建观缘起，并将历代执事及度徒，分别列于后，勒石以垂不朽。[①]

[①] 《黑龙江碑刻考录》，第277页。

碑文中提到的"郭祖师守贞第七支"，即是指郭守真的第七个弟子沈太宗。沈太宗分支吉林梨树沟，其活动情况不详。但碑文中又提到王教参出家于二十家子娘娘庙，度师为杨合选，而杨合选为郭祖第七支传人，则可说明，二十家子娘娘庙肯定是沈太宗一系建立的宫观。那么，二十家子在什么地方？梨树沟又是哪里？

在吉林省的很多市县，如公主岭市、蛟河市、农安县、榆树县、九台县等地都有名为"二十家子"的地名，而吉林市和蛟河县则有"梨树沟"的地名，那么综合来看，则可推测，沈太宗一系住持的梨树沟以及二十家子娘娘庙，大概就在蛟河市、吉林市、榆树县一带。

王教参出家于二十家子娘娘庙，为郭祖龙门派第七支沈太宗之嗣徒。他云游到松峰山太虚洞（今黑龙江阿城），于道光十八年（1838）创建海云观，度徒传教，那么，松峰山海云观即为郭祖龙门派第七支之分支。

海云观建立后，代代相传，香火绵延，到民国（伪满）时期，已传承七代，传到龙门派第二十三代"宗"字辈。伪满康德二年（1935）所立的《海云观建观缘起碑》记载了海云观创建祖师王教参及其历代门徒共98人。此后，海云观还在不断收徒传教。到1943年，双城无量观举办传戒活动时，海云观共有15位道士参加了受戒。那么，根据碑文及《登真录》所载，将海云观传承谱系表列如下。

根据下表可以看出，松峰山海云观作为郭祖龙门派第七支之分支宫观，自道光十八年（1838）创建以来，传承不断，影响广泛，到伪满康德十年（1943），历代道士姓名可考者达115人，足见海云观的兴盛状况，这也反映了郭祖龙门派在黑龙江地区传播发展的一个侧面。

五 第八支砥太庸在本溪等地的传承

砥太庸是郭守真的第八位弟子，盛京辽阳人，1663年出家于铁刹山云光洞。砥太庸主要分支于本溪湖东二十里的卧龙村庙。《铁刹山志》记载了砥太庸以下三代的传承谱系，但是，关于砥太庸的创庙活动及其在整个清代的传承情况，并无详细记述。根据《铁刹山志》所载，砥太庸的传承简表如下：

海云观传承谱系表

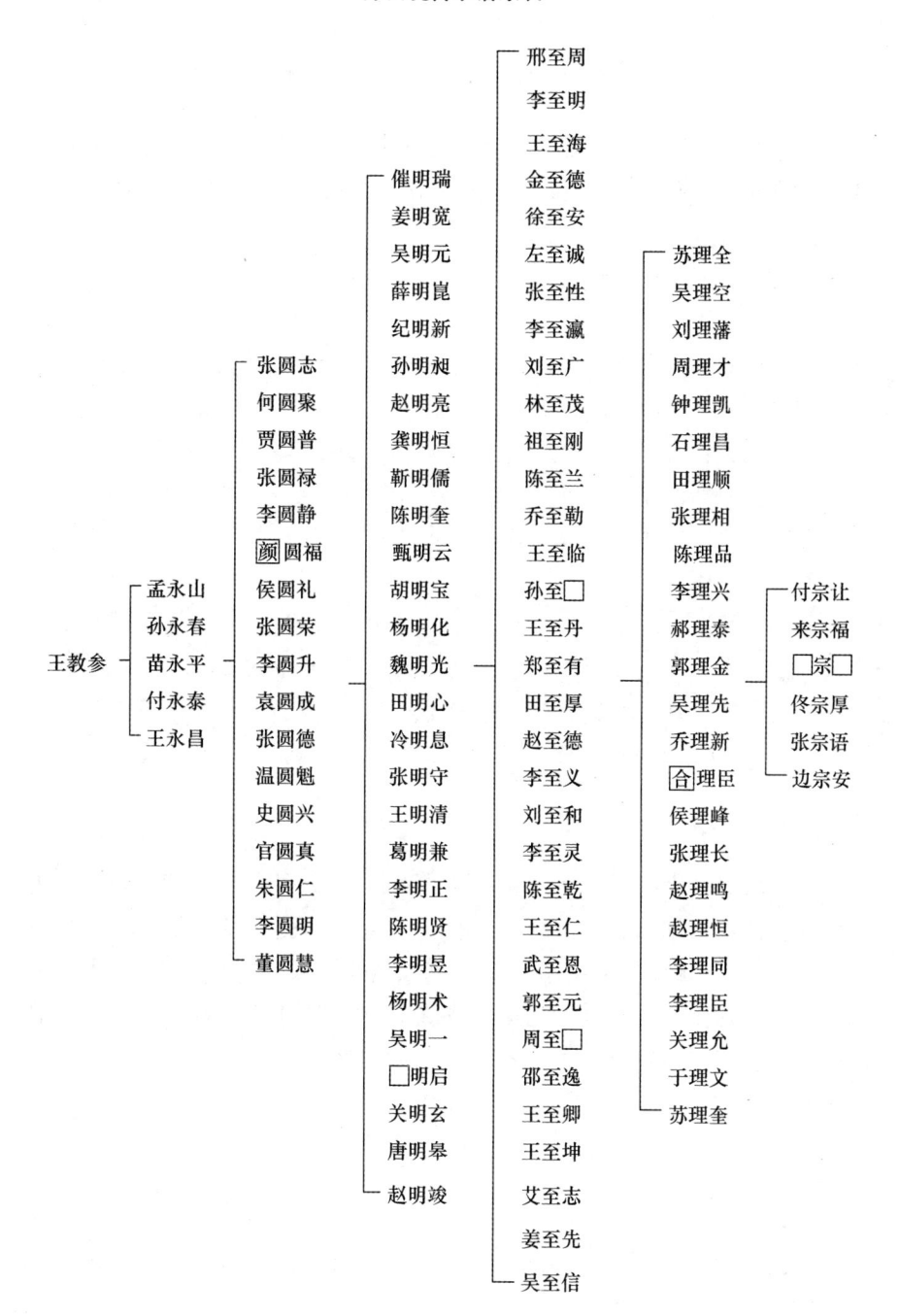

王教参					
孟永山	张圆志	催明瑞	邢至周	苏理全	付宗让
孙永春	何圆聚	姜明宽	李至明	吴理空	来宗福
苗永平	贾圆普	吴明元	王至海	刘理藩	□宗□
付永泰	张圆禄	薛明崑	金至德	周理才	佟宗厚
王永昌	李圆静	纪明新	徐至安	钟理凯	张宗语
	颜圆福	孙明昶	左至诚	石理昌	边宗安
	侯圆礼	赵明亮	张至性	田理顺	
	张圆荣	龚明恒	李至瀛	张理相	
	李圆升	靳明儒	刘至广	陈理品	
	袁圆成	陈明奎	林至茂	李理兴	
	张圆德	甄明云	祖至刚	郝理泰	
	温圆魁	胡明宝	陈至兰	郭理金	
	史圆兴	杨明化	乔至勒	吴理先	
	官圆真	魏明光	王至临	乔理新	
	朱圆仁	田明心	孙至□	合理臣	
	李圆明	冷明息	王至丹	侯理峰	
	董圆慧	张明守	郑至有	张理长	
		王明清	田至厚	赵理鸣	
		葛明兼	赵至德	赵理恒	
		李明正	李至义	李理同	
		陈明贤	刘至和	李理臣	
		李明昱	李至灵	关理允	
		杨明术	陈至乾	于理文	
		吴明一	王至仁	苏理奎	
		□明启	武至恩		
		关明玄	郭至元		
		唐明皋	周至□		
		赵明竣	邵至逸		
			王至卿		
			王至坤		
			艾至志		
			姜至先		
			吴至信		

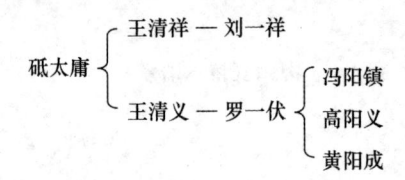

```
                  ┌ 王清祥 — 刘一祥
          砥太庸 ┤                      ┌ 冯阳镇
                  └ 王清义 — 罗一伏 ┤ 高阳义
                                        └ 黄阳成
```

虽然第八支砥太庸在卧龙村庙的后续传承无从得知，但是砥太庸的徒孙冯阳镇的弟子刘来亮分支辽宁盘锦市田庄台镇朝阳宫，留下了朝阳宫分支的传承谱系。

《盘锦文史资料》载：

> 朝阳宫，座落在大洼县田庄台镇（现东方红小学院内），俗称财神庙，始建于清嘉庆三年（1798），经信士历士杰、宫问智监修。又经二人礼聘龙门派第十二代传人冯元[阳]镇之徒刘来亮来此住持，成为盘锦市南部道教传入之始。刘来亮又续传八代，分别住持大洼县之凌云宫、朝阳宫、保灵寺等宫观。①

同书又载：

> 自郭守真上朔 7 代，下传 5 代，传至冯阳镇弟子刘来亮为龙门派 13 代。刘来亮原受业于沈阳太清宫之冯阳镇，于嘉庆三年（1798）来田庄台镇朝阳宫常住。

上文所引，讲述刘来亮师承龙门派第十二代冯阳镇，又说冯阳镇是沈阳太清宫道士，那么，通查郭祖所传十四支的门徒，名冯阳镇者只有一人，即砥太庸的嗣法孙冯阳镇。说明刘来亮的师承是郭祖第八支砥太庸一系，刘来亮常住的朝阳宫即为第八支之分支。根据《盘锦文史资料》记载，田庄台镇朝阳宫刘来亮以来的传承谱系如下：

---

① 郝勋稿，郝强整理：《解放前盘锦境内道教源流及宗派法系》，载《盘锦文史资料》第 3 辑，1990 年 10 月。

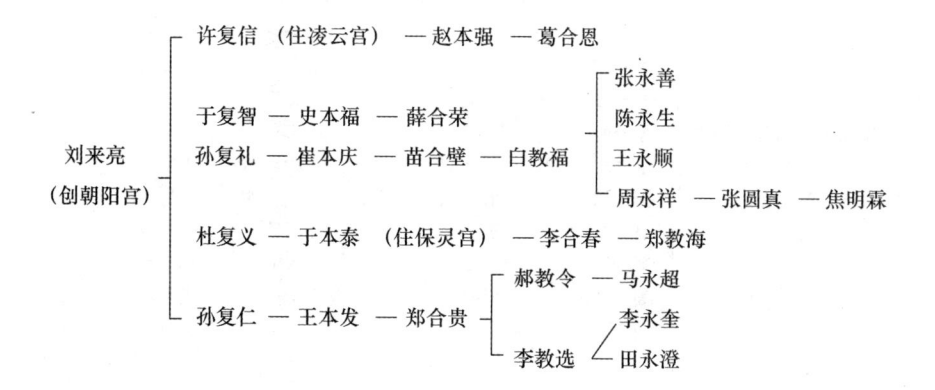

```
                ┌ 许复信（住凌云宫）— 赵本强 — 葛合恩
                │                              ┌ 张永善
                │ 于复智 — 史本福 — 薛合荣      │ 陈永生
刘来亮           │ 孙复礼 — 崔本庆 — 苗合璧 — 白教福 ┤ 王永顺
（创朝阳宫）      │                              └ 周永祥 — 张圆真 — 焦明霖
                │ 杜复义 — 于本泰（住保灵宫）— 李合春 — 郑教海
                │                              ┌ 郝教令 — 马永超
                └ 孙复仁 — 王本发 — 郑合贵 ┤      ┌ 李永奎
                                            └ 李教选 ┴ 田永澄
```

六 第九支秦太玉、第十支高太护在平顶山的传承

秦太玉为郭守真的第九位弟子，直隶永平府昌黎县人，1665年于盛京三教堂出家。高太护为郭守真的第十位弟子，山东文登县人，1665年在盛京三教堂出家。康熙年间，二人奉师命到本溪平顶山开山阐教，创建清虚观，开创了平顶山道场，成为郭祖龙门派第九支、第十支的阐化地域。

秦太玉、高太护收度晋清祥、崔清田为弟子，历代相传，绵绵不绝，分支众多，到清末民国时期，据不完全统计，秦太玉、高太护一系共在平顶山地区传承14代，到龙门派第二十三代"宗"字辈，弟子姓名可考者约109人。

秦太玉、高太护及其弟子们在平顶山及其周边地区建庙弘道，由清虚观又分支出十余处，如秦太玉派晋清祥开化平顶山东南30里的大峪沟，创修了玲珑观；晋清祥派弟子赵一成在平顶山正东50里处的三架岭连环洞修建了天齐庙、真武庙及聚仙宫；赵一成的法孙刘来荣在支岔子修建了玉皇庙名灵霄观；第15代郑本历、郭本福分支在今本溪湖处，创修了圆通观、三圣宫等。总之，平顶山自秦太玉、高太护开化以来，经过历代龙门派道徒的努力阐扬，开创大小宫观庙宇约20座，从而形成了以平顶山为中心的道教传播基地。

根据《增续铁刹山志》等资料的不完全记载，第九支秦太玉、第十支高太护开创的平顶山清虚观及其分支宫观的传承谱系如下：

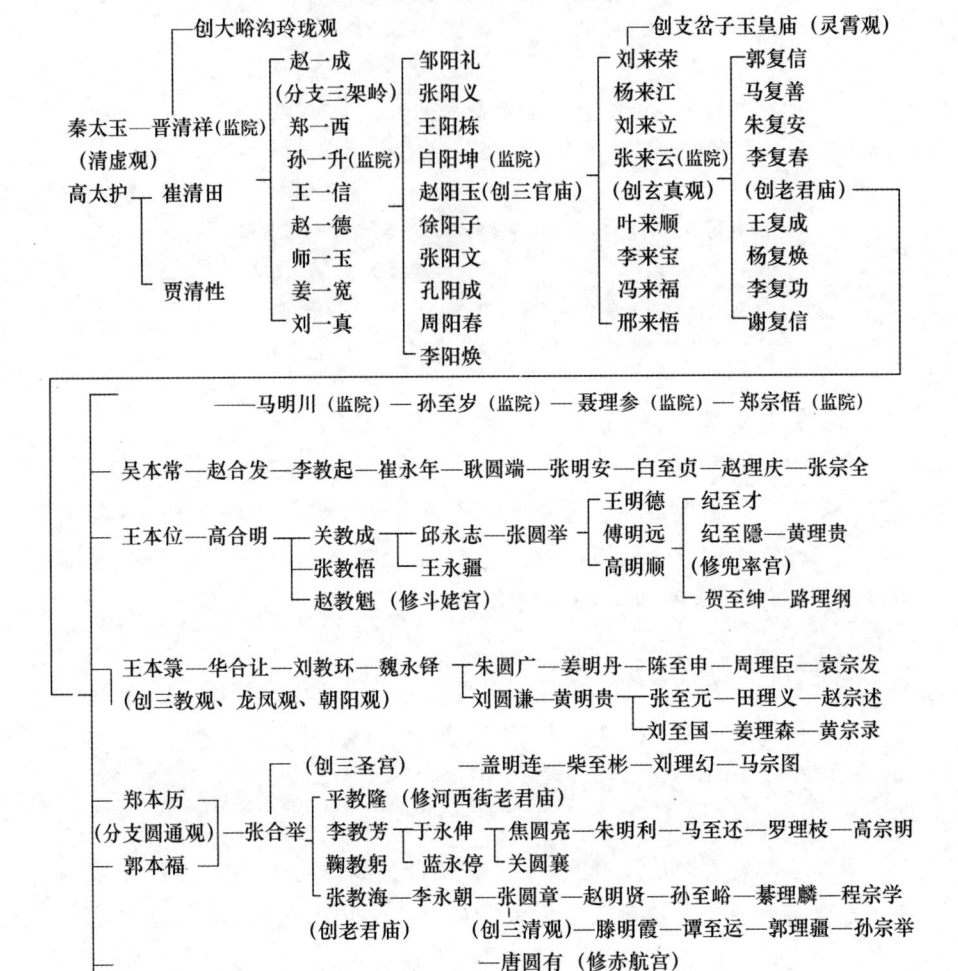

平顶山清虚观及其分支传承谱系简表

```
                              ┌─创大峪沟玲珑观                              ┌─创支岔子玉皇庙（灵霄观）
                              │ ┌赵一成──┬邹阳礼        ┌刘来荣──┬郭复信
                              │ │(分支三架岭)│张阳义        │杨来江  │马复善
         秦太玉─晋清祥(监院)─┤ │       │王阳栋        │刘来立  │朱复安
              (清虚观)        │ │郑一西  │白阳坤(监院)  │张来云(监院)│李复春
         高太护─┬崔清田─────┤ │孙一升(监院)│赵阳玉(创三官庙)│(创玄真观)│(创老君庙)
                │              │ │王一信  │徐阳子        │叶来顺  │王复成
                │              │ │赵一德  │张阳文        │李来宝  │杨复焕
                │              │ │师一玉  │孔阳成        │冯来福  │李复功
                │              │ │姜一宽  │周阳春        └邢来悟  └谢复信
                └贾清性        │ └刘一真  └李阳焕
                              │
                              └─────马明川(监院)─孙至岁(监院)─聂理参(监院)─郑宗悟(监院)

     ┌─吴本常─赵合发─李教起─崔永年─耿圆端─张明安─白至贞─赵理庆─张宗全
     │
     │                  ┌关教成  ┌邱永志─张圆举 ┌王明德  ┌纪至才
     ├─王本位─高合明─┤张教悟  │王永疆         │傅明远  │纪至隐─黄理贵
     │                  └赵教魁(修斗姥宫)       │高明顺  │(修兜率宫)
     │                                          └        └贺至绅─路理纲
     │
     │                                    ┌朱圆广─姜明丹─陈至申─周理臣─袁宗发
     ├─王本篆─华合让─刘教环─魏永铎─┤
     │  (创三教观、龙凤观、朝阳观)      │刘圆谦─黄明贵 ┌张至元─田理义─赵宗述
     │                                                  └刘至国─姜理森─黄宗录
     │                        ┌(创三圣宫)  ─盖明连─柴至彬─刘理幻─马宗图
     │                        │平教隆(修河西街老君庙)
     ├─郑本历──┬─张合举─┤李教芳 ┌于永伸 ┌焦圆亮─朱明利─马至还─罗理枝─高宗明
     │(分支圆通观)│          │鞠教躬 └蓝永停 └关圆襄
     └─郭本福      │          │张教海─李永朝─张圆章─赵明贤─孙至峪─綦理麟─程宗学
                    │          │(创老君庙)  (创三清观)─滕明霞─谭至运─郭理疆─孙宗举
                    │          ├唐圆有(修赤航宫)
                    │          └刘圆喜(修关帝庙)
```

七 第十一支吕太普在吉林的传承

吕太普是郭守真的第十一位弟子，奉天承德县人，1666年出家于盛京三教堂。康熙十年（1671），吕太普奉师命到吉林长春县开山弘教，先在长春县东南四十里的龙泉山创建了清华宫，后又在长春西阜丰山建修了庆云观，并在此东西两处共收度陈清志等弟子六名。自后，吕太普一系一直传承不辍，门徒众多，并陆续创立了不少分支道观，使得郭祖龙门派第十一支在吉林地区发扬光大，影响深远。

根据《增续铁刹山志》等资料的记载，吕太普一系在吉林长春县清华宫、庆云观的传承谱系如下：

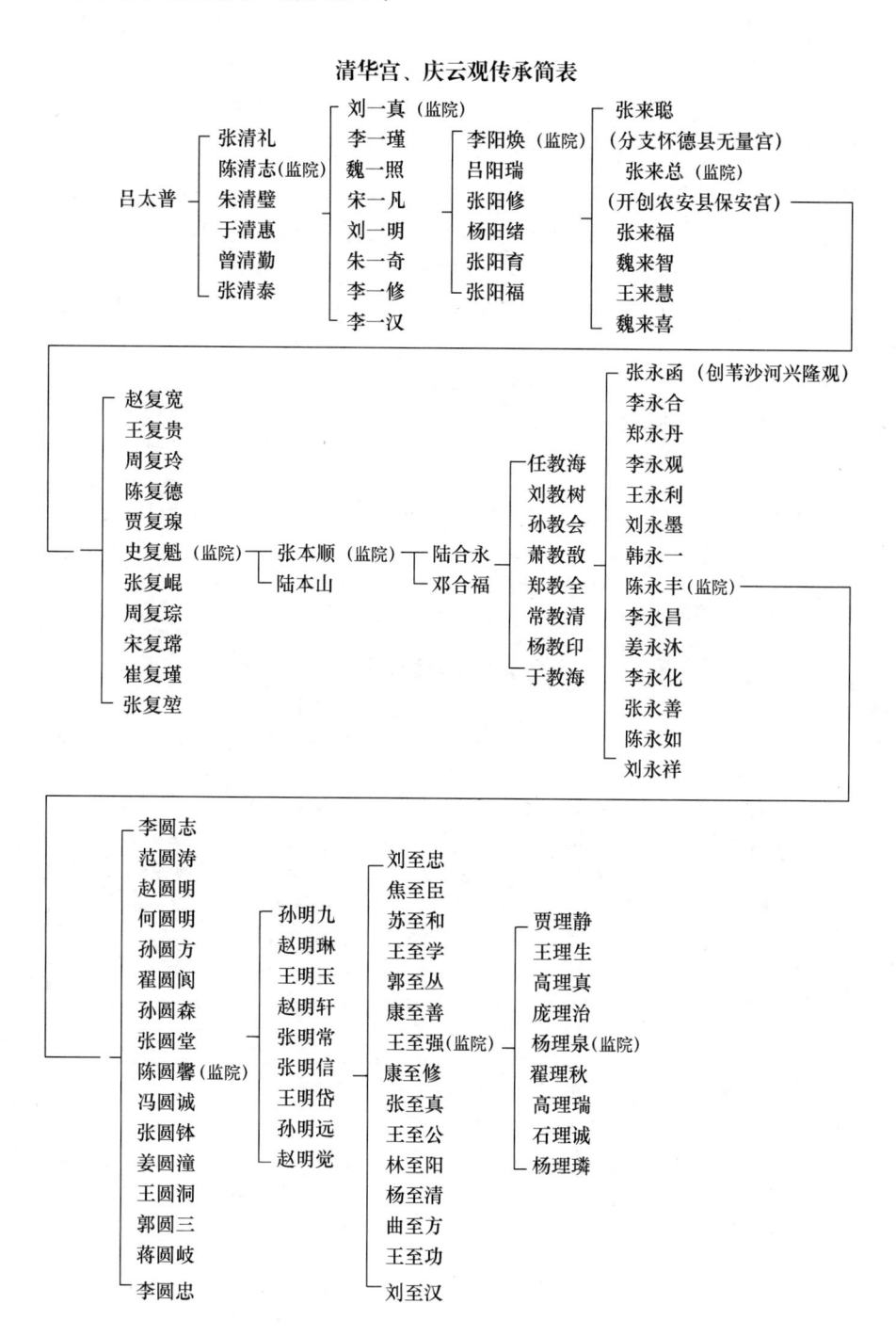

清华宫、庆云观传承简表

吕太普
- 张清礼
- 陈清志（监院）
- 朱清璧
- 于清惠
- 曾清勤
- 张清泰

- 刘一真（监院）
- 李一瑾
- 魏一照
- 宋一凡
- 刘一明
- 朱一奇
- 李一修
- 李一汉

- 李阳焕（监院）
- 吕阳瑞
- 张阳修
- 杨阳绪
- 张阳育
- 张阳福

- 张来聪（分支怀德县无量宫）
- 张来忿（监院）（开创农安县保安宫）
- 张来福
- 魏来智
- 王来慧
- 魏来喜

- 赵复宽
- 王复贵
- 周复玲
- 陈复德
- 贾复琅
- 史复魁（监院）
- 张复崐
- 周复琮
- 宋复瑞
- 崔复瑾
- 张复堃

- 张本顺（监院）
- 陆本山

- 陆合永
- 邓合福

- 任教海
- 刘教树
- 孙教会
- 萧教敢
- 郑教全
- 常教清
- 杨教印
- 于教海

- 张永函（创苇沙河兴隆观）
- 李永合
- 郑永丹
- 李永观
- 王永利
- 刘永墨
- 韩永一
- 陈永丰（监院）
- 李永昌
- 姜永沐
- 李永化
- 张永善
- 陈永如
- 刘永祥

- 李圆志
- 范圆涛
- 赵圆明
- 何圆明
- 孙圆方
- 翟圆阆
- 孙圆森
- 张圆堂
- 陈圆馨（监院）
- 冯圆诚
- 张圆钵
- 姜圆潼
- 王圆洞
- 郭圆三
- 蒋圆岐
- 李圆忠

- 孙明九
- 赵明琳
- 王明玉
- 赵明轩
- 张明常
- 张明信
- 王明岱
- 孙明远
- 赵明觉

- 刘至忠
- 焦至臣
- 苏至和
- 王至学
- 郭至从
- 康至善
- 王至强（监院）
- 康至修
- 张至真
- 王至公
- 林至阳
- 杨至清
- 曲至方
- 王至功
- 刘至汉

- 贾理静
- 王理生
- 高理真
- 庞理治
- 杨理泉（监院）
- 翟理秋
- 高理瑞
- 石理诚
- 杨理璘

根据上表可知，第十一支吕太普在吉林长春开创的清华宫、庆云观道场一直兴盛不衰，传承不断，道徒众多，自康熙十年到民国年间，共传承15 代，历代道士合计约 100 余人，构成长春地区道教的最主要流派。

同时，吕太普一系的弟子们又分赴各地弘教，开山建庙，陆续开创了农安县保安宫、怀德县无量宫、苇沙河兴隆观等道观，成为第十一支之分支。据记载，这些分支亦传承不辍，谱系清晰，人数众多，构成了吉林道教龙门派的主流。现据相关记载，将各分支的传承情况简述如下：

道光元年（1821），阜丰山庆云观道士张来总赴农安县开化道教，创修保安宫。保安宫成为农安县最早建立的道观，有力地推动了当地道教的发展。

农安县保安宫传承简表

张来总 — 张复堃 — 陆本山 — 邓合福 — 孙教会 — 刘永真 — 刘圆钵 ┬ 董明义 — 陈至生
　　　　　　　　　　　　　　　　　　　　　　　　　　　　　　　└ 赵明慧

道光元年（1821），清华宫监院刘一真遣弟子张来聪，赴怀德县杨家大城子建庙，开化道教，创修无量宫。无量宫开创以后，规模较大，道徒众多，传承不断。

怀德县无量宫传承简表

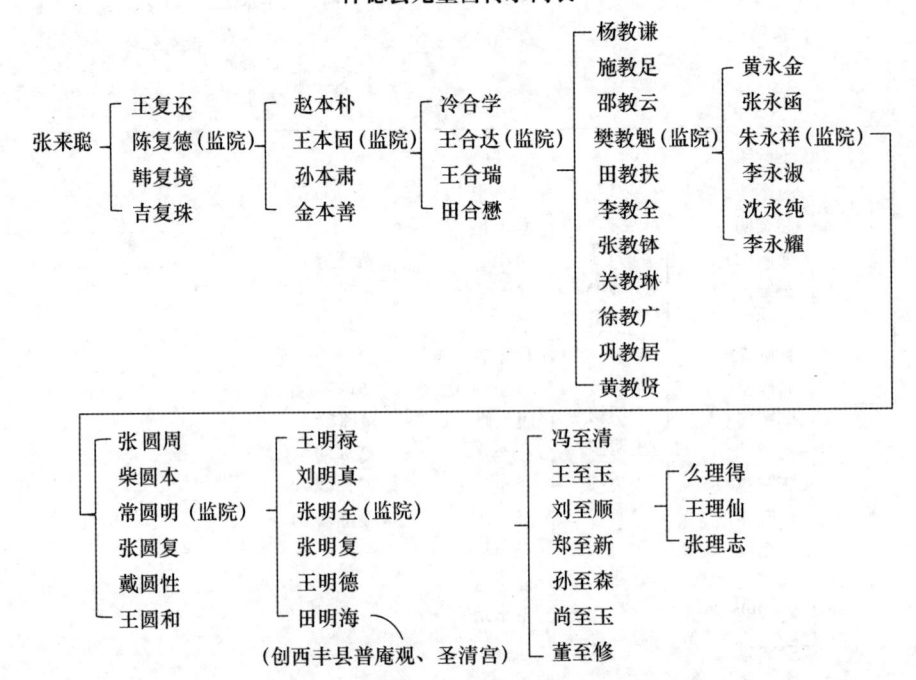

张来聪 ┬ 王复还
　　　　├ 陈复德（监院）
　　　　├ 韩复境
　　　　└ 吉复珠

┬ 赵本朴
├ 王本固（监院）
├ 孙本肃
└ 金本善

┬ 冷合学
├ 王合达（监院）
├ 王合瑞
└ 田合懋

┬ 杨教谦
├ 施教足
├ 邵教云
├ 樊教魁（监院）
├ 田教扶
├ 李教全
├ 张教钵
├ 关教琳
├ 徐教广
├ 巩教居
└ 黄教贤

┬ 黄永金
├ 张永函
├ 朱永祥（监院）
├ 李永淑
├ 沈永纯
└ 李永耀

┬ 张圆周
├ 柴圆本
├ 常圆明（监院）
├ 张圆复
├ 戴圆性
└ 王圆和

┬ 王明禄
├ 刘明真
├ 张明全（监院）
├ 张明复
├ 王明德
└ 田明海
（创西丰县普庵观、圣清宫）

┬ 冯至清
├ 王至玉
├ 刘至顺
├ 郑至新
├ 孙至森
├ 尚至玉
└ 董至修

┬ 么理得
├ 王理仙
└ 张理志

道光十一年（1831），阜丰山庆云观道士张永函赴吉林省苇沙河开化道教，创修兴隆观，此亦关东龙门派第十一支之分支。兴隆观的传承谱系如下：

```
         ┌─ 阎圆净 ─┬─ 赵明祥
         │          
         ├─ 关圆照 ─┬─ 宛明玉
张永函 ──┤          
         ├─ 王圆海 ─┬─ 刘明全
         │          
         └─ 刘圆祥 ─┴─ 张明山
```

八 第十二支刘太华在辽宁玄羊山的传承

刘太华是郭守真的第十二位弟子，河南省祥符县人，生于明崇祯四年（1631），年37岁出家于盛京三教堂。康熙年间，刘太华遵承师训，寻山弘道，来到盛京西北边外的玄羊山（今属辽宁朝阳县）居住。他医术高超，擅长针灸，因治病救人而获得了大量信徒。在信众的支持下，刘太华在玄羊山创建了一座规模可观的道观——灵佑宫。灵佑宫建成后，历代重修，传承不断，成为龙门派在辽西地区传播的重要基地。

关于第十二支刘太华在玄羊山灵佑宫的传承情况，史料记载不多。《铁刹山志》卷八记载了刘太华以下三代的传承，以后的传承谱系缺失。

```
         ┌─ 段清风 ─┬─ 李一新 ── 杨阳绪
刘太华 ──┤          └─ 金一桂
         └─ 贾清然
```

虽然刘太华一系留下的传承资料阙如，但毋庸置疑的是，刘太华开创的玄羊山道场曾是辽西地区著名的龙门派活动中心，历代道士云集，影响广大。

九 第十三支刘太应在盛京的传承

刘太应是郭守真的第十三位弟子，辽阳州人，生于清顺治元年（1644），年25岁出家于盛京三教堂。此后，刘太应主要在三教堂住持，并创建盛京真武庙。

康熙二年，郭守真应聘祈雨成功，盛京将军为之在盛京城修建庙宇一座，即为盛京三教堂。三教堂建成后，郭守真常住于此，并在盛京收度了6名弟子，刘太应是其中一位。同时，郭守真派遣众弟子分赴各大名山弘道，而刘太应却一直侍奉郭祖左右，没有离开盛京。在盛京三教堂住持期间，刘太应亦招徒传教，创立庙宇。据《增续铁刹山志》卷十二载，奉天真武庙的开山祖师为刘太应，弟子张清秀，再传刘一亮等，说明刘太应开创了奉天真武庙。

民国六年《沈阳县志》载："真武庙在外攘门外，清初建，乾隆四十一年重修。祠宇三楹，住持道侣三。"① 说明真武庙到民国年间仍然传承不辍。

据《铁刹山志》、《太清宫志》等资料的不完全记载，刘太应以下的传承谱系为：

```
         ┌─ 刘清元 ─ 沈一恒 ─ 王阳升
刘太应 ─┼─ 张清秀 ─ 刘一亮 ┬─ 白阳津 ─ 倪来顺 ─ 任复林
         └─ 王清风            └─ 许阳纵 ─ 马来生 ─ 张复发
```

十　第十四支刘太静在海城的传承

刘太静是郭守真的第十四位弟子，生于顺治八年（1652），年19岁从兄刘太应在盛京三教堂出家。刘太静作为郭祖的最后一位弟子，早年主要在盛京三教堂活动，后来住持海城真武庙。据载，刘太静有弟子刘清荟、王清云二人，二人又收徒传教，代代相传。《铁刹山志》记载有刘太静以下四代的传承谱系，此后的传承不明。

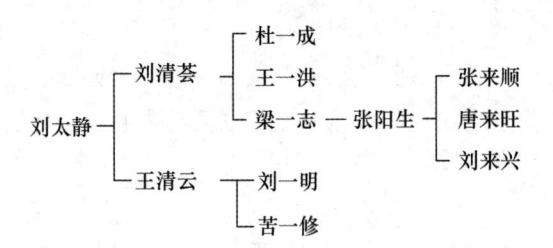

```
              ┌─ 刘清荟 ┬─ 杜一成
              │         ├─ 王一洪        ┌─ 张来顺
刘太静 ──────┤         └─ 梁一志 ─ 张阳生 ┼─ 唐来旺
              │                           └─ 刘来兴
              └─ 王清云 ┬─ 刘一明
                        └─ 苦一修
```

十一　小结

通过上述考证，可以看出，在郭祖的十四位弟子中，除了赵太源一支隐居于陕西终南山外，其他十三支全都在东北各地开山立庙，弘道阐教，并且传承不辍，香火不断。自清代康熙年间以来，郭祖龙门派一系基本占

---

① 《沈阳县志》卷十三《宗教》。

据了东北各地的大小山头,所立庙宇不下千余座,所度道士不下数千人,成为东北道教的最主要流派。

郭祖龙门派关东十四支（实为十三支）在东北地区分支众多,分支之下又有分支,从而形成庞大的支系和传播网络。就上文考述,据现有资料的不完全统计,将郭祖龙门派主要支系在东北地区建立庙宇和历代道士姓名可考者的数量总结如下。

地点	历代建立宫观数	历代道士可考者人数
辽宁千山	约25座	约700余人
本溪铁刹山	约10余座	约100余人
本溪平顶山	约20座	约109人
辽宁闾山	约10余座	数百人
吉林长春、怀德等地	约10余座	约百余人
黑龙江绥化、海伦、铁骊等地	约20座	约180人
黑龙江松峰山海云观分支		115人
合计	约百余座	约1500余人

上表所载,只是郭祖龙门派在一些重点区域的传播情况,这些地方因为史料留存较多,传承谱系比较清晰,故能大略统计。另外,上表只是根据现有资料的不完全统计,由于历史沧桑,资料逸失,实际数量远远多于统计数量。

实际上,关东龙门派在东北三省的传播是非常广泛而深远的,无论都市大邑,还是偏僻乡野,到处都有郭祖龙门派的踪迹。可以说,郭祖龙门派关东十四支占据了东北道教半壁以上的江山,是东北道教的象征和代表。

第五章

东北全真道著名宫观及道士举要

清代民国时期，东北全真道宫观遍布，道士众多。据 1937 年统计，东北全境有道教庙宇 1860 座，道士 2840 人，不过，当时的统计数字并不全面，实际数量还要更多。因此，面对如此众多的道观，不可能一一枚举。下面仅就其中比较著名、规模较大的宫观略举一二，并对著名方丈、监院略作介绍，以期管中窥豹，借以了解东北全真道宫观建筑、宗教活动之特色。下列所举，既有郭守真师徒创立的关东龙门派道观，如沈阳太清宫、沈阳关岳庙等；又有师承于北京白云观的龙门派宫观，如喀左天成观；还有其他全真支派创立的宫观，如尹喜派的帽儿山太和宫、金辉派的双城无量观、金山派的辽源福寿宫等。

一　沈阳太清宫

1. 历史与建筑

沈阳太清宫原名三教堂，始建于清康熙二年（1663）。乾隆四十四年改名太清宫，成为东北道教第一丛林。

清初，沈阳城西北角楼外，是一个大水泡。康熙二年沈阳大旱，盛京将军乌库礼慕名招聘铁刹山道士郭守真前来祈雨成功，于是把这块地撤水填平，修筑三教堂，作为郭守真及其弟子修炼之所。

三教堂初建时规模不大，当时只有大殿三楹，及玉皇阁、关帝庙、究堂、丹房数处。乾隆三十年（1765），三教堂遭受水潦之患，殿宇倾圮，半就淹没。当时监院赵一尘竭力化缘，以次翻修，增其式廓，工程宏大，历经十数年告竣。赵一尘扩建后的太清宫规模大增，拥有正殿、前殿、后殿各三楹，经楼三楹，以及耳房、配庑、大门、围墙等众多建筑，成为一个独立院落的、拥有几重殿堂的规模较大的庙宇。同时，三教堂还增置了不少房产和地产，为十方丛林的改制提供了经济基础。

乾隆四十四年（1779），三教堂修缮完成后，遂改名太清宫，定为十方常住，永作东省第一丛林。太清宫改制为十方丛林后，不再招收徒弟，而是留单接众，成为道士之公庙。日常管理全依丛林体制，设置方丈、监院、知客等执事，挂单常住的道众达100余人。使得太清宫成为东北道教的中心和重镇。

此后，太清宫不断重修和扩建，如嘉庆十三年（1808），监院阎山子又募资扩建，将山门外围墙打开修路，设照壁，将西院、后院东北隅一带房舍重新添修，增皂房九间，寮房五间。至此，太清宫共有殿宇142楹，规模基本完备。光绪三十一年（1905）玉皇楼失火，监院潘忠泰解职，众推葛月潭为监院，三十三年重建玉皇楼，规模更为宏伟。

总之，太清宫在清代不断重修，规模不断扩大，并从子孙庙发展为十方常住丛林，到清末时，太清宫设置有住持方丈一人，监院一人，职事十六人，拥有道侣百余人。

民国初年，在方丈葛月潭的经营下，太清宫更加兴盛。当时作为全国道教总会关东分会的所在地，有常住道士150余人。

太清宫作为一座全真道丛林制宫观，其建筑采用中国传统的院落式，以木架构为主，以"间"为单位构成单座建筑，再以单座建筑组成些许庭院，进而以庭院为单元组成一个完整的建筑群。太清宫共三进院落，采用四合院轴式建筑格局。首进院落内，最南为灵官殿，亦是山门，东为十方堂，西为云水堂，正北为关帝殿。二进院内，正中为老君殿，东侧有客堂、省心堂，西侧有寮房、经堂。三进院内，正中为二层的玉皇阁，楼上供奉玉皇大帝，楼下供太清宫开山祖师郭守真；东侧有斋堂、吕祖楼；西侧有善功堂、丘祖殿等。另外，后院还有法堂、方丈房、监院房、香厨房、含英房等建筑。太清宫内的主要殿堂如关帝殿、老君殿、玉皇阁，都建在南北中轴线上，并由南向北依次升高，玉皇阁为整个道院的最高建筑。

日本学者五十岚贤隆在《道教丛林太清宫志》中对太清宫的各建筑位置进行了实测，并绘制有平面图和详释，此图表非常详细地记录了20世纪30年代太清宫的殿堂建筑和殿内神像、居住道士等情况。转引如下[①]：

---

① 下引图表来自五十岚贤隆《道教丛林太清宫志》中的插图。

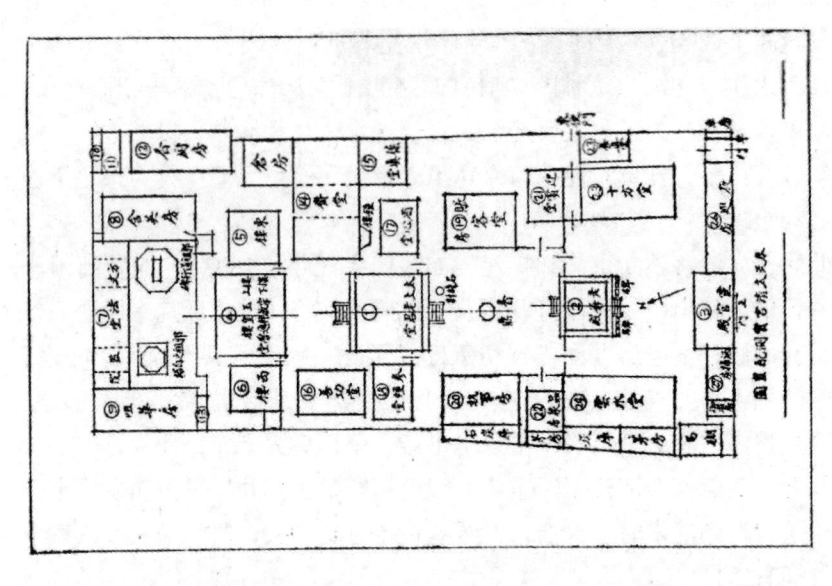

20世纪30年代沈阳太清宫实测图

从上表可以看出，太清宫作为东北三省著名的十方丛林，确实规模宏伟，殿堂众多，设施齐全，道士云集。据表中所列，当时居住于各殿堂的道士及伙计共有153人，可见其时兴盛之景况。

20世纪30年代沈阳太清宫全景图

又据民国十八年的统计资料①，太清宫本院占地面积8.2亩（约合5400平方米），有殿房、住房、楼房共124间。另外，太清宫还拥有众多附属下院、房产、田产作为经济基础，以维持太清宫庞大的开支。据统计，太清宫有附属前院、西院及下院共7处，合计土地面积1062.64亩，房屋234间，庙堂48间，可见太清宫规模及资产之庞大。

不过，由于军阀混战，日寇占领，民不聊生，太清宫香火日衰，到1949年新中国成立前夕，太清宫已经房屋破败，道士星散。新中国成立后，太清宫多次整修殿宇，特别是十一届三中全会以来，太清宫得以全面维修，重塑神像，焕然一新。

2. 历任方丈

沈阳太清宫自乾隆四十四年改制为十方丛林后，不再招收徒弟，变为道众公庙，开始留单接众，可以开坛传戒。据记载，太清宫自道光三年第一次开坛传戒，此后又多次授戒，到民国三十三年，共开坛十次，历任方丈有7人，所授戒子合计达3275人。

---

① 参见五十岚贤隆《道教丛林太清宫志》所引"寺庙登记报告表"，第242—244页。

方丈是十方丛林最高领袖的称谓，是受过三坛大戒，接过律师传法，戒行精严，德高望重，受全体道众拥戴而选的道士。所谓"传戒"，就是在道教十方丛林宫观中由德高望重的一代宗师、律师、著名方丈向来自全国各地的全真派道士传授"三坛大戒"（《初真戒》、《中极戒》、《天仙戒》）。"戒律"是以天神的名义规定的道士行为准则。道教认为，"戒"如同载人之舟楫，出家修道者，志在超生死，但是道有真传，法有秘授，都只传授给有德之善人。而"戒"就能帮助修道者达到性善的境界，修道不受戒，就得不到道法要诀的真传，且名不得入"登真录"。因此出家道士要受戒并持戒。道教授受戒律，源远流长。全真道传授戒法，自元代丘长春真人订立传戒授受仪范，已有七百多年的历史。清代王常月方丈公开传授"三坛大戒"，广度弟子，弘扬律宗，使全真之道风大振。此后全国著名丛林多次开坛传戒，道统传承不辍。

沈阳太清宫自道光三年（1823）首次开坛传戒，历史上共开坛10次，方丈7人，戒子3275人，成为传承全真龙门正法的重要道坛。现将太清宫历届方丈传戒情况表列如下：

沈阳太清宫传戒情况简表

序号	传戒时间	传戒方丈	传戒地点	戒子人数
1	道光三年（1823）	孙抱一	太清宫	36
2	道光十三年（1833）	赵坚忍	太清宫	102
3	同治十三年（1874）	张圆璿	太清宫	177
4	光绪五年（1879）	魏明彩	太清宫	244
5	民国三年（1914）春	葛明新	太清宫	12
6	民国三年（1914）秋	葛明新	太清宫	333
7	民国十年（1921）	葛明新	太清宫	387
8	民国十八年（1929）	葛明新	太清宫	461
9	民国二十六年（1937）	纪至隐	太清宫	593
10	民国三十三年（1944）	金诚泽	太清宫	930
合计				3275

上表所载，是沈阳太清宫丛林历代开坛传戒的情况。实际上，在民国（伪满）时期，沈阳太清宫方丈还在别的宫观传过戒，所得戒子甚多。如第七代方丈金诚泽于1943年到当时的特殊寺庙黑龙江省双城无量观传戒

一次，共传戒子 609 人。如果加上无量观的传戒，则东北地区历史上共传戒 11 次，合计 3884 人。

在太清宫的历代传戒方丈中，前两任方丈孙抱一、赵坚忍的生平事迹，由于资料不足，无从考证。其后的五位方丈中，有一位来自北京白云观，其他四位都是东北龙门派道士。由于方丈是道众公选出来的教门领袖，德高望重，在担任方丈之前就已经是贡献非凡，升任方丈之后，开坛传戒，现身说法，传承道统，度人无数，所以沈阳太清宫的历任方丈对于太清宫丛林贡献巨大，对于东北道教的发展亦产生有极大的影响。

第三任方丈张圆璿

同治十三年（1874），沈阳太清宫监院魏永彩请来北京白云观方丈张圆璿，在太清宫演戒一坛，是为太清宫历史上的第三次传戒，是在上次传戒（1833）中断四十年之后举行的，这次传戒演道的律师就是从北京请来的张圆璿。

据《太上律脉源流》载，张圆璿原为北京白云观第十九代传戒律师，字耕云，号云樵子，原籍山东登州府福山县人。自幼慕道，在本省莱州府即墨县崂山三官庙出家。后于江南天宝观开立常住，旋移衭于南阳玄妙观，众推为监院。同治六年（1867），北京白云观道众公议请师来京，尊为方丈，开坛传戒，期满南归。庚午（九年，1870），再请传戒。蒙慈禧太后恩赐紫袍玉冠，捐金助坛，开大戒场。达官贵人，接踵而来，请谒不断。

张圆璿作为龙门正宗第十九代律师，声名远播，1874 年沈阳太清宫监院魏永彩虔请张真人来太清宫，演戒百日，期满送归。魏永彩遂嗣法成为方丈。

张圆璿的这次演戒，对于太清宫影响深远。因为太清宫是清初郭守真祖师开创，其法脉主要传承自山东马鞍山李常明。同治十三年传戒后，北京白云观龙门正宗的律法正式传入沈阳太清宫，此后，太清宫的历次传戒，都是传授龙门正宗的律法，太清宫第五代方丈葛明新甚至接续了张圆璿的龙门法卷，成为龙门正宗第二十代传人。

第四任方丈魏明彩

魏明彩（1822—1880），亦名魏永彩，字丹霞，山东济宁人。同治十三年（1874），张圆璿方丈传戒完满回京后，时为太清宫监院的魏永彩遂嗣法为方丈。魏永彩嗣法后，得戒名为魏明彩。

据《太清宫特建世系承志碑》载，魏永彩幼年慕道，出家于千山，度师为夏教琳。咸丰初年（1851）始任太清宫监院，建树颇多。碑载：

> 公讳永彩，字丹霞，山东济宁人也，幼而慕道，自投千山出家，为教琳夏先生弟子，致虚十代元孙。咸丰初年（1851），太清宫庙宇渐有颓唐，常住众道友乃相与延公来为监院。公平素为人，口无择言，身无遗行，一时名公钜卿，上善耆宿，慕其高义，乐为亲接，并以勖其缔造。于是鸠工庀材，整新理旧，未至十稔，统前此所为阁者三，为殿者三，为堂者六，以及斋厨廪厩，方丈散室。一经修葺，罔不粲然。公又构别业数区，增善地若干亩，至是居者日益众，恒百数十人。夫四事丰美，所以养道侣者至矣！

魏永彩在太清宫渐有颓败之象时受任为监院，经过十余年的经营，使太清宫修复一新，殿堂楼阁、斋厨廪厩、方丈散室，全部得以修葺。魏监院又购置别业，增广善地，于是太清宫道侣云集，常住道士保持在一百多人的规模。魏监院对太清宫的贡献可谓大矣，所谓"四事丰美，所以养道侣者至矣！"

然而，魏监院并不满足于此，他将太清宫修复完成后，犹有着更宏大的计划，就是演戒传教。他说："当此叔光，犹不可徒阐宗教。"于是在同治十三年（1874）虔迎张圆璿真人来宫演戒，百日期满，送真人归去，魏监院遂嗣法为方丈。时隔数年，到光绪五年（1879）夏，魏方丈在太清宫演戒一坛，度者二百余人。

魏方丈在传戒完毕后，行化于滨海诸城，于光绪六年（1880）羽化于北镇庙内，享年58岁。太清宫监院谢宇寿将魏方丈遗体迎归，卜葬仙茔，覆塔立碑，以志永久。光绪七年（1881），监院谢宇寿在太清宫立一石碑，曰《太清宫特建世系承志碑》，详述郭祖开化缘由，并魏方丈立功始末，以垂不朽。可以说，魏方丈是继郭守真、赵一尘之后，将太清宫发扬光大的重要人物。正如《太清宫续承志碑》所说：

> 郭真人开化关东，志在昌明道教，绳绳继继，久而不替，传至十代法孙魏方丈，克承厥志，缙绅慕其高义，羽流慕其玄风，居者恒以

百数，受戒者几三百人，道教之光大由自来矣。①

在道法承传上，魏方丈亦是太清宫承前启后的重要人物，他上接郭祖，下启玄门正宗，使东北道教完全与关内道教接轨。《太清宫特建世系承志碑》曰：

> 自孙真人坚忍子而后，则继传无人，何幸隔越数十年来，眠云魏公特起，上接郭祖，下启元宗。②

可以说，魏明彩道士在担任太清宫监院和方丈期间的两次传戒，对东北道教的发展影响深远。传戒不仅带来了北京白云观的龙门正宗法统，而且两次传戒共得戒子400余人，为东北道教的发展培养了大量弘法人才。正如《奉天通志》所载：

> 清光绪初年，道士魏永彩请南阳道师张度戒一坛，遂为东省道士受戒之所。辽东道教从此大昌，教徒散居四方，到处立庙。③

《奉天通志》认为在光绪初年的传戒之后，辽东道教从此大昌，或许有失公允，因为辽东道教的昌盛应该说自清代中期就已开始，但光绪初年到民国时期的多次传戒，确实促进了辽东道教的鼎盛，使得清末民国的东北道教出现了相对繁荣的局面。

第五任方丈葛明新

葛明新字月潭，是太清宫的第五任方丈，也是太清宫丛林以来极有影响的一位高道。据袁元会《一代高道葛月潭方丈》④ 及刘明省《千华道教》等著作介绍，葛明新的主要生平事迹如下。

葛月潭（1854—1935），讳明新，字月潭，号宁静子，别号枕流道者，又名震庚道人。祖籍山东省邱县，幼时家境中落，咸丰八年（1858）

---

① 《增续铁刹山志》卷八。
② 《道教丛林太清宫志》，第261页。
③ 《奉天通志》卷九十九《礼俗三·神教》。
④ 袁元会：《一代高道葛月潭方丈》，载《中国道教》1992年第4期。

随父移居沈阳。他自幼好学，天赋极佳，同治十年（1871）踏入玄门，拜斗姆宫道士翟明真为师，成为其高足弟子。同治十三年（1874），张圆璿方丈在沈阳太清宫开坛传戒，葛月潭临坛得受三坛大戒。

光绪元年（1875），葛月潭赴北京白云观挂单，被聘为知客。在白云观期间，他得以频繁接触达官贵人与骚人墨客，同时向书画名家学习国画，书画技艺日渐精深。光绪二年，葛月潭辞去知客之职，只身东游，不久归住沈阳太清宫。光绪六年（1880），沈阳城淫雨滂沱，斗姥宫前殿椽檐坍塌，危及道众安全，葛月潭自告奋勇，愿负其责，数日即修复完好。此后，他一面专心于书画艺术，一面尽心于太清宫的各项事务。光绪三十一年（1905），太清宫玉皇楼发生火灾，经书建筑，悉毁于火。原任太清宫监院解职远去，众道士推葛月潭为监院。他多方筹措，四处化缘，募得巨资，于光绪三十四年（1908）将玉皇阁重新建成。重建后的玉皇阁式样新颖，塑像及壁画皆具清风雅韵，体现了葛月潭高深的书画水平。

清末民初，政治维新，教育初兴，葛月潭在太清宫内极力创办粹通小学，普及教育，并聚集年轻的道士学习道家经典，为当时社会和道教界培养出不少人才，得到了道俗界的一致公认。民国初期，大总统袁世凯曾赠匾额一方，曰"敬教勤学"，长期挂于太清宫内。同时，为振兴经济，他又出巨资助办染织厂。

民国三年（1914），诸山道众推举葛月潭为太清宫丛林方丈。是年二月，演戒传道，得戒子12人。同年七月再次开坛传戒，登座说法，得戒子三百余名。葛方丈对于清末民初的社会巨变有清醒的认识，对于道教的前途充满担心，因而更加重视宣教传道，他说："世变愈愈非，宗教愈愈危。若佛若回若景若蒙若藏，莫不各本其教中义旨，出而与社会相维持。吾教本中国固有，矧以共和人民，道德尤贵，吾人本有入世出世两种教义，欲求以渡己者渡人，则宣教一事，诚为当务之急。"[①]此后，民国十年（1921）、十八年（1929），他又先后两次在太清宫开坛传戒。加上民国三年的两次传戒，葛方丈共传戒四次，得戒子1193人，戒徒遍及全国。

葛月潭不仅是太清宫的第五任方丈，而且接续有"龙门法卷"，是龙

---

① 五十岚贤隆：《道教丛林太清宫志》第40—41页。

门正宗的第二十代传人。所谓龙门法卷，亦称"太上律脉源流"，是记载龙门正宗源流及历代传人的长卷。目前所知，这类法卷只在北京白云观和沈阳太清宫出现过。据五十岚贤隆在《太清宫志》中记载，他于20世纪30年代在沈阳太清宫看到过《龙门法卷》，并将其内容抄录下来。现今沈阳太清宫的法卷已经逸失，不过其内容部分保存于五十岚贤隆的《太清宫志》中。那么，葛月潭方丈接续有北京白云观第十九代传戒律师张圆璿的"龙门法卷"，表明太清宫的道法传承是龙门正宗律法。

葛月潭对道教和社会的贡献，得到国民政府的嘉奖，也使他享有了较高的荣誉和声望。民国时期，葛月潭与各地著名宫观道长联合上书国民政府，成立了全国道教总会，会址设在北京白云观，而沈阳太清宫成为全国道教总会关东总分会的所在地，葛月潭为分会会长。作为道教界的一个全国性的组织机构，在整顿道教制度、联合各地力量，维护道教界的权益等方面发挥有积极的作用，为道教的发展开辟了新道路。

葛方丈学识渊博，道法高深，兼学诗、书、画，号称三绝。尤以画花卉、怪石为长，又善诗、赋及行、隶书等，名重一时。葛方丈用其书画艺术，服务于宫观，服务于社会，名闻于世。每日向方丈求画、求诗、求字者络绎不绝，他所作书画，不订润格，不收笔润，并且求者不拒。民国五年（1916），沈阳举办蔡锷、黄兴追悼会，葛方丈书写挽联一幅，词曰："国士无双双国士，完人难二二完人"，轰动当世，广为传诵。民国九年（1920），山东、河北一带遭受特大旱灾，哀鸿遍野，民不聊生，消息传至沈阳，葛方丈忧心如焚，彻夜难眠，于是挥汗作书、绘画，将书画展所得款悉数济助灾民。次年，旱象波及直隶，饿殍遍野，葛方丈除自己捐款外，还号召全东北道教界人士捐资以助灾民。因葛方丈救灾有功，时任大总统奖给他一等"嘉祥褒章"一枚，山东督军兼省长田蕴山、会办赈务何春江赠给葛方丈"好行其德"匾额一块。

葛月潭晚年隐居于沈阳斗姥宫，每日吟诗作画，宁静淡泊。民国二十年（1931），葛月潭出巨资购《道藏》两部，一存于沈阳斗姥宫，一存于千山无量观。民国二十三年（1934）十一月，葛方丈羽化于沈阳太清宫。逝前，召众弟子嘱托后事，命孙诚基继承斗姥宫监院之职。又索笔画绝笔兰花一幅，一花一叶，题诗云："一花一世界，一叶一仙槎，挥麈东溟去，云天到处家。"逝后，太清宫举办了盛大的荐拔道场，坐龛暂厝于斗姥宫内。第二年，坐龛送千山，殓于塔内，其塔镌有葛月潭手绘的各态兰花，塔名曰葛公塔。

总之，葛月潭作为一代高道，教法高深，学识渊博，书画艺绝。在教内弘戒传法，创建道教会，修旧补新，为道教的发展尽心竭力；在教外兴学办厂，赈灾救民，为社会的进步亦贡献良多。

第六任方丈纪至隐

纪至隐原为本溪道士，是郭祖龙门派下平顶山分支的嗣传弟子。清朝末年，纪至隐在本溪市内创建兜率宫一所。清代光绪二十六年至三十一年（1900—1905），纪至隐为沈阳太清宫监院，期满后离职。民国三年（1914），葛月潭升为方丈，纪至隐又被公推为监院。同年二月，葛方丈首次登坛说戒，得戒子12人，纪至隐是其中一位。

在担任太清宫监院期间，纪至隐尽心竭力，公正无私，"八九年间，为本院置房产若干节，存银万余圆，而其自奉甚俭，衣服日用，皆出自本庙，仅日食太清三餐而已。"①

1935年，葛月潭方丈仙逝，纪至隐继任为方丈。1937年，纪方丈在太清宫开坛传戒，得戒子593人。

3. 历任监院

太清宫作为东北道教的十方丛林，历史上人才辈出，除了上述名望隆重的众位方丈外，在历任监院中也出现了很多卓有建树的高道大德，为太清宫丛林和东北道教的发展做出过杰出贡献。

三教堂自康熙二年（1663）修建以来，首任住持为郭守真，康熙四十七年（1708）郭祖仙逝后，其弟子辈相继住持，皆能继守成业。先后有马复彭、赵一尘任监院。其中，赵一尘任监院期间，增修扩建，将三教堂更名为太清宫，并定为十方丛林，对太清宫的贡献颇大。

赵一尘是郭守真的第三代法孙，其度师是任清慧，师爷为高太悟，原在铁刹山云光洞出家，雍正年间到三教堂任监院。据《铁刹山志》载：

> 赵一尘，山东济南府德州人。年四十岁出家，清雍正九年辛亥（1731）在盛京小西关三教堂即今太清宫充任监院。弟子任阳月。②

---

① 五十岚贤隆：《道教丛林太清宫志》，第55页。
② 《增续铁刹山志》卷十一，第13页。

可见，赵一尘从雍正九年（1731）开始充任三教堂监院，到乾隆三十年（1765）募修三教堂，赵一尘至少担任三教堂监院三十余年。在赵一尘住持期间，基本完成了从三教堂到太清宫的转制，奠定了太清宫作为十方丛林的基础。

《太清宫丛林历史志略》载：

> 乾隆三十年（1765）乙酉，曾遭水潦之患，殿宇倾圮，半就淹没。当由本庙道士赵一尘竭力化募，以次翻修，并增购丁家园空地及马姓房身。向西开渠引水，直从边城外出，以资疏泄。乃丁未（亥）三十二年（1767），复由马道士阳震，借盛京魏将军、刑部荣侍郎，及通省各界绅民之力，大加扩充。增修外院群房及西院空基屋宇，并大殿前东西廊，四周均各围以垣墙，借作保障。其先由孙姓隐种熟田二百六十八亩，亦讼蒙前承德县断回作为本庙香火。直至乾隆四十四年己未（亥）（1779）方始修筑完竣。遂改名太清宫，定为十方常住，永作东省第一丛林。①

根据上述记载，赵一尘40岁出家，雍正九年（1731）充任三教堂监院，乾隆三十年（1765）由于水灾，三教堂大部殿宇遭受淹没倾圮，故赵一尘开始竭力化募，翻修扩建，并且开渠引水，提高抗洪能力，同时还增购了丁家园空地及马姓房屋，为三教堂的扩建奠定了基础。到乾隆三十二年（1767）复由道士马阳震增修，说明此时赵一尘可能已经卸任或者去世，因为此时赵一尘已经至少是70多岁的高龄了。总之，赵一尘担任三教堂监院数十年，对三教堂的发展贡献颇大。他晚年主持三教堂的扩建，尽管没有全部建成就可能过世，但其弟子完成了扩建工程，并且改名为太清宫，定为十方丛林，从而完成了太清宫的改制，使太清宫由规模较小的子孙庙变成规模宏大的十方丛林，由三教合祀的庙宇变为单纯的道教宫观。太清宫改制后，成为当之无愧的东北道教的中心和基地。那么，在太清宫改制过程中，赵一尘是承前启后的关键性人物。

太清宫变为十方丛林后，实行丛林规制，设置有方丈、监院及众多执

---

① 五十岚贤隆：《道教丛林太清宫志》，东京国书刊行会，昭和13年（1938）初版，昭和61年（1986）原版再刊，第39页。

事，其中方丈是最高的精神领袖，负责授戒传法，而监院则总管内外一切事务，亦由常住道众公选，必须才全智足，通道明德，仁义谦恭，弱己卫众，功行俱备。

从乾隆四十四年以来，太清宫的历任监院众多，他们都对太清宫的发展做出过或多或少的贡献。据《太清宫丛林历史志略》载：

> 其监院之可详载者，自前清同治十三年迄今，共十有一人。张方丈传戒毕，魏永彩即眠云继任监院，旋升方丈，改举姜乾初为监院，一年羽化。嗣为王合达监院，仅一年不辞而去。魏方丈于光绪五年传戒，于是谢宇寿由客堂以次推升监院。至光绪九年，谢复以意见不合，解职他往。诸山乃共举李君宗慧为监院，亦仅任职二年有半，即托名归山一去不返。维时诸山同至巨流河，迎请吴监院福，继任其后，未乃一年亦辞职他往。嗣为广东人赵圆曦监院，为日较多，至二十六年（1900）庚子，因赴京遭拳匪之变，竟亦不知去向。自是而后，继任者为纪至隐监院，至三十一年任满离职。沈（潘）君宗泰遂于三十一年五月接任监院，仅及二载，因故而去。余以后学新进，承乏其间，得僭附于监院诸公之列。余升任方丈后，纪至隐复被公推为监院。此自同治甲申至今，本庙前后诸方丈监院之一切经过实在情形也。
>
> 若甲戌以前之历任监院，或因姓字失传，或竟无人记载，求其强半可指数者，惟间山子《太清宫原志》序中载乾隆四十四年（1779），初立常住时，公举任合阳为监院，书为本官设置监院之始。任君而后，若孟监院复臣，李监院合望，王监院教隆，苏监院信寿，方监院阳会，赵监院本修，张监院合智，陶监院永碧，刘监院本海，刘监院复义，陆监院嘉樱，王监院教海等。以上共十三人，然皆莅任不久，故亦碍难详叙。惟间山子于嘉庆十二年（1807）继王教海接充监院，任事最久，建树亦最多。省功太清，实非浅鲜，惜其真名不传，徒令人遐想当年，低徊不置，殆所谓真人不露相者与？①

上述《太清宫丛林历史志略》，是民国六年太清宫监院葛月潭所写，

---

① 引自五十岚贤隆《道教丛林太清宫志》第41—42页。

记载了自乾隆四十四年到民国六年的太清宫监院沿革情况。不过，该文尚有遗漏，如光绪年间马理璘曾任监院，贡献良多，文中未曾提及。另外，民国六年以来，继葛明新监院之后，太清宫又有数位监院管理庙务，亦应补充。现据相关资料，将太清宫历任监院情况列表如下：

沈阳太清宫历任监院表

姓名	任职时间	主要事迹
任合阳	乾隆四十四年—？	太清宫改制为十方丛林后第一任监院
孟复臣		
李合望		原千山无量观道士
王教隆		
苏信寿		
方阳会		
赵本修		
张合智		
陶永碧		
刘本海		
刘复义		
陆嘉樑		
王教海		原千山无量观道士
闫山子	嘉庆十二年—？	将山门外围墙打开，辟为东西直路。增修房舍多间。
魏永彩	咸丰初年—同治十三年	出家于千山。监院期间，将太清宫修葺一新，并请来张圆璿方丈传戒。魏接任方丈后，又传戒一坛。
姜乾初	光绪初年	任监院一年后羽化。
王合达	光绪三年—光绪四年	原吉林怀德县无量宫监院。
谢宇寿	光绪五年—九年	出家于吉林通化白蒿沟云华观。协助魏永彩传戒，立有《太清宫特建世系承志碑》。
李宗慧	光绪九年—十二年	原千山无量观道士
吴福	光绪十二年—十三年	原住巨流河
赵圆曦	光绪十三年—？	广东人。
马理璘	光绪十七年—二十四年	原千山南泉庵道士
纪至隐	光绪二十六年—三十一年	来自本溪兜率宫。为太清宫置房产若干，存银万余圆。

续表

姓名	任职时间	主要事迹
潘宗泰	光绪三十一年—三十三年	来自闾山圆通观
葛明新	光绪三十三年—民国三年	出家于沈阳斗姥宫。任监院时重修玉皇阁。后升任方丈，多次传戒，贡献良多。
纪至隐	民国三年再任—	
徐宗阳	民国年间	
孙诚基	民国十六年前后	原千山泰和宫道士。1935年又任斗姥宫监院。
马崇还	民国年间	来自闾山海云观
邢赴灵	民国二十三年前后	出家于闾山。号真澈。1896年生。与铁刹山三清观监院炉至顺共立有《太清宫历代监院芳行碑》
金诚泽	民国年间	

根据上表可以看出，太清宫自乾隆四十四年立为十方常住以来，到民国年间约传承了31代监院。这些监院基本都是龙门派道士，只有个别属于其他派别，如邢赴灵为蓬莱派。主要来源于千山、闾山等名山名观。

其中嘉庆十二年之前的历任监院因为年代久远，无人记载，加上任职时间短暂，故相关资料极少。到嘉庆十二年（1807）闾山子任监院时，增修扩建，太清宫规模大备。闾山子担任监院的时间较久，但是自闾山子到咸丰初年（1851）魏永彩接任监院期间的40余年间，是否尚有其他监院传承，史料记载不明。魏永彩之后的历代监院，史料记录较为清晰，但大多数监院任职时间均不长，或因病早逝，或因故他往。在太清宫的历任监院中，比较著名、建树较多者有闾山子、魏永彩、谢宇寿、马理璘、纪至隐、葛明新、金诚泽等人。其中魏永彩、纪至隐、葛明新、金诚泽等人曾升任方丈，上文已有提及，这里不再赘述。下面只就闾山子、谢宇寿、马理璘等几位监院的事迹简介如下。

闾山子

闾山子的真名不传，但他于嘉庆十二年（1807）继王教海接任太清宫监院后，任事最久，建树亦最多，对太清宫贡献颇大。据《太清宫丛林历史志略》载：

> 至嘉庆十三年戊辰（1808），又经本庙监院闾山子，因谋交通上

之利便，将山门外围墙打开，辟为东西直路，南设照壁，内置棍栏。十四、十五两年，又将西院及院后之东北隅一带房舍，先后添修完，并增改照房为九间。盖至是而太清宫之基础，及全部位置粲然大备。①

可见，在阎山子任监院期间，对太清宫的改动较多。首先将山门外围墙打开，辟为东西直路，这样形成交通的利便，使得太清宫不再封闭，而与外界的联系更为方便。其次又将西院及院后的房舍进行改造添修，扩大了太清宫的规模。在阎山子任监院期间，他还编制有《太清宫志》，在志序中将庙内一切房屋土地，汇成一册，以贻后来。到清末葛明新监院时，亦仿效先例，编成《太清宫职业纪实》一册，详载宫内一切动产不动产。

谢宇寿

谢宇寿，字质如，别号云鹤道人。始在通化县白嵩沟云华观出家，光绪四年（1878）云游至太清宫，受到魏永彩方丈的赏识，于光绪五年（1879）被委为监院。据白永贞《太清宫续承志碑》载：

> 谢讳宇寿，字质如，别号云鹤道人。天资颖悟，幼读书，明道理，及长，淡于荣利，不求仕进，翛然有出世思想。始在通化县白嵩沟云华观出家，焚修有年。光绪戊寅岁（1878）云游访道，来太清宫，谒魏方丈丹霞，谈次若契三生。己卯（五年，1879）遂委为监院。是年夏演戒坛，又得传衣钵。②

可见，谢宇寿受到魏永彩方丈的知遇，由客堂迅速推任为监院。此后，魏方丈于光绪五年传戒一坛，谢又得传衣钵。光绪九年，谢因意见不合，解职他往。谢宇寿担任监院期间，对太清宫丛林的贡献良多。他不仅处理太清宫繁杂的事务，协助魏方丈传戒成功，使太清宫法脉得以延续，而且在光绪六年魏永彩羽化后，为魏方丈安葬仙茔，覆塔立碑。此后，光绪七年（1881）谢宇寿又在太清宫立了一通《太清宫特建世系承志碑》，记载了郭祖创建太清宫的缘起，历代监院、方丈之功德，尤其详述了魏永

---

① 引自五十岚贤隆《道教丛林太清宫志》，第39页。
② 《增续铁刹山志》卷八。

彩方丈传戒度人之始末。这通碑记成为较早记载太清宫传戒历史的珍贵实物，对于此后太清宫的道法承传有着重要意义。正如白永贞在《太清宫续承志碑》中所说：

> 而谢监院独能思深虑远，述往绩，开来哲，借斯碑以传统，俾世世皆得以绍承前志，是大有功于道教也。

谢宇寿不仅思虑深远，立碑传法，而且本人道德高尚，声名远扬。在他任职太清宫监院期间，就有来自双城堡（今属黑龙江）的善人慕名施舍了大量钱财和园地。据光绪九年韩清廉撰《太清宫劝化阴碑》载：

> 监院云鹤公奉道德之薪传，守祖师之统绪，矢勤矢慎，勿怠勿荒，故兹双城堡之原任玉总管夫人赵太君者，京旗满洲人也，昔曾悬匾施斋，屡申向慕，今复遣车奉信，倍切虔诚……所惊者何？惊其从无觌面之人也……特将本身生理二号、园地一段，声明官府，各立存案，慨然同众施于太清宫中，以从所愿，而杜争端……
> 所施德兴货店钱股两分，共计中钱六千吊正……
> 所施永兴烧锅钱股两分，共计中钱九千吊正……
> 所施园地拾贰垧。光绪八年九月二十九日立舍契一纸，并十一月初六日官照一张①。

此碑记载了双城堡原任玉总管夫人赵太君给太清宫施舍产业和园地之事。如此大额的施舍，对于太清宫来说也是很少见的，故特立一碑，以记其善行。那么，赵太君愿意将财产施舍给太清宫，主要与谢宇寿监院的品行名望有关。谢监院得到的这笔捐赠，为太清宫丛林的发展补充了经济基础，也是谢监院对太清宫的一大贡献。

马理璘

马理璘原为千山南泉庵道士，光绪十六年（1890）开始担任沈阳太清宫监院。据光绪十年《重修南泉庵经版碑》载，马理璘是当时南泉庵

---

① 五十岚贤隆：《道教丛林太清宫志》第265页。

的住持道士之一①。又据《关帝君殿重修碑记》载："岁庚寅，千山南泉庵道士马理璘来主是院。"②所谓岁庚寅，即光绪十六年（1890），马理璘开始任职沈阳太清宫监院。至于马理璘何时离职，并无明确记录。但据《太清宫志》所载，20世纪30年代太清宫尚存有13通碑刻，其中有4通是监院马理璘所立，分别为光绪十七年的《王大师功德之碑》、光绪二十二年的《关帝君殿重修碑记》、光绪二十二年的《再修清虚观碑记》、光绪二十四年的《太清宫地庄子之碑》，从这些碑刻的树立时间可知，马理璘自光绪十六年担任监院，至少持续到光绪二十四年尚在任，说明马理璘担任监院的时间长达十年之久。

马理璘担任监院期间，在太清宫的地产经营和募修殿宇方面贡献突出。据《太清宫历代监院芳行碑》载："清光绪有千山南泉庵马理璘玉书任本院监院，其时经费艰窘，几不能支，爰将自己本庙梨树园质典，得钱归太清宫作养众费。"③太清宫道士众多，开支庞大，尽管拥有不少庙产，但如果经营不善，亦会经费艰窘。在马理璘刚任监院时，正好遇上太清宫经济紧张，故将自己本庙资产典押，以补充太清宫的养众经费，以解太清宫之急需。此后，马理璘在经营太清宫地庄子上又表现了非凡的经营才能。太清宫原有地庄子一处，有地数百亩，耕种所得，资于太清宫常住。但是，在马理璘任监院之前，地庄子经营不善，欠债三万余吊。马理璘任监院之后，亲自经理地庄子，多方募化，不仅还清旧债，而且增扩地亩、增修房园，使地庄子规模更大，养众能力更强。正如《太清宫地庄子之碑》所记："自监院马理璘经理，多方募化，不特将前债三万余吊如数偿清，且于庙产之毗连者，节次置房园一所，地二十三日半，契存本庙。并令卖者存施舍之名，而本庙有发价之实，是可传耳。"④

除了经营地庄子之外，马理璘还重修了关帝殿、清虚观等殿宇，亦有功于太清宫丛林者。沈阳太清宫原有关帝殿三楹，自咸丰年间重修后，数十年来未曾修缮，因基址湫隘，遇阴雨连绵，则神像圮毁。光绪十八年（1892），马理璘募化重修，"仍其故趾，起建崇基，于壬辰仲春起，凡五

---

① 《千华道教》第165页。
② 五十岚贤隆：《道教丛林太清宫志》，第269页。
③ 同上书，第55页。
④ 同上书，第271页。

阅月而蒇事。恢宏壮丽，焕然改观。"① 除了重修太清宫关帝殿外，马理璘监院还募修了沈阳清虚观。据《再修清虚观碑记》载，"清虚观……风雨摧残，丹青剥落，椿莽荒秽，殿宇倾颓。兹有太清宫监院马理璘不忍坐视，克绍前徽，再募善缘，复行修建。于光绪十九年三月兴工，次岁七月完竣，辉煌金碧，顿改旧观"②。

总之，太清宫的历任监院，如赵一尘、魏永彩、谢宇寿、马理璘、纪至隐等人，皆高才大德、深孚众望之人，他们谨言慎行，公正无私，堪为丛林典范。正如1934年立石的《太清宫历代监院芳行碑》所说："应是职者，类皆由道众推选，必其人公正无私，举一事，出一言，务期上循天理，下顺人情，乃克孚众望，而堪为后世法，其流声光，勒金石，非幸致也。"这些监院在任职期间，均能做到选贤举能，经营有方，从而为太清宫丛林的发展作出重要贡献。正如上碑所载：

> 之数公者，用人必选贤能，遇事无不公议，故能使神人共悦，道众钦服，一言一行，皆可为世所取法。夫太清宫由开创至今，列鼎炊爨，鸣柝传餐，养众恒逾百名，受戒者以千数，岁入租以万计，非数公相继相承，惨淡经营，必不致此。③

二 沈阳关岳庙

沈阳关岳庙原名关帝庙，位于沈河区热闹路，是沈阳市著名宫观之一。《奉天通志》载：

> 关岳庙，在天祐门外。大殿五楹，后殿左右各三楹，左右庑各三楹，大门三楹。初为关帝庙，民国三年与岳忠武王合祀，改称关岳庙。④

---

① 《关帝君殿重修碑记》，载五十岚贤隆《道教丛林太清宫志》第269页。
② 五十岚贤隆：《道教丛林太清宫志》，第270页。
③ 同上书，第55页。
④ 《奉天通志》九十二《建置六祠庙一》。

据《辽宁省志·宗教志》载，关岳庙始建于明嘉靖二十六年（1547），清宣统二年（1910）前后，军阀张作霖为与吴俊升支持、交好的太清宫相抗衡，曾出资扩建，拨出100垧军马牧地作为庙产以供出租。大概在清末民国时期，关岳庙一度非常兴盛，占地面积达37724平方米，建筑面积达36558平方米（包括庙外出租的住房）。

关岳庙又称武庙，供奉关羽、岳飞等，每年的二月、八月，依古礼祭祀，礼仪烦琐隆重，官方及士绅商贾等代表人物届时参加大典，学校放假一天，规模盛大，热闹非凡，年年如此，热闹路之名由此而来。"九一八"事变以后，才中止了祭祀活动。

关岳庙除用作祭祀大典外，张作霖还仿照太清宫体制，把它办成一座十方常住、规模较大的道教丛林。当时首任监院赵真人（蒙族）享有与太清宫方丈一样的待遇。关岳庙可留单接众，设有知客、殿主、堂主等执事人员，协助监院处理庙中事务。当时关岳庙的食宿条件比太清宫优厚，故挂单长住者不下20余人。其经济来源，有念经经资、房屋租金和马场地的租金收入等。

关岳庙的历任监院有赵真人（或曰王至真）、赵至辅、房理家等人。其中赵至辅是当时的关东名道。

赵至辅（1877—1939），字化难，奉天凤凰城人。清光绪三年（1877）二月二十六日生，民国二年（1913）时年37岁出家，师父为觉明德，住铁刹山三清观。民国年间，赵至辅到沈阳各地参访，先在太清宫任都管，后任关岳庙监院。关于赵至辅担任关岳庙监院的时间与机缘，史料上有不同的记载。如1938年成书的《增续铁刹山志》卷十一载：

> 及十七年（1928）正月，参访本省小南关关岳庙，适逢住持王至真退居，遂由军署聘任该庙监院。十年以来整顿清规，维持庙产，颇有成绩。大同二年九月奉令参加宗教团，历访日本东京、大阪、神户等处名胜及宗教团体。现年六十一岁，仍充本庙监院，弟子王理祥。

据《铁刹山志》记载，赵至辅是民国十七年（1928）担任关岳庙监院，当时原住持王至真退居，故由军署聘任为监院。但在《沈河文史资料》中，却有不同的说法。据载：

大约在 1925 年，赵监院吞食鸦片自杀，大帅府欲将关岳庙交太清宫管理，时值本溪铁刹山三清观道士赵至辅在太清宫任都管。赵氏学识渊博，有口才，善交际，与大帅府副官们夙有往来，于是，便由赵至辅接任关岳庙的监院之职。①

　　该书认为大概在 1925 年，前任监院赵监院自杀，与大帅府素有交往的赵至辅于是接任了监院之职。两书记载的异同主要表现在赵至辅接任监院的时间与前任监院的姓名上，笔者认为《增续铁刹山志》成书于 1938 年，当时赵至辅尚在世，故其时记载的资料比较可靠。而《沈河文史资料》是后人的回忆文章，时间上可能有一些模糊。因此，赵至辅接任监院的时间应该是民国十七年（1928）。

　　赵监院学识渊博，善于交际，接任关岳庙监院后，对于整顿清规，维持庙产，修葺庙宇，颇有成绩。在伪满时期，曾奉令参加宗教团，历访日本各地，成为关东道士的代表。

　　民国二十八年（1939），监院赵至辅年事已高，由房理家接任监院。

　　房理家（1903—1978），俗名房允典，号铁道人。安徽凤阳人，清光绪二十九年（1903）生，民国十五年（1926）在铁刹山三清观出家，是三清观监院炉至顺的弟子。"九一八"事变后，在沈阳太清宫任知客。1937 年，在沈阳太清宫受戒。日伪时期，充任伪满洲道教总会常任干事。1938 年辞职，隐于吉林省蛟河县拉法山"太和洞"自种、自食。后返沈任沈阳关岳庙住持。历任伪满洲道教总会副会长，奉天道教分会副会长。1945 年任伪满洲道教总会会长。曾到本溪朝阳宫，通化玉皇山等庙宇宣讲道经。

　　房理家接任关岳庙监院后，关东局势更加动荡，丛林庙产多被侵占，难以为继。于是，1945 年关岳庙开始收徒，不留单接众，变丛林体制为宗门私庙。其时关岳庙不少房舍已被官方、军方占用，仅有的殿堂，还是卖掉 100 垧牧地买回来的。1947 年，房理家在关岳庙组办弘道小学和弘道中学，意在以庙办学，以学养庙，1948 年停办。

　　关岳庙监院房理家博学多才，擅书法，通古琴。新中国成立后，曾被

---

① 于连元《关岳庙》，载《沈河文史资料》第三辑，内部刊物，1992 年，第 14 页。

选为政协辽宁省第三、第四届委员会委员。1963年任辽宁省道教协会会长，1978年羽化。

三　千山无量观

无量观原名无梁观，后取"大道无量"之意，改称现名。又因是最早建于千山的道观，俗称老观，位于千山北谷东首之阳。

千山无量观始于清代康熙年间，开山祖师为郭守真的第四位弟子刘太琳。康熙五年（1666），刘太琳遵师命到千山传道。刘到千山后，潜居罗汉洞（原属祖越寺，后归无量观）数年。此后，以沙河的土地与祖越寺无根石以东的地界互换，开始创建无量观。康熙十七年（1678）创建观音阁，康熙四十八年（1709）重修观音阁和罗汉洞，嘉庆三年（1798）、十三年（1808）又重修，并增建钟楼，以后观音阁改称西阁，并多次重修。雍正五年（1727）创修老君殿。后经乾隆二十七年（1762）、嘉庆九年（1804）、道光五年（1825）、同治四年（1865）多次重修。道光十六年（1836）创建三官殿，二十六年又重修。道光二十六年（1846）道士杜教昆在振衣冈南侧创建吕祖殿三间，增建西阁客堂，光绪七年（1881）创建上下伙房蹬道。民国年间，东北军少帅张学良等捐款修建西阁院内石条路面。1944年，扩建大仙堂。1949年，无量观尚有土地84亩，山荒1200亩，土改时将土地分给农民。

无量观经过历代重修和扩建，成为千山道观之首，亦成为东北乃至全国的著名宫观。无量观的建筑气势宏大，古朴典雅，有观音阁、老君殿、三官庙、吕祖殿、大仙堂等众多建筑，常住道士百余人。据《辽阳县志》载：

> 无量观，旧或称为无梁观，踞千山东北部，创始于清康熙年。刘道人太琳开山于此，其所葬石塔尚巍然于观外集仙台旁。其先仅有罗汉洞、玉皇阁，相传建于唐代，至今独存。考之阁外石刻，其形六面，似元金时代物……观内除玉皇阁、罗汉洞外，有观音殿、老君殿、三官庙、大仙堂殿，下院有玄贞观、刘家庵、白云观、五圣观四处，玄、刘二观庵在山内，余在山外。本观内有道士一百余人，皆朴质茹素，各有职事，乃道教中之正派者也。其观有景二十四，已经多

人题咏，虽命名未尽雅适，要各得其仿佛。①

又据《无量观志》记载，无量观在新中国成立后的1952年、1972年、1991年又经过多次重修，焕然一新。现有建筑包括七个建筑群，即山门建筑群、大伙房建筑群、三官殿建筑群、老君殿建筑群、玉皇阁建筑群、西阁建筑群、东阁建筑群等。整个建筑群分别处于不同的高度，沿老观沟口石阶而上，在几经弯曲的石阶路右侧是藏真塔、八仙塔、聚仙台、葛公塔、张公塔和祖师塔，再上即是山门。山门为硬山式建筑，高脊灰瓦，古色古香。进山门北上，即为大伙房建筑群，包括大厨房、东耳房、西耳房、东仓房和茶房等。由大伙房北上，即是三官殿建筑群，包括三官殿、东配殿、西配殿、静身房等。三官殿是无量观的主殿，面阔五间，面积98平方米，硬山式砖木结构。由三官殿往东北拾阶而上，是老君殿建筑群，包括老君殿和单房二栋建筑。老君殿面阔三间，砖木结构，单檐硬山式。由老君殿再往东北拾阶而上，即是玉皇阁建筑群，包括观音洞、玉皇阁和伴云庵。玉皇阁是倚玉皇顶峰南侧而建的一小间歇山式建筑。相传玉皇阁建于唐代，是千山最早的建筑之一。由无量观山门往西南拾级而上，即为西阁建筑群，包括慈云殿、客堂、单房、南天门、鼓楼、大仙堂、罗汉洞和小蓬莱阁等建筑。正殿为慈云殿，又称观音殿，即西阁的大殿，三间硬山式。以上诸建筑群，多为无量观原有建筑，清代风格，后世稍有修缮。1991年，始创建东阁建筑群，包括碧霞殿、配殿、单房、祖师殿等，为仿清建筑，东阁与西阁遥相呼应，使无量观更加完美壮观。

无量观不仅拥有众多精美建筑，而且位处千山风景区，天然景色与人文景观交相辉映，构成秀丽古雅的神秘天地。其境形势巍峨，群山环抱，无峰不奇，无石不峭。怪石古木，石洞摩崖，碑刻塔林，殿宇楼阁，构成无量观独特的洞天胜境。千山无量观不仅作为道教宫观而著名于世，而且因为景观秀丽而成为闻名中外的旅游区。无量观风景名胜众多，清代就有二十四景之说，此后又有修建和开发，著名景点达五十余处，包括天、洞、石、峰、松、冈等各种景观。诸如一线天、一步登天、天上天、罗汉洞、观音洞、鹦鹉洞、神师塔、八仙塔、葛公塔、太极石、木鱼石、寿星石、莲花峰、叠翠峰、卧虎峰、可怜松、抱石松、正直松、振衣冈等，不胜枚举。

---

① 裴焕星等修、白永贞等纂：《辽阳县志》卷六下，民国十七年排印本，第1页。

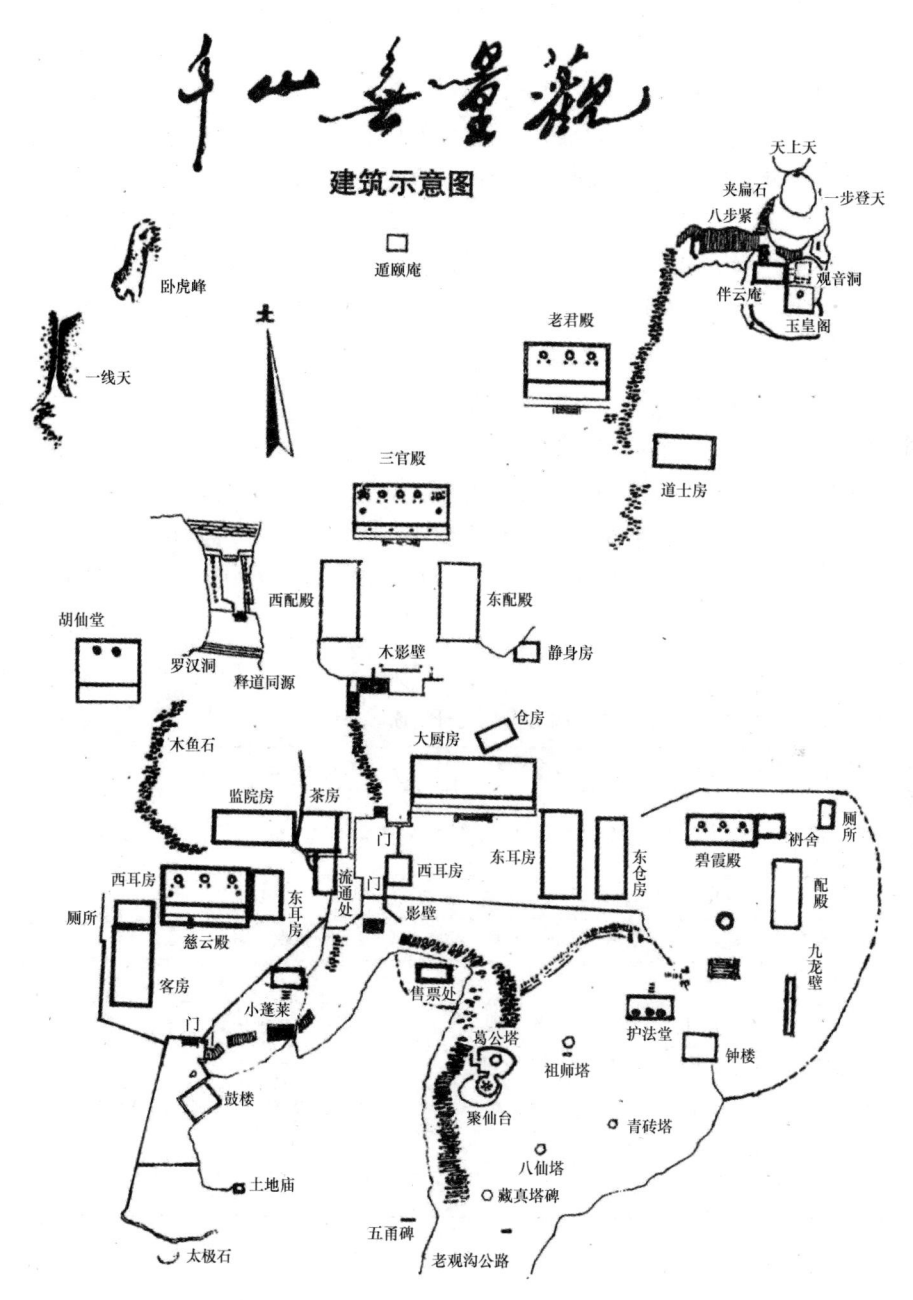

第五章 东北全真道著名宫观及道士举要 233

千山无量观建筑示意图（引自刘明省《千山无量观志》）

无量观属于子孙庙，尽管规模较大，但不能传戒。不过，无量观的道徒众多，常住道众一百余人，历代传续不绝，故设置有多种执事，分工明确，使得无量观在管理上类似丛林体制。据载，民国年间，无量观设置的执事有：监院一名，总理全庙事务，由观中道众推选及省长许任之；都管一名，辅助监院办理一切事务，由监院委派之；知客四名，接待来宾，分担庙中内外事务，由监院委派之；殿主五名，负担各殿堂每日烧香祭祀等事务，由监院委派之；经主一名，负担祭祀、祈祷、追悼、荐拔、诵经之事项，由监院委派之；经师数名，由经主委派之。此外，还有堂主、库头、司账、督厨、厨役、园头、巡山等职务。[1]

监院作为无量观的最高领导，是由道众公选的德才兼备的道士。无量观历任监院一般都能够守成继业，或重修，或扩建，使无量观长盛不衰。在无量观数百年的历史中，曾经出现过几十位监院，但由于历史沧桑，史料散失，多数人物无从考证，即使有名可考者，其生平事迹亦无详载。故就现在留存的零散资料所载，将无量观自创建以来到民国年间的历任监院表列如下（不完整）：

千山无量观历任监院简表[2]

姓名	任职年月	主要活动
刘太琳	康熙十六年到乾隆初年	康熙六年到千山弘教。创建无量观。
刘清正	乾隆年间	乾隆年重修观音阁，塑画罗汉洞。
张一鳞	乾隆年间	刘清正弟子。乾隆年间与刘师一起重修观音阁。
刘阳照	乾隆年间	
钱来吉	嘉庆年间	乾隆二十五年创普安观。嘉庆十五年重修钟楼。
张复平	道光年间	道光五年重修老君殿。
荣本华	道光年间	开创沙金沟朝阳观、双塔岭关帝庙、訾隆山白云观为无量观下院。
李合亮	道光年间	
王教海	道光年间	

---

[1] 参见刘明省《千山无量观志》卷一，第55页。
[2] 此表依据资料有：刘明省《千华道教》、刘明省《千山无量观志》、温德辉《千华金石录》等。

续表

姓名	任职年月	主要活动
杜教昆	道光年间	道光二十六年创建西阁、吕祖殿等。
黄教严	同治年间	同治元年重修老君殿。
李永全		
刘永密	光绪年间	道光二十六年募修西阁磴道；光绪七年募修上下伙房铺路蹬道。
马圆一		
孙宗法	民国十五年前后	
张宗伦	民国年间	民国二十年立《葛公贮藏碑记》。
金诚泽	民国二十年	
王信顺	民国二十七年	
马信德	民国二十九年	
郭诚广	民国三十一年	
张信渠	民国三十二年	
吕诚随	民国三十四年	
杨诚荣	民国年间	
赵诚范	民国年间	
李宗卫	民国年间	
李诚实	民国年间	

四　铁刹山云光洞三清观

铁刹山云光洞是郭守真祖师最早修炼的地方，是东北全真道的祖庭。云光洞又称八宝云光洞，位于铁刹山元宝顶上，是一个天然形成的高大石洞。洞内有石龙、石虎、石蟾、石莲盆、石木盂、石寿星、石仙床、石定风珠等八种宝物，故名八宝云光洞。

明末清初，郭守真住持云光洞后，修复殿宇，招收徒众，使这里成为东北全真道的著名道场。在八宝云光洞里，有石庙三座、砖庙三座，供奉玉皇、真武、三官等神像。因为云光洞是一天然石洞，洞中殿宇及神像规模均不大。除了云光洞之外，郭守真师徒还在铁刹山上陆续修建了乾坤洞、天冠洞、天官庙等殿宇，并在铁刹山周围兴建了三清观、太平观、圣水宫、朝阳观等下院。其中以三清观的规模较大，经过历代重修，成为铁刹山宫观的代表。

铁刹山云光洞与乾坤洞

  三清观位于大阳后山山麓，本是天官庙的下院，始建于清乾隆九年（1731），由道士任阳月开创。然而，历经风雨摧残，岁月沧桑，到了清光绪年间，三清观已经殿宇破败，山荒庙古。当时云光洞监院孙永贵见此情形，目击神伤，决心重修庙宇。清光绪六年，大兴土木，修废补坠。此后，继任监院张圆慧、觉明德等继续修建，使得三清观在清末成为一座规模可观、影响较大的宫观。三清观的建筑有主殿三楹，供奉三清、关帝等神像；前正殿三楹，供奉火神、药王、财神、三霄等神；另有廊房十余间，为道士宿舍和库房等。民国时期，三清观有地产1000余亩。

  铁刹山云光洞自郭祖住持以来，一直香火鼎盛，传承不断。历代在云光洞和三清观出家的道士众多，留有比较完整的传承谱系。其中，历任监院的传承也比较清晰，他们作为郭祖的玄裔，对于铁刹山祖庭的修复和重振都曾作出有一定的贡献。其中尤以清末民初的孙永贵、张圆慧、觉明德、炉至顺等人更为突出，他们修旧起新，护庙弘道，为铁刹山道教的发展贡献颇大。现据《增续铁刹山志》的记载，将铁刹山历任监院表列如下：

铁刹山历任监院简表

姓名	籍贯	生卒年	任职年月	主要活动
高太悟	直隶顺天府	1634—？	康熙年间	郭守真弟子，奉师命住持云光洞，修复殿宇。收徒任清慧、郑清邈
傅太元	山东潍县	1625—1716	康熙年间	郭守真弟子，奉师命住持云光洞，收徒传教
任清慧	山东青城县		康熙年间	高太悟弟子，住持铁刹山。康熙三十二年（1693）创建朝阳观
赵一尘	山东德州		雍正年间	任清慧弟子，40岁出家。雍正九年（1731）到盛京三教堂任监院
任阳月	陕西临潼县		乾隆年间	赵一尘弟子，41岁出家。乾隆九年（1744）创建三清观
金阳海	吉林江东人		乾隆年间	29岁出家，师父宋一河
王来云	奉天开原县			40岁出家，师父任阳月
赵复仙[①]	直隶临榆县			38岁出家，师父王来云
潘本会	山东蓬莱县		道光年间	39岁出家，师父赵复仙
于合正	山东蓬莱县		道光年间	41岁出家，师父潘本会。住持云光洞及三清观，道光十九年（1839）重修云光洞
于教升	奉天承德县		咸丰年间	19岁出家，师父于合正
孙永贵	直隶大兴县	1810—1886	光绪年间	清咸丰七年（1857）出家，师于教升。光绪六年（1880）重修三清观
张圆慧	直隶安肃县	1829—1918	光绪十二年—光绪二十八年	孙永贵弟子。重修三清观
觉明德	奉天兴京陵街	1868—》	光绪二十八年—民国	光绪二十年出家，师张圆慧。住持铁刹山。晚年隐修于吉林舒兰县素月庵
炉至顺	山东栖霞县	1876—1946	民国年间	光绪二十四年（1898）出家，师徐明安。民国年间为重振铁刹山祖庭出力甚多，并聘请白永贞撰写《铁刹山志》等

---

① 《铁刹山志》卷八原作"李复仙"，据上下文改。

上述众位监院，大都能继承郭祖遗业，开拓创新，如早期的高太悟、傅太元、任清慧、任阳月等人，不仅能重修翻新云光洞、乾坤洞等殿宇，还开创有三清观、朝阳观等下院，使铁刹山道教不断拓展。但是自任阳月之后的几任监院，因经营不善，铁刹山稍有衰败，尤其是下院三清观更是山荒庙古。到了光绪初年，孙永贵任监院时，重修三清观，使铁刹山道教大有起色。此后接任的张圆慧监院，亦能继承先师遗志，恪守清规，修建殿宇，庙古重新，山荒复治，道风日振。再后接任的监院觉明德，硕学隽才，神机敏悟，教育弟子有方，于铁刹山道教大有贡献。再后的炉至顺监院，更是铁刹山三清观的大功臣，为保持庙产诉讼奔走，为恢复铁刹山的祖庭地位艰苦求索。下面根据《增续铁刹山志》等相关资料，将孙永贵以下的四位监院简述如下。

孙永贵（1810—1886），顺天大兴县（或曰宛平县）人。初入政界，清咸丰七年（1857）历任奉天省碱厂官吏，因游铁刹山触景生情，感悟道心，遂辞官出家，拜于教升为师，时年37岁。孙永贵入道后，住守铁刹山十余年，茹苦含辛，安于穷困。光绪五年（1879），铁刹山东下院三清观自任阳月羽化后，无人经理庙事，庙破山荒，邻庙道士葛明云来请孙监院下山经理。于是孙永贵下山住持于三清观，收回被侵占的庙产，并募化四方，节衣缩食，积累了一定的资金后，于光绪六年（1880）开始重修三清观，修废补坠，使三清观恢复一新，并且接引道徒，广开教化，信众日多，香火日盛。光绪十二年（1886），孙监院功行圆满，羽化仙逝。其继任者为张圆慧。

张圆慧（1829—1918），直隶保定府饶阳县（或曰安肃县）人。38岁出家，拜孙永贵为师。光绪十二年（1886）接任监院职务。为了继承孙监院遗志，重振三清观道风，张圆慧亦下山到三清观常住，苦心经营，清斋净戒四五十年，使山荒复治，庙古重新，铁刹山道教出现了一定的中兴气象。张监院一生勤苦修行，大有功德，年迈后将庙事交给觉明德监院。民国七年（1918），张圆慧仙逝，享年89岁。

觉明德（1868—?），字洗尘，兴京陵街人。姓爱新觉罗氏，是清代皇室后裔，自幼读书，有烟霞之癖，父母欲为之娶妻，辞之归山隐遁。后来将父母殡葬大事完毕，23岁游铁刹山，见洞天风景，山水清佳，以为得住福地，平生之愿已偿，遂实行归庙。先拜张圆慧监院为俗徒，一面设馆训蒙，一面代理庙事。光绪二十年（1894）27岁时正式入道，因张圆慧年迈，遂代为经理庙宇事务，数年后，接任监院之职。光绪末年，有佃户欲霸占庙产，觉明德筹划方法，最终保全了香火地。光绪三十一年（1905），携弟子炉至顺参访各地名山。后归隐于吉林舒兰县素月庵，隐遁清修。炉至顺继任监院。

炉至顺（1876—1946），字向阳，山东登州府栖霞县爱山乡卢家沟人，先世迁居关东凤凰城通远堡，后隶盛京镶黄旗，世业农。本姓卢氏，俗名卢崇坤。少时体弱多病，后因母病许愿出家，遂于光绪二十四年（1898）弃俗归隐于铁刹山，拜徐明安为师。

出家后，思忖此山名铁刹，熔铁必用炉。于是改俗姓卢为炉，取其以炉冶铁、炉火纯青之意，亦取意于太上老君炉之化身。意欲以造化为炉，以阴阳为炭，淬砺熔冶成铁汉之身。

清末民国，社会变革，多有庙产被侵占之事，炉至顺从入道到任监院期间，多次为维护庙观古迹、保护山林地产而不避危难，奔走呼号，使三清观庙产得以保全，道众生活得以保障。东北沦陷时期，炉至顺将修庙款接济碱厂无粮缺粮村民，并告知村民，如果铁刹山修造宫观，上山帮工即可，否则亦无须偿还。其间曾遭100多名土匪绑劫，幸及时被救，毫发未伤。

为了考察铁刹山道教的源流，振兴铁刹山道教祖庭的地位，炉至顺曾多方游历，参访搜寻，足迹遍及东北、山东、陕西、北京等地，跋涉十数年。归来将阅历所得，于民国二十六年（1937）托付当时的关东名士、清末拔贡白永贞编撰《铁刹山志》。此后，又补充了一些资料，于民国三十二年（1943）撰成《增续铁刹山志》。二书详细记载了铁刹山的山川形胜及道教源流，使铁刹山道教祖庭的影响得以发扬光大，道统得以代代流传。此举对于铁刹山道教的贡献意义非凡。

五　喀左天成观

天成观坐落在辽宁省喀左县大城子镇，始建于清康熙六年（1667），开山祖师为龙门派第十一代夏一阵。当时建有七真殿、春秋楼、天齐殿、三官殿等楼堂殿阁共24间。乾隆四年（1739），第三代住持傅来正进行了扩建，先后修建了东大门，西跨院。嘉庆十五年（1810），第五代住持周本义再次重修扩建，增建了玄坛、灵官二殿，以及戏楼、广场、东西跨院、东厨、西仓等附属建筑。经过历代重修，天成观总占地面积达18000

余平方米，建筑面积达 3000 多平方米，构成一座庄严雄伟、巧夺天工的建筑群。观内有玉皇楼、春秋楼、三皇楼、三官楼、方丈楼、藏经楼、钟楼、鼓楼、东西客堂、南山门、东山门、东角门、南角门、寮房、迎宾阁、龙王殿、三霄殿、财神殿、八仙殿，另有山西会馆、居士林、念经堂、别有天、斋堂、会客厅等。周边还有各种商铺、当铺、地桩房等，各类房屋达数百间，天成观成为辽西地区最大的宫观之一。

清道光十九年（1839），天成观再次重修。目前除附属建筑被毁外，其主体建筑至今保存完好，有殿堂楼阁 60 余间，建筑面积 2500 平方米。

天成观的建筑极富特色，总体结构是呈八卦形，而又互相连续，主次分明，左右对称的建筑形式。从山门往里，共形成三个完整的套院。

天成观坐北朝南，头层殿是山门三间，东西两侧供奉四值功曹。门前为大广场，内设戏楼。

穿过山门，为一座四面斗式的套院。正殿两层，下为七真殿，上层为春秋楼（亦称老爷楼），两侧配殿为灵官殿和玄坛殿。另在大殿东西面建有钟鼓二楼。

穿过七真殿的过道门，就进入另一个四合院。在与七真殿的同一中轴线上，建有一座两层楼高的建筑，其底层为天齐殿，二层为三官殿，上下各三间。东西两廊供奉十殿阎君。

在天齐殿西侧，穿过月亮门，是一个小跨院，院内为龙王殿，面阔三楹，硬山式建筑。在龙王殿的北墙外，还建有一间祖师庙，供奉天成观历代祖师的牌位。

与天齐殿东侧紧相连接的是一座三层楼高的玉皇阁，是全观中最高的建筑，底层供太上圣母，中层供玉皇大帝，上层供太上老君。玉皇阁东侧是二层楼高的三皇殿，面阔三楹，底层供三皇，上层奉真武大帝。

穿过东侧门，就进入到另一个四合院，此院称为道士院，院内有楼房三栋，平房二栋，房舍共 30 间，有斋堂、厨房、仓房、客堂、宿舍等，是道长们休息、会客和生活的地方。在道士院的北侧，有一个跨院，建有几十间房舍，分别为仓库、碾房、猪舍、马棚等。

整个天成观的建筑，布局合理，结构严谨，主次分明，各成套院，殿阁相接，相互对称，总体布局呈八卦形。全观楹联、匾额甚多，除部分石刻外，均为兰地金字木刻而成。全观殿堂多为砖木结构硬山式建筑。楼阁的基石、斗板、海漫均用石条砌成，结实庄重。建筑个体绝大部分是大式木结构,梁房咬合紧密,明柱粗壮,走廊宽敞。每座楼阁上的斗拱翘三层,同透雕的燕尾、元头和脊上闪光的舍利子及鸱吻走兽,上下呼应,左右对称。更引人注目的是钟鼓二楼的攒脚亭,均以六根明柱支撑着上万斤的砖瓦顶盖,历经几百年均无塌落,技术高湛。

天成观作为一座著名的龙门派宫观,其开山祖师夏一阵来自北京白云观,应该算是北京白云观的分支。天成观自康熙六年建立,直到新中国成立前,一直传承不断,道士众多。据载,天成观北边的后花亭是道士墓地,这里共埋有近百个道士的坟墓,说明天成观历代道士约计百人。

天成观作为辽西名观,其管理体制亦很特别,设置有方丈、监院、都管等职务,但不太清楚是否属于丛林制道院。据《喀左县宗教志》、《朝阳市宗教志》等书记载,天成观在历史上共传有十代方丈,这十代方丈为:夏一阵→夏阳春→傅来正→周复祥→周本义→齐合美→韩教湛→暴永存→齐圆法→李明琴。

天成观历代方丈简表

第几代	姓名	主要事迹
第一代	夏一阵	明代皇室。明亡后在北京白云观入道,后到喀左大城子,康熙六年创天成观
第二代	夏阳春	夏一阵之子,与其父一起入道创观。雍正二年(1724年)羽化
第三代	傅来正	喀左大城子镇人。乾隆四年扩建玉皇阁,乾隆六年羽化,寿九十九
第四代	周复祥	喀左十二德堡人
第五代	周本义	喀左十二德堡人。武艺超群,收徒数千人。重修天成观,创有众多下院
第六代	齐合美	凌源四官营子人
第七代	韩教湛	大城子镇人。文采出众,琴棋书画皆通
第八代	暴永存	大城子镇人
第九代	齐圆法	凌源四官营子人
第十代	李明琴	喀左老爷庙十八畲人

在天成观的历任方丈中,以第一代夏一阵、第三代傅来正、第五代周本义、第七代韩教湛等人贡献较大,是当地著名道士。

夏一阵,又名夏一振,号圣继先师。传说夏一阵原名朱允郎,是明代崇祯皇帝的三皇叔,明亡后带着小儿子隐姓埋名,父子俩先在北京白云观隐居出家,后离京北上,最终到达大城子镇,住在傅锁柱家,并化名为夏一阵。此后，夏一阵变卖随身携带的金银珠宝，于康熙六年开始修建天成观，最终修成一座规模可观、建筑精美的道观。天成观修成后，夏一阵成为开山祖师，其子夏阳春成为第二代住持，傅锁柱接任为第三代方丈。

傅来正，原名傅锁柱，喀左县大城子镇人。自幼务农，家境贫寒，孝顺勤俭，打下粮食供父母和弟弟食用，自己却上山挖野菜充饥。28岁未曾婚娶，单身一人住在父母的西跨院。夏一阵父子来到大城子后，就住在他的院里，他遂拜夏公为师。后来天成观修成后，他成为继夏阳春之后的第三任方丈。

傅锁柱信仰虔诚，尊师重道，为修建天成观不辞辛苦，出力尤多。清雍正二年（1724），夏阳春羽化后，傅来正接任为方丈。乾隆四年（1739），97岁高龄的傅来正又主持重修扩建天成观，修建了玉皇楼等建筑。乾隆六年仙逝，享年99岁。

周本义是天成观的第五任方丈，是大家公认的高道。据说他身材魁梧，相貌端庄，武艺超群，曾收徒数千余人，连热河都统都拜他为师。周本义担任住持时，于嘉庆十五年（1810）重修天成观，建有灵官殿、玄坛殿、戏楼、广场、东西跨院等，使天成观的规模大大增加，占地面积达18000多平方米，建筑面积约3000平方米。另外，他还主持创建了许多下院，如真武庙、城隍庙和小河湾的别有天等。至今大城子还流传"周家的道，傅家的庙"之说。

韩教湛是天成观的第七任方丈，喀左大城子人。21岁入道，38岁任都管，40岁任监院，42岁接任方丈之职。韩教湛文采出众，博览群书，琴棋书画样样皆通，当地的举人、秀才都很佩服他。人称天成观是"谈笑有鸿儒，往来无白丁"的地方。据载，朝阳、凌源的举人和本县的几名秀才常会聚于天成观，拜韩教湛为师，吟诗作画等。故天成观的楹联有"玄门日会龙门客，道院时接翰院宾"之说。[①]

六　吉林蟠桃宫

蟠桃宫在吉林市巴虎门外桃源山，始建于清同治九年（1870），为道教龙门派宫观。经过历代重修，规模较大。有前殿三间，东西庑各六间，

[①] 以上参见《喀喇沁左翼蒙古县宗教志》，内部资料，1987年。

后殿三间，东西厢房各五间，东西储藏室各三间，后客厅五间，厨房五间，净室一间。宫内供奉王母、斗母、观音、老君、八仙、东华帝君、关帝、三官、邱祖、灶君、大仙等神像。每年三月初三举行的蟠桃会，是吉林城盛大庙会之一。

光绪二十七年（1901）于蟠桃宫内设道教司。民国十八年（1929），改道教司为道教丛林，为吉林省道教总机关，当时注册的道士有龙门派千余人，蓬莱派六百余人，华山派三百余人，金山派二百余人，尹喜派五十余人，金辉派三十余人，随山派八十余人。

蟠桃宫是吉林境内唯一的一座十方丛林宫观，但是从未传过戒。新中国成立前，蟠桃宫是吉林省内较大较重要的道教宫观。据伪满时期的《宗教调查资料》统计，1936年蟠桃宫内有殿房52间，道士42人，土地130垧，全年收入达千元以上。另外还有棺椁保管费、庙会、诵经等收入。[1] 又据伪满时期1944年出版的《满洲的宗教》一书所载，当时蟠桃宫内设有"监院1名，监院由地方各庙选举产生，任期3年。另外有主教、八大执事（客堂、寮房、库房、账房、经堂、厨房、十方堂、号房）以及其他人大约30名，不过由于是丛林，观内的道教徒数量不一定，平时是30人到70人左右"。[2]

解放后，蟠桃宫陆续被拆毁，道士离散。

七 通化玉皇阁

通化玉皇阁位于吉林省通化市东昌区玉皇山上，始建于清光绪三年（1877），创始人为龙门派道士李宗顺、李宗和两兄弟。当时他们在佟佳江（今浑江）江畔北岸山巅上建庙宇一座，草房三间，名玉皇阁（又名天成宫），山因此而得名玉皇山。

玉皇阁于光绪十七年（1891）曾扩建一次。民国九年（1920），通化县知事潘德荃主持改建玉皇阁，增建关岳庙、龙王庙、老母庙。1933年，伪满洲国奉天省鸭绿江地区警卫司令廖弼宸，偕通化商务会会长战庆吉，出资扩建玉皇阁，将玉皇阁改建天成宫。建有后殿九间，供奉玉皇大帝、

---

[1] 参见《长春文史资料》1988年第4辑，第31页。
[2] 《长春文史资料》1988年第4辑，第200页。

太上老君、轩辕皇帝；两庑各六间，为主持居室。一层殿九间，祭祀孔子、关帝、岳飞等；两庑六间，为接待室。前殿建马殿三间，东西配以钟鼓楼。玉皇阁修建在山巅，依山势由下而上构筑，雄伟壮观，古朴典雅，环境幽静。

玉皇阁内道士分工明确，设有监院、殿主、知客、买办、饭头、杂役等职务。当时监院鲍至安、殿主王园泰、知客于通文、买办董宗和、饭头和杂役王克文。

为了扩大道庙，先后在江东银厂村建"云台观"，道士宗成玉。通化县向阳村建"玉圣观"，道士王明震。五道江村建"太浴岩"，道士吕信峰。

伪满时期，玉皇阁内李氏兄弟（李宗顺、李宗和）、鲍至安三道士先后病故，在玉皇山左侧，建坟三座，用青砖修成。此时由监院于通文兼伪道教协会会长，曹信义为副会长。

1943年7月，于通文应邀去日本讲道，日本国道教人士寄给玉皇阁大磬一个，磬上刻记："附寄者梅本组社长定居喜市现住梅春忍教代大平金龙" 23个字，今存玉皇阁内。

新中国成立后，玉皇阁保存完好，又经多次修缮，为市级重点文物保护单位。现已恢复为吉林省道教活动场所。

八　辽源福寿宫

福寿宫始建于清光绪三十二年（1906），开山祖师为道教金山派大师王坐全道长。选址于吉林省辽源市龙首山南麓，依山势自下而上修筑。先修建关岳殿，续建娘娘殿、火神殿，初名应寿宫，后易名福寿宫。1940年，奉天省海城县郎玉斋道士云游至此，见宫殿破损，便亲自集资，组织施工，修缮扩建，增建了三清殿。到1945年，有道士50余人，法器3套，供奉神像百余尊，房舍百余间，是福寿宫宗教活动的鼎盛时期。

福寿宫是传统的宫殿式建筑，依山建庙，五层大殿，逐层增高，头两层殿修建在平地上，后三层殿沿山麓往山上修建，第五层殿接近山巅，是吉林省道教宫观中独具特色的建筑群。

第一层为山门，建有马殿。殿内有彩塑红白二马。进山门是通向大殿的甬路，东西为钟鼓二楼。

修复后的通化玉皇阁

二层殿为正殿，即关岳殿。正中关公神像，前供岳飞神位。殿内东侧供奉龙王，西侧供奉财神。东配殿为两仙堂，内供纪仙、柳仙。大殿东西各有配房五间，东为讲经堂，西为十方堂。

第三层为三座大殿。中为碧霞宫，东殿为吕祖殿，西殿为大仙堂。

第四层为东西二大殿。东大殿有两屋，东屋是娘娘殿，西屋为三官殿。西大殿分两屋，东屋是火神殿，西屋是天神殿。

第五层为三清殿。中间供奉三清神，东西配殿为药王殿和阎罗殿。

福寿宫的正殿和配殿之间，以斜坡石砌台阶连接，所有殿堂南壁均由石块垒砌，各殿门前均有黄花松明柱支撑，殿檐下画龙雕栋，甚为壮观。福寿宫神像百尊，楼台殿阁，房屋百余间，青砖青瓦，古色古香，雕梁画栋，飞檐凌空，红漆门柱，绿树掩映，高雅清幽。为东北著名道教洞天之一。

1914年成立奉天省西安县道教协会分会，分会办事机关设在福寿宫，分会会长是福寿宫监院王作全。据载，福寿宫的历代监院有王作全、王志臣、杨延明、善是春（一说是左是德）、滕全一、王全林。

新中国成立后，福寿宫被占用，道士流散。1980年后落实宗教政策，开始恢复为道教活动场所。经过恢复重建，并增建了被誉为"华夏玄门第一楼"的魁星楼,辽源福寿宫更加辉煌,成为辽源市标志性建筑和新的人文景观。

修复后的辽源福寿宫

九　双城无量观

双城无量观位于黑龙江双城县城内北大街,是一座金辉派道观。始建于乾隆三十三年(1768),开山祖师为山东崂山金辉派道士唐士来、刘士起。最初只建有关帝庙一座,至嘉庆二十二年(1817),得到当地绅商官府界赞助,扩建关帝庙正殿3楹,添建观音殿、娘娘殿、土地祠、钟鼓楼、山门、东西配庑等。道光二十五年(1845)重修,在娘娘殿旁添建祖师殿、胡仙堂,东西配庑俱扩为5楹。咸丰六年(1856)又扩至10楹。光绪八年(1882),在娘娘殿西边又扩建吕祖殿、酒仙殿。该庙经过多次重修,规模宏伟,为宫殿式建筑群,称为无量观。无量观香火鼎盛,清末住持道士7人,挂单者甚多,常住道士10余人。该庙是东北地区最早的一处金辉派道观。东北沦陷时期,无量观是省内唯一被指定的"特殊寺庙",准许传戒。但按道教惯例,此观仍属子孙庙,不属于十方丛林,故庙中居住的仍然为金辉派道士。由于成为了"特殊寺庙",故伪满时期双城无量观获得较大发展,道士数量激增,达到四五十人。

1943年,双城无量观请来沈阳太清宫方丈金诚泽,在无量观传戒一坛,临坛受戒的道士达到600余人。无量观是东北地区历史上继沈阳太清宫之后第二个传过戒的宫观,因而历史影响较大,但现已不存。

十　尚志太和宫

太和宫位于黑龙江省尚志县东南140公里的帽儿山,建成于清同治四年(1865),由居民捐资建造,内有关帝庙3楹、玉皇殿3楹、娘娘殿3楹、神殿1楹、东西配庑各3楹,钟鼓楼各一座,山门1楹。

太和宫原为道教尹喜派的子孙庙,同治十一年(1872),呈请官方批准注册立案,改为十方丛林道院(一说为民国初年经监院谢信乎改为丛林)。太和宫建为丛林后,专为留单接众,不收弟子,庙内监院并各职司均由道众公选。首任监院吴本仙,二任监院姜理兴。太和宫是黑龙江省内唯一的一座十方丛林道院,庙内建筑宏伟壮观,并拥有相当多的山林和土地,因而道众多云集于此,香火鼎盛,太和宫亦成为黑龙江省的著名道观。不过,太和宫虽为道教丛林,但历史上未设方丈,也未传过戒。

至伪满时期,重修大殿3间,山门1座,添建土地祠、大仙堂各一处、客堂5间,大门1座,并立墙垣等。1949年后,太和宫遭到破坏,道士离散。最后一任监院周子成于1960年去世,太和宫亦片瓦无存。

第六章

东北全真道区域性特征分析

东北地区的全真道是从关内传入，其传承的道统亦来自中原道教。如清初开创龙门派关东分支的郭守真，师承于山东马鞍山聚仙宫的李常明，接续的是山东马鞍山龙门派的道统。而马鞍山道统来自山东青州白云观，其谱系中第一代祖师为丘处机的弟子任道安，原在陕西太华山修道，后云游到山东青州，创建白云观。此后，青州白云观形成自己的传承谱系，其第七代李常明又开创山东马山道场，李常明的弟子郭守真开创关东道场，他们接续的都是青州白云观的谱系。总之，东北道教是从关内传入，是中国道教文化的重要组成部分。但是，全真道在东北地区长期传播和发展的过程中，由于历史、地理、风俗等各种因素的影响，或多或少带有一定的地域性文化的特征，表现出与关内道教有所不同的特色。如东北全真道的道派分布就很有特色，郭祖龙门派关东十四支是东北道教的最主要流派，加上其他全真支派如华山派、金山派、蓬莱派、金辉派、尹喜派，构成东北道教的六大流派。另外，东北全真道的宫观以子孙庙为主，十方丛林制宫观很少。而沈阳太清宫作为东北道教十方丛林的代表，在组织管理制度、传戒制度和经济状况等方面，都有一些自己的特色。

第一节 东北全真道的道派分布特征

明清以来，全国的道教主要分为全真与正一两大派系。东北地区的道教以全真道为主流，尤其是宫观制道教，基本都是全真道士建立，正一道的宫观极少。全真道内部的分宗立派甚多，在东北地区传播的全真道流派中，以龙门派为最主要的派别，尤其以郭守真所传的龙门派关东十四支为主流，其他全真道支派如华山派、金山派、尹喜派、金辉派等，也有一定数量的传播与发展。

一 郭祖龙门派的主流地位

清代康熙年间，郭守真派遣弟子们分赴各大名山弘道阐教，历代嗣徒们又不断开山建观，使得郭祖龙门派传播到东北各地城乡，成为东北道教的主流。后世一般认为，东北道教大都是郭守真的14位弟子开枝散叶而来，称为郭祖龙门派关东十四支，各地流传的道教就是关东十四支的分支。

在郭祖的十四位弟子中，除了赵太源一支隐居于终南山外，其他十三支全都在东北各地开山立庙，弘道阐教，并且传承不辍，香火不断，门徒众多，影响深远。自清代康熙年间以来，郭祖龙门派一系基本占据了东北各地的大小山头，所立庙宇不下千余座，所度道士不下数千人，成为东北道教的最主要流派。

事实上，关东龙门派在东北三省的传播是非常广泛而深远的，无论都市大邑，还是偏僻乡野，到处都有郭祖龙门派的踪迹。在东北地区的几乎每一个市县，都有或多或少龙门派道观的存在。据伪满时期的统计资料，1936年东北全境（不包括大连地区）有龙门派宫观1009座，道士2193人，而当时统计的宫观总数是1630座，道士3461人。[①] 如果换成百分比计算，则东北地区的龙门派道观约占全部道观的62%，龙门派道士人数约占全部道士的63%。那么，这里统计的龙门派基本都是郭祖所传的关东十四支。因此可以说，无论是宫观的数量，还是道士的人数，郭祖龙门派都是东北道教的绝对主流。

郭守真一系的关东龙门派在东北地区的传播，是一种自成体系、相对独立的传播。因为东北地区在地理上的相对封闭性，在历史上曾经为清朝的龙兴之地而禁垦多年，使得关东龙门派的传播范围主要分布于东北地区。虽然关东龙门派的个别分支曾传播到陕西、湖北等地，但数量有限，不占主流。

[①] 参见《第四次满洲帝国文教年鉴》（1936年度），满洲帝国民生部，康德五年（1938）发行，第469—475页。

郭祖龙门派在东北三省的分布，以辽宁省最多，吉林省次之，黑龙江省较少。这主要因为辽宁铁刹山等地是东北道教的祖庭，郭守真师徒在辽宁地区的活动亦较多。另外，辽宁省开发较早，是东北地区的政治、经济与文化中心，而吉林、黑龙江两省的开发较晚。

东北地区的郭祖龙门派不仅在宫观、道士数量上占据着主流地位，而且在宗教事务中也发挥着主导作用。这主要表现在以下方面：首先，号称东北道教第一丛林的沈阳太清宫是由郭守真始创，原为郭祖龙门派的宗门庙，后改为十方丛林，但太清宫丛林的历任方丈和监院基本都来自龙门派关东十四支所属的道院，如千山无量观、闾山圣清宫、铁刹山三清观等。其次，东北地区历史上共出现过五座丛林制道院（沈阳太清宫、沈阳关岳庙、锦州离阳宫、吉林蟠桃宫、尚志太和宫），其中四座（太清宫、关岳庙、离阳宫、蟠桃宫）是由龙门派宫观改制而成。再次，东北地区历史上出现的著名道士绝大多数出自关东龙门派，如清代早期有郭守真及其14位弟子，清代中期扩建太清宫的赵一尘，后来传戒弘法的魏永彩，清末振兴道教的葛月潭等人，都是郭祖龙门派一系。

总之，在清代以来的东北道教格局中，郭祖龙门派占据着绝对主流的地位。

二 东北全真道各流派的势力分布情况

历史上传入东北地区的全真道各流派，有龙门派、华山派、金山派、蓬莱派、尹喜派、金辉派、混元派、正阳派、随山派等约十几个派别。其中龙门派是最主要的流派，其次为华山派，再次为金山派，再其次为蓬莱派、金辉派、尹喜派等。

据《第四次满洲帝国文教年鉴》（1936年度）的统计，当时的满洲帝国全境的道教宫观共1630座，其中龙门派1009座，金山派93座，蓬莱派21座，华山派158座，金辉派20座，尹喜派15座，临济派40座，混元派3座，毗卢派7座，正阳派4座，老君派3座，玄门派1座，朝宗派2座，随山派1座，曹门派1座，派不明者252座。各派道士及信徒人数亦有相应的统计，可表列如下：

道教各派势力分布表（1936年统计）[1]

派别	宫观数	道士人数	信徒人数
龙门派	1009	2193	449214
华山派	158	248	103583
金山派	93	172	21337
蓬莱派	21	52	12738
金辉派	20	52	4532
尹喜派	15	18	66144
临济派	40	48	6221
混元派	3	14	754
毗卢派	7	8	55
正阳派	4	4	1200
老君派	3	4	727
玄门派	1	1	1
朝宗派	2	4	444
随山派	1	1	95
曹门派	1	1	2
派不明	252	641	636017
合计	1630	3461	1303064

上表是根据伪满民生部1936年的统计表简化而成，表中有些派别不属于道教，如临济派、毗卢派、朝宗派、曹门派等，应属于佛教，但原书如此，故此处照录。另外，当时伪满洲国的统治范围除了现在的东北三省外，还包括热河省（位于今内蒙东部、河北北部一带），但不包括大连市。因此对于研究东北地区的道教来说，上述统计表在地域范围和数据的精确度方面存在一定的误差，不过总体来看，这份数据还是能够大致反映出当时道派分布的一般情况。

根据上表可以看出，在东北地区的全真道各流派中，龙门派宫观占总数的62%，是最主要的派别。其次是华山派，约占9.7%。再次为金山派，约占5.7%。再次为蓬莱派和金辉派，各占1.2%。再次为尹喜派，

---

[1] 此表根据《第四次满洲帝国文教年鉴》（1936年度）第469—475页的统计表简化而成。

约占 0.9%。

　　这样的道派分布格局反映的是整个东北地区的一般情况，如果具体到每个省份或不同的市县，则又表现出一些地域性的差异。如 1937 年黑龙江省的六大宗派是龙门、金辉、华山、金山、尹喜、真武派。其中金辉派超过华山派，成黑龙江省全真道的第二大流派，而蓬莱派亦超过金山派，具体数字见诸下表。

黑龙江省道教主要宗派统计表（1937）①

派别	龙门	金辉	华山	蓬莱	金山
道观数	165	17	15	4	3
道士数	619	53	16	49	11

　　黑龙江省的金辉派传播较早，发展较盛，故超过华山派，成为当地道教的第二大流派，华山派退居第三位，蓬莱派第四，金山派第五，这样的格局与东北地区整体情况还是有一点差异。不过，也应该看到，无论其他道派的分布格局怎样变化，全真龙门派的中心和主流地位却没有改变，并以绝对优势占据着东北道教第一大流派的位置。这也说明东北地区全真道的发展与全国的情况基本类似，所谓"龙门、临济半天下"，即龙门派是清代以来全真道的最主要流派。

　　如果与全国其他地区相比，东北地区全真道各流派的势力分布还是有自己的特色，即金辉派和尹喜派的发展比较兴盛，所占比重较大。

　　民国年间日本人吉冈义丰曾著有《白云观的道教》一书，书中根据 15 本《登真录》中的戒子资料，分析了当时道教宗派势力的分布情况，做成一份"登真录所载宗派势力比较表"②。现根据此表内容，简化成下表：

宗派	龙门	华山	霍山	金山	随山	蓬莱	正乙	遇山	清微	其他32派	合计
受戒人数	2533	505	152	127	110	66	43	42	41	201	3820

---

① 此表引自《黑龙江省志·宗教志》第 93—95 页。
② 参见吉冈义丰《白云观的道教》，新民印书馆 1945 年版，第 30—32 页。

上述表格所依据的《登真录》共15种，包括白云观同治十年坛、白云观光绪壬午坛、白云观光绪甲申坛、白云观光绪辛卯坛、白云观光绪丙午坛、白云观光绪戊申坛、白云观民国癸丑坛、白云观民国己未坛、白云观民国丁卯坛、济宁常清观光绪癸卯坛、济宁常清观民国甲子坛、奉天太清宫民国甲寅坛、陕西留侯庙乙丑坛、留侯庙丙寅坛、元妙观宣统庚戌坛的《登真录》共15种。这些《登真录》中收录的名单以北京白云观戒坛为主，另有济宁常清观、沈阳太清宫、陕西留侯庙、南阳玄妙观等。从地域上来看，这些戒坛主要分布于北方地区，前来受戒的道士也主要来自北方，所以其中反映的宗派状况也以北方地区为主。从时间上看，最早为清代同治十年（1871），最晚到民国丁卯（十六年，1927）年，所以其中反映的状况以清末民国为断。

根据上述表格，在全部3820名戒子中，龙门派有2533人，占总人数的66%；华山派505人，占13%；霍山派152人，占4%；金山派127人，占3.3%；随山派110人，占2.9%；蓬莱派66人，占1.7%。可以看出，处于前六位的宗派分别是龙门派、华山派、霍山派、金山派、随山派、蓬莱派，其中龙门派达到总人数的2/3，处于绝对领先地位。

那么，将上述表格中的前六大流派与东北地区相比较，可列表如下：

《登真录》中的六大宗派及其比例	龙门66%	华山13%	霍山4%	金山3.3%	随山2.9%	蓬莱1.7%
东北地区的六大宗派及其比例	龙门62%	华山9.7%	金山5.7%	蓬莱1.2%	金辉1.2%	尹喜0.9%

《登真录》所反映的是北方地区道派分布的一般状况，位于前六位的宗派分别是龙门、华山、霍山、金山、随山、蓬莱。而东北地区全真道前六位的流派分别是龙门、华山、金山、蓬莱、尹喜、金辉。两相比较，则可看出，前两大流派即龙门、华山派，在表中所处的地位比较一致，说明这两大流派确为各地全真道的最主要流派。另外，表中金山派和蓬莱派都属于六大宗派之一，说明这两派在各地的传播也比较广泛。两者的区别主要在于：在东北地区的六大宗派中，没有霍山派和随山派，取代之的是金辉派和尹喜派。说明在东北地区的道派分布中，金辉派和尹喜派占有较大的比重。这一点明显有别于其他地方，反映了东北全真道流派的区域性特点。

第二节　东北全真道的宫观类型与神灵祭祀特色

一　宫观类型特征

道教宫观根据庙产的归属可大致划分为两类，一类是庙产私有的子孙庙，一类是庙产公有的十方丛林。

所谓十方丛林，又称十方常住，一般是建于都邑的中心大庙，庙产为公有制，凡道教徒经过一定的程序，都可以挂袩留住。丛林制宫观可以云集各地道众，可以开坛传戒，但不可以私收弟子。丛林制道院内部有一套规范化的管理制度，设置有方丈、监院、都管、知客等众多执事，分工明确，各司其职。其中主要执事人员都是由道众民主选举产生，不称职或渎职者，道众可以公议罢免。

所谓子孙庙，是指庙产私有、由同派师徒世袭相承的庙宇。这种庙观一般规模较小，不能留单接众，不能传戒，但可以收徒弟。师徒代代相传，徒弟既是继承师父的法嗣，同时也是庙产继承人。子孙庙不能传戒，其徒众受戒，须送往十方丛林。

东北地区的全真道宫观众多，若从庙产类型上划分，也大致可以分为子孙庙和丛林庙两种，其中的管理制度、组织制度和传戒制度等，与全国其他宫观类似。不过，东北地区的十方丛林和子孙庙还是有一些自己的特点。

首先，十方丛林制宫观极少，据现有资料记载，在东北历史上曾经出现的近两千座宫观中，只有5座属于十方丛林，其他全是子孙庙。这5座丛林制宫观是：沈阳太清宫、沈阳关岳庙、锦州离阳宫、吉林蟠桃宫、尚志太和宫。具体情况见下表。

东北地区十方丛林宫观列表[①]

丛林名称	地点	原属派别	创建时间	改制为丛林的时间	常住道众
太清宫	辽宁沈阳	龙门	清康熙二年（1663）	清乾隆四十四年（1779）	140人左右

[①] 此表所列的5座宫观为丛林制，史料有明确记载。另外，辽宁喀左天成观规模巨大，下院众多，观内设置有方丈、监院、都管等执事，但天成观是否属于十方丛林，因史料记载不明，尚有待考证。

续表

丛林名称	地点	原属派别	创建时间	改制为丛林的时间	常住道众
关岳庙	辽宁沈阳	龙门	明嘉靖二十六年（1547）	清宣统二年（1910）到1945年	20余人
离阳宫	辽宁锦州	龙门	元代	清同治初年（1862）	数十人
蟠桃宫	吉林省吉林市	龙门	清同治九年（1870）	民国十八年（1929）	30—70人
太和宫	黑龙江尚志县	尹喜	清同治四年（1865）	同治十一年（1872）一说为民国初年	

根据上表可以看出，东北地区全真道的十方丛林制宫观极少，而且除了太清宫丛林规模较大、历史悠久外，其他丛林都是清末或民国时期才改制而成，有些丛林（如沈阳关岳庙）持续的时间也不长，说明从总体来看，东北地区全真道的实力不是特别雄厚。

上述5座东北全真道丛林中，以沈阳太清宫最具代表性，丛林规制比较完善，丛林经济亦很丰厚，历史上曾推举有五任方丈、十几位监院，开坛传戒十余次，度戒子达三千余人，是一座典型的丛林制道院。但是，其他4座宫观却不是很典型，它们虽然属于丛林制，庙产公有，可留单接众，却从未设过方丈，也没有开过坛传过戒。

其次，东北地区的绝大多数庙宇属于子孙庙，但部分子孙庙在管理制度上类似于丛林，甚至个别子孙庙还传过戒，从而表现出一些与其他地区不同的特点。

除去上述5座丛林制宫观外，东北地区的其他全真道宫观可都归属于子孙庙。子孙庙一般是庙产私有，师徒世代传袭，师父为一庙之主，没有特别成文的管理制度。但是东北地区的部分子孙庙因为宫观较大，道众较多，于是在管理上仿照丛林体制，设置有多种执事。如千山无量观、闾山海云观等，都有一套成熟的管理制度，观中道士分工明确。据载，民国年间千山无量观的道士分工是：监院一名，总理全庙事务，由观中道众推选及省长许任之；都管一名，辅助监院办理一切事务，由监院委派之；知客四名，接待来宾，分担庙中内外事务，由监院委派之；殿主五名，负担各殿堂每日烧香祭祀等事务，由监院委派之；经主一名，负担祭祀、祈祷、追悼、荐拔、诵经之事项，由监院委派之；经师数名，由经主委派之。堂主一名，负担各堂内清洁卫生之事项，由监院委派之；库头一名，保管庙内一切物品，由监院委派之；司账二名，管理庙内出入账目以及来往公文事项，由监院委派之；督厨一名，负担道众饮食事项，监院委派之；厨役数名，负担厨房各种事务，由督厨支配之；园头一名，负担种一切菜蔬，由督厨委派之；巡山二名，管理本庙之山场山林，以维护风景之完好，由监院委派之；①可以看出，无量观的执事设置尽管有点类似丛林道院，但是其选举方式却有所不同，除了监院是道众公选外，其他执事人员都不需要公选，而是由监院或督厨等委派。

另外，东北地区的个别子孙庙还曾经传过戒，这主要发生在东北地区被日本人侵占的伪满洲国统治的特殊时期。当时位于黑龙江省双城县的无量观本为金辉派的子孙庙，被指定为黑龙江省唯一的"特殊寺庙"，准许传戒。于是双城无量观在1943年请来沈阳太清宫的金诚泽方丈，在此传戒一坛，受戒弟子达600余人。这种子孙庙传戒是在特殊历史时期发生的，是对道教传统的丛林传戒制度的变通。

总之，东北地区全真道的十方丛林制宫观极少，而历史上能够传戒的丛林只有沈阳太清宫一座。在东北地区众多的子孙庙宫观中，有些较大的子孙庙在管理上类似丛林体制，个别子孙庙曾举行过传戒活动。

二 神灵祭祀特色

东北道教是中国道教的一部分，其神灵信仰与全国其他地方基本一致。既有普遍供奉的三清、玉皇、关帝、三官、吕祖、老君、邱祖、真武等通祀性神灵，也有东北地区特有的地方性神灵，如黑老太太、胡三太爷等。当然，每个宫观由于规模不等，供奉的神灵也或多或少，有的小庙只奉祀一神，有的大庙却有很多殿堂，神灵众多。现以沈阳太清宫、吉林蟠桃宫、尚志太和宫等丛林制宫观为例，剖析东北道教神灵祭祀的特色。

宫观名	奉祀神灵
沈阳太清宫	玉皇、老君、关帝、灵官、吕祖、邱祖、黑老太太、观音
吉林蟠桃宫	王母、斗母、观音、老君、八仙、东华帝君、关帝、三官、邱祖、大仙
尚志太和宫	玉皇、关帝、娘娘、土地、大仙

---

① 参见刘明省《千山无量观志》卷一，第54—55页。

上述三座宫观的神灵祭祀，基本反映了东北道教宫观内神灵布置的一般情况，即玉皇、关帝、老君、邱祖、观音、大仙等神是各宫观内普遍奉祀的神灵，一般建造有专门的殿堂进行供奉。另外，有些庙宇较小，专祀一神，选择的神灵也以关帝、玉皇等神为多。相对于其他地区而言，东北地区全真道宫观内奉祀的地区性的、有特色的神灵是黑老太太或胡三太爷、胡三太奶等，一般庙宇里修建有护法殿或大仙殿，专祀这些神灵。

那么，黑老太太、胡三太爷、胡三太奶等都属于狐仙类的神灵，在东北地区非常流行。据说，黑老太太又称为黑大仙，是郭守真祖师的护法神，初居于山东即墨县马鞍山，后随郭守真到辽宁铁刹山云光洞修炼。在郭守真开山伊始，条件非常艰苦，常常香火不供，薪米不济，全赖黑大仙默为保护，不待募求自源源而至。据说郭守真应邀到盛京祷雨成功，实赖黑大仙的暗中护佑。而且黑大仙常有感应，灵异昭著，人有患病者，若虔心祈请，则默为施治，靡不神效，或有小孩缺乳，持瓶酒来上供，祷于案前，易水而归，用水煮粥，食之即有乳。故黑大仙作为郭祖的护法神，在郭祖一系所建的龙门派宫观里得以普遍供奉，久之而成为东北地区最常见的神灵。正如白永贞在《铁刹山云光洞护法黑大仙之灵迹》一文中所说：

> 若黑仙救人之灾，拯人之困难，无大功于国，而利济民生之德，卓有可证。故奉天全省之观，凡郭真人及门徒所创庙庭，如本山、太清宫、千山无量观、间山圆通观各处，靡不设有法像，朝朝夕夕供奉香火，咸称之为黑老太太焉。吁！可谓盛矣！[1]

另外，胡三太爷、胡三太奶亦是东北道观里非常流行的护法神，据说他们能保家宅平安，有求必应，亦是百姓家里常常供奉的保家仙。

总之，东北道教的神灵祭祀基本上与内地没有太大的差别，一般道观里供奉的主神都是玉皇、关帝、老君等全国通祀的神灵，而富有地区特色的神灵是黑老太太或胡三太爷、胡三太奶等。

---

[1] 《铁刹山志》卷八。

第三节 沈阳太清宫十方丛林的特色

沈阳太清宫作为东北道教的第一丛林，历史悠久，规制完善，是东北全真道的代表性宫观，对其组织制度、职司制度、传戒制度、经济状况、宗教活动等方面进行研究与分析，有助于了解东北全真道丛林制度的特色及东北道教发展的一般状况。

一 沈阳太清宫丛林的管理制度

十方丛林作为道教公庙，其常住道众来自各地各派，彼此间互为道友，但多没有师徒关系，故不能形成一种自然的秩序，在组织和管理方面就必须有一套规范化的制度。大体上说，十方丛林的管理制度包括以下方面，即组织状况、职事制度和挂单制度等。

在十方常住的宫观里，方丈的品阶最高，是全观道众的精神领袖；方丈而下有监院或称住持，负责宫观的实际事务；再次有都管，协助住持处理各种具体事务。其组织状况，自方丈、住持以下，习惯上有所谓"三都五主十八头"的说法。三都即都管、都讲、都厨，五主即经主、殿主、堂主、化主、静主，十八头即门头、庄头、堂头、库头、茶头、水头、火头、饭头、菜头、仓头、园头、槽头、圊头、钟头、鼓头、净头、磨头、碾头。而实际上，每个丛林制宫观由于所处的地理、时代、规模及殿堂部署等的不同，其组织状况及职司设置也有或多或少的差异。

在组织制度方面，沈阳太清宫的管理富有特色。在太清宫丛林里，方丈是最高领导，方丈而下，设置东序、西序。东序包括十方堂、法堂和客堂；西序包括经堂、云水堂和念经堂。上述六堂中，每堂设有相应执事，如堂主、监院、经主、知客之类。在六堂之下，又有一些部门。如法堂管理督座、饭头、菜头等；客堂下设门头寮；经堂下设东单、西单等。这样形成一种从上到下、管理有序的组织结构图。关于太清宫丛林内部的组织情况，伪满时期曾做过调查，并绘成图表，兹转引如下：[①]

[①] 以下图表引自《满洲宗教概要》（宗教调查资料第五辑）第131页，民生部社会司，康德五年十月。

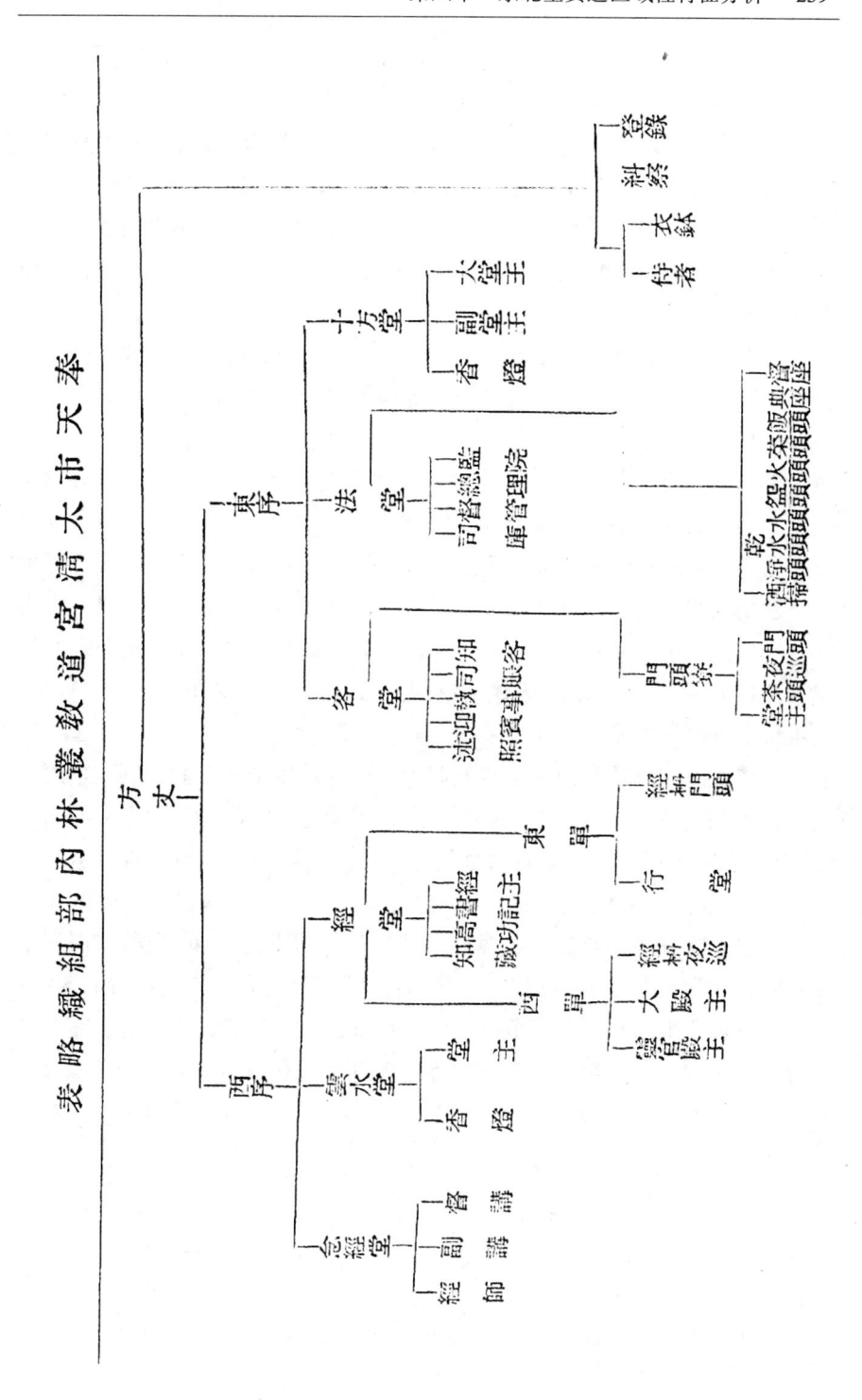

第六章 东北全真道区域性特征分析

奉天市清道教丛林内部组织略表

```
                                    ┌─ 登錄
                            ┌─ 經錄 ─┤
                            │        └─ 衣錄
                            └─ 侍者
                ┌─ 十方堂 ─┬─ 火堂主
                │          ├─ 副堂主
                │          └─ 香燈
                │                    ┌─ 乾道座
                │                    ├─ 淨頭座
                │                    ├─ 爭頭座
                │          ┌─ 司督總監  ├─ 水頭座
                ├─ 法堂 ──┤ 庫管理院  ├─ 盆頭
          ┌─ 東序         │            ├─ 火頭
          │                │            ├─ 菜頭
          │                │            ├─ 飯頭
          │                │            └─ 磨頭
          │                │            ┌─ 門頭
          │                │            ├─ 茶頭
方丈 ─────┤                │            ├─ 夜巡
          │                ├─ 客堂 ──┬─ 迎賓           ┤
          │                │          ├─ 執事           ├─ 堂主
          │                │          ├─ 司照           │
          │                │          └─ 知客           │
          │                └─ 門頭
          │                              ┌─ 經神
          │                ┌─ 單 ─────── ┤ 門頭
          │                │  (東)        │
          │                │              └─ 行堂
          │                │        ┌─ 知高賢經
          │                ├─ 經堂 ─┤ 識功記主
          └─ 西序          │        └─ 經粹夜巡主
                          │        ┌─ 大殿主
                          ├─ 單 ──┤
                          │ (西)   └─ 鑒殿主
                          ├─ 雲水堂 ─┬─ 堂主
                          │          └─ 香燈
                          │          ┌─ 經師
                          │          ├─ 副
                          └─ 念經堂 ─┤ 督
                                      └─ 講
```

根据上表可知，沈阳太清宫的组织管理是非常严密有效的，层次分明，职责明晰。方丈而下的六堂之间是平行关系，互不统属，各司其责。其中十方堂、云水堂和念经堂因为人员不固定，没有下属机构。而法堂、客堂和经堂都有相应的下属机构，设置有多种职司，管理着太清宫内外的日常大小事务。另外，登录、纠察、衣钵、侍者四种职务不隶属于任何机构，而是直接对方丈负责，相当于独立的监察和秘书机构，这一点也是很有特色的。

十方丛林一般居住有百余道士，人员流动频繁，除了诵经值殿做道场等神圣性事务外，还有接待餐饮卫生等各种生活性事务，因此要处理好繁杂的丛林事务，不仅需要严密有序的组织系统，而且需要众多执事齐心协力，大家分工明确，才能井然有序。伪满康德四年（1937）太清宫方丈纪至隐编写的《全真须知》中有《执事榜》一文，指出设立众执事的重要性，曰："夫大厦非一木所能支，必须众材为之助；丛林岂孤身可独立，还期庶职共襄。量其才而分其司，尊卑有序，食其禄而重其事，大小无亏……由是定规立矩，固已先乎一己。分职输管，是所望于群公。今将执事开列如后。"[①] 所以，丛林制道观一般都设有众多执事，分工管理，以维持十方常住的正常运转。

沈阳太清宫自乾隆四十四年改制为十方丛林以来，其职司制度也逐渐完善，设置有方丈、监院、都管、知客等众多执事，据民国六年刊本《沈阳县志》记载：太清宫有"住持方丈一，监院一，职事十六，道侣百余"。[②] 实际上，到民国时期，太清宫挂单常住的道士众多，相应的职事人员也多，除方丈、监院、知客外，其他各类职事达到40余种。据五十岚贤隆在《道教丛林太清宫志》中介绍，民国年间太清宫内设置有50种职事，每种职事各有其职责范围，专人负责，分工明确，使太清宫在对外接待、殿堂香火、后勤保障等方面都管理得法，有条不紊。关于各职事及其职责，详见下表：

---

① 纪至隐编：《全真须知》，沈阳太清宫发行，康德四年（1937），第7页。
② 《沈阳县志》卷十三。

职事名称	职责范围
方丈	太清宫丛林的最高领袖
监院	即住持，负责一切事务
知客	接待外客及管理宫内事务
执事	监督众道士及物品买卖
经衲执事	管理读经道士
经主	读经主任
书记	财会主任
高公	主持道场法事
迎宾	负责道士挂衲事务
账房	会计。雇俗人担任
大殿主	太上老君殿负责人
大楼殿主	玉皇阁负责人
老爷殿主	关帝殿负责人
灵官殿主	灵官殿负责人
东楼殿主	吕祖楼负责人
西楼殿主	邱祖楼负责人
大堂主	宗教粹通学堂负责人
十方堂南屋堂主	管理十方堂南部房屋及烧炕
十方堂北屋堂主	管理十方堂北部房屋及烧炕
云水堂南屋堂主	管理云水堂南部房屋及烧炕
云水堂北屋堂主	管理云水堂北部房屋及烧炕
迎宾堂主	管理迎宾堂及烧炕
葆真堂主	管理葆真堂及烧炕
东楼堂主	管理吕祖楼及烧炕
西楼堂主	管理邱祖楼及烧炕
洒扫堂堂主	管理扫除堂及烧炕
寮房堂主	管理寮房堂及烧炕
圜堂堂主	管理圜堂及烧炕
高皂堂主	管理高皂堂及烧炕
督厨	炊事主任
大碗头	负责清洗厨房的大碗
小碗头	负责清洗食堂的小碗

续表

职事名称	职责范围
大火头	厨房烧火
小火头	厨房烧火助手
饭头	做饭
菜头	做菜
泔水头	厨房用水的搬运及垃圾处理
门头	管理开门、闭门
圊头	扫厕所
库房	管理仓库
水头	井水搬运
茶头	茶房烧火
洒头	打扫卫生
坐衲行堂	斋坛打板
经衲行堂	念经打板
经衲夜巡	念经夜巡接板
坐衲夜巡	夜巡打板
点造	购买菜类及其他物品
钟板	打钟、打板主任
文牍	处理书信往来

  上表所列沈阳太清宫的职事及职责范围，是五十岚贤隆于1932年前后在太清宫内调查所得。这些职事看似名目繁多，其实只是丛林制宫观内常设的一些职位，只不过分工更为细化而已，如殿主原为一种职司，但太清宫内有灵官殿、老君殿、关帝殿、玉皇楼、吕祖楼等殿宇，故设立有灵官殿主、大殿主、老爷殿主、大楼殿主等六位殿主，从而成为六种职司。

  太清宫内执事人员的产生，大都由道众公议选举产生。据五十岚贤隆的《太清宫志》所载，如果哪个执事位置暂缺，需要举选，那么就在傍晚闭门后，将各室代表召集到客堂，监院为中心发言人，代表们对人选发表意见，由监院做最后决定。当问题复杂、事关重大时，太清宫召开非常大会，全体道士齐集斋堂，实行类似言论自由的争辩，每个人都可以在这个会上发表自己的意见。一般情况下，监院得到方丈的同意即能作出裁决，但有时两种意见尖锐对立，他们便采取向吕祖求签的方法解决。

沈阳太清宫的职事设置，大概随着时代变迁或居住人员的变化而常有调整。如1937年出版的由太清宫方丈纪至隐编辑的《全真须知》中列举的职事就高达69种。这69种职事名称[①]为：

方丈	监院	都管	知客	海巡	知观	知随	高功	巡照	巡寮
巡山	书记	表白	纠察	库房	账房	号房	贴房	经师	司院
化首	化主	经主	静主	堂主	殿主	副经	副厨	都厨	高厨
堂头	钟头	鼓头	门头	柴头	园头	菜头	水头	碗头	茶头
静头	仓头	庄头	买办	迎宾	饭堂	行堂	刷印	公务	值岁
贴案	管法器	圊头	收供	更使	都役	支随	侍者	典座	库司
行察	催收	副堂主	副茶头	副火头	副圊头	舂米	洒扫	补贴	

《全真须知》中记载的如此众多的职事名目，是否就是当时太清宫丛林的现行职司，已经不得而知。但书中所载，至少反映了十方丛林职事设置的一般情况。至于每个丛林制宫观，可以根据本庙的需要进行选择性设置。如吉林蟠桃宫作为东北地区的一座十方丛林，因其规模稍小，职事设置就较为简单，只有监院、主教、客堂、寮房、库房、账房、经堂、厨房、十方堂、号房等十余位执事。

二 沈阳太清宫丛林的传戒制度

1. 历代传戒概况

沈阳太清宫于乾隆四十四年改制为十方丛林，自道光三年（1823）

[①] 以下职事名称，参见纪至隐编《全真须知》，伪满康德四年（1937），沈阳太清宫发行，第7页。

首次开坛传戒，历史上共开坛 10 次，历任方丈 7 人，戒子 3275 人，太清宫太清坛是东北地区传承道法的重要道坛。另外，沈阳太清宫方丈金诚泽还于伪满康德十年（1943）到黑龙江省双城无量观传戒一次，授戒子 609 人。因此，东北地区全真道在历史上（清代和民国）共传戒 11 次，合计戒子 3884 人。现将 11 坛的传戒简况表列如下：

东北全真道传戒情况简表

序号	传戒时间	传戒方丈	传戒地点	戒子人数
1	道光三年（1823）中秋	孙抱一	太清宫	36
2	道光十三年（1833）仲秋	赵坚忍	太清宫	102
3	同治十三年（1874）孟秋	张圆璿	太清宫	177
4	光绪五年（1879）季夏中	魏明彩	太清宫	244
5	民国三年（1914）春	葛明新	太清宫	12
6	民国三年（1914）七月	葛明新	太清宫	333
7	民国十年（1921）九月	葛明新	太清宫	387
8	民国十八年（1929）五月	葛明新	太清宫	461
9	民国二十六年（1937）	纪至隐	太清宫	593
10	民国三十二年（1943）冬	金诚泽	无量观	609
11	民国三十三年（1944）九月	金诚泽	太清宫	930
合计				3884

根据上表可以看出，东北地区自道光三年开坛传戒以来，到民国三十三年的一百余年间，共传戒 11 坛，历届戒坛规模不断扩大，受戒人数也逐年增多，反映了太清坛的传戒活动相当频繁，影响非常广大的史实。

太清宫在道光年间的两次传戒，因留存资料不多，除了传戒律师和各大师的姓名外，其他内容无从得知。自同治十三年以来的历次传戒，史料记载比较清晰，可简述如下。

同治十三年（1874），沈阳太清宫监院魏永彩请来北京白云观方丈张圆璿，在太清宫演戒一坛，是为太清宫历史上的第三次传戒。这次传戒是在上次传戒（1833）中断四十年之后举行，而传戒演道的律师是从北京请来的张圆璿。

张圆璿字耕云，号云樵子，山东人。同治年间为南阳玄妙观监院，后被北京白云观推为方丈，开坛传戒两次，为北京白云观第十九代传戒律师。同治十三年（1874），魏永彩虔请张圆璿真人来沈阳太清宫传戒一坛，传授戒子达177人。张真人演戒百日，期满归京。

张圆璿的这次演戒，对于太清宫影响深远。因为太清宫是清初郭守真祖师开创，其法脉主要传承自山东马鞍山李常明。同治十三年传戒后，北京白云观龙门正宗的律法正式传入沈阳太清宫，此后，太清宫的历次传戒，都是传授龙门正宗的律法。

同治十三年（1874），张圆璿方丈传戒完满回京后，时为太清宫监院的魏永彩遂嗣法为太清宫的第四任方丈。魏永彩嗣法后，法名为魏明彩。时隔数年，到光绪五年（1879）夏，魏方丈开始登坛演戒，得戒子244人。是为太清宫太清坛的第四次传戒。

那么，张圆璿和魏明彩的两次传戒，对东北道教的发展影响深远。传戒不仅带来了北京白云观的龙门正宗法统，而且两次传戒共得戒子四百余人，为东北道教的发展培养了大量弘法人才，促进了辽东道教的兴盛，使得清末民国的东北道教出现了相对繁荣的局面。

在魏明彩之后的数十年间，太清宫未举行传戒活动。到民国三年（1914），诸山道众推举监院葛月潭（法号明新）升任为太清宫丛林方丈。是年二月，葛明新演戒传道，得戒子12人。同年七月再次开坛传戒，登座说法，得戒子333名。此后，民国十年（1921）、十八年（1929），葛方丈又先后两次在太清宫开坛传戒。这样，民国年间葛方丈共传戒四次，共得戒子1193人，戒徒遍及全国。

葛明新作为太清宫的第五任方丈，不仅开坛传戒多次，而且接续有白云观第十九代传戒律师张圆璿真人的"龙门法卷"，成为龙门正宗的第二十代传人。所谓龙门法卷，亦称"太上律脉源流"，是记载龙门正宗源流及历代传人的长卷。目前所知，这类法卷只在北京白云观和沈阳太清宫出现过。北京白云观至今还保留有全套法卷，现存于白云观内的文物陈列室内。但沈阳太清宫的法卷已经逸失，不过其部分内容保存于五十岚贤隆的《太清宫志》。

北京白云观的法卷，卷首题名为《太上律脉龙门正宗》，正文为《龙门传戒谱系》，首有《龙门传戒谱系引》。内容为全真道龙门派第一代至二十一代传戒律师简历。而沈阳太清宫的法卷，封面上写着《太上律脉源流第十九代张圆璿》，朱印为"云樵子印"（云樵子即张圆璿之号）。在法卷的开头有"太上律脉龙门正宗"八个大字。接下来有"龙门传戒谱系引",然后是龙门派第一至二十代律师简历。从内容结构来看,白云观与太清宫的法卷基本相同。

因此,葛明新接续的《龙门法卷》的真实性是毫无疑问的,说明东北道教自张圆璿方丈前来传戒之后,就一直传承着龙门正宗的法统。沈阳太清宫所藏《龙门法卷》中记载的历代传戒律师自一至十九代都与北京白云观《法卷》所载相同,第二十代开始出现差异。北京白云观的《法卷》中第二十代为高明峒,而沈阳太清宫的《法卷》中第二十代为葛明新。说明沈阳太清宫接续的龙门正宗法统来自北京白云观第十九代传戒律师张圆璿,此后便按照太清宫的嗣法方丈进行接续,故第二十代为葛明新。太清宫的《龙门法卷》是极为秘密和无上的宝物,安放在法堂内,监院每天朝夕要对它三跪九拜,历届方丈作为印绶相传,是方丈传法的重要凭证。

继葛明新之后,沈阳太清宫第六任方丈纪至隐、第七任方丈金诚泽(法名金理泽)都举行过传戒活动。纪方丈于1937年在太清宫传戒一坛,得戒子593人。金方丈于1944年在太清宫传戒一坛,参与受戒的道士多达930人。另外,金方丈还于1943年在黑龙江省双城无量观传戒一坛,得戒子609人。

沈阳太清宫在民国年间的几次传戒,规模一次比一次大,人数一次比一次多,反映了东北地区道教在民国(伪满)时期的特殊环境下出现了相对繁荣的状态。

2. 戒坛特色

全真道自清初王常月公开传戒以来,很多十方丛林制宫观都举行过传戒活动,在全国各地曾出现过众多戒坛,其中著名者有北京白云观的白云坛、南阳玄妙观的玄妙坛、沈阳太清宫的太清坛、西安八仙庵坛、济宁常清观坛、武汉长春观坛、杭州福星观坛、成都二仙庵坛等。其中太清坛作为全国著名的戒坛之一,在历史上传戒11次,所授戒子达3884人,称得上是历史悠久、影响深远的古老戒坛了。因此,太清坛的传戒活动,是全真道律法传承的重要组成部分。分析太清宫戒坛的传戒活动及其特色,有助于深入了解和研究历史上全真道的传戒情况。

首先,从传戒时间的选择来看,可在春夏秋冬任一季节进行。东北地区的11次传戒活动中,在秋季举行的有6次,夏季2次,春季1次,冬季1次。可见传戒时间可以选择任一季节，并没有特别的限制，但东北地区可能因气候条件的关系，一般多选择在秋季举行。

沈阳太清宫传戒间隔的年限，有几十年一次，有几年一次，亦有在同一年里相隔数月再次开坛的，可见传戒年限也没有什么严格的说法，一般在准备充分、时机成熟之后就可开坛传戒。

沈阳太清宫戒坛的传戒活动，持续时间一般为一百天，称为百日圆满三坛大戒。如1874年张圆璿方丈传戒时，其活动就持续了百日，所谓"百日期满，送真人归去"。此后，魏明彩、葛明新方丈的传戒，也都以百日为限。据五十岚贤隆在《太清宫志》中介绍，戒坛为一百天即三个月零十天，戒子们要在大殿前连续跪坐一百日，进行念经、坐禅等活动。不过，到了伪满时期金理泽方丈传戒时，大概受资金、场所等条件的限制，戒坛时间缩短为1个月。如1943年双城无量观的传戒活动自10月25起，至11月23日终，正好30天。

其次，从受戒弟子的来源来看，虽面向全国，但主要来自东北地区。全真道十方丛林的传戒活动，是向全国所有道士开放的。东北地区历史上的多次传戒，也是面向全国的，不过由于地理、信息等条件的限制，前往太清宫戒坛的戒子主要以东北地区各宫观的道士为主。当然，也有部分来自河北、山东等地的道士。

在全部受戒的道士中，以龙门派为主体，其他全真道流派如华山派、金山派、尹喜派、金辉派、蓬莱派等派的道士亦不少，这大概与东北地区的道派分布状况相一致。另外，参与受戒的道士中，亦有少量正一派的道士。

从传戒的规模来看，人数最少的一次是12人，最多的一次为930人。相比于其他全真戒坛来说，沈阳太清宫的历次传戒规模都是相当大的，特别是民国年间的几次传戒，基本都在300人以上，最多的一次甚至达到930人。据目前掌握的资料，这可能是全真道历史上传戒人数最多的一次。

再次，从传戒的内容来看，主要传授三坛大戒。三坛大戒包括《初真戒》、《中极戒》和《天仙戒》。除此之外，在传戒期间，戒子们还要阅读《守戒必持》等书。据介绍，太清宫传戒期间，戒子们还要诵读一些小册子，这些小册子包括：太清宫教戒余编（内收有老子《道德经》、《阴符经发隐》、《素书经》等文）、道者须知（内收有《老子真传》、《阴符经节解》、《玉书经约解》、《清静经》、《护命经约解》等十余种经文)、群仙要语（内收有《日用诀》、《关尹子节要》、《谭景升化书》、《重阳祖师论打坐》、《王母口诀》等共22种语录节要)。同时，在一百天的戒坛期间，戒子们每天要进行修法念经，或者共同诵经，或者讲授，或者叩头、坐禅。诵读的经典是《玉皇经》、《北斗经》和《三皇经》各三百六十部。

从戒坛的师承设置来看，除了传戒律师和八大师外，还有纠察师、引礼师和导值师。按照全真道范，全真道的开坛演戒，由全真道十方丛林方丈担任传戒律师，解说戒律，传授戒法。辅助律师传戒的有八大师，即讲解经文的证盟大师，监督威仪的监戒大师，为作祷保戒的保举大师，教导戒坛仪规的演礼大师，纠正戒子仪规的纠仪大师，负责经堂诵经礼忏的提科大师，为戒子定道号的登箓大师，主持道场的引请大师。传戒律师和八大师，合称为戒坛九师。

太清宫每次传戒，均有传戒匾额，匾额上记载有传戒律师及众大师、众戒子的名录，虽然这些匾额现已不存，但在五十岚贤隆的《道教丛林太清宫志》中尚保存了部分内容。可惜的是，《太清宫志》只记载了前四次传戒律师和众大师的名录以及戒子的人数。现根据《太清宫志》所载，将太清宫前四次的传戒方丈及众大师姓名表列如下。

太清宫一至四次戒坛名录

道光三年第一次		道光十三年第二次		同治十三年第三次		光绪五年第四次	
戒坛职务	姓名	戒坛职务	姓名	戒坛职务	姓名	戒坛职务	姓名
演教律师	孙抱一	演教律师	赵坚忍	演教弘戒	张圆璠	演教弘戒	魏明彩
证盟师	李永意	证盟师	张明月	证盟妙道	高明阳	证盟妙道	赵明普
纠仪师	赵永龙	纠仪师	刘圆平	纠仪妙道	佟明仁	纠仪妙道	孙明安
监戒师	——	监戒师	刘明升	监戒妙道	王明达	监戒妙道	李明守
提科师	席永玺	提科师	毛明泽	提科妙道	王明秀	提科妙道	曲明增
保举师	赵永容	保举师	马明云	保举妙道	魏明彩	保举妙道	谢至寿
登箓师	静圆贵	登箓师	韩明谦	登箓妙道	姜明初	登箓妙道	彭明明
演礼师	——	演礼师	沈明符	演礼妙道	高明峒	演礼妙道	刘明荣
引请师	采明新	引请师	毛明泽	引请妙道	陈明中	引请妙道	程明然
纠察师	赵永泉	纠察师	刘明愈	纠察妙道	孙明安	纠察妙道	李明信

续表

道光三年第一次		道光十三年第二次		同治十三年第三次		光绪五年第四次	
	引礼师	引礼师	张明成 袁明亭 张明新	引礼妙道	李明崑 孟明盈	引礼妙道	樊明忠 李明顺
	导值师	导值师	许圆林	导值妙道	程明然	导值妙道	徐明林

根据上表可以看出，在沈阳太清宫的历次传戒活动中，除了道光三年第一次传戒时的八大师设置不全外，其余各坛都设置有传戒律师和八大师，反映了太清戒坛是严格按照全真道范进行传戒的。另外，除了律师和八大师外，太清宫在传戒时还设置有纠察、引礼、导值三师，而且不止一师一人，如上表所列，在太清宫的一至四次戒坛中，除第一坛设置不全外，其他三坛都有纠察、引礼、导值师的设置，而且引礼师一般为二至三人。另外，据1943年双城无量观的《登真录》记载，无量观戒坛除了传戒律师和八大师外，另有纠察师3人，导值师4人，引礼师14人。这些大师的姓名、籍贯和出生年月，都登载在《登真录》的页首，紧接在传戒律师和八大师之后，每位大师的姓名旁都盖上本人的印章。

这种九师之外的三师设置，大概从道光十三年就开始实行，以后一直是东北太清宫戒坛的例行设置，随着戒子人数的增多，三师人数也相应增加。

不过，纠察、引礼、导值三师的设置，并不是东北道坛的特有现象。如据现存于北京大学图书馆的北京白云观光绪八年《登真录》记载，龙门正宗第二十代传戒律师高明峒于光绪八年在北京白云观传戒一坛，当时除了传戒坛律师和八大师之外，另有纠察师1人，导值师1人，引礼师4人，说明北京白云观的戒坛亦有纠察、导值、引礼三师的设置。不过，据现存最早的一部《登真录》即北京白云观同治十二年《登真录》考察，在同治十二年的北京白云观戒坛中尚未设置以上三师。因此，关于纠察、导值、引礼三师的设置时间，及其担当的戒坛职责等事项，还有待进一步的研究。东北全真道历史上的传戒活动，或许能够提供更多的资料。

三 沈阳太清宫丛林的经济状况

沈阳太清宫于乾隆四十四年改制为十方丛林，当时的太清宫是一个拥有多重殿宇、规模较大的宫观，并且拥有不少房产和地产，具备有相当的经济基础。此后，经过百余年的增修扩建，经营积累，到民国时期，太清宫本庙拥有殿堂124间，常住道士150余人，同时，太清宫还拥有众多附属下院、房产、田产作为经济基础，以维持太清宫庞大的开支。据统计，太清宫有附属前院、西院及下院共7处，合计土地面积1062.64亩，房屋234间，庙堂48间，可见太清宫规模及资产之庞大。

那么，太清宫的庞大资产是在历史上逐渐积累形成的，来源多途，既有太清宫监院的经营购置，也有信众施主的施舍，还有其他宫观的赞助等。

实际上，太清宫除了这些房屋、土地之外，还拥有不少商业股份，成为其每年收入的重要来源。太清宫依靠这些土地、房屋、股份，加上念经香火收入等，能够保证太清宫常住一百余道众衣食无忧，殿宇常新，在除去众多开支后，一般每年都能保持收支平衡，有时还能有所节余，节余资金用于传戒和重大维修事项。

五十岚贤隆在《道教丛林太清宫志》中非常详细地记录了太清宫在1932年的收入和支出状况，从中可以窥见太清宫丛林经济状况之一斑。现根据《太清宫志》的记载，将1932年太清宫的收支情况列表如下：

太清宫收支账（1932）

收入细目	金额（现洋元）	支出明细	金额（现洋元）
现实存	506	除日用杂项钱	4250.13
进香资	3918.79	除买油盐钱	560.97
进经资	436.15	除煤炭钱	1404.19
进房租	5989.25	除地庄子钱	1889.3
进利息	749.38	除修工钱	4327.54
进杂项卖钱	347.88	除电灯电话钱	277.54
进空份	84.29	除来往存	3723.7
进五龙山	1060	除房损钱	123.3
进大柱子沟钱	3548.24	除路费钱	158.6
进来往算	10995.53	除老修行衣衲钱	2213.57
进公司商股	6021.66	除夥友劳金钱	870.7
进地庄子卖粮	1349	除公记房股	33.83

续表

收入细目	金额（现洋元）	支出明细	金额（现洋元）
		除西店铺垫	900
		除牲畜钱	45
		除轨鞍绳子钱	440.45
		除置地钱	1200
合计	34986.27	合计	22488.16

从上表可以看出，太清宫在1932年的收入总额为现洋34986.27元，其中主要收入来源是房租、地租、股份红份和放债利息等。如房租5889.25元，约占全年收入的17%；地租（包括下院五龙山、大柱子、地庄子等）计5957.24元，约占全年收入的17%；公司商股6021.66元，约占全年收入的17%；放债利息等11744.91元，约占全年收入的33%。以上四项合计约29613元，占据全年收入的85%，成为太清宫经济的最主要来源。相反地，作为宗教场所，其宗教活动的收入所占比例却很少，如当年的香资（施舍、求签等）、经资（念经、法事等）收入4354.94元，只占全年收入的12%。因此，从太清宫的收入构成来看，维持太清宫丛林经济的支柱主要是地产、房产、股产等资产的运作经营。

又据上表，太清宫在1932年的支出总额为22488.16元，其中主要支出是日常生活开支，包括购买日常用品、油盐、煤炭、电灯电话、支付帮厨工钱等，合计7363.53元，约占全部支出的33%。其次，殿房维修亦是比较大的支出，本年维修费支出（包括修工、房损、路费）共计4609.44元，约占全部支出的20%。再次就是所谓的"老修行衣衲钱"，即常住道士的每月生活费，约占全部支出的10%左右。另外，还有一些经营性支出，如地庄子钱、来往存、西店铺垫等，共计7032元，约占总支出的31%，这部分费用主要用于经营太清宫的田地、店铺等。

总之，在扣除相关支出后，1932年太清宫的收支账上净余额为现洋12478.01元，说明太清宫丛林的经济状况良好，收入多于支出，节余资金较多。

在太清宫的支出部分，有一项是老修行的衣衲钱，即道士的生活费，对于担任不同职事的道士，其费用标准亦有差别。《太清宫志》中详细记录了太清宫全部职事人员的年俸和月俸情况，反映了当时道士的生活水平。其中，方丈年俸 120 元，合每月 10 元；监院年俸 80 元，相当于每月 6.67 元；知客、执事、经主、书记、高功等，月俸 4.4 元；迎宾、账房、大殿主等，2.4 元；东楼堂主、西楼堂主等，1.4 元。总之，在全部 50 位职事中，最高者为方丈，每月 10 元，最低者为堂主等，每月 1.4 元。以下根据《太清宫志》所载，将太清宫职事人员的月俸情况列表如下：

职事名称	月俸	任职人员姓名
方丈	年俸一百二十元	葛明新
监院	年俸八十元	邢赴灵
知客	四元四角	翟至修
执事	四元四角	耿信蓬
经衬执事	四元四角	刘崇升
经主	四元四角	吴明纲
书记	四元四角	尚至玉
高公	四元四角	刘崇汉
迎宾	二元四角	戴宗权
账房	二元四角	才福唐
大殿主	二元四角	高信旭
大楼殿主	一元四角	唐理真
老爷殿主	一元六角	陈圆贵
灵官殿主	一元六角	于祥江
东楼殿主	一元四角	庄信田
西楼殿主	一元四角	陈诚喜
大堂主	二元四角	张宗良
十方堂南屋堂主	一元九角	孙信盛
十方堂北屋堂主	一元九角	罗圆海
云水堂南屋堂主	一元九角	岳永增
云水堂北屋堂主	一元九角	赵宗修
迎宾堂主	一元九角	毛宗修
葆真堂主	一元九角	邱理宪
东楼堂主	一元四角	王明贤
西楼堂主	一元四角	李崇玉

续表

职事名称	月俸	任职人员姓名
洒扫堂堂主	一元四角	孙至远
寮房堂主	一元九角	唐宗贞
圜堂堂主	一元四角	李诚和
高皂堂主	一元四角	付赴霖
督厨	四元四角	石赴山
大碗头	一元四角	魏信恩
小碗头	一元四角	阎永祥
大火头	二元八角	龚宗清
小火头	二元四角	张宗平
饭头	二元八角	杨祥阁
菜头	二元八角	邹宗和
泔水头	一元九角	杨明林
门头	一元六角	董信亭
圊头	二元八角	孙宗义
库房	一元六角	刘理藩
水头	三元六角	乐理恩
茶头	二元八角	魏信寿
洒头	四元四角	陈信平
坐袝行堂	一元六角	王高贤
经袝行堂	一元六角	张诚意
经袝夜巡	一元六角	李至修
坐袝夜巡	一元六角	甄崇亮
点造	一元六角	董阳旭
钟板	一元六角	王高永
文牍	三元	刘崇镇

根据上表可知，太清宫职事人员的月俸是有等级差别的，这种差别可能主要体现在工作的强度及其重要性上。如方丈、监院作为高层领导，年俸最高，其次为知客、执事、经主、书记等中层领导，月俸较高。但对于从事脏重工作的人员，给予的月俸也较高，如洒头负责宫观打扫和厕所卫生等，其月俸为4.4元，与知客、经主等职事相同。

太清宫道士的月俸主要用于自己购买衣服鞋帽等日常用品，按照当时满洲的物价水平，这些收入对于道士的生活来说，还是相当艰苦的。不过，道士们早已习惯了粗茶淡食、安贫乐道的生活。

　　综上所述，太清宫丛林由于拥有许多田产、地产、股份等，收入颇丰，其经济状况是相当良好的，也正因为如此，太清宫能够保持常住道众在 150 人左右的规模，作为东北道教的中心而长盛不衰。另外，太清宫能够积累和募集到充足的款项，在历史上开坛传戒十余次，传授戒子达数千人，反映了太清宫强大的经济实力和深厚的社会影响。

参考文献

一 原始资料

（晋）干宝撰，李剑国辑校：《新辑搜神记》，中华书局2007年版。

（宋）叶隆礼：《契丹国志》，上海古籍出版社1985年版。

（宋）宇文懋昭撰，崔文印校证：《大金国志校证》，中华书局1986年版。

（元）孛兰肸等撰，赵万里校辑：《元一统志》，中华书局1966年版。

（元）尹志平述，段志坚编：《清和真人北游语录》，载《道藏》第33册，文物出版社、上海书店、天津古籍出版社1988年版。

（元）尹志平：《葆光集》，载《道藏》第25册。

（元）李道谦：《七真年谱》，载《道藏》第3册。

（元）佚名：《体玄真人显异录》，载《道藏》第11册。

（元）王处一：《云光集》，载《道藏》第25册。

（元）李道谦：《终南山祖庭仙真内传》，载《道藏》第19册。

（元）李道谦：《甘水仙源录》，载《道藏》第19册。

（元）赵道一：《历世真仙体道通鉴》，载《道藏》第5册。

（元）赵道一：《历世真仙体道通鉴续编》，载《道藏》第5册。

（元）脱脱等：《辽史》，中华书局点校本1974年版。

（元）脱脱等：《金史》，中华书局1975年版。

（元）脱脱等：《宋史》，中华书局1977年版。

（元）杜本：《谷音》，《景印文渊阁四库全书》第1365册，上海古籍出版社1987年版。

（明）宋濂等：《元史》，中华书局1976年版。

（明）郑晓撰，杨晓波点校：《今言类编》，上海古籍出版社2012年版。

（明）沈德符：《万历野获编》，中华书局1959年版。

（明）毕恭修，（明）任洛等重修：《辽东志》，载《续修四库全书》646册，上海古籍出版社2002年版。

（明）李辅：《全辽志》，嘉靖四十五年刊本。载《丛书集成续编》第47册，上海书店出版社1994年版。

（高丽）一然著，［韩］权锡焕、［中］陈蒲清注译：《三国遗事》，岳麓书社2009年版。

（清）张廷玉等：《明史》，中华书局1974年版。

（清）赵尔巽等：《清史稿》，中华书局缩印本1997年版。

（清）柯劭忞：《新元史》，中国书店1988年版。

（清）张金吾编：《金文最》，中华书局1990年版。

（清）王世贞、汪云鹏：《列仙全传》，万历二十八年刊本。

（清）闵懒云撰，鲍廷博注：《金盖心灯》，光绪二年（1876）云巢古书隐楼重刊本。收入杜洁祥主编《道教文献》第10—11册，台北丹青图书有限公司1983年版。

（清）陈教友：《长春道教源流》，荔庄藏板，清末刻本。

《张三丰全集》，方春阳点校，浙江古籍出版社1990年版。

（清）张怡撰，魏连科点校：《玉光剑气集》，中华书局2006年版。

（清）周亮工：《书影》，中华书局1958年第1版，1962年上海第2次印刷。

（清）刘献廷：《广阳杂记》，中华书局1957年版。

《明清史料——国立中央研究院历史语言研究所编刊明清内阁大库残余档案》，第八本，1931年刊印本。

（清）李寅宾：《马山志》，即墨市文化局整理本，青岛市新闻出版局1996年版。

（清）阿桂等奉敕撰，《钦定盛京通志》（乾隆朝）。《景印文渊阁四库全书》，第503册，台北商务印书馆1976年版。

（清）王文焘修，葛元昶、张本纂：《蓬莱县志》，道光十九年刻本。载《中国地方志集成》山东府县志辑50册。

（清）方汝翼、贾瑚修，周悦让、慕荣榦纂：《增修登州府志》，光绪七年刻本。载《中国地方志集成》山东府县志辑48册。

（民国）金毓黻：《奉天通志》，辽海出版社2003年版。

（民国）赵恭寅修，曾有翼等纂：《沈阳县志》，民国六年铅印本，载《中国地方志集成》辽宁府县志辑1，凤凰出版社2006年版。

（清）都林布等修，李巨源等纂：《承德县志书》，宣统二年石印本。载《中国地方志集成》辽宁府县志辑1，凤凰出版社2006年版。

（清）管凤龢纂修：《新民府志》，清宣统元年铅印本，载《中国地方志集成》辽宁府县志辑1，凤凰出版社2006年版。

（民国）王宝善修，张博惠纂：《新民县志》，民国十五年石印本，载《中国地方志集成》辽宁府县志辑1，凤凰出版社2006年版。

（民国）徐维淮修，李植嘉纂：《辽中县志》，民国十九年铅印本，载《中国地方志集成》辽宁府县志辑1，凤凰出版社2006年版。

（清）杨镳修，施鸿纂：《辽阳州志》，载《中国地方志集成》辽宁府县志辑2，凤凰出版社2006年版。

（清）洪汝冲修，白永贞编：《辽阳乡土志》，光绪三十四年铅印本。载《中国地方志集成》辽宁府县志辑4，凤凰出版社2006年版。

（民国）斐焕星等修，白永贞等纂：《辽阳县志》，民国十七年排印本。载《中国地方志集成》辽宁府县志辑2，凤凰出版社2006年版。

（清）管凤龢等修，张文藻等纂：《海城县志》，宣统元年（1909）铅印本。载《中国地方志集成》辽宁府县志辑5，凤凰出版社2006年版。

（民国）廷瑞、孙绍宗修，张辅相纂：《海城县志》，民国十三年（1924）铅印本。载《中国地方志集成》辽宁府县志辑5—6，凤凰出版社2006年版。

（民国）陈荫翘等修，戚星岩纂：《海城县志》，伪满康德四年铅印本。载《中国地方志集成》辽宁府县志辑7—8，凤凰出版社2006年版。

（民国）高乃济修，夏祥琪、郝玉璞纂：《岫岩县志》，民国十七年铅印本。载《中国地方志集成》辽宁府县志辑15，凤凰出版社2006年版。

（清）马俊显修，刘熙春等纂：《怀仁县志》，宣统二年（1910）铅印本，载《中国地方志集成》辽宁府县志辑9，凤凰出版社2006年版。

（民国）侯锡爵修，罗明述纂：《怀仁县志》，民国十九年石印本，载《中国地方志集成》辽宁府县志辑9，凤凰出版社2006年版。

（民国）常荷禄修，赵国栋纂：《怀仁县志》，康德四年铅印本（1937），载《中国地方志集成》辽宁府县志辑9，凤凰出版社2006年版。

（清）赵宇航等修，黎镜蓉等纂：《抚顺县志略》，宣统三年石印本。

载《中国地方志集成》辽宁府县志辑10，凤凰出版社2006年版。

（民国）张克湘修，周之桢纂：《抚顺县志稿》，民国二十年抄本。载《中国地方志集成》辽宁府县志辑7，凤凰出版社2006年版。

（民国）沈国冕等修，苏民纂：《兴京县志》，民国十四年铅印本。载《中国方志丛书》东北地方，第九号，台北成文出版社1974年版。

（民国）黄世芳等修，陈德懿等纂：《铁岭县志》，民国二十年铅印本。载《中国方志丛书》东北地方，第五号，台北成文出版社1974年版。

（民国）程道元修，续文金纂：《昌图县志》，民国五年铅印本。载《中国方志丛书》东北地方，第二五号，台北成文出版社1974年版。

（民国）李毅修，王毓琪等纂：《开原县志》，民国十九年铅印本。载《中国方志丛书》东北地方，第二七号，台北成文出版社1974年版。

（清）骆云纂修：《盖平县志》，《辽海丛书》本，民国二十三年。

（清）张国珍：《盖平县乡土志》，光绪三十四年本，载《中国地方志集成》辽宁府县志辑13，凤凰出版社2006年版。

（民国）石秀峰等修，王郁云纂：《盖平县志》，民国十九年铅印本，载《中国地方志集成》辽宁府县志辑13，凤凰出版社2006年版。

（民国）程廷恒修，张素纂：《复县志略》，民国九年石印本。载《中国地方志集成》辽宁府县志辑13，凤凰出版社2006年版。

（民国）廖彭等修，宋抡元等纂：《庄河县志》，民国十年铅印本。载《中国地方志集成》辽宁府县志辑14，凤凰出版社2006年版。

（民国）马龙潭，沈国冕等修，蒋龄益纂：《凤城县志》，民国十年石印本。载《中国地方志集成》辽宁府县志辑14，凤凰出版社2006年版。

（民国）程廷恒修，陶牧纂：《宽甸县志略》，民国四年石印本。载《中国地方志集成》辽宁府县志辑15，凤凰出版社2006年版。

（清）刘源溥、孙成修，范勋纂：《锦州府志》。载《中国地方志集成》辽宁府县志辑16，凤凰出版社2006年版。

（民国）王文藻修，陆善格等纂：《锦县志略》，民国九年铅印本。载《中国地方志集成》辽宁府县志辑16，凤凰出版社2006年版。

（民国）赵兴德等修，王鹤龄等纂：《义县志》，民国二十年铅印本。载《中国地方志集成》辽宁府县志辑17，凤凰出版社2006年版。

（民国）王文璞等修，吕中清等纂：《北镇县志》，民国二十二年铅印本。载《中国地方志集成》辽宁府县志辑22，凤凰出版社2006年版。

（民国）恩麟等修，杨荫芳等纂：《兴城县志》，民国十六年铅印本。载《中国地方志集成》辽宁府县志辑17，凤凰出版社2006年版。

（民国）文镒修，范炳勋等纂：《绥中县志》，民国十八年铅印本。载《中国地方志集成》辽宁府县志辑23，凤凰出版社2006年版。

（民国）周铁铮修，沈鸣诗等纂：《朝阳县志》，民国十九年铅印本。载《中国地方志集成》辽宁府县志辑23，凤凰出版社2006年版。

（清）哈达清格：《塔子沟纪略》，乾隆三十八年刊本。载《中国地方志集成》辽宁府县志辑23，凤凰出版社2006年版。

（清）萨英额：《吉林外记》，光绪二十一年刊本。载《中国方志丛书》东北地方，第三、四号，台北成文出版社1974年版。

（清）长顺等修，李桂林等纂：《吉林通志》，李树田等点校，吉林文史出版社1986年版。

（民国）魏声和等撰：《吉林地志 鸡林旧闻录 吉林乡土志》，高阁元等标注，吉林文史出版社1986年版。

（民国）林传甲纂：《大中华吉林省地理志》，民国十年铅印本。

（民国）刘爽：《吉林新志》，民国十九年初版，康德元年增订再版，铅印本。

《长春厅志·长春县志》，于泾点校，长春出版社2002年版。

（民国）张书翰等修，赵述云、金毓黻纂：《长春县志》，伪满康德八年铅印本。载：《中国地方志集成》吉林府县志辑1，凤凰出版社2006年版。

（民国）石绍廉编：《德惠县乡土志》，康德四年打印本。载《中国地方志集成》吉林府县志辑1，凤凰出版社2006年版。

（民国）吉人修，吴荣桂、陈永奉纂：《双阳县乡土志》，民国十五年铅印本。载《中国地方志集成》吉林府县志辑1，凤凰出版社2006年版。

（民国）郑士纯修、朱衣点纂：《农安县志》，民国十七年铅印本。载《中国地方志集成》吉林府县志辑2，凤凰出版社2006年版。

（清）打牲乌拉总管衙门修，全明等纂：《打牲乌拉乡土志》，光绪十七年抄本。载《中国地方志集成》吉林府县志辑1，凤凰出版社2006年版。

（民国）徐鼐霖、章华等纂：《永吉县志》，李澍田点校，吉林文史出版社 1988 年版。

（民国）姚祖训修，毛祝民纂：《磐石县乡土志》，康德四年铅印本。载《中国地方志集成》吉林府县志辑 3，凤凰出版社 2006 年版。

（民国）李春雨等修，邵芳龄等纂：《通化县志》，民国十六年铅印本。载《中国地方志集成》吉林府县志辑 4，凤凰出版社 2006 年版。

（民国）白永贞纂修：《海龙县志》，民国二年石印本。载《中国地方志集成》吉林府县志辑 6，凤凰出版社 2006 年版。

（民国）王永恩修，王春鹏纂：《海龙县志》，康德四年铅印本。载《中国地方志集成》吉林府县志辑 6，凤凰出版社 2006 年版。

（民国）刘天成等修，张拱坦纂：《辑安县志》，民国十九年石印本。载《中国地方志集成》吉林府县志辑 7，凤凰出版社 2006 年版。

（民国）佚名纂：《辽源县乡土志》，民国四年抄本。载《中国地方志集成》吉林府县志辑 8，凤凰出版社 2006 年版。

（清）孙云章编：《怀德县乡土志》，清末抄本。载《中国地方志集成》吉林府县志辑 8，凤凰出版社 2006 年版。

（民国）李宴春等修，赵晋臣等纂：《怀德县志》，民国十八年铅印本。载《中国地方志集成》吉林府县志辑 8，凤凰出版社 2006 年版。

（清）钱开震修，陈文焯纂：《奉化县志》，光绪十一年刻本。载《中国地方志集成》吉林府县志辑 9，凤凰出版社 2006 年版。

（民国）包文俊等修，李溶等纂：《梨树县志》，康德元年铅印本。载《中国地方志集成》吉林府县志辑 9，凤凰出版社 2006 年版。

（清）西清撰：《黑龙江外记》，光绪二十年刊本。载《中国方志丛书》东北地方，第二号，台北成文出版社 1969 年版。

（清）徐宗亮撰：《黑龙江述略》，清光绪十七年刊本。载《中国方志丛书》东北地方，第四号，台北成文出版社 1969 年版。

（民国）万福麟监修，张伯英总纂：《黑龙江志稿》，崔重庆等整理本，黑龙江人民出版社 1992 年版。

（清）黄维翰纂修：《呼兰府志》，民国四年铅印本。载《中国方志丛书》东北地方，第四一号，台北成文出版社 1974 年版。

（民国）廖飞鹏修，柯寅纂：《呼兰县志》，民国十九年本。载《中国地方志集成》黑龙江府县志辑 2，凤凰出版社 2006 年版。

（民国）高文垣等修，张肃铭等纂：《双城县志》，民国十五年铅印本。载《中国地方志集成》黑龙江府县志辑 1，凤凰出版社 2006 年版。

（民国）赵汝梅等修，朱衣点等纂：《宾县志》，民国十八年印本。载《中国地方志集成》黑龙江府县志辑 7，凤凰出版社 2006 年版。

（清）刘清书等修，王炳辰等纂：《长寿县乡土志》，载《清代黑龙江孤本方志四种》，黑龙江人民出版社 1989 年版。

（民国）杨步墀纂修：《依兰县志》，民国十年铅印本。载《中国地方志集成》黑龙江府县志辑 7，凤凰出版社 2006 年版。

（民国）杨步墀纂修：《吉林方正县志》，民国八年刊本。载《中国地方志集成》黑龙江府县志辑 3，凤凰出版社 2006 年版。

（民国）张樾纂修：《肇州县志略》，民国二年抄本。载《中国地方志集成》黑龙江府县志辑 5，凤凰出版社 2006 年版。

（民国）郑士纯，朱衣点等纂修：《桦川县志》，民国十六年铅印本。载《中国地方志集成》黑龙江府县志辑 8，凤凰出版社 2006 年版。

（民国）张霖如修，胡乃新等纂：《拜泉县志》，民国八年石印本。载《中国地方志集成》黑龙江府县志辑 9，凤凰出版社 2006 年版。

（民国）孙蓉图修，徐希廉纂《瑷珲县志》，民国九年铅印本。载《中国地方志集成》黑龙江府县志辑 10，凤凰出版社 2006 年版。

（民国）赵富安纂修：《嫩江县志》，民国二年抄本。载《中国地方志集成》黑龙江府县志辑 10，凤凰出版社 2006 年版。

李澍田主编：《珲春史志》（包括《珲春县志》、《珲赜偶存》、《珲春琐记》、《珲春地理志》四种），吉林文史出版社 1990 年版。

李澍田主编：《吉林新志　吉林公署政书》，吉林文史出版社 1991 年版。

（民国）罗福颐：《满洲金石志》，《石刻史料新编》第 23 册，台北新文丰出版公司 1977 年版。

（民国）罗福颐：《满洲金石志外编》，《石刻史料新编》第 23 册，台北新文丰出版公司 1977 年版。

（日本）五十岚贤隆：《道教丛林太清宫志》，国书刊行会。昭和 13 年（1938）初版，昭和 61 年（1986）原版再刊。

（民国）白永贞辑，孙乃祥校《铁刹山志》10 卷，铅印本，1938 年。

（民国）白永贞辑，孙乃祥校《增续铁刹山志》16 卷，铅印本，1943 年。

（民国）纪至隐编：《全真须知》，沈阳太清宫发行，康德四年（1937）。

［日］吉冈义丰：《白云观的道教》，新民印书馆1945年版。

［日］小柳司气太：《白云观志》，日本国书刊行会，昭和九年。

《满洲帝国文教年鉴》（1932—1933），国务院文教部，康德元年（1934）刊行。

《第二次满洲帝国文教年鉴》（1934），国务院文教部，康德三年（1936）发行。

《第三次满洲帝国文教年鉴》（1935），国务院文教部，康德四年六月（1937年6月）发行。

《第四次满洲帝国文教年鉴》（1936），满洲帝国民生部，康德五年（1938）发行。

满洲铁道总局弘报课编：《满洲宗教志》，1940年。

《吉林、间岛、滨江各省宗教调查报告书》（宗教调查资料第二辑），民生部社会司，康德四年（1937）。

《热河、锦州两省宗教调查报告书》（宗教调查资料第四辑），民生部社会司，康德四年（1937）。

《满洲宗教概要》（宗教调查资料第五辑），民生部社会司，康德五年（1938）十月。

《奉天全省宗教调查统计表》，奉天省公署教育厅统计系印，大同元年（1932）十一月。

北京白云观：《登真箓》，同治癸酉坛，1873年。载王卡、汪桂平主编：《三洞拾遗》第11册，黄山书社2005年版。

北京白云观：《登真箓》，1882年。

武昌长春观：《登真录》，1925年。

南阳玄妙观：《登真录》，1936年。

双城无量观：《癸未坛登真录》，1943年。

二 研究著作

任继愈主编：《中国道教史》，上海人民出版社1990年版。

卿希泰主编：《中国道教史》，四川人民出版社1996年版。

陈垣：《南宋初河北新道教考》，中华书局1962年版。

［日］蜂屋邦夫著，钦伟刚译：《金代道教研究——王重阳与马丹阳》，中国社会科学出版社 2007 年版。

姚从吾：《东北史论丛》，台正中书局 1959 年版。

樊光春：《西北道教史》，商务印书馆 2010 年版。

王志忠：《明清全真教论稿》，巴蜀书社 2000 年版。

吴亚魁：《江南全真道教》，中华书局 2006 年版。

李治亭主编：《东北通史》，中州古籍出版社 2003 年版。

金毓黻：《东北通史》上编，社会科学战线杂志社 1980 年版。

傅斯年：《东北史纲初稿》，岳麓书社 2011 年版。

孙宝田：《旅大文献征存》，大连出版社 2007 年版。

奥村义信：《满洲娘娘考》，满洲事情案内所发行，康德七年（1940）

孙进己、冯永谦：《东北历史地理》，黑龙江人民出版社 1989 年版。

王久宇、金宝丽：《金源文化史稿》，黑龙江美术出版社 2008 年版。

宋德金：《辽金论稿》，湖北教育出版社 2005 年版。

杨余练：《清代东北史》，辽宁教育出版社 1991 年版。

葛剑雄等：《中国移民史》，福建人民出版社 1997 年版。

马平安：《近代东北移民研究》，齐鲁书社 2009 年版。

杨家余：《伪满社会教育研究》，高等教育出版社 2010 年版。

郑天挺：《明清史资料》，天津人民出版社 1980 年版。

陈生玺：《明清易代史独见》，上海古籍出版社 2006 年版。

黄兆汉：《明代道士张三丰考》，台北学生书局 1988 年版。

郑素春：《全真教与大蒙古国帝室》，台北学生书局 1987 年版。

张广保：《金元全真道内丹心性学》，三联书店 1995 年版。

张广保：《金元全真教史新研究》，青松出版社 2008 年版。

牟钟鉴等：《全真七子与齐鲁文化》，齐鲁书社 2005 版。

王宗昱：《金元全真教石刻新编》，北京大学出版社 2005 年版。

赵卫东：《金元全真道教史论》，齐鲁书社 2010 年版。

赵卫东主编：《全真道研究》第一辑，齐鲁书社 2011 年版。

赵卫东主编：《全真道研究》第二辑，齐鲁书社 2011 年版。

赵卫东主编：《山东道教碑刻集》（青州昌乐卷），齐鲁书社 2010 年版。

赵琦：《金元之际的儒士与汉文化》，人民出版社 2004 年版。

陈垣等：《道家金石略》，文物出版社 1988 年版。
王晶辰主编：《辽宁碑志》，辽宁人民出版社 2002 年版。
崔世浩：《辽南碑刻》，大连出版社 2007 年版。
皮福生主编：《吉林碑刻考录》，吉林文史出版社 2006 版。
王竞、滕瑞云：《黑龙江碑刻考录》，黑龙江教育出版社 1996 年版。
于志刚主编：《北镇庙碑文解析》（内部资料），2009 年。
温德辉：《千华金石录》，吉林人民出版社 2006 年版。
张江涛：《华山碑石》，三秦出版社 1995 年版。
刘伟华：《千华山志》，辽宁人民出版社 2002 年版。
刘明省主编：《千华道教》，内部发行，鞍山市创意印务公司印刷，1996 年。
刘明省主编：《鞍山市宗教志》，鞍山市民族宗教事务委员会，1994 年。
刘明省：《千山无量观志》，鞍山市五洋印务实业有限公司，2009 年。
《医巫闾山志》，万卷出版公司 2005 年版。
谭其骧主编：《中国历史地图集》1—8 册，中国地图出版社 1982 年版。
谭其骧主编：《中国历史地图集释文汇编·东北卷》，中央民族学院出版社 1988 年版。
辽宁省博物馆编：《辽宁史迹资料》，内部资料，1962 年。
何景春：《辽阳县古迹遗闻》，民国十五年（1926）。
沈阳市图书馆社科参考部编：《东北名胜古迹逸闻》，内部发行，1985 年。
抚顺市社会科学研究所、抚顺市地方史研究会：《抚顺名胜古迹考》，内部发行，1984 年。
抚顺市政协文史委员会：《抚顺少数民族·宗教》，宗教文化出版社 2001 年版。
《东北道教祖庭铁刹山》，内部发行，1999 年。
金县博物馆：《金州名胜与风光》，辽宁人民出版社 1985 年版。
萧广普编：《闾山》，辽宁人民出版社 1985 年版。
罗显明：《阜新古代建筑大事记》，中国社会出版社，2008 年版。
五女山志编纂委员会：《五女山志》，凤城市报社印刷厂 2004 年版。

朴明谦等主编：《本溪宗教史话》，吉林文史出版社 2011 年版。

沈阳市政协学习宣传文史委员会、沈阳市宗教事务局：《沈阳宗教》，沈阳出版社 2004 年版。

辽宁省地方志编纂委员会：《辽宁省志·宗教志》，辽宁民族出版社 2002 年版。

吉林省地方志编纂委员会：《吉林省志·宗教志》，吉林人民出版社 2000 年版。

黑龙江省地方志编纂委员会：《黑龙江省志·宗教志》，黑龙江人民出版社 1999 年版。

朱永德、王乃德《辽北宗教与宗教常识》，辽北书刊印刷厂 1993 年版。

《沈河区志·宗教篇》征求意见稿，沈河区政府地方志办公室，1987 年。

沈阳市人民政府地方志编撰办公室：《沈阳市志》第十六卷《社区，人民生活，民政，少数民族，宗教，风俗，方言》，沈阳出版社 1994 年版。

朝阳市宗教事务局主编：《朝阳市宗教志》，宗教文化出版社 2010 年版。

大连市史志办：《大连市志·宗教志》，辽宁民族出版社 2002 年版。

大连市宗教局：《大连市宗教场所简志》，内部资料。

《辽阳市宗教志》，辽阳市民族宗教事务委员会编印，2001 年。

吉文华主编：《北票民族宗教志》（初稿），1987 年。

《喀喇沁左翼蒙古县宗教志》，内部资料，1987 年。

《锦州市志》，中国统计出版社 1994 年版。

兴城市地方志编纂委员会编：《兴城县志》，辽宁大学出版社 1990 年版。

海城市地方志编纂委员会办公室编：《海城县志》，1987 年。

《盖州市志》，辽宁科学技术出版社 2008 年版。

《盘锦市简志》，方志出版社 2005 年版。

《大洼县志》，沈阳出版社 1998 年版。

《北宁文史资料》第 15 辑，北宁市政协 1995 年编，内部发行。

《盘锦地域文化寻踪》（《盘锦文史资料》第十辑）。中国国际广播出版社 2003 年版。

《沈河文史资料》第三辑《寺庙专辑》，内部刊物，1992 年。

崔玉宽：《凤城市文物志》，辽宁民族出版社 1996 年版。

赵振新主编：《锦州市文物志》，学苑出版社 2005 年版。

崔艳茹等：《营口市文物志》，辽宁民族出版社 1996 年版。

《长春市志·宗教志》，吉林人民出版社 1998 年版。

傅宝仁：《吉林八景佳话》，吉林摄影出版社 2009 年版。

《满洲宗教》（《长春文史资料》1988 年第 4 辑），内部发行，1988 年。

《宗教人士谈往录》（《长春文史资料》1990 年第 3 辑），内部发行，1990 年。

吉林省文物志编委会：《白城市文物志》，内部资料，1985 年。

吉林省文物志编委会：《四平市文物志》，内部资料，1985 年。

吉林省文物志编委会：《德惠县文物志》，内部资料，1985 年。

吉林省文物志编委会：《吉林市市区文物志》，内部资料，1985 年。

吉林省文物志编委会：《永吉县文物志》，内部资料，1985 年。

吉林省文物志编委会：《长岭县文物志》，内部资料，1986 年。

吉林省文物志编委会：《蛟河县文物志》，内部资料，1987 年。

吉林省文物志编委会：《龙安县文物志》，内部资料，1987 年。

《哈尔滨市志·宗教方言》，黑龙江人民出版社 1998 年版。

舒景祥：《黑龙江民族与宗教研究》，哈尔滨出版社 2007 年版。

《黑龙江宗教界忆往》（《黑龙江文史资料》第 32 辑），黑龙江人民出版社 1992 年版。

《宗教琐忆》（《牡丹江文史资料》第 8 辑），内部发行，1994 年。

三　研究论文

陈相安、张敬：《营城子汉代壁画墓》，《兰台世界》2000 年第 9 期。

陶莎：《论大连营城子汉墓壁画与"羽化升仙"思想观念的传播》，《大连民族学院学报》2010 年第 2 期。

邢康：《试论辽朝道教》，《昭乌达蒙族师专学报》（哲学社会科学版）1988 年 4 期。

邢康：《从考古材料看道教在辽地的流传》，《内蒙古民族师院学报》

1988 年第 1 期。

李克民：《金代曹道士碑文勘误及其书法研究》，《北方文物》1995 年第 4 期。

张广保：《金元时期全真教祖庭研究》，《道家文化研究》第 23 辑，三联书店，2008 年。

张广保：《蒙元时期全真教大宗师传承研究》，《道家文化研究》第 23 辑，三联书店，2008 年。

刘晓：《全真教尹志平接任掌教之谜》，《道家文化研究》第 23 辑，三联书店，2008 年。

刘晓：《金遗民张本事迹考略》，《元史论丛》第十辑。

丛佩远：《元代辽阳行省境内的宗教》，《社会科学战线》1989 年第 3 期。

郭毅生：《元代辽阳行省驿道考略》，《北方论丛》1980 年第 2 期、1980 年第 4 期

李宇峰：《辽宁喀左元代道士康泰真墓碑调查记》，《北方文物》1990 年 2 期。

汪桂平：《金代全真道初传东北考》，《道教研究学报：历史、宗教与社会》第四期（2012）。

汪桂平：《康泰真碑》探微，《全真道研究》第三辑。

赵建勇：《全真姜善信教行初考》，《第二届全真道与老庄学国际学术研讨会论文集》上册，华中师范大学出版社，2013 年。

李宇峰：《大玄真宫祖碑》，《辽宁大学学报》1996 年 6 期。

张守三：《大玄真宫祖碑雏议》，《辽金契丹女真史研究》1987 年第 2 期。

王卡：《诸真宗派源流校读记》，《全真道与老庄学国际学术研讨会论文集》上册，华中师范大学出版社 2009 年版。

张广保：《明代全真教的宗系分化与派字谱的形成》，《全真道研究》第一辑，齐鲁书社 2011 年版。

郭武：《有关全真道宗派"字谱"研究综述》，《第二届全真道与老庄学国际学术研讨会论文集》上册，华中师范大学出版社 2013 年版。

张琰：《明清士绅与全真道》，《第二届全真道与老庄学国际学术研讨会论文集》上册，华中师范大学出版社 2013 年版。

刘康乐：《沉寂中的潜流：明代江南地区全真教的传播》，《第二届全真道与老庄学国际学术研讨会论文集》上册，华中师范大学出版社 2013 年版。

樊光春：《碑刻所见陕西佳县白云观全真道龙门派传承》，《道家文化研究》第 23 辑，三联书店 2008 年版。

樊光春：《明清时期西北地区全真道主要宗派梳理》，《全真道研究》第一辑，齐鲁书社 2011 年版。

尹志华：《清代全真道传戒初探》，《全真道研究》第一辑，齐鲁书社 2011 年版。

尹志华：《北京白云观藏〈龙门传戒谱系〉初探》，《全真道与老庄学国际学术研讨会论文集》上册，华中师范大学出版社 2009 年版。

梅莉：民国《湖北省长春观乙丑坛登真箓》探研，《世界宗教研究》2011 年第 2 期。

王辉刚、梅莉：《成都二仙庵壬午坛登真箓》初探，《第二届全真道与老庄学国际学术研讨会论文集》上册，华中师范大学出版社 2013 年版。

杨海英：《清前期的道教与宫廷》，《道家文化研究》第 23 辑，三联书店 2008 年版。

佟宝山：《张三丰籍贯辽东懿州考》，《宗教学研究》2005 年第 3 期。

贾辉：《辽宁北镇医巫闾山寺庙碑文、古钱窖、古暗道的新发现》，《东北史地》2008 年第 2 期。

梁继：《千山明清时期摩崖石刻考述》，《鞍山师范学院学报》2010 年第 6 期。

田承军：《清代东北地区的碧霞元君庙》，《泰安师专学报》2002 年第 1 期。

王若茜：《东北沦陷时期的道教》，《日本研究》2001 年第 4 期。

郁其文：《太清宫纪实》，《沈阳文史资料》第九辑，1985 年。

许至林口述，张传石、李树基整理《锦州离阳宫》，《锦州文史资料》第六辑。

李树基：《锦州的道教》，载《锦州文史资料》第 11 辑，1993 年。

郑丽航：《金州天后宫考略》，《中华妈祖》2008 年 3 期。

张子奇口述，文史办整理《天成观的来历及其建筑规模》，《（喀左县）文史资料》第一辑，1987年4月。

郝勋文稿，郝强整理：《解放前盘锦境内道教源流及宗派法系》，《盘锦文史资料》第3辑，1990年10月。

袁元会：《一代高道葛月潭方丈》，《中国道教》1992年第4期。

附 录

《康泰真碑》探微
—— 兼论金元之际全真道在东北地区的传播与发展①

□汪桂平

一 《康泰真碑》录文

《康泰真碑》又称《云峰真人康公墓铭》，是金元时期辽西一带著名道士康泰真的墓碑铭文。该碑刻立于丙辰年（1256），为白霫进士李守撰，白霫石匠高守真、高守宝刻。据李宇峰②1988 年调查，此碑立于喀左县大城子乡洞上村长寿山东麓半山腰的一个天然石洞下方，但据时任喀左县博物馆馆长的刘新民介绍，此碑已迁移过一次，原来树立位置无法推测。2009 年 6 月笔者到喀左实地考察，发现此碑又被迁移，现位于该地重建的寺庙——护国毘卢禅院内，并新建一碑亭以保存之。护国毘卢禅院修建于 2002 年，位于喀左县大城子镇洞上村西约 500 米的长寿山东脊半山腰。此地原有一座破旧的寺院和康泰真碑，重建后命名为护国毘卢禅院，是佛教寺庙，有多座仿古建筑依山而建，金碧辉煌，"康泰真碑"作为省级文物保护单位，被移至一新修碑亭中以保护之。

该碑碑身黄砂石，高 210 厘米、宽 110 厘米、厚 20 厘米。碑额已毁无存。碑座青石龟趺，首尾长 190 厘米。碑体完整，文字较为清晰。碑阳

---

① 按：该文已经发表于《全真道研究》第三辑。因为康泰真碑是研究金元之际东北全真道的珍贵实物资料，而其碑阴文字此前从未著录过，故将该文附录于此。

② 参见李宇峰《辽宁喀左元代道士康泰真墓碑调查记》，《北方文物》1990 年 2 期，第 45 页。

阴刻"云峰真人康公墓铭"33行，满行70字，楷书，正面碑文计1927字，记载了康泰真的生平事迹等。碑阴阴刻"康真人徒门男冠女众题名记"，除首行和尾行外，全部题名从上到下分为7段刊刻，计1429字，载有康泰真的门徒、信众题名共三百余人。

据笔者2009年的调查，该碑现存于喀左县长寿山毘卢禅院内，尽管有碑亭保护，但已风化较为严重，碑身上半截有一横向裂隙，多处文字已剥落或漫漶不清。不过，该碑碑文在清乾隆年间哈达清格撰《塔子沟纪略》[1]中就有收录，民国年间罗福颐《满洲金石志外编》[2]也有著录。1988年，辽宁省考古研究所的李宇峰先生曾实地考察，撰有《辽宁喀左元代道士康泰真墓碑调查记》[3]，文末附录有经过校识的碑文。2002年出版的《辽宁碑志》[4]中亦收录了此碑碑文。2009年，笔者到喀左实地考察，拍摄了多张原碑照片，并对碑阴文字进行了抄录。

总之，"康泰真碑"作为一通著名碑刻，自清代以来就不断引起学者关注，并对碑文有所著录，但综观不同时期的著录，均存在一定问题。一是录文互有不少错误遗漏之处，甚至有些改动。如《塔子沟纪略》对原碑中的人名都按照清译名进行了改录，像原碑中的"乌古论"改成"乌库哩"、"蒲鲜公"改成"富森公"等。二是全部著录只收录了碑阳文字，对于内容丰富、价值较高的碑阴文字均没有收录。因此，本文一方面对碑阳文字进行了全部校录，并标点断句。所用底本采用李宇峰《辽宁喀左元代道士康泰真墓碑调查记》中附录的碑文。参校本有乾隆年间成书的《塔子沟纪略》著录之"云峰真康人公墓志"、《满洲金石志外编》卷一收录之"云峰真人康泰真墓铭"，《辽宁碑志》中收录的"喀左云峰真人康公墓碑铭"，以及笔者现场抄录和拍摄的数码照片等。

另一方面，根据现场抄录和数码照片的比对，本文首次将碑阴文字全部整理出来，共分七段，每段28行到36行不等，计229行，1429字。这样整理出来的全部碑文（包括碑阳和碑阴文字）合计3356字。

---

[1] 清·哈达清格：《塔子沟纪略卷十一·艺文》之"云峰真康人公墓志"，台北广文书局1968年版。

[2] 罗福颐：《满洲金石志外编》卷一"云峰真人康泰真墓铭"。

[3] 《北方文物》1990年第2期，第45—48页。

[4] 王晶辰主编：《辽宁碑志》，辽宁人民出版社2002年版，第83—85页。

整理后的《康泰真碑》录文①如下：

【碑陽】

雲峰真人康公墓銘

白霫進士李守撰②白霫石匠高守真洎□高守寶

蓋聞陰陽始辨，杳乎其不可□；天地初分，淵乎其不可測。涵養群生，惟人之最貴。包羅萬物，惟道最精。□□□□□□□□□□也。或逆化，或順化，所以隱顯不同倫也。何者？或巖峰而悟陟，或圖堵而煉真。或花酒中了然得道，或風雪裏卓尔全神。騎聲蓋也，離見絕聞，遊戲自在者，予於含真體道至德真人雲峰子見之矣。公俗姓康氏，道諱泰真，利州花務村人也，世業農桑。母感異夢，娠二十四月而生。幼而不群，長而敦厚。美髯過腹，自有仙風道骨，淳儉恒於自心。明昌元年，躬耕於州西長壽山，因而憩息，遇至人盤石而坐。公異之，遂稽首□□感至人口傳道秘。公心印玄妙，頓覺神識爽然，以悟仙機。因拜謝間，忽失所在。石上履跡，迄今存焉。與祖師重陽公甘河飲水得道之緣，甚相符契。遂棄家入道。明全真之關楗，悟大教之根源。合乎妙理，則學於譚馬丘劉，體乎虛玄，則達於黃老莊列。於長壽山懸壁之半石窟之中，下志修真。雖危峰崤崪，顛崗磊落，林木參錯，鳥飛而力倦，獸步而神疲，公居數年，坦然自若。但③山下行人見之者，罔不歎服。後里④人敦請，公乃下山。蓬頭跣足，披木葉之衣。過巡院村舅氏之舍，其衿氏竊焚公之葉衣，火艷飛身，神亦無懼，體亦無傷。非有道

---

① 录文中对于原碑中已漫漶不清的部分，尽量参校已有著录补充完整，但仍识别不出的用□表示，全部录文均进行了标点整理。

② 方框中的"守、撰"二字，原碑已剥蚀不清，今据《塔子沟纪略》补。以下方框中之文字，均据《塔子沟纪略》补。

③ "但"字，底本缺，据原碑补。

④ "里"字，底本缺，据原碑补。

附录　《康泰真碑》探微　293

之士，孰能如是┘哉？至承安三年，南州 舊宜 州圍居①六年，透脱淨中境界，養成真 氣，吐而爲文，亦中規矩。且吾聞之天上無憍懂仙人，雲峰子殆其是與？後┘天朝革命，初定中原。兵餘食艱，負其老母，忠誠以丐，遠近慕焉。公之天賦，好禮至孝，恭儉終其性，喜愠不見形。予屢惜金鼎之地貴，至人奇士，比比而出。如鄭狀元、曹尚書、蓋堂頭，乃儒┘釋中之魁俊也。今美②髯仙翁，亦道中之傑也。斯蓋水秀山明之所鍾也。公於丁丑夏間徙居霅都，化自然飯。有長春觀住持道人高煉真，志氣堅剛，性情決烈，少所許餘。一見公兒③而奇┘之曰：殆非鍾離之後乎？遂稽首曰：弟子所居之院，額曰長春，師不棄卑猥，於中盤礴，可否？公聞之，諾而受焉。煉真永爲皈依，肇闢玄風之勝。有游宦者教之以忠政，修道者導之以性命，┘士④庶者勸之以孝悌，芻蕘者誘之以耕耘。教化勸誘，接物利生，千百方便，無不周矣。其道價籍甚，聞於四方。四方之人，踏門受教者，無慮亦不啻千數。公得不⑤傳之妙，人莫能窺其涯涘⑥┘也。自生民以來，未有如公者也。雖然，性近而習遠，下學上達，匹夫匹婦可以與知焉。孔子有言曰：君子學道則愛人，小人學則易使也。斯言信矣。時夏甚旱，士庶懷憂。大帥烏古論公與┘幕下參佐知公祈求有驗，率衆請公，至於雩壇之下。公於赫日中跏趺而坐。良久，曰：來朝辰正，當有甘澍。果依期有一犁之足，田苗渤然興之矣，其言驗如影響。於是民大和會，德聲聞┘於四野。故曰修其德而天自輔，豈不然哉？是年仲冬凜列，霅之朝爽樓者最爲傑觀，四壁曠然，千山疊雪。公裸袒而居，以及十旬餘。樓下瞻仰者，雲集紛紜，曰：非造道之深，何以與於此┘乎！京主留守完顏芳秀洎監軍蒲鮮公，拜邀歸院，丰姿愈盛，道體堂堂然，真寒暑不能侵者也。前後住食坐凍，祈雨居圍，興緣建立，多有事端，豈可屢陳。世人⑦贊曰：真方外之人

① "居"字，底本作"足"，據原碑改。
② "美"字，底本缺，據原碑補。
③ "兒"字，底本作"只"，據原碑改。
④ "士"字，底本缺，據原碑補。
⑤ "不"字，底本缺，據原碑補。
⑥ "涘"字，底本作"矣"，據原碑改。
⑦ "人"字，底本缺，據原碑補。

也。其後，利州節度使任公帥官屬稽首於公曰：金鼎郡，師之鄉也。先隴存焉。願建道院一區，冀①鶴駕時一賁臨，洗滌一方塵心，以爲養浩之所，不亦宜乎？公憫其懇誠，俯而允諾。至妻家營，不數載間，刱構琳宇，名曰玉京。聖位窈窈然，廊廡沉沉然。香廚爽然，雲堂邃然，靡不俱備。歲次戊戌，遇聖朝遣信臣，懸金符，天下搜訪高道。聞公道德彌高，特賜含真體道至德真人。謂悟②《養生主》，可符《大宗師》。公曰：道士家風，一瓢一杖，生涯足矣。焉敢受此大名？一夕而遁去。有宣授太師國王夫人完顏敬善，及凝陽真人馬公、君瑞大師門公，望塵懇請曰：公之名震天下如雷霆，此豈人力也哉。而能動天，必有道矣。非至誠一德，其孰能使之？公勉而受焉，終不喜於虛名。後卜於長壽山，泉甘而土肥，峰危而林茂，真所謂人間之勝地也。昔廣成居於崆峒，希夷子隱於華山，務成子潛於姑射，寇謙之寓於嵩山，斯聖者也，清者也，賢者也，達者也。公慕四子幽微之趣，緬九衢市井之喧。松軒竹塢足以給之棲遲，暮藹朝霞足以供之嘯傲。公方於四子，亦可謂之明者也。一日謂眾徒曰：儲風養月，枕石漱流，足稱終焉之托，惟所闕者，丈室耳。門弟子聞者，欣然願成。於是鳩工董役。梓者斤，朽者墁，陶者瓦，鍛者火。童童薨薨，丁丁登登，肩相摩於其山者，日有千指。輦而輸弊，輿而入粟，絡繹道路，縷縷不絕，如經如織。孔子曰：天之所助者，順也；人之所助者，信也。其斯之謂欤？乃丈室果不日成之，命曰葆光。是年六月上旬有四日，公命湯沐，盥③滌易衣，書④遺世頌。頌云：平生活計得優遊，寄迹人間九十秋。撒手這迴歸去也，杖挑明月赴瀛洲。書訖，枕袖蛻然。慟哭者數千眾，聲振川谷。僉云：就葆光丁字内穴地，以爲窀穸之葬。其徒朝夕祭祀焉。至⑤百日，開棺視之，信香襲人，尚如初睡，人□福惠，靡不畢具。公演道七十餘年，春秋九十有二。一日，門人利州道錄康守安及

---

① "冀"字，底本作"異"，据原碑改。
② "悟"字，底本作"吾"，据原碑改。
③ "盥"字，底本作"與"，据原碑改。
④ "書"字，底本作"者"，据原碑改。
⑤ "至"字，底本作"主"，据原碑改。

附录 《康泰真碑》探微　295

楊志玄不遠徑來，匄①文於予。曰：師之德，恐久而沉陷焉。將以刊諸翠琰，以顯於世，死而無憾矣。」守失學空腹，焉能發揚哉？誠意懇求，三辭不免。略撅其實，而爲之銘曰：」

　　道超今古，一氣綿綿。中間涵養，雲峰老仙。得遇至人，口訣幽玄。懸流勇退，性識超然。卜隱長壽，計就終焉。心燈瑩潔，物不着邊。枕袖蛻行，鸞鳳翩翩。」葬於斯地，以了真緣。仙翁來兮，鶴鳴於天。仙翁去兮，道誰與傳？蕙帳空月，丹竈冷煙。瑤台玄圃，洪崖拍肩。海岳飛塵，師德彌堅。靈前刻石，億萬斯年。」

　　歲次丙辰年癸巳月乙酉日建」
　　利州道官寧虛大師康守安②　同立石　寶真大師潘守信　同立石」
　　宣差利州道達魯花赤功德允　同立石」
　　宣授太師國王夫人完顏敬善　同立石」
【碑陰】③
康真人徒門男冠女衆題名記
[上段]
利州婁家營玉京觀道士
大师趙真仙　大師楊守淨
大師楊志雲　大師葛成仙
大師畢守素　大師楊志玄
知觀孟守志　知觀呂順童
戴靈童　翟得童
趙守真　豐守亢
瑞雲庵大師王宝真
北京長春觀道士
大師高煉真　大師門自開
沖逸大師李道真　趙志童
大師劉自明　崇靜大師崔禮真

---

① "匄"字，底本作"勻"，據原碑改。
② "安"字，底本缺，據原碑補。
③ 碑陰文字以前沒有著錄，此處錄文全爲筆者據原碑抄錄，無法識別的文字用□表示。

知觀王道堅　知觀孫志朴
康道時　車載珎
劉道開　田志圓　梁志朴
張祿童　武志超　鄭元童
利州□胡寨崇真觀道士
本州道判通玄大師張志忍
張大師　楊大師
利州花務川龍清觀道士
大師張志真
北京含真庵女冠等
張得宗　王守安　張安宝
李守善　王守仁　段守妙
徐守真　石妙全　李守素
邢妙真　李守元　丘利善
張思宝　王惠清　陳道？
利州妻家營永真庵女冠
曹妙真　于妙玄
王守信　鄭信真　張小姑
楊明□　姚守真

[二段]

利州井家莊棲真庵女冠
李守全　文妙玄
曹道真　賈守真
李守仙　劉守淨
宋妙童
慕道邑衆
邑老魯友　邑老李秀
邑長李伯用　二官李伯溫
三官李友舉事胡君□
舉事李整　李益
張怜　胡景榮
李秀　楊庭玉

附录　《康泰真碑》探微　297

王廣　張亨
李伯祥　胡伯成
楊完　李廣甫
田寶　張元
孟道奴　李信
魏大　王璘
賈懷真　陳昌
宋用　周道住
殷得貴　李合兒
史念二　賈永住
楊道成　趙伯昌
鄭□□　崔道進
李重一　葛遠
呂□　李□□
吳□　劉□玉
王得林　周昌兒
□阿胡都　宋□□
李瘦□　李成
□和□　楊伯川

[三段]
北京□□□□
宣差北京□□長官完顏志清
宣差□□□□□達魯花赤李□
宣差管民□達魯花赤□□□□政
太師國王夫人□□提領官張守信
北京管民次五官□□□提領李□
宣差□衆官民次三官□□仁
兵馬都元帥府□□張秀　提領王□
兵馬都元帥府提領康晉亨□□□
都邑老安道昌　經歷官鄭伯甫　李玉
都邑長李懷玉　何道開　張守政
孫堅固　張甫　李秀　李道統

崔師義　劉易溫　郝成　張道安
劉和　王志實　賈榮　張□
劉道存　王純朴　李常　孟□
張得祿　郭元□慶祥　張浩
趙元　劉道淵　趙祥　張純
畢守成　劉志久　任章　崔□
劉守□　張善福　李守沖　陳文友
裴教成　張守元　韓得昌　孫成
孫慶祥　郝居貴　王章　田秀成
李守堅　何道源　孫悟道　統石死老哥
李天□　劉仲璋　張才卿　賈守真
孫天民　田迥秀　何守閑　宋得只
呂宋□　□堅　楊得成　王□用
張守□　劉伯全　賀嘉宝　□□何家
李遇仙　馮守□　康守真　潘守安
宋道和　王千見　康得真　張道久
李□□　李□□　王道容　郭牛見
李道興　李家見　劉妙和　韓妙全
李七□　張成見　張守真　張德宗
李尚仙　何守真　解□全　王德善
馬守元　張台明　張□□　張阿霍
楊師姑　郝伯全　雷□□　尹忠全
高□安　張巨澤　□□□

[四段]

利州□□□修真庵

功德主劉維祿

邑長劉古興

二官鄭秀

三官孫寬

提點劉用

舉事李文範

□穀楊□秀

錢帛曹彥
知書王荷
畢實
田守信
康仙家見
華文玉
畢全
田林
趙□□
□□
□□
□□□
李文秀
□成
李守成
畢□
李□□
許守信
肖也思八
李庭責
權進成
趙□□
王仲信
王信
張祿
李閏□
□□奴
□□□

[五段]
利州在城慕真邑衆
□撫李祥
帥府提領趙□民

前提領李文用
提領周福榮
前提領張道中
戶目張瑞　史目李昌
□□宋和提□井滿
千戶袁□　邑老□□
邑長□□□　高添兒
百戶陳□　李貴
□成　劉老成
秦□　劉□□
楊□　□□□

鍛□郡王府□徒衆
鄧守貴　劉字老
李□廝　王泥□□
李三□　劉成宝
□□□　劉灣牛
劉□玉　宇文玄
劉善兒　張□□
孟□□　李速哥
耿改僧　邢雲兒
□和尚　□□子

北京道友
□用局□官韓鐸
李陳氏　壻隋渙
女韓粉兒
[六段]
□□□□
□□□　□□□
英惠本　張□□
王妙信　張順

顧家寨
　王□□　王得全
石將軍寨
　劉□　康珎
　趙備□　□妙□
和衆縣
　紀□□　劉□
　孫慶甫□□
　姚榮　趙伯林
　溫桑　趙得祿
　崔進　田□秀
□□縣
　□□　王子溫
邢□
錦州徒衆
　引度師趙大用
　呂靈童　王仲□
　陳□□　何□
　劉元□□季
　趙大　趙二
　史仲信　吳守□
　王□　王寶
　康子成　王洪
　王整□　王儀
　王錦川　張師姑
　張成真

[七段]

□□□□
□□□
□□□
□□□
□伯□

□□□
□得□
李信
胡義
李春
陳伯泰
□□□
王得□
李□
胡□
胡全
胡榮
王得□
李資元
朱得君
胡青
李望兒
□元
□全
□□
賈□□
□寺□□
葛陳□□
趙□□
葛張□□
李伯元　李伯□
李全　李榮祿
楊道安　李百□
李力十　呂□□
安□□　殷九
鄭忠儒　李□□

施石　□□□　□□□

以上即为"康泰真碑"的全部录文，碑阳和碑阴文字合计3356字。本文将以此录文为主要依据，探讨该碑的史料价值，以及该碑所反映的金元之际辽西地区全真道的传播和发展实况。

二　《康泰真碑》探微

1. 《康泰真碑》的史料价值

"康泰真碑"作为东北地区现存的一通金元时期全真道士的墓碑，刻立年代较早，记载内容丰富，具有重要而独特的史料价值。从年代上看，该碑是东北地区现存年代较早的重要道教碑刻，亦是东北地区现存最早的全真道士的墓碑。东北地区地处边陲，又长期为少数民族居住之地，中原文化（包括道教文化）在该地的传播相对迟滞。在金代以前，道教在东北地区虽有传播，但不是很兴盛，根据现存的文献和考古资料，东北地区尚未发现有金代以前的道教碑刻。而立于金承安四年（1199）的"曹道士碑"是东北地区现存最早的道教碑刻，该碑原立于黑龙江省阿城县东南百余里之松峰山太虚洞内，现存于阿城文物管理所金上京博物馆。该碑记载了生活于金代大定、明昌年间的金上京太虚洞道士曹道清的生平事迹。除此之外，刻立于丙辰年（1256）的"康泰真碑"就是东北地区较早的道教碑刻了。而且康泰真又是一个可考的全真道士，这通碑刻又成为东北地区最早的全真道的碑刻。上述"曹道士碑"的碑阳和碑阴文字共429字，而"康泰真碑"的碑阳和碑阴文字计有3356字。因而从碑的刻立年代和丰富内容来看，"康泰真碑"都可以称为东北道教的重要碑刻，亦是研究东北道教的重要实物资料。

从内容上看，《康泰真碑》共计三千余字，不仅翔实完整地记载了云峰真人康泰真的生平事迹，而且比较具体地记录了康泰真的门徒及其所在宫观、奉道官民的姓名职位、州县乡村地名等信息，这些内容对于研究金元之际东北地区的全真道，以及当时的职官系统、村社组织、历史地理等等，都有重要的史料价值。

关于金元之际的东北道教，目前留存的资料极少，笔者从卷帙浩繁的《道藏》文献中也只找到了数条资料，说明金代后期全真道已经传播到东北地区，并形成一定的影响①。但是，《道藏》中的记载非常零散，也比较简略，尤其是涉及到这些道士在东北活动的情况，常常也就几句话、几十字。而《康泰真碑》的碑阳和碑阴文字多达三千余字，记载的内容丰富而翔实，具体而细微，涉及到的道教人物、道教宫观都集中在辽西地区，从而为研究东北道教提供了极其丰富又弥足珍贵的第一手资料。

关于道教大师康泰真真人，其他文献中几乎找不到相关记载，只在《新元史》卷243《丘处机传》中有这样一段叙述：

> 时又有康泰真者，利州人，母娠二十四月而生。学道于王重阳，与丘处机、马钰诸人游。四方之士，踵门受业者，恒数百人。夏大旱，使者请祈雨，泰真端坐久之，曰：明日雨。既而，果然。冬常裸裎十余日，无寒色。卒年九十余。②

樊光春先生在《西北道教史》中考证王重阳的弟子时，引用了这段史料，但他也持怀疑态度，他说："这个康泰真，未见于其他文献，究竟何时师从王重阳，尚留待考证。"③ 确实，《新元史》说康泰真师从王重阳，大概是一种误解。我们比照碑刻原文：

> 明昌元年，躬耕于州西长寿山，因而憩息，遇至人盘石而坐。公异之，遂稽首□□感至人口传道秘。公心印玄妙，顿觉神识爽然，以悟仙机。因拜谢间，忽失所在。石上履迹，迄今存焉。与祖师重阳公甘河饮水得道之缘，甚相符契。遂弃家入道。明全真之关楗，悟大教之根源。合乎妙理，则学于谭马丘刘，体乎虚玄，则达于黄老庄列。

《新元史》中没有注明材料来源，比照原碑碑文，可以看出，《新元

---

① 参见汪桂平《金代全真道初传东北考》，《道教研究学报：历史、宗教与社会》第四期（2012），第49—82页。
② 柯劭忞：《新元史》卷243，中国书店1988年版，第935页。
③ 樊光春：《西北道教史》卷五，商务印书馆2010年版，第389页。

史》的叙述基本来源于碑刻，只是在讲述他的师承时，大概对碑文中"与祖师重阳公甘河饮水得道之缘甚相符契"这句话进行了误解，以为康泰真就学道于王重阳了。实际上，王重阳仙逝于大定十年（1170），而根据碑文，康泰真生于1164年，于明昌元年（1190）"感至人口传道秘"，所以康泰真与王重阳不可能相遇，更不可能学道于他，因此《新元史》的记载是一种误解。也许《新元史》的作者对于道教典故"甘河饮水"不太熟悉，故产生了误解。所谓"甘河饮水"的故事，来源于全真教祖王重阳早年悟道的经历。据刘祖谦《终南山重阳祖师仙迹记》载，"正隆己卯间，忽遇至人于甘河，以师为可教，密付口诀，又饮以神水，自是尽断诸缘"。[①] 这个故事讲的是全真教祖王重阳在甘河镇遇到至人，得受口诀并饮神水而悟道。碑文中提到康泰真也是遇到至人口传道秘，与重阳祖师的经历比较类似，并非直接学道于王重阳。另外，《新元史》讲到康泰真"与丘处机、马钰诸人游"也是错误的，这也是由于作者对道教史不熟悉，从而对碑文中的"合乎妙理，则学于谭马丘刘"这句话进行了误解。"谭马丘刘"固然是指全真七子中的谭处端、马钰、丘处机、刘处玄，但马钰已于大定二十三年（1183）羽化，谭处端也卒于大定二十五年（1185），故康泰真于明昌元年（1190）入道后，不可能再与马钰、谭处端交游，因此碑文中所说"学于谭马丘刘"是一种虚指，并非真的与他们有过游学关系。

总之，"康泰真碑"的实物遗存，以及对碑文的整理发表和正确释读，不仅为研究云峰真人康泰真和辽西地区的道教提供了翔实可靠的资料，而且可以校正他书记载的失误，澄清全真教祖王重阳的弟子没有康泰真等重要史实，从而使得该碑突现出其独特的史料价值。

2. 康泰真碑的主要内容

康泰真碑作为一通道士墓碑，高达2米多，碑阳和碑阴都刻满文字，总字数达三千余字，这种体量的墓碑还是不多见的，其所记载的内容更具有重要的史料价值。该碑的主要内容分为两部分，一是碑阳所刻的康泰真的墓志铭，记载了康泰真的生平事迹，非常完整，是研究康泰真的最重要也几乎是唯一的资料。二是碑阴所刻的康泰真门徒题名，包括姓名、宫观、职务等信息，是研究金元之际东北道教的珍贵资料。

[①] 《道藏》第19册，文物出版社、上海：上海书店、天津古籍出版社，第726页上。

(1) 康泰真生平

根据碑文记载，康泰真的生平大略如下。

康泰真（1164—1256），号云峰，利州花务村人（今辽宁喀左县），家中世业农桑。据说其母怀孕二十四个月才生下他，自幼就与众不同，长大后相貌堂堂，美髯过腹。他生活于金元之际，碑载他卒于丙辰年（1256），享年九十二岁，则其生年为大定四年（1164）。

明昌元年（1190）的一天，康泰真在利州长寿山耕作时，遇到一位"至人盘石而坐"，遂稽首拜礼，感至人口传道秘，从而体悟仙机，于是弃家入道。这年他26岁，开始了他的修真之路。

那么，这个"至人"是谁？碑中记载很神秘，"因拜谢间，忽失所在"，并说"与重阳祖师甘河饮水得道之缘甚相符契"。那么，后世一般认为王重阳当年"甘河遇仙"遇到的"至人"是吕洞宾和钟离权两位神仙。而康泰真遇到的"至人"是哪位神仙，就不得而知了。不过可以明确的是，康泰真入道之后修学的是全真道法，所谓"合乎妙理，则学于谭马丘刘"，谭马丘刘即指全真七真之谭处端、马丹阳、丘处机、刘处玄，因此，康泰真作为全真道士是没有疑问的。他授业的师父大概是一位云游于此的全真道人。

康泰真弃家入道之后，下志修真，先居住在长寿山悬崖下的一个石窟之中，数年后被里人敦请下山。承安三年（1198）又到南州旧宜州圜居六年，心性炼就，"透脱净中境界，养成真气，吐而为文"。后来蒙金交战，中原初定，兵余食艰，康泰真背着他的老母，忠诚乞讨，以尽孝道，赢得普遍赞许。1217年，康泰真53岁时，开始定居传道。碑载：

> 公于丁丑夏间徙居霅都，化自然饭。有长春观住持道人高炼真，志气坚刚，性情决烈，少所许余。一见公兒而奇之曰：殆非钟离之后乎？遂稽首曰：弟子所居之院，额曰长春，师不弃卑猥，于中盘礴，可否？公闻之，诺而受焉。炼真永为皈依，肇阐玄风之胜。

丁丑（1217）年，康泰真行化至霅都。所谓霅都，即指北京路大定府（今内蒙古宁城县）①，位于康泰真的家乡利州（今辽宁省喀左县）以西，两地均属于金代的北京路②所辖。当时北京③长春观的住持道人高炼真很快就拜服在康泰真门下，并接康泰真到观中居住。从此，康泰真开始定居传道，大阐玄风，所谓"有游宦者教之以忠政，修道者道之以性命，士庶者劝之以孝悌，刍荛者诱之以耕耘"，从而博得了不同阶层民众的普遍欢迎，道价日高，远近闻名。四方之人踏门受教者不下千人。当时驻守北京的太师乌古论亦听闻康泰真的声名，当年夏天大旱，乌古论率领僚属来请康泰真祈雨，结果第二天就如期降雨，大显灵验。当年冬天，康泰真又在冰雪中裸袒而居，尽显道力。京主留守完颜芳秀、监军蒲鲜公都叹服礼拜。

此后，利州节度使任公率领官属邀请康泰真到其家乡建立道院一所，于是康泰真到达利州娄家营，几年时间建成一座雄伟壮丽的道观，取名玉京观。所谓"至娄家营，不数载间，刱构琳宇，名曰玉京。圣位窈窈然，廊庑沉沉然。香厨爽然，云堂邃然，靡不俱备"。

此后，康泰真居住玉京观，修炼传道，声望隆高。戊戌（1238）年，蒙古朝廷搜访天下高道，"遣信臣，悬金符，天下搜访高道"，听说康泰真得全真教真传，道德弥高，特赐为"含真体道至德真人"。但是康泰真不喜虚名，坚持着全真道素朴自守之家风，他说"道士家风，一瓢一杖，生涯足矣，焉敢受此大名？"于是逃遁而去。后在太师国王夫人完颜敬善、凝阳真人马公、君瑞大师门公的恳请下才勉强接受封号。

---

① 霫都即为金代的北京（今内蒙古宁城县），这在碑文中有所印证。如碑阴题名中有"北京长春观道士，大师高炼真"等字，说明长春观位于北京，而霫都只是北京的另一称呼。关于霫族的族名和地望，据李宇峰介绍，所谓奚、霫、室韦等北方诸族，在辽代先后为契丹所兼并，渐趋融合。到金元时代，霫族作为一个古代民族已趋消失，但"霫都"、"白霫"等地名作为这个民族曾经活动过的地域而沿袭下来。而白霫族活动的地望，学术界多倾向于今内蒙古赤峰市南部及辽宁朝阳市以及河北省的承德地区。那么，金代的北京（今内蒙古宁城县）、利州（今辽宁喀左县）正处于古代白霫族活动的范围内，因此碑文中多次提到白霫，如碑首曰"白霫进士李守"、"白霫石匠高守真、高守宝"等，碑文中更以霫都指代北京（参见李宇峰《辽宁喀左元代道士康泰真墓碑调查记》，第46页）。

② 北京路是金代在辽西地区的行政建置，设有留守司、都转运司、警巡院等官署。下辖大定府、临潢府、利州、义州、锦州、瑞州、广宁府、懿州、兴中府、建州、全州、庆州、兴州、泰州。北京路的路治在大定府，即今内蒙古自治区赤峰市宁城县大明城。蒙古灭金后，仍称为北京路大定府。1268年，改北京路为大宁路。

③ 若无特别说明，本文中的"北京"皆为金元时的地名，即指今内蒙古宁城县。

康泰真晚年隐居于长寿山，远离市井之喧嚣，丙辰年（1256）六月，书颂而逝。颂云："平生活计得优游，寄迹人间九十秋。撒手这回归去也，杖挑明月赴瀛洲。"康泰真享年九十二岁，演道七十余年，道力深厚，名动朝野，是辽西地区的著名大师。正如碑文所说："公之名震天下如雷霆，此岂人力也哉。而能动天，必有道矣。"康真人逝后，白霫进士李守为写碑文，立碑者除门人道官外，尚有宣差利州道达鲁花赤功德允、宣授太师国王夫人完颜敬善等当朝官员。

康泰真作为土生土长的辽西人氏，他毕生修炼和弘道的地方也在辽西，他和门徒在北京（今内蒙古宁城县）和利州（今辽宁省喀左县）等地修建了多座宫观，信徒众多，影响所及，达于整个辽西地区。其死后，"恸哭者数千众，声振山谷"，足见其在当地民众中的威望和影响。

（2）康泰真师徒与辽西全真道

在康泰真碑的碑阴，刻有"康真人徒门男冠女众题名记"，详细记载了康真人门下道士女冠的姓名及所属宫观，以及各地信徒的姓名职位等，总计宫观有8座，门人及信徒共388名。这8座宫观主要分布在利州和北京，有乾道，有坤道，各观住持道士（女冠）数量不等，表列如下：

地点	宫观名	道士（女冠）人数
利州娄家营	玉京观	道士12人
利州	瑞云庵	道士1人
北京	长春观	道士16人
利州□胡寨	崇真观	道士3人
利州花务川	龙清观	道士1人
北京	含真庵	女冠15人
利州娄家营	永真庵	女冠7人
利州井家庄	栖真庵	女冠7人

由上表可以看出，康泰真师徒创建的8座宫观全都分布于利州和北京，共有住观道士33人、女冠29人，合计62人，这62人都是康泰真的门徒。另外，碑阴尚刻有大量的慕道邑众、功德主、道友、徒众等姓名，共326人。这些信众的分布地域更为广泛，主要来自北京路下辖的大定府、利州、和众县、锦州、顾家寨、石将军寨等地，包含了社会各阶层人

士，既有宣差北京长官、达鲁花赤、提领官、提领等地方官员，也有邑老、邑长、二官、三官、千户、百户、户目、吏目、钱帛、知书等村邑长老，更有大量的普通民众。

总之，康泰真作为一代道教大师，德行高尚，道法深厚，名动朝野，被朝廷赐封为真人。他在辽西地区长期活动，产生了广泛的社会影响，徒众遍布北京、利州、锦州等地，影响及于官府和普通民众。通过他和弟子们的弘扬，辽西地区全真道获得快速发展。康泰真及其弟子住持的利州玉京观、北京长春观、北京含真庵等，都是当地著名的宫观，规模宏伟，门徒众多，影响一方。

康泰真在利州创建的玉京观，当时就是一座颇具规模的道观，有殿堂廊庑、香厨云堂，后来经过几代弟子们的努力，规模更大，占地良多，供养着大量道众。到了至元二十四年（1287），传至第三代住持王志瑞、张志定时，为了防止日后发生地产纠纷，而特意立了一通碑石，以记玉京观所属地产位置界域。那么，这通碑石现已不存，但碑文犹存，名《利州长寿山玉京观地产传后弭讼碑》，收录于《塔子沟纪略》、《满洲金石志外编》等方志中。这篇碑文是白霫李察凭撰，至元二十四年（1287）住持李守净、王志瑞、张志定等立石。碑文为一篇记跋，记载立碑之缘由。碑曰：

> 山之东仅四百步，壮哉峙然而金碧辉空者，玉京观也。乘高瞰下，不沙不砾，不垚不潴，阔而长，泽而腴者，观之艺地也。其地是种皆宜。昔大军渐平清，真人康泰真夐刜有之。传三世，而王瑞、张定实同其主，二子老白一二门人曰：天下平乂久矣，民蕃地褊，以至隘硗促堵，堆燥洼濡，牛力农具仅可通者，莫不燔荒斫桄而熟之，至有盗植旁封而致讼。盖盗生乎不足，讼起乎不平也。我赖祖师明智，坐享上稔不粪之地，而无燔荒斫桄之劳。吾耄矣，泉壤日近，若犹卯稚而懵。今不盟乡邻辨封畔，昭昭乎审识诸石，若将与人辩侵昧之讼不已，是吾贻讼嫁怒于后。若然，则奚若一辨而熄其后讼哉？……祖师所以刜有此土，我所以坐享成业，而又早辨后讼者，皆度时酌宜而然。夫强弱相随者，命也；得失相寻者，分也。天无恒命，物无定主，理也。然则雕文于石，时恤后讼，始欲弭之。后之有讼无讼，自有酌宜行

矣，吾无恤焉可也。①

从碑文可以看出，当时长寿山玉京观确是当地的一座巨观，金碧辉煌，雄伟壮观。并且占有大量良田，这些田地"不沙不砾，不垚不潴，阔而长，泽而腴"，是"上稔不粪之地"。而这些地产就是当年康泰真创立宫观时所置。传至第三代时，当时宫观耆老为了防止日后发生地产纠纷，故立有此碑，使后世道徒可以安享成业。总之，玉京观自康泰真创立以来，历来道徒继守成业，不断修缮，在有元一代，都是辽西地区的著名宫观。

三　金元之际全真道在东北地区的传播与发展

"康泰真碑"记录了辽西本土道士康泰真的修道历程，以及康泰真师徒在辽西一带建观度人的实况，说明在康泰真生活的金元之际，全真道已经在辽西一带有了较为广泛的传播和影响，而"康泰真碑"所反映的正是东北道教传播的一个重要侧面。实际上，早在金代末年，就有不少内地的全真道士北上弘法，开创道业，使得全真道传入到东北地区，形成相当的影响。本土道士康泰真的悟道修炼和成为真人，就是在这样的背景下出现的。

全真道自金代王重阳创立以来，短短数十年间，得到迅速传播，遍布黄河以北的大部分地区。而东北地区亦是全真道传播的重点地域，全真七子之中的郝大通、王处一曾亲自到达东北地区云游弘道，马丹阳、丘处机都曾指派弟子到北方弘教。

早在1184年前后，马丹阳的门人刘真一就奉师遗命，前往北方弘道，来到平州、滦州、抚宁一带（今河北省东部和辽宁省西部），居住此地布道弘法二十余年，创建宫观三百区，收度门徒数千人。1195年前后，马丹阳、丘处机的高徒于通清又奉丘处机之命，前往北京（今内蒙古宁城县）弘道，于通清创建了北京华阳观，弘道十余年，使北京地区成为全真道的重要基地。此后，1209年和1210年，七真之一的王处一两次北上弘法，行程遍及北京、平州、滦州、瑞州等辽西地区，所到之处，祈雨治

---

① （清）哈达清格：《塔子沟纪略》卷十一，第17—18页。

病，灵异频现，再次扩大了全真道的影响，开创了全真道在东北发展的新局面。①

总之，经过这些大师的弘演阐扬，金代后期全真道在东北地区获得了一定的传播与发展，为蒙元时期东北全真道的普遍繁荣奠定了基础。在这样的背景下，金元之际的辽西本土道士康泰真接受全真思想，苦志修行，最终成为一代宗师，被封为真人，康泰真与其门徒创建宫观多所，影响广泛。《康泰真碑》记载的这些史实，正好反映了蒙元初期辽西地区全真道迅速发展的一个侧面，是全真道在东北传播的实物证明。

"康泰真碑"反映的是金元之际辽西道教发展的一个典型案例，但这并不是孤证。梳理时人的其他文献或碑刻资料，也能找到当时当地道教发展繁荣的蛛丝马迹。与康泰真活动的同时，东北地区仍然有其他的全真道士在传播弘扬，并使该地全真道表现出兴盛之势。具体而言，主要有以下事件：一是尹志平北游辽西，二是于通清、张志素演道北京，三是杨志谷创建大玄真宫。这些大师在东北地区的演道弘教，极大地推动了当地全真道的发展。尤其是当时的北京路大定府一带，更成为全真道活动的中心。

尹志平（1169—1251），字太和，山东沧州人。14岁曾拜礼马丹阳，后又历奉丘处机、郝大通、王处一等列位高道，尽得真传。1219年，丘处机西行觐见，尹志平位列十八位随行弟子之首。1227年，丘处机仙逝，尹志平嗣传法位，继任为蒙元全真道第二代掌教大宗师。

1233年7月，尹志平应北京运使侯进道的邀请，前往北京设醮弘法。尹志平在北京（今内蒙古宁城县）、建州（今辽宁朝阳）、川州（今辽宁北票）、义州（今辽宁义县）、医巫闾山等地巡游一圈，讲经说法，设醮度人，受到沿途信徒的罗拜欢迎，于1234年4月返回燕京。在北游期间，尹志平与弟子们每日讲经演道，探讨教理，弟子段志坚等将其言语记录下来，集为《北游语录》一编，后来在沁州长官杜德康的资助下，于1240年刻板传世。这就是现行《道藏》中收录的《清和真人北游语录》②一书。《北游语录》不仅翔实地记载了尹志平讲经说法的内容，而且记载了他所经行的地点宫观，从而提供了当时辽西地区全真道的传播和分布情形。

---

① 关于金代全真道在东北传播的具体情形，参阅汪桂平《金代全真道初传东北考》。
② 《道藏》第33册，第153—179页。

根据《北游语录》、《葆光集》等书记载，尹志平等人是癸巳年（1133）七月到达北京华阳观的，北游期间经行停留的宫观有北京华阳观、白鹤堂、游仙观、北山通仙道院、栖真观、建州开元观、川州玉虚观、义州朝元观、通仙观、永和庵、闾山太玄观等。关于尹志平驻留的宫观及其活动情况，参见下表。

时间	地点	宫观	观主、弟子	主要活动
1233年7月	北京	华阳观		建黄箓醮、谈论修真炼性之方法
		白鹤观		致祭七真
		游仙观	李志韶	答《悟真篇》所疑等
		北山通仙道院	李志韶	演说七真教诲
1233年8月		栖真观	张公大师	谈论道性自然、修真秘诀等
	建州	开元观		谈论人事兴废
	川州	玉虚观		谈论俗缘害道等事
1233年10月	义州	朝元观		谈论教门法度之演变
		通仙观	赵志完、郭志全	作下元醮；解《梦游仙》诗；详讲《道德经》等
		永和庵		设醮度人
1234年2月	闾山	太玄观	李虚玄	

尹志平在辽西的传道弘教，深得当地官民的敬重和欢迎。李志全《清和演道玄德真人仙迹之碑》载：

> 癸巳春，师赴北京，宣差侯公请作大醮……既至黄箓醮事毕，谓众曰："此行继踵玉阳。"仍作诗志之。复赴义州，官请作下元醮……时所居州郡官庶出迎，望尘罗拜，以为希遇，闻有伏戎于莽，亦不加害。四月还燕，士民大喜，佥曰："自师去后，若大旱之望云霓，其来也，犹披露而睹青天。"为时景仰如此。①

所谓宣差侯公，即指北京课税使侯显。据《元史》卷二本纪第二

---

① 陈垣等：《道家金石略》，文物出版社1988年版，第538页。

《太宗纪》："（1230年）冬十一月，始置十路征收课税使，以陈时可、赵昉使燕京……王德亨、侯显使北京，夹谷永、程泰使平州，田木西、李天翼使济南。"那么，尹志平北上就是受长官侯显的邀请而致。此后在义州等地设醮，亦是受地方长官的邀请而作。尹志平作为一代宗师，不仅普通信众望尘罗拜，希求一见，而且州郡官吏亦是出城迎接，敬重有加。

上述引文中提到的"此行继踵玉阳"，亦反映了尹志平对东北弘道的重视。所谓玉阳，指玉阳真人王处一。王处一曾在1209、1210年间前往北京、平州、滦州、抚宁等地阐道弘法，有力地推动了全真道在东北地区的传播。那么，尹志平说"此行继踵玉阳"，表明尹志平想效法玉阳真人，演道辽西各地，继续扩大全真道在东北的影响。

在尹志平之后，又陆续有全真高道于善庆、张志素应邀前往北京，设醮弘法，同时，康泰真师徒、杨志谷大师亦在东北地区广开道场，使得东北全真道出现了迅猛发展之态势。

于善庆（1166—1250），字伯祥，号洞真子，宁海（今山东牟平）人。1182年，拜马丹阳为师，后历师丘处机、谭处端、王处一等，尽得全真心法。金廷屡赐"体玄大师"、"冲虚大师"等号。入元以后，又受到蒙古统治者的高度尊崇。元太宗十年（1238），诏天下选试道释，以其闻望隆高，赐号"通玄广德洞真真人"，命其主领陕右教门事，主持祖庭重阳万寿宫的扩建。而于洞真作为一代大师，受到道俗两界的普遍尊重，所谓"羽士服其精严如奉神人，都人瞻其容止如睹列仙"。[①] 各地奉道者都希望于真人前往弘道。1238年，北京留守乌德亨筑全真观，邀请于善庆前往居住并弘道，于善庆勉强答应他并起程而行。于善庆的北京之行，在当时的燕京（今北京）和北京（今内蒙古宁城县）都引起了极大的轰动，张本《送真人于公如北京引》记载了于善庆前往北京的因由及京城士庶挽留相送的情形：

> 戊戌（1238）岁三月初吉，北京司钥万户乌公遣介绍抵长春，奉玄纁致书邀真人洞真老，以矜式其国人，既可所请。四月望日，公复躬亲备车马来逆……一日命驾，猿鹤为之怨惊，松菊为之寂寞。众设坚议以阻其行，其信不可夺也，至若有以力挽而俾不得去者。

[①] 张本：《送真人于公如北京引》，《道藏》第19册，第811页。

李道谦《终南山祖庭仙真内传》卷下亦载：

> 适北京留守乌德亨筑全真观，邀师矜式其国人，勉应而行。①

从上引材料中可知，北京司钥万户乌公即北京留守乌德亨②。作为北京路的最高长官，乌公亲自准备车马前来迎接于真人，可见其礼仪之隆重。然而燕京的信众却不愿意于善庆离开，百般劝说不成之后，甚至有人用力拽挽以阻止于真人离开，这样的场面实在让人感动。不过，于真人已经下定决心要应邀北上，化道一方。为此，京城名流设宴为之饯行，所谓"于是相与开宾馆，设祖席，作歌诗饯送，以宠其行"。参与饯行赠诗的名士有金遗民翰林学士张本、道教领袖李志常、冯志亨等人。其中张本赠诗曰：

> 真人白雪行，长官执其御。富贵不敢骄，熏炼窃思预。谁谓雾豹隐。忽与云鸿骛。祖饯何徘徊，未忍别离遽。烟柳望长亭，茫茫正飞絮。③

张本的诗歌生动地反映了于真人北京之行的礼遇和众人的惜别之情。

于善庆在 1238 年四月前往北京弘道，但同年七月，由于全真掌教李志常奏改祖庭灵虚观为重阳宫，敕命于善庆为住持并领陕右教门事，所以于善庆只能以祖庭事为重，不得不离开北京。庚子年（1240）夏，太傅移剌宝俭和京兆总管田德灿亲自手持疏书，前往迎接，于善庆当日就随驾出发，前往终南山祖庭。经过约两年的北京弘道，于善庆与北京官民已经结下了深厚的友谊，所以离开北京时，官民们仍然是依依不舍，并馈赠了众多钱物。李道谦《终南山祖庭仙真内传》载：

---

① 《道藏》第 19 册，第 538 页。
② 乌德亨，《元史》无传。《元史》卷二本纪第二《太宗纪》："（1230 年）冬十一月，始置十路征收课税使，以陈时可、赵昉使燕京……王德亨、侯显使北京。"这里提到的王德亨不知是否与乌德亨为同一人？刘晓《金遗民张本事蹟考略》中认为乌德亨即为吾也儿（参见刘晓《金遗民张本事蹟考略》，见《元史论丛》第十辑，第 56 页）。
③ 《道藏》第 19 册，第 812 页。

> 庚子夏，太傅移剌宝俭、京兆总管田德灿差官持疏往邀，即日命驾。乌公以下僚庶，以师兴复祖庭之故，知不可留，馈金赆币者充积。过燕涉赵，度晋来秦，所至之方，诸侯郊迎，士庶响慕，以所得之资，悉为兴建之费。①

可以说，于善庆的北京之行是成功的。经过两年的教化，北京地区人心向善，宫观众多，风俗大变。北京原属辽代中京，金元时期称为北京路，属于辽西重镇，地理位置重要。金元以来，历任北京地方长官均好道向善，不断邀请全真高道前往弘道，如金末王处一曾应按察使孛术鲁之邀前往设醮；蒙古初年，尹志平又应宣差侯公之请，居住北京华阳观，设醮弘道；1238年，北京留守乌德亨邀请于真人前去，以矜式其国人。金末元初，北京路长官频繁地邀请全真道大师前往演教弘道，这一方面与官员本人的奉道崇道有关，另一方面也反映了当地官员在战乱之余，希望借助宗教的力量以安定人心，恢复生活生产秩序，并改变少数民族原有的好战尚武之习俗。

在于善庆之后，又有一位全真高道张志素，应邀前往北京，演教度人，建立宫观，有力地推动了全真道在北京地区的发展。

张志素（1188—1269），号谷神子，睢阳（今河南商丘）人。师事丘处机，随侍左右四十年。丘仙逝后，担任道门提点，兼中都路道录，道价日重。后应邀到北京演教，广建宫观。1256年，奉诚明真人张志敬之命，南下谯郡，主持修复亳州太清宫。有诏特加"应缘扶教崇道大宗师"称号。至元五年十二月（1269）卒，寿八十一。

作为丘处机的嫡传弟子，道价高隆的张志素大概是在于善庆离开北京之后，应邀到北京弘道的。孟祺《应缘扶教崇道张尊师道行碑》记载：

> 长春羽化，清和、真常二真人嗣教，师一居提点之位，一录中都路道教事，众务鳞集，他人若不可措手，师处之常有余裕。既而应北诸侯之聘，演教白霫，门徒琳宇灿然，改一方之观。时谯郡玄元祖庭，久废于兵，佥以兴复为难，诚明真人念独师可办，尺书加币，改

---

① 《道藏》第19册，第538页。

白霤之辕而南之。居十余年，殿堂廊庑合百余楹，彩碧一新，郡上其事，有诏特加拥卫，仍赐今宗师之号。①

根据碑文，在尹志平、李志常担任掌教期间，张志素担任提点和中都路道录，尹志平掌教于1227—1238年，李志常掌教于1238—1256年，那么，张志素至少在李志常掌教的1238年仍在燕京，"既而应北诸侯之聘，演教白霤"。因为于善庆自1238年至1240年在北京演教，所以张志素受北诸侯之聘应该是于善庆离开北京之后，即1240年以后。那么张志素离开北京的时间又是哪一年呢？史载他是受诚明真人之命，离开北京，南下主持谯郡玄元祖庭的兴复。又据王鹗《重修亳州太清宫太极殿碑》载："逮吾诚明之嗣教也，承海都太子之命，敦请崇道真人张志素、栖云真人王志谨同办其事。"② 就是说，张志素是在诚明真人张志敬嗣教之年南下兴复太清宫的，而张志敬于1256年嗣教，说明张志素就在1256年离开北京。按照这样的时间推算，张志素在1240年以后至1256年期间一直在北京演法弘教，大概有十几年的时间，所以张志素对北京地区全真道的弘扬贡献良多。所谓"门徒琳宇灿然，改一方之观"，就是说他在北京招收了众多门徒，兴修了不少宏伟宫观，大大改变了当地的风俗民情。因此说，通过于善庆、张志素的演教弘道，蒙元初期北京地区的全真道获得了较大的发展。

除了众多大师在北京路一带传教弘道外，与之邻近的广宁府路也有全真道士在活动，如杨志谷在广宁府路尖山单家寨创建了大玄真宫。

有关杨志谷的资料，主要来自现存于世的碑刻，名《大玄真宫祖碑》，该碑为鹤峰野人明真子论志元撰文，将仕郎辽阳等处行中书省理问所知事致仕兼辽阳路儒学教授虞元登书丹并篆额。据介绍，此碑仍立于阜新蒙古自治县新民乡排山楼村原址。碑身高270厘米、宽130厘米、厚23厘米。碑首高130厘米，碑额阴刻楷书"大玄真宫祖碑"2行6字。碑阳首题阴刻楷书"大元国广甯府路尖山单家寨创建大玄真宫祖碑"一行20个字。其左阴刻楷书碑文24行，满行74字。碑文撰写于1261年，刻石于1332年。

---

① 《道藏》第19册，第757页。
② 陈垣等：《道家金石略》，第847页。

杨志谷（1185—1258），深州束鹿县人，为栖云大师王志谨之高徒，而王志谨曾师从郝大通、丘处机，故杨志谷为全真道第四代法孙。杨志谷早年随同全家一起入道，到1227年，开始云游四方，在经过广宁府时，目睹"此方雄蓝巨刹，楼阁相望，家庠户序，学校如林"，虽然"三教鼎峙"，可是"道院独遗"，说明此地尚未有道教的传播基地。为了扭转这一状况，杨志谷就在单家寨停留下来，择地而居。当时正值兵燹之后，土地荒芜，杨志谷率领同志二三人，开荒经营，数年之间建成一座宏伟道院。碑载：

> 兵燹之后，土地荒芜，暨同志者二三人，摭瓦砾，薙蒿莱，经之营之，不数年间，七真堂岌岌然已立像于其后，三清殿汲汲然构木于其前，香厨洒落，净室虚明。与徒众之所居，宾僚之所寓，虽未大备，亦足以为云朋霞友挂衣钵之所，星冠月帔炼真之宫。上以为皇帝祝延万寿之方，下以为士庶祈福禳灾之地。[1]

杨志谷建立的道院，后被清和大宗师题额曰"玄真"。清和大宗师，即清和真人尹志平。前文提到，尹志平曾于1233—1234年间北游辽西，到过义县、闾山等地，而杨志谷所建的道院正好在此期间落成，道院所在的广宁府路尖山单家寨，距离义县及闾山未远。或许杨志谷拜见过尹志平，得到题额。

杨志谷在玄真宫住持三十年，修道炼真，积德累行，影响一方，后来被掌教真人李志常赐为"和光弘德大师"。

> 自公住持以来，凡三十年，外修万行，内炼一真，恤孤怜贫，书符疗病，接待方来，自始及终，未尝少变。掌教真常真人闻其风而悦之，乃赐和光弘德大师。

杨志谷在阜新开创了大玄真宫，弘道布教，引度男冠女众百余人，并开荒占地，赡养道众，使得玄真宫成为一方名观。1258年，杨志谷仙逝

---

[1] 碑文引自张守三：《大玄真宫祖碑雏议》（《辽金契丹女真史研究》1987年第2期）中的录文，该文是对原碑抄录并对照拓片校对后的整理本。下同。

于玄真宫，时年七十三。杨志谷在阜新开创玄真宫的弘道举措，曾得到了全真教两代掌教大宗师的肯定，如尹志平题额"玄真"，李志常赐号"和光弘德大师"，说明蒙元时期，全真掌教对于东北地区道教的弘扬相当重视和关注。

杨志谷开创的玄真宫经过历代弟子们的努力，到元代后期，规模大备，高道众多，影响广泛，称为大玄真宫。所以到至顺三年（1332）的时候，玄真宫的住持追本溯源，刻立了这块《大玄真宫祖碑》，以记载开山祖师杨志谷的功德。其实这篇碑文早在中统二年（1261）即已写成，是由鹤峰野人论志元撰文。论志元，王志谨之弟子，与杨志谷应为同门师兄弟之关系。当时杨志谷的门人知宫张志净及王道瑞等，不远千里，请求论志元撰写碑文，以传不朽。碑文写成后，当时是否立碑，不得而知。但到1332年的时候，后世道徒新立了此碑，名《大玄真宫祖碑》，留存至今。

四 小结

综上所述，《康泰真碑》作为金元之际辽西道士康泰真的墓碑铭文，因其所载内容丰富、刻立年代较早而成为东北地区重要的道教碑刻，具有独特而珍贵的史料价值。碑刻反映了当地全真道快速发展的一个重要侧面，说明其时全真道已经在辽西一带有着广泛的传播和影响。梳理同时期的其他资料可知，金元之际东北地区全真道已经呈现出较为兴盛之局面，既有尹志平、于善庆等高道应邀北行的弘演阐扬，也有康泰真、杨志谷等大师扎根当地的开拓建观，从而形成门徒众多、宫观林立之局面。

而这种兴盛局面的形成，是与蒙元时期的宗教政策和全真道的整体繁荣密切相关的。全真道在丘处机西行归来后，由于蒙古统治者的尊崇，获得了迅猛之发展，出现了繁荣鼎盛的局面。

1219年，丘处机带领十八位弟子西行觐见成吉思汗，获得蒙古统治者的高度赞赏。次年，丘处机东归，诏令免除全真道赋税差役，命他掌管天下道教。1224年，丘还居燕京天长观。在京住持期间，丘建立八个教会，开坛说戒，大收门徒。丘之门徒亦四出修建宫观，刊刻《道藏》，全真道于是达到极盛。1227年，丘处机病逝于燕京。在他身后，尹志平、李志常、张志敬等人继续掌教，教门仍然兴盛。

关于全真道发展的盛况，立于元宪宗四年（1254）的《清虚宫重显子返真碑铭》称："夫全真之教兴，由正隆（1156—1160）以来，仅百余载。以九流家久且远视之，宜若滥觞而未浸也。今东尽海，南薄汉淮，西北历广漠，虽十庐之聚，必有香火一席之奉。"①

金元好问（1190—1257）于1233年撰写的《紫微观记》也有类似的描述："故堕窳之人，翕然从之。南际淮，北至朔漠，西向秦，东向海，山林城市，庐舍相望，什百为偶，甲乙授受，牢不可破。"②

上述碑文记载了全真道在13世纪上半叶的传播状况，可以看出，当时全真道已经传播到东至海、西至秦、北至朔漠、南际淮的淮河以北的广大地区。那么，东北地区的全真道与其他地区一样，亦出现了快速传播和发展的局面。正如1261年论志元撰《大玄真宫祖碑》碑文所说：

> 庚辰春，长春发轫海隅，应诏北阙，贡微言而嘉纳，得中旨以还燕。由是玄风大振，化洽诸方。簪裳之侣，雾集云臻。宫观之修，星罗棋布。增新葺故，所在皆然。

大玄真宫位于今辽宁阜新地区，是由王志谨的高徒杨志谷于1227年创建。论志元撰写的碑文提到"宫观之修，星罗棋布，增新葺故，所在皆然"，这种状况当然也包含了东北地区。说明这个时期的东北全真道也是宫观遍布、道徒云集了。

1224年，丘处机西行归来，居住燕京（今北京）天长观，燕京成为全真道传播的中心。距离燕京不远的东北地区，亦较早地感受到来自燕京的玄风化道，如尹志平、于善庆、张志素等全真大师相继受邀到北京（今内蒙古宁城）设醮弘法等。随着蒙古征战东北的战事平息，金代晚期在辽西地区就有所传播的全真道也得到了快速的恢复和发展。

我们也看到，金元之际全真道的快速发展固然与全真道士们的努力弘扬紧密相关，但另一方面，蒙古官员的扶持尊崇并利用宗教以恢复战乱之后的社会秩序，也在一定程度上助推了全真道的发展。

---

① 陈垣等：《道家金石略》第476页。
② 陈垣等：《道家金石略》第475页。陈垣有案曰："《佛祖通载》卅一载此记，作癸巳（1233）九月，当得其实。"说明此碑文撰于癸巳（1233）年。

蒙古官员对全真道的护持崇奉，在蒙元初期表现非常明显，他们或邀请全真大师前往北京弘道；或建立宫观以供居住；或作为宫观的功德主，施财助金；或为宫观立碑勒石等，从而助推了全真道的快速发展。

其中，北京路元帅吾也而、太师国王夫人完颜敬善对全真道的扶持最为突出。

吾也而（1163—1258），亦作"乌也儿"、"乌叶儿"。蒙古汗国将领。撒勒只兀惕氏，图鲁华察之子。以武勇著称。成吉思汗六年（1211），与哲别攻克金朝东京（今辽宁辽阳）。十年（1215）从木华黎为先锋，取北京（今内蒙古宁城西）。以功授北京总管都元帅，并相继收降北京以南地区。连年从攻山东、陕西、河西，屡立战功。太宗元年（1229），与撒礼答征辽东；三年，又征高丽。十三年（1241），任北京、东京、广甯、盖州、平州、泰州、开元府七路征行兵马都元帅。宪宗七年（1257）以都元帅授其子阿海。八年病逝。总之，吾也而自1215年担任北京路总管都元帅，1241年又担任北京、东京、广甯、盖州、平州、泰州、开元府七路征行兵马都元帅，直到1258年病逝，可以说，吾也而是蒙古初期在东北地区的最高军政长官。

在吾也而任职期间，他对全真道在东北地区的发展积极扶持。1227年，杨志谷在广宁府尖山单家寨创建道院，就得到吾也而的护持。《大玄真宫祖碑》载：

> 蒙北京路都元帅兀也儿及本府主官失剌万户为玄教之外护功德主，暨一方官僚士民，或施之以财，或助之以力，所以赞成胜事也。

这里，北京路都元帅兀也儿即吾也而，他作为玄真宫的外护功德主，影响一方僚庶，施财助力，使玄真宫几年之间就从荒芜土地上崛起。

1238年，北京留守乌德亨筑全真观，邀请洞真真人于善庆到北京弘道，以矜式其国人。那么，据学者研究，北京留守乌德亨就是吾也而，或者是其汉名。1240年，于善庆因为兴复终南祖庭而离开北京，乌公及僚庶馈金赆币以送。此后，全真提点张志素大师"应北诸侯之聘，演教白霤，门徒琳宇灿然，改一方之观"。所谓北诸侯，应该就是指北京路都元帅吾也而，张志素演教之地白霤，就是北京路一带。正是在北诸侯的护持下，张志素才在北京修建了不少宫观，招收了众多门徒，推动了东北全真道的快速发展。

吾也而在平定东北之后，作为地方长官，首要任务是恢复生产，安定人心，重建秩序，而全真道在东北已有一定的社会基础，其教义思想对于稳定人心具有一定的作用，所以吾也而极力扶持全真道，主要是利用全真道以教化其国人。

在都元帅的影响之下，各府、县长官也对全真道积极扶持。如利州节度任公就是其中一位，他曾率领官属到达北京，邀请康泰真大师到利州创建道院一区，以洗涤一方尘心，在他的支持下，康泰真在娄家营创建了一座雄伟壮丽的玉京观，其门徒亦创建观、庵多所。

除此之外，居于辽西的太师国王夫人完颜敬善也对全真道崇奉有加。太师国王是蒙古大将木华黎（1170—1223）的封号，木华黎去世后，其子承袭封号，故完颜敬善大概是第二代太师国王的夫人。1238年，蒙古朝廷特赐利州康泰真"含真体道至德真人"封号，当时向康泰真宣授封号的钦差就有太师国王夫人完颜敬善，后来康泰真去世后，其门人修墓立碑，完颜敬善亦协助了立石事宜。

总之，金元之际全真道在北方地区表现出迅猛发展和普遍繁荣之态势，而东北地区也与这种整体繁荣同步，出现了快速发展之局面。这种局面的形成，一方面与全真道士们在东北的开拓弘扬密切相关，另一方面也与蒙古官员的护持崇奉有一定关联。

后　记

本书是笔者主持并完成的中国社会科学院重点课题"东北全真道研究"的最终成果。该课题于2007年立项，2011年结项，结项等级为"优秀"。

当时申请这个课题，主要来自研究室主任王卡先生的建议。王先生认为东北地区的道教研究尚属空白，尤其是明清以来东北地区的全真道有着广泛的传播，但相关的研究极其薄弱，几乎无人涉足。因此他建议我申请"清代东北全真道研究"的课题，重点梳理一下明清以来的东北全真道。

在研究过程中，发现早在金元时代，全真道就开始传入东北地区，并且出现过宫观林立的兴盛景象。于是将课题名称改为"东北全真道研究"，研究范围上溯自金代全真道初传东北之始，下至中华人民共和国成立之前，历时七百余年，研究对象为全真道各流派在东北地区传播和发展的历史轨迹。

在搜集资料、调研考察的过程中，曾得到多位素不相识的人士帮助，让我深为感动，铭记于心，在本书即将付梓之际，谨向他们表示衷心的感谢。

首先特别感谢辽宁省考古研究所的李宇峰先生。我与李先生素昧平生，因为看过他写的一篇文章，就冒昧打电话求教，没想到李先生不仅毫无保留地告知了我，而且还冒着炎炎酷暑，不顾舟车劳顿，一路陪同我到阜新、朝阳、喀左、北镇等地考察，由于李先生的熟人关系，使得我在当地的调研非常顺利，搜集到的资料也大大超出预期。

还要感谢辽宁省北镇市文物管理处于志刚处长、辽宁省朝阳市博物馆李国学副馆长、辽宁省朝阳县博物馆杜守昌书记、辽宁省喀喇沁左翼蒙古族自治县博物馆刘雅婷馆长、辽宁省阜新蒙古族自治县博物馆袁海波馆长、阜新县文史专家罗显明先生等，他们虽然与我素不相识，但以东北人的热情接待了我，并为我提供了大量有价值的资料。

在调研考察过程中，亦得到了中国道教协会、辽宁省道教协会、沈阳市道协、大连市道协、吉林省道协等众多道教界人士的帮助，在此一并表示感谢。

本书在课题立项、完成过程中，得到了所在单位（中国社会科学院世界宗教研究所）的诸位领导、前辈、同事们的支持和帮助，谨此表达我深深的谢意。

最后，还要特别感谢我的父母及家人，正是他们的亲情和关爱，成为我不断前进的动力源泉。

汪桂平
2013年8月19日
北京市昌平区翠湖湾